中国新时期
社会福利发展研究

王齐彦 主编　李　慷 副主编

ZHONGGUO XINSHIQI
SHEHUI FULI FAZHAN YANJIU

人民出版社

目　　录

前　言

在社会发展的漫漫历史长河中，人类对美好生活一直充满了憧憬和渴望。无论是西方社会还是东方国家，建设福利社会、让人民过上美好生活，都是最深入人心的政治纲领，也是经济发展、社会进步的最终归宿。

人类社会发展的历史表明，人人过上幸福的生活，离不开社会福利建设。作为制度化的社会福利，通常被理解为国家的一种政治立场和制度安排，它标志着人类社会的文明进步，彰显着人类对生活的美好愿望，它是社会政治不可或缺的重要构成部分，是社会常态运转、人们生活幸福和安康快乐的重要保障，在医治社会顽疾、化解社会风险、维持社会功能乃至促进政治稳定等方面，有着不可或缺的重要作用。正因如此，任何一个关心国民生活的社会，任何一个负责任的政府，无论是要实现国民福利的增长与经济社会的发展相协调，还是要争取选民的支持，最大限度地实现执政的合法化和社会管理的有效性，都应当把社会福利作为社会制度结构的构成要素，放在关乎社会民生和经济社会发展的高度来认识、推动和发展。

一、社会福利的发展演进

现代意义上的社会福利是近代以来西方社会现代化过程中的产物，随着西方资本主义国家经济制度的发展而不断演化。1601年，英国政府出台了《伊丽莎白济贫法》，标志着现代制度性社会福利的产生。经过几百年的发展，西方资本主义社会福利体系的建设比较完善，已由早期的剩余型社会福利模式向制度型社会福利模式转变，并形成了今天的混合型社会福利模式。西方国家不同时期建立的相应的社会福利制度,缓解了资本主义私有制经济发展所带来的两极分化,一定程度上维护了社会的公平正义,促进了社会进步。马克思在分析批判资本主义社会制度的过程中,提出了马克思主义的社会福利制度思想,实现了对西方资本主义社会福利思想的革命性变革。

中国传统社会中蕴涵着丰富的有关社会福利建设的思想火花,历代统治者都从长治久安的角度出发,创设了诸多关注百姓民生的福利制度。自1840年"鸦片战争"被迫打开国门开始,中国经历了一段饱受战乱与灾难、饱含耻辱与泪水的近现代史,社会满目疮痍、民不聊生,这在某种意义上为中国近代福利事业的发展提供了现实的土壤。与此同时,中国近现代又是中国人"打开国门"、"睁眼看世界"的时代,西方社会的福利思想以及制度模式逐步传入,对中国社会的福利观念及福利举措产生了一定的影响。根据这些福利思想而实施的社会福利措施及制度,在解决近代以来不同时期的民生问题方面发挥了重要作用,并且在一定程度上推进了中国现代社会福利事业的发展。

新中国成立之后,中国社会福利事业经历了不同寻常的发展历程。建国初期是中国社会福利事业的发端时期,依据马克思主义的社会福利制度思想,经过整顿、改造,新中国的社会福利事业从无到有,逐步迈入正常的发展轨道。从20世纪50年代末到80年代中期,国家加大对社会福利事业的资金投入,政府创办的社会福利机构显著增加,残疾人福利事业的兴起和"五保"供养工作的推进,推动了社会福利事业的整体发展,有力地维护了孤、老、残、幼等贫困弱势群体的生存权益。从80年代开始,随着社会主义市场经济体制的建立与快速发展,为了适应深化改革的要求,我国社会福利事业步入历史性变革的新时期,社会福利事业作为社会的"调节器"、"减震阀",保障了社会主义市场经济建设的顺利进行。60余年来,我国社会福利事业与共和国现代化建设事业同行,特别是在改革开放的伟大进程中,中国社会福利事业承载着党和政府赋予的光荣使命,肩负着人民群众的期待,历经初创、恢复和改革、转型的曲折发展,取得了举世瞩目的成就,为加强社会管理服务、改善人民生活、促进社会稳定、彰显社会主义制度的优越性,作出了重大贡献。

二、社会福利的改革探索

新中国成立至改革开放以前,我国实行的是与社会主义计划经济体制相适应的社会福利体系,形成了一套以城乡"二元分割"为基础,以人民基本生活保障为主要内容,涵盖劳动就业、住房、卫生医疗、教育、养老和伤残等领域的社会福利制度。该福利制度分为三个部分:一是由国家包揽、高标准的针对城市职工的单位福利,它以本单位职工为服务对象,福利内容包括劳动保险、生活服务、文化娱乐和福利补贴等,其提供者是国家机关和企事业单位。二是救济型的、以城镇无经济收入和生活无人照料的老年人、残疾人和孤儿等特殊群体为服务对象的民政福利,内容包括困难生活供养、疾病康复和文化教育等,由各级政府的民政部门提供和管理。三是低水平的、项目残缺、救济型的农村社会福利,主要面向农村"五保户"群体,以集体经济为基础,由农村集体组织统包统管。然而,这是三个独立运行的部分,它们之间少有交叉。这样一种条块分割式的、存在着单位与非单位之间、城市与农村之间严重差异的社会福利制度,一直维系到改革开放之初,并且其负面影响一直到今天都未完全消除。

改革开放以来,我国社会的巨大变化对社会福利制度的建设提出了新的要求。特别是进入 20 世纪 90 年代后,我国确立了建立社会主义市场经济体制的发展目标,原来计划经济时期的福利体制已经明显不能适应时代发展的要求,对原有福利制度进行改革,建立与社会主义市场经济体制相适应的社会福利制度随即被提上日程。为了改变之前社会福利基本由政府包揽的状况,减轻国家财政负担,建立一套行之有效的社会福利体系,民政部于 1986 年正式提出"社会福利社会办"的概念;1991 年又明确提出"社会福利社会化"的主张。在 2000 年召开的全国社会福利社会化工作会议上,"社会福利社会化"得到系统的阐述并逐步落实到具体的实施层面;在 2006 年召开的第十五次全国民政工作会议上,首次明确地提出"大力推进社会福利社会化,逐步发展适度普惠型社会福利"的政策设想,在促进社会保障制度向社会福利制度的战略升级、建立积极的福利政策体系的道路上迈出了重要的一步。近年来,随着我国福利体制改革的深入和福利事业建设的不断发展创新,我国社会福利领域取得了巨大成就,迎来了喜人的形势,呈现出投资主体多元化、服务对象公众化、运行机制市场化、服务方式多元化,服务队伍的专业化与志愿者相结合,政府主导、部门配合、社会参与的良好局面。

当前,我国既处在改革发展的重要机遇期,也处在社会矛盾的凸显期。在这样一个两期并存的复杂发展阶段上,建立新型社会福利体系既是新时期全面建设小康社会的一项新的艰巨任务,也是我国基本国情的客观要求。党的十七大作出了加快推进以改善民生为重点的社会建设的重大决策,提出了"人人享有基本生活保障","努力使全体人民学有所教、劳有所得、病有所医、老有所养、住有所居"等一系列新的目标,对我国社会福利事业建设提出了新方向和新要求。这意味着,加快建设更高水平的小康社会,最终都需要体现在人民生活的改善上,必须通过完善社会福利体系,让广大人民群众得到实实在在的利益。同时,我们也应看到,今日之中国,虽然经历了30多年波澜壮阔的改革开放,经济实力显著增强,绝对贫困人口大为减少,人民生活总体上达到小康水平,但是我国生产力水平总体上还不高,制约经济社会科学发展的体制机制性因素仍然存在,收入差距拉大的趋势还未得到根本遏制,城乡低收入人口的生活还面临不少困难,人民群众日益增长的社会福利服务供需缺口很大,城乡居民的公共需求正由生存型向发展型升级。这样的基本国情要求我们必须把持续提高人民群众生活水平作为推动社会发展进步的根本目标。因此,站在新的历史起点上,加快建立、完善中国社会福利体系,推动社会福利制度模式转型,已经作为全面建设小康社会和构建社会主义和谐社会的一项重要任务摆在我们面前。

三、本书的目标设计

我国社会福利事业改革的目标在哪里？如何加快社会福利事业改革,推动社会福利制度模式转型？这些问题,是我们在建立和完善社会福利体系过程中无法绕过的重大理论和现实问题,必须深入研究并提出系统可行的解决对策。因此,针对中国目前仍处于社会主义初级阶段的国情特征,本书力图通过系统地研究和回答上述问题,为新时期中国社会福利事业快速、健康发展提供更为科学的思路设计和备选方案,以期能够进一步提升政府的社会保障与服务能力,推进社会福利建设的公平化和普惠化,使我国的社会福利体系在社会主义和谐社会建设中更好地发挥积极作用。

我们认为,新时期中国社会福利体系改革的方向,就是加快实现向适度普惠型社会福利模式的转型。这是根据我国经济社会已经迈入新的发展阶段的实现,立足统筹经济社会发展、大力改善民生的需要作出的判断和选择。着力保障和改善民生,是防止认识上唯生产力论和片面追求 GDP 增长、实践上忽视或轻视经济建设与社会福利事业同步推进的必然要求。社会福利体系的建设与完善必须考量现阶段基本国情和现实条件,既不能落后也不能超前当前经济与社会的总体发展状况。基于此,我们认为,我国建立适度普惠型福利模式的主要目标是:以不断改善社会成员生活质量、弥合社会断裂、促进社会和谐为宗旨,走政府主导、多元合作、层次化、法制化、标准化的社会福利发展道路。其主要架构是:在福利范围上,覆盖生活困难群体、特殊问题群体、社会边缘群体;在福利程度上,在保障基本生活的基础上,向矫正社会问题延伸,满足人民群众日益多样化、多层次的需求;在发展机制上,坚持政府主导、社会协同、群众参与,在合作架构中推进社会福利的多元化发展;在政策支撑上,构建包括政府责任政策体系、职业专业化的社会工作政策体系、多元化和专门化的社区服务政策体系等社会福利政策体系。为此,模式转型的实现路径是:明确以民生为本位的社会福利价值取向,确立社会福利在以改善民生为重点的社会建设中的战略地位;加快完善制度体系,大力提升福利层级,不断强化服务功能,逐步建立并完善一个符合国情、多层次、广覆盖、有效率、可持续的完整的社会福利体系。

在中国,建立和完善适度普惠型社会福利体系仍是一项新的历史任务。就目前看,国内这方面的理论研究大多还缺乏广度和深度;同时,我国社会福利领域内的法规政策制度建设也相对滞后。因此,这些都迫切需要强化对社会福利理论的探索,系统梳理社会福利发展中存在的突出问题,借鉴国际先进经验和做法,研究我国社会福利事业发展的理论探索与实践经验,为新时期我国社会福利事业向适度普惠的方向发展提供有力的智力支持。基于此出发点,本书对中国社会福利体系进行了比较系统的研究,通过科学考察社会福利的实践进展,深化了对基础理论和现实问题的政策研究,进一步明确了我国社会福利事业发展的对策和思路。本书依据我国社会福利的基本内涵,突出了理论和实际的结合,对社会福利基本理论的探讨、社会福利体系及各个子系统的建设,以及中外社会福利制度的比较等专题,都进行了深度分析和研究。

尽管本书各章做了大量规范性和实证性的分析研究,然而社会福利领域的研究具有很强的开放性。长期以来,在社会福利理论和实践的研究中往往是充满了分歧与争论。我们深知,本书对于社会福利理论和实际的研究还远远不能满足我国社会福利事业发展的需要,甚至有些重要的议题仍有待于更深入的研究。为此,我们由衷地期待来自学术界和实际工作领域的同仁对本书提出批评、给予指正;也期待着中国社会福利的研究能够引起更为广泛的关注和重视。

四、本书的基本结构

本书通过探析社会福利的基本理论,辨析社会福利的基本概念,梳理社会福利思想演变和社会福利制度模式,在分析中国社会福利实践发展的基础上,坚持问题意识和发展取向,深入系统地研究了中国社会福利制度及相关子系统的建设与发展,力图实现应有的学术水准和政策应用之间的有机结合。本书共分九章,总体上的结构是:

第一章采取文献梳理和规范分析的方法,对社会福利的相关理论问题及中国社会福利的发展议题做框架性探讨,试图通过对社会福利的相关概念、思想观点的梳理形成清晰的认识。通过理论研究反思社会福利实践,探讨了社会福利领域出现的最新议题,提出了中国社会福利的发展模式、方向与策略。

第二章研究老年人社会福利建设,通过厘清老年人社会福利的基本内涵、主要内容、基本模式及制度构成,梳理了我国老年人社会福利的发展历程,揭示了当前我国老年人社会福利建设的现状及存在的主要问题。通过考察研究国外老年人社会福利的制度安排与实践经验,阐明了推进我国老年人社会福利事业发展的具体对策和基本思路。

第三章研究残疾人福利服务体系,界定了残疾人福利的基本概念,分析了残疾人社会福利的理论模式。通过对我国残疾人社会福利发展的现状与问题的研究分析,借鉴了发达国家残疾人社会福利服务的基本发展模式,指明了构建我国残疾人社会福利服务体系的基本路径。

第四章研究孤残儿童福利服务,通过对当前我国儿童社会福利发展状况的考察与梳理,指出了其存在的服务对象的局限性、服务功能的狭义性和服务方式的单一性等问题,提出了推进我国儿童社会福利事业发展的具体对策。

第五章研究社区福利建设,界定了社区福利服务的概念,揭示了社区福利服务的主要特征,全面考察了我国社区福利服务建设的发展与现状,系统分析了我国社区福利服务建设存在的主要问题与原因。在汲取国外社区福利服务建设的制度安排与可资借鉴的经验的基础之上,提出了加强我国社区福利服务建设的基本思路。

第六章研究优抚对象福利建设,分析了优抚对象福利服务的特点与功能,探讨了优抚对象福利服务制度的形成与现状,总结概括了我国优抚对象福利服务体系建设的创新与发展,指明了完善优抚对象福利服务体系建设的思路与原则。

第七章专题研究慈善事业与社会福利,分析揭示了社会福利与慈善事业的关系,考察了我国慈善事业的发展历程,剖析了社会福利与慈善事业发展所遇到的问题,提出了推进慈善事业发展的思路与对策。

第八章专题研究福利彩票与社会福利,细致考察了中国福利彩票的产生与发展,总结概括了中国福利彩票的管理体制和全国福利彩票市场的发展状况,指明了福利彩票的社会经济意义,揭示了中国福利彩票业存在的问题,明确提出了促进我国福利彩票事业健康科学发展的建议。

第九章对中外社会福利制度进行比较研究,比较了中外社会福利的概念,探讨了国外社会福利制度及模式,梳理了中国社会福利观念及福利制度的演变与发展,详细比较了中外社会福利制度,指明了新时期中国社会福利制度的选择与建构的具体内容。

第一章　社会福利基本理论探析

我国社会福利研究正处于起步阶段,还是一个有待深入研究的领域,有许多基础性的理论问题仍没有得到很好地廓清或解答。在社会福利这样一个充满理想冲动与平衡现实需要、动机、冲突的领域①,理论上的不足对于社会福利实践而言是一种先天性的缺陷。加强既与国际对接又具本土特色的基础理论的探究,应是我国社会福利理论研究不容回避的重要任务。社会福利基础理论的研究,应当超越经验主义范式,关注基本概念的讨论、思想争论的辨析、福利价值观的阐释、福利模式的情景分析;应当推进研究范式向抽象性、解释性、批判性、指向性转变,使理论层面的探讨更好地促进社会福利的理论创新与实践发展。

本章以社会福利基本理论为题,对社会福利的相关理论问题及中国社会福利发展议题做框架性探讨。主要目的是:对社会福利的相关概念、思想观点加以梳理并形成清晰的认识;通过理论研究反思社会福利实践;探讨社会福利领域出现的最新议题;提出中国社会福利的发展模式、方向与策略。研究过程主要采取文献梳理和规范分析的方法。

一、社会福利的基本概念

"社会福利"这一概念的内涵是社会福利理论中的核心概念,在学理上

---

① 参见钱宁:《社会正义、公民权利和集体主义——论社会福利的政治与道德基础》,社会科学文献出版社 2007 年版,第 5 页。

却一直存在多种解释和定义。考虑到社会福利既是一种社会意识形态范畴的价值追求,也是一种人们日常生活中的现实需要,又是一种国家的政治立场和制度设置,属于一个集合了抽象与具体、理想与现实、个体与集体的多维度概念,因而对如何理解社会福利,往往很难形成一致性认识。本章也无意于对社会福利规定一个普遍适用的定义,只想从价值、权利、制度的层面审视社会福利,这样应该更加符合社会福利的本质,也可能相对科学一些。

（一）社会福利的概念辨析

（1）价值视角的社会福利。价值是社会主体关于社会生活"好"与"坏"、"应然"与"实然"的哲学性认识,它产生于人们对待满足他们需要的外界物的关系中。社会福利是价值判断最为集中的领域。在语源学上,"福利"（welfare）一词是由"好"（well）与"处境"（fare）组合而成的,指的是幸福、福祉、健康。社会福利则是以福利为基础的社会性生活状况。但是,究竟怎样才是幸福、健康的生活状态,不同的人及因其所处的时空条件不同,总会产生不同的评价。因此,社会福利是一个充满价值判断的领域。一方面,这种价值判断是物质性的。由于社会福利总是一种客观状况,某些物质性条件的改善,对于社会主体而言总会起到"好"和"幸福"或"快乐"的作用①,福利的客观状况为社会主体评价生活状态提供了物质前提。另一方面,福利的价值判断又带有社会性。如前所述,不同的人和不同的社群,对于相同的物质性和精神性生活状况总会有不同的主观感受,这种个体性和社群性感受的无限性放大即转化为社会性感受。而一旦社会福利成为一种社会性的价值判断,在"对比心理"以及掺和了道德的、伦理的和经济的、政治的因素的情况下,会在一定程度上扭曲或异化个体或社群对于社会福利的真实性的评价,也就使社会福利超越了纯粹的个体性精神感受,而上升为体现价值取向的社会性范畴。从这个意义上说,作为价值的社会福利,可以从两个层面进行界定,一是如巴克尔主编的《社会工作词典》中,将社会福利看做是帮助人们满足经济、社会、教育和健康需要所推行的项目、津贴

①　参见周沛:《社会福利体系研究》,中国劳动社会保障出版社 2007 年版,第 5 页。

和服务体系。① 社会福利可以界定为有助于改善人们生活状况的物质性条件。广义上,它指的是促进人们幸福的政策和行动;狭义上,则指的是作为改善生活质量的制度和政策。二是如美国学者怀特科所给的定义,社会福利可以界定为是人们对一种满意社会生活的追求。② 正如效率是经济活动的准则,民主是政治行为的目标一样,社会福利则是公正社会所奉行的理念,即一个公正的社会应当以全体社会成员福利的改进为追求目标。因此,作为价值概念的社会福利,包含了一种理想化的欲求目的。不管是在个人主义传统还是反个人主义传统的理论中,将这种理念付诸实践,必然涉及社会成员利益关系的平衡和重大社会制度的构建。

(2)权利视角的社会福利。权利是一个与社会福利关系密切的概念。从一般意义上讲,权利缘于对专制、剥夺等社会现实的反叛和对人本、人道的抽象性尊重,指的是保护人的平等、自由和追求幸福的社会原则。从历史的角度看,权利概念经历了从"自然权利论"向"社会权利说"的演变过程。自然权利论强调权利的是天赋性、先于社会性、绝对性和普遍性,它从人道主义的立场出发,将社会福利看成是人的生存本能的普遍性要求,展现的是对人类生存和幸福生活的总体福利关怀。如果说自然权利视野中的社会福利是从道德上主张一种人人可享、均等普及的生存发展观,那么,社会权利中的社会福利观则进入到政治领域。与具有纯理性和抽象性特点的自然权利不同,在现实生活中,人的权利绝不是自然权利,而是"法理的权利"。③法律赋予社会生活中的人的权利称为社会权利。在社会权利视野中,权利是人们追求社会福利改进的手段。在一个人人都在追求自身幸福的社会,立法的目的在于调节社会关系,维护社会正常秩序,由法律所规定的权利,就是要通过调节个人利益与公共利益而使人得到最大的幸福。社会权利的

---

① 转引自王思斌:《社会工作导论》,高等教育出版社2004年版,第54页。

② 美国学者怀特科认为,社会福利是指社区或社会的满意状况,是社会不断追求的结果,在这一追求过程中,人们对生活质量是什么以及应该是什么进行了界定,并努力使之变为现实。参见[美]威廉姆·H.怀特科著,解俊杰译:《当今世界的社会福利》,法律出版社2003年版,第29—30页。

③ 参见钱宁:《社会正义、公民权利和集体主义》,社会科学文献出版社2007年版,第193页。

实践内含一种预设,即国家要以公共利益维护者的身份,承担社会权利的保障责任。因此,社会权利视野中的社会福利,可以理解为是国家通过保障公民权利而改善社会成员的生活质量。西方社会正是把追求幸福作为人的社会权利,才为建设福利国家确立了实践的逻辑基础,没有权利自然就不存在国家的社会功能。从国家不是以人为工具而是以人为目的开始承担社会责任,一直到福利制度的大规模建立,社会权利经历了一个长期的历史过程。在这一过程中,权利的内涵则经过了不断的变化,使社会福利的范围、内容以及目标也呈现出历史性的发展变化。此外,权利作为一个政治学概念,它强调与义务的对等性,而权利与义务之间形成的不同组合,又成为划分社会福利模式的重要依据。

(3)制度视角的社会福利。社会福利通常是被作为制度来定义的。比如,国内对社会福利下的定义是:国家和社会为增进和改善社会成员尤其是困难者的社会生活而提供的一种社会制度。在欧美流行的定义是:社会福利是为了保证个人及集团成员拥有平均生活水准和身体健康而提供的各项社会服务和有关制度的组织体系。在福利国家体制中,社会福利是指国家旨在实现其社会功能的一系列制度体系。按照这些解释可以看出,社会福利的实践形式是制度及其运行。因此,从制度入手对社会福利做概念辨析更能接近和揭示其本质。制度一般指的是在特定社会范围内统一的、对单个社会成员的各种行为起约束作用的一系列规则。[①] 在制度经济学的视野中,对制度的解释一直存在着演进性和构建性两种发展路线。从长期来看,一种制度的形成是由参与社会互动的社会成员经过长期社会性的演化博弈而生成的。从短期来看,一种制度是由个体为了自身利益的最大化,通过理性计算有意识地构建形成的。社会福利作为制度,就是在这种演化和构建的协同作用下形成的。如果按照青木昌彦[②]对制度的理解,最早的社会福利制度应当是民间的宗教慈善和社会互助,这是社会福利制度的原初形式,

---

① 参见黄少安:《制度经济学概论》,高等教育出版社 2008 年版,第 6 页。
② 日本学者青木昌彦认为,制度是关于博弈如何进行的共有信念的一个自我维持系统。

它属于一种民间活动,但却是以制度的形式出现的,它使人们对扶危济困观念达成社会共识,并融入社会成员的自我实施性行为之中,尽管此时的社会福利还没有进入国家视野。到了近代,随着大规模工业化的出现,社会福利制度进入国家政策的层面,以国家力量的介入并伴以法律的形式,是社会福利制度化最鲜明的标志。因此,在现代社会,社会福利最通常的解释都是作为制度而定义的。

　　根据制度范围和机制的不同,国内外学者对社会福利制度进行了细致的划分,比较流行的看法主要包括剩余型(补缺型)社会福利、制度型社会福利和发展型社会福利。① 剩余型社会福利是一种补充市场和家庭福利机制不足的制度,当市场和家庭不能满足个人需要,作为第三种社会机制的社会福利制度才开始介入,以弥补正常机制的失灵。制度型社会福利又被称为机制型福利制度,是现代社会结构中常规化、永久性、面对全体公民的一种再分配机制。发展型社会福利制度则是指一套旨在提高人们的生活质量和满足人类发展需要的福利制度,而不仅仅是为了防止或矫正社会问题。通过这种划分可见,同样都以制度来定义社会福利,不同的视角和定位对于社会福利制度的理解也是不同的。按照以上三种划分模式,从广义上看,中国的社会福利制度不符合以上任何单一类型,而是三种类型福利制度的混合体。其中的原因是,在我国现阶段,既有面向全民的社会保险制度,也有选择性的社会救助制度;既有满足基本生活的制度,也有旨在提高生活质量的制度。所以,在包含社会保障制度在内的"大福利"概念下,中国的社会福利制度是混合式的。而从狭义上看,我国现阶段的社会福利是典型的剩余型福利模式,它从属于社会保障制度体系,专指由民政部门主管的、以"扶老、助残、救孤、济困"为宗旨、为保障老年人及残疾人和孤残儿童等特殊群体的基本生活权益而提供的福利服务。其主要特点:一是在目标对象上主要关注社会困难群体和弱势群体,具有选择性;二是在保障内容上侧重于保障基本生活,具有救助性;三是在制度定位上主要为弥补市场和家庭保障机制的不足,具有补缺性。

---

　　① 参见范斌:《福利社会学》,社会科学文献出版社2006年版,第15页。

综上所述,从不同角度对社会福利概念的辨析中可以发现,社会福利在概念上可做多种理解,而更有实践意义的观点应当是制度视角的。在我国现阶段,对社会福利的理解有狭义和广义之分,狭义的理解主要是民政部门所持的观点,属于剩余型的福利制度模式;广义的理解是整合式的观点,属于混合型的福利制度模式。

(二)社会福利的产生与变迁

不管是作为哪个层面的社会福利,其产生都有特定的经济社会条件。从社会学的角度看,社会福利产生于资源稀缺条件下人与人之间不平等的社会关系。[①] 从制度视角看,社会福利的产生是演进和构建协同作用的一个产物。

1. 社会福利的产生

从根源上讲,人类社会之所以会产生社会福利议题尤其是制度化的社会福利,是因为人的需要。这是理解社会福利产生的第一个层次。有学者认为,社会福利是"直接和间接地回应人类的需要",目标是为了"满足人的日常生活欲望的状况"。可以说,人对幸福美好生活的向往和需要是社会福利产生的最初冲动。一个人的需要得到了满足,他就会感到幸福,也就处在福利状态,尽管这种福利状态具有一定的主观性。但是,人类社会用于满足人的生活需要的,首先是物质资料,物质资源的丰裕程度直接决定了人类需要的满足程度。然而,在人类社会发展中的每一个时代,由于受生产力发展水平的制约,自然状态的资源为人所用却是一个逐步的过程,相对于人类需求的无限性,一定社会发展阶段上的可用物质资料总是稀缺的。这样一来,围绕满足人的需要,就产生了如何使资源在社会成员之间进行分配的问题。

基于分配所形成的社会关系是社会福利产生的根本动因。伴随社会形态的演变和社会基础制度的变迁,人类社会围绕资源的分配主要形成了三种机制:优势占有机制、市场交换机制和国家计划机制。优势占有机制是在史前社会、奴隶社会以及封建社会中,不同社会群体依靠暴力、权势、身份、

---

① 参见范斌:《福利社会学》,社会科学文献出版社 2006 年版,第 2 页。

能力等所构成的优势力量占有资源,并在社会成员当中最终形成一种差序格局的福利状况。市场交换机制是以交易形式配置资源,在存在市场机制的社会中,利用劳动、资本、财产为要素的生产经营活动是个人获得财富和幸福生活的基本途径。国家计划机制则是国家作为公共资源的支配者,以行政和计划手段在社会成员之间分配物质生活资料。人类社会就是在上述三种分配机制的作用下,在社会成员之间形成了不同的物质资料分配关系,进而在社会成员之间形成了非均等化的福利格局。一些人拥有较多的物质资料而另一些人则拥有较少的物质资料,当这种不平等的分配关系固化为一种社会结构,处于不同结构层次内的社会成员从福利最大化出发,围绕多与寡、富与贫、强与弱的对立性社会现实,自然产生了不平等的社会关系以及不同的价值观念和政策主张。因此,在社会福利的发展历史中,由于存在着对于资源配置现实不同的认识角度和解决办法,就产生了不同的社会福利观及其制度体系。比如,基于个人主义的福利观认为,福利只是社会个体私人的事情,市场中自利的各方被一只"看不见的手"引向社会利益的最大化,所以福利是个人责任,只需要保证个人自由就可以通过个人福利的追求达致作为总体的社会福利。基于集体主义的福利观认为,社会福利涉及社会的好处如何在社会成员中合理地分配,以使社会维持公平正义和正常运转。在这种价值观的指引下,人类社会产生了福利国家体制、社会主义模式、合作主义模式的社会福利制度。因此,社会资源的配置及其不平等的社会关系,是社会福利价值和制度产生的根本动因,而只有当价值追求的社会福利认识转变为制度安排的社会福利行为,并以资源配置为核心对社会关系进行调整,这一社会福利实践的重要目标才得以达成。

制度既规定着社会福利关系的规则,又构成社会福利的制度性条件。人们通常对制度有着宽泛、互异的定义和分类,这里对制度作的定义是社会的博弈规则,它具有正规性、强制性、层次性特征。关于制度的起源至少有三层含义:一是制度从无到有;二是在特定环境中新制度的产生;三是原有制度过渡到新的制度。① 马克思和恩格斯运用生产力和生产关系、经济基

① 参见黄少安主编:《制度经济学》,高等教育出版社 2008 年版,第 45—46 页。

础和上层建筑的关系理论,探讨了多种基础层面的制度的起源问题。在本书的研究中,用新制度经济学关于制度演化和构建的理论来探讨这种具体而细微的社会福利制度可能更具针对性。按照制度的层次理论,社会福利制度属于基础性制度或者框架性制度下的具体化制度,在制度谱系内属于社会制度,在制度类型上属于正式制度。历史事实表明,社会福利制度是在已经存在基础性制度的背景下产生的,其中最为重要的是国家,国家这种制度的产生使人类社会脱离了自然状态而进入到政治社会,使人们的生命、自由、财产等权利从此置于国家的裁决和保护之下,也使社会福利事务有了一个合法的行为主体。围绕国家社会职能的发挥,一些框架性的制度,比如产权制度、市场制度、财政制度等不同层次的制度在历史的发展中陆续出现,以这些制度为逻辑起点和架构起点,并在不同制度发生共时性关联以及制度体系内部发生结构性关联的制度生态演化中,逐步构造了社会福利制度产生的制度性条件。如果说制度性条件使社会福利制度的产生成为可能,那么有效需求则将这种可能转变为现实。按照前文所述,资源分配的不平等使一部分人的需求得不到满足,出现社会不公正,并引发社会矛盾和社会不稳定,特别是人类社会进入工业化发展阶段以来,市场将人与人之间的关系变成赤裸裸的利益关系,一种对国家加强社会有序管理的要求产生了对社会福利制度的需求,因此,社会政治精英和权威机构,为了实现社会利益的最大化,通过理性计算有意识地构建形成了针对工业化所共有的、由于疾病、年迈、伤残、失业、贫困等原因造成的收入损失或生活无着的社会保护制度。比如,1601 年英国的《济贫法》、1874 年日本明治政府的《恤救规则》、1883 年德国俾斯麦政府的《疾病保险法》,这些制度的形成都是人为构建的结果,其构建过程可用一个简单图示(如图 1-1)加以说明。这种强制性制度构建离不开制度演化这个基础,制度演化为制度构建提供了制度共识,使得制度构建在某一时点上出现成为可能。

2. 社会福利形态的变迁

社会福利形态指的是社会福利的表现形式。在人类社会发展史上,社会福利在形态上主要出现了非制度性民间互助和制度性福利两种基本形式。其中,制度性福利一般是以国家法律为实施依据,按照惠及范围和制度

图 1-1　社会福利制度的构建过程

机制的不同又可分为社会救助、社会保障、社会福利。

民间慈善互助是社会福利的最初形态。无论是中国还是国外,由民间个人、团体开展的各类慈善互助活动无疑都是一种重要的社会福利现象。中国人自古就有"慈心为人、善举济世"的优良传统,从村落家族的"义社"、"义米"、"义塾"到宗教寺院的"救济贫病"的善行,从政府"开仓赈灾"到社会的"慈幼济贫",我国民间慈善义举薪火相传,为制度性社会福利的形成奠定了良好的社会基础。在西方社会,基督教在民间慈善活动中占据重要位置,其一贯倡导人道主义精神,强调人的生命价值在于善待需要帮助的人,使得基督教会的慈善形象相当突出,使其成为当时主流的社会福利形式。由于民间慈善活动符合社会法的规定性,且相对于依靠政府力量发展的制度性福利而言具有广泛、灵活的优势,在社会福利的演变发展中一直是一种重要的表现形式。

制度性福利是社会福利发展的基本形态。16 世纪以后,随着英国资本原始积累的大规模进行,大量破产农民涌入城市,并在城市中迅速形成庞大的贫困人口,造成一系列社会不稳定问题。此种情况使原有的民间慈善互助活动难以满足工业化所带来的救助贫困、维护社会秩序的需要。因此,英国政府于 1601 年出台了《伊丽莎白济贫法》,这标志着制度性社会福利的产生。马绍尔(Marshall)曾将这一时期的《济贫法》称为"微型福利国家"[1],原因是他看到了英国已经出现政府介入社会福利的端倪。在《济贫法》基础上,"以有选择地补救和扶助贫困者作为政府社会功能的基本出发

────────────

① 　参见周宏:《福利国家何处去》,社会科学文献出版社 2006 年版,第 11 页。

点,进而把国家的社会保护网扩大到覆盖所有工业社会可能遭遇风险的人群[①],成为社会福利的一种重要传统。英国中央政府这种通过法律形式加强国家行政功能的做法,唤起了世界其他国家对工业化背景下政府职责和政策的重新论证。但是由于各国在政治观念、文化习俗、民族风格等方面存在差别,以及工业化的进程也不一致,不同国家的政府在介入社会弱势群体的经济保障问题时产生了不同的方法或模式,德国就是一个典型的例证。19世纪末,工业化在德国得到迅速发展,各个联邦这一时期的分离倾向和不同阶级之间的尖锐对立,客观上要求政府强化利益协调。为此,德国俾斯麦政府出台了《疾病保险法》、《工伤事故保险法》、《老年与残疾保险法》,建立了由社会成员共同承担工业化社会风险的机制。相对于英国确立的国家保障责任模式,德国则是国家承担部分责任的一种合作主义模式。两类模式创造了两种传统,对后来世界各国社会福利制度的形成产生了深远的影响。

　　进入20世纪以后,全球社会福利制度在经济大萧条、第二次世界大战、石油危机等一系列重大事件的影响下,进入一个快速发展和深刻变革的时期,这是现代意义上的社会福利制度开始形成的重要阶段。1933年,为了应对经济大萧条,美国总统罗斯福执政后,采取了凯恩斯主义的政策,在社会福利领域颁布了《社会保障法》,规定国家和社会负有保障公民福利权利的责任,奠定了当代社会福利制度的基础。20世纪40年代,英国的威廉·贝弗里奇爵士受凯恩斯主义的影响,在其《贝弗里奇报告》中系统阐述了"保护国民免于大规模地失业……确定无疑的是国家的职能"[②]的思想,并勾画了"从摇篮到坟墓"的福利国家蓝图。贝弗里奇报告的出现,促使英国政府先后颁布了6项关于社会保障方面的立法。更为重要的是,它促使那个时期的工业化国家形成了新的共识:国家的对内社会保护职能与国家的对外职能是同等重要的。在这种新的共识支配下,法国、联邦德国、意大利等西欧国家普遍利用行政工具,动用政府财政资源,进行了大规模的福利再分配,在第二次世界大战结束后由于"冷战"形成的短暂和平局势下,西方

---

① 　参见周宏:《福利国家何处去》,社会科学文献出版社2006年版,第15—16页。

② 　参见周宏:《福利国家何处去》,社会科学文献出版社2006年版,第16页。

主要资本主义国家掀起了福利国家建设的一股热潮。从1943年英国率先宣布建成福利国家开始,至20世纪50—60年代,欧洲资本主义国家先后形成了福利国家体制。这种所谓的"福利国家"是从政治学上对国家形态的理解,它是国家的社会功能在现代民主社会的一种表现形式。福利国家的核心理念是人人享有平等公民权,由国家为公民提供必要的福利保障,使每一个公民都拥有"去商品化的地位以及对抗市场的力量"。英国学者埃平斯·安德森进而将福利国家分为自由福利国家、组合福利国家、社会民主福利国家三类。无论哪种类型的福利国家,都对第二次世界大战以后的欧洲社会发展发挥了巨大的推动作用。福利国家的社会开支占到国民收入总值的10%—20%,到70年代末福利国家的"黄金时期"结束之前,西方国家完成了有关福利国家的立法,设立了现代福利国家制度所包含的主要保险项目和管理机构,政府对福利事业的干预占据主导地位,各项社会开支占国民收入总值的比例已经超过45%。[①] 但是,庞大的福利开支以及由此形成的支出刚性也为福利国家危机的出现埋下祸根。70年代以后,以"高增长、高福利、高税收"为特征和基础的福利国家体制,在石油危机的冲击下逐渐暴露出其弊端。一方面,经济衰退使财政收入减少,而扩张性的凯恩斯主义政策却无法使经济走出低谷;另一方面,经济平稳时期推行的大规模福利计划,不但使社会福利支出超出了经济增长率,而且使社会形成"福利依赖病",无疑又加剧了政府的财政负担。这又使得福利国家体制饱受诟病,其中的一些片面认识甚至对社会主义国家的社会福利制度建设造成了不良影响;同时,一些福利国家纷纷找寻出路,涌现出了如"新自由主义"、"第三条道路"等改革思潮,社会福利进入制度改革的新时期,社会福利形态也处在动态调整之中。

二、社会福利的主要思想

社会福利思想源远流长,从古代社会一直到当代社会,东西方先贤哲

---

① 参见周宏:《福利国家何处去》,社会科学文献出版社2006年版,第70页。

人、社会思想家在不同的时空环境下,创造了纷繁多元的福利思想,这些思想、理论既反映了不同时期的社会福利实践,又对社会福利的发展具有指导性。总而言之,对当代世界社会福利发展具有直接影响的要数马克思主义的社会福利思想,以及以自由主义、民主社会主义和"第三条道路"为代表的西方社会福利思想。

(一)马克思主义的社会福利思想

马克思主义不仅是具有世界影响的意识形态,也是一种科学体系,是社会主义国家社会福利实践的指导思想。马克思主义的社会福利思想主要体现在马克思主义者对资本主义的批判和对社会主义、共产主义的本质认识当中。

1. 马克思、恩格斯的社会福利观

马克思和恩格斯是马克思主义的创始人,在《资本论》《共产党宣言》、《哥达纲领批判》等文献中,以批判的立场揭露了资本主义生产关系的剥削本质,从生产力与生产关系的矛盾运动中论证了社会主义取代资本主义的历史必然。尽管马克思、恩格斯没有直接论述资本主义社会中的社会福利问题,但马克思主义理论从变革社会形态的高度,在对资本主义生产关系的剖析和对未来社会形态描述中,表达了他们对一些社会福利命题的深刻阐释。概括来看,马克思主义创始人的社会福利观主要集中在以下两个方面。

(1)对福利不平等现实的揭示。马克思主义从商品入手,对资本主义社会中的不平等关系做了深刻揭示。按照前文所述,社会关系的不平等实际上是以人们占有物质资料的不平等为基础的。在马克思、恩格斯看来,资本主义社会的不平等包括人的社会地位不平等和财富占有不平等。在资本主义社会中的人分为对立的两大阶级,两大阶级之间"在一极是财富的积累,同时在另一极,即在把自己的产品作为资本来生产的阶级方面,是贫困、劳动折磨、受奴役、无知、粗野和道德堕落的积累"①。广大无产阶级不可能有自我实现的机会,资本主义生产关系使工人阶级注定是作为工具而存在

---

① 《马克思恩格斯选集》第2卷,人民出版社1995年版,第259页。

的,工人创造了价值而得到的回报只是为了维持再生产的需要,他们的生活却日益陷入绝对贫困和相对贫困的状态;而在另一极却是财富的不断积累。资本主义社会的阶级关系的改变只能依靠革命,无产阶级只有联合起来,通过阶级斗争来改变不公正的经济和社会制度,他们的社会福利状况才能得到根本的改变。

(2)对于社会主义福利原则的设想。① 马克思、恩格斯运用生产力与生产关系理论,论证了资本主义社会无法逃避灭亡的根本规律,指出阶级斗争必然导致新的社会形态的出现,这就是社会主义社会和共产主义社会。在这种社会中,没有剥削和压迫,人人自由、平等,物质资料的分配在社会主义阶段实行"各尽所能、按劳分配"的原则,在共产主义阶段实行"各尽所能、按需分配"的原则。他们提出了在未来社会建设社会福利的若干原则:第一,劳动只是提高工人生活的手段,劳动所得要按照权利平等的原则属于全体社会成员。第二,劳动所得用于消费之前要做两次必要的扣除,一是扣除用来补偿消费掉的那部分生产资料和用于扩大再生产所追加的部分,以及应对突发事件预留的后备基金;二是要扣除社会管理所需要的管理费用。第三,所有儿童从脱离母亲照顾时起,一律实行公费教育,且教育要与工厂劳动有机结合起来。第四,为劳动者建立公共住宅,并拆除一切不符合卫生条件或建筑状况很差的住宅及街道。第五,逐步消灭城乡差别,使社会成员能"共同享受大家创造出来的福利"。

2. 列宁的社会福利观

列宁在领导俄国无产阶级革命的过程中,提出的革命纲领和主张包含着深刻的福利思想。早在1902年,在为俄国社会民主工党起草的纲领草案中,列宁就比较系统地提出了限制资本主义剥削、维护工人阶级基本福利的指导思想。他从维护劳工利益的立场出发,详尽地规定了工人的劳动时限,禁止使用童工,保护女工利益,改善劳动待遇和工作条件等,形成具体的保护方案。此外,在针对当时俄国杜马所提交的有关工人保险法案,列宁提出了建立国家保险的基本原则。他认为,建立工人保险制度是资本主义发展

---

① 参见范斌:《福利社会学》,社会科学文献出版社2006年版。

进程中的改革,对于维护资本主义条件下的工人权益是有利的,工人保险的最好形式应当是国家保险,建立国家保险应遵循的原则,一是国家保险对工人因失业、伤残、老年、残疾、生育以及工人死后遗属的抚恤应给予保障;二是保险对象包括一切雇佣劳动者及其家属;三是雇主对所有受保险者要补助全部工资,一切保险费用由企业和国家承担;四是各种保险都应由统一的保险机构办理,这种机构应按照区域原则和尊重被保险者自愿的原则建立。列宁虽然对资本主义条件下的工人保险持积极争取的态度,但他仍然认为"必须彻底推翻沙皇制度,争得无产阶级自由进行阶级斗争的条件,才能实现真正符合无产阶级利益的保险改革"①。总之,列宁的福利思想是无产阶级福利观的集中体现,这种福利观一方面反映了在资本主义生产关系下无产阶级对于福利利益的积极争取;另一方面也体现了对未来无产阶级占统治地位时的社会福利的战略构想。

　　3. 邓小平的福利观

　　邓小平是中国改革开放的总设计师,建设有特色社会主义道路的主要开拓者。党的十一届三中全会以来,在邓小平领导下,中国共产党人系统地回答了什么是社会主义、如何建设社会主义等一系列基本问题,创立了邓小平理论。在邓小平理论的形成过程中,虽然没有直接提及"社会福利"问题,但是邓小平理论包含着对改善人民物质文化生活的追求,反映了中国的执政党所持的社会福利观。邓小平的福利观包括两个方面的内容:一是对社会主义的本质认识上。邓小平对社会主义本质的概括是一个严密的逻辑体系:首先,社会主义的本质是"解放生产力、发展生产力","社会主义阶段的最根本任务就是发展生产力,社会主义的优越性归根到底要体现在它的生产力比资本主义发展得更快一些、更高一些,并且在发展生产力的基础上不断改善人民的物质文化生活"。② 这一论述蕴涵着发展生产力、扩大物质财富是改善人民福利处境根本基础的思想。第二,社会主义的本质包括了"消灭剥削、消除两极分化"的内容。邓小平说:"我们的政策是不使社会导

---

① 《列宁全集》第21卷,人民出版社1990年版,第156页。
② 《邓小平文选》第三卷,人民出版社1993年版,第63页。

致两极分化,就是说,不会导致富的越富,贫的越贫。坦率地说,我们不会容许产生新的资产阶级。"①"只要我国经济中公有制占主体地位,就可以避免两极分化。"②这一论述体现了社会福利讲求公平均等的重要原则。第三,社会主义强调实现共同富裕是最终要达到的目标。社会主义就是要使全体社会成员过上富裕幸福的生活。邓小平特别重视共同富裕问题,并在这个问题上澄清了许多模糊认识。一方面,他重申按劳分配的性质是社会主义的,肯定了物质利益原则;另一方面,邓小平从不同角度强调我们所讲的富裕是共同富裕,这是社会主义的根本目标,也是社会主义的最大优越性。由此可见,小平同志关于社会主义本质的论述充满了社会福利的原则和目标追求,而且他将社会福利放在社会生产力的解放中来发展,放在基本分配原则的坚持中来维护,使人们对社会福利的认识上升到社会主义本质的高度上来。二是分"三步走"的现代化发展战略的谋划上。邓小平从社会主义初级阶段基本国情出发,提出了分"三步走"基本实现社会主义现代化的发展战略。1982 年,邓小平在会见联合国前秘书长时谈道:"我们摆在第一位的任务是在本世纪末实现现代化的一个初步目标,这就是达到小康的水平"。③ 1987 年 4 月,他又全面地阐述了"三步走"战略:"第一步在八十年代翻一番。以一九八〇年为基数……翻一番,达到五百美元。第二步是到本世纪末,再翻一番,人均达到一千美元……把贫困的中国变成小康的中国。……我们制定的目标更重要的还是第三步,在下世纪用三十年到五十年再翻两番,大体上达到人均四千美元。做到这一步,中国就达到中等发达的水平。"④党的十三大按照邓小平的这一构想,在党的文件中对"三步走"发展战略做了正式阐述,使"三步走"发展战略上升为党的指导性文件,转化为建设社会主义现代化的伟大实践,描绘了中国人民幸福美好的生活前景。综上所述,邓小平关于社会主义本质的论断和"三步走"的战略思想,

---

① 《邓小平文选》第三卷,人民出版社 1993 年版,第 172 页。
② 《邓小平文选》第三卷,人民出版社 1993 年版,第 149 页。
③ 《邓小平文选》第二卷,人民出版社 1994 年版,第 416—417 页。
④ 《邓小平文选》第二卷,人民出版社 1993 年版,第 416 页。

是一种体现社会主义本质的福利观,是一种强调以经济发展为基础、以共同富裕为目标的社会主义福利观。

(二)西方社会福利思想

20世纪以来,西方社会福利思想中的自由主义、社会民主主义和"第三道路"理论在与各流派的交锋争鸣中逐渐占据主流地位,对一些国家的社会福利制度安排产生了重大影响。

1. 自由主义的社会福利观

自由主义(liberalism)是欧美社会思想中的重要流派,这种思想历史悠久、形态各异、影响深远。自由主义的核心价值在于它认同个人自由和个人选择,历史上各种形态的自由主义就是在这一原则的基础上保持了相对的独立性。在发展阶段上,人们一般是把自由主义分为古典自由主义和新自由主义。古典自由主义以亚当·斯密、穆勒等人的学说为代表;新自由主义则以哈耶克、弗里德曼等人的学说为代表。在社会福利领域,自由主义具有"反集体"的传统,古典自由主义积极主张市场福利和个人福利,反对国家对个人福利的干预;新自由主义则在新的时空背景下,坚持有限度的国家干预,主张实行剩余式的社会福利。总的来看,自由主义是欧美主流文化和社会思想的基础,自由主义福利理论是指导欧美国家发展社会福利的重要理论基石,在与社会主义思想的争锋中以及应对福利国家危机中占据着重要地位。

古典自由主义起源于18世纪的启蒙运动,发展和兴盛于19世纪。当时资本主义正处于重商时代,商业资产阶级极力推崇市场竞争,反对国家干预。为此以斯密为代表的早期自由主义者们竭力为他们的主张进行辩护和阐释,这其中包含了一系列的社会福利观点。概括来看,古典自由主义的社会福利观主要是集中在两个方面:一是社会福利是个人责任。在福利思想上,作为自由主义的一面旗帜,亚当·斯密认为,自然秩序支配着人类的社会经济活动,因此,顺其自然并让自然秩序发挥作用才最有利于国民财富的增长。他论证了利己是经济活动的最初动力,在"看不见的手"的作用下,由无数利己行为形成的市场机制会自动地实现资源配置的最大化,进而使财富运用达到最优效率。在他看来,个人对福利的追求能自然达致社会整体福利的最大化和得以不断增进。同时,国家也要对劳动者的福利加以关心,一个大部分社会成员处于贫困悲惨境况的社会,绝不是一个繁荣幸福的社会,因此,要制定最低工资标准,保证工人自己及其家庭的基本生活所需。"最高的劳动工资不在最富有的国家出现,却在最繁荣,即最快变得富裕的国家出现",所以,提高工资有利于繁荣经济。二是政府在福利领域实行有限干预。在斯密看来,国家的角色是市场机制的"守夜人",其职能主要有三方面:维护国家安全;保护公民法律权利;提供公共物品,举办公共事业。国家在上述领域之外,要让自发的市场调节决定生产的效益和调节经济生活秩序。穆勒区分了命令式政府干预和非命令式政府干预,他支持政府实行有限干预。政府不干预原则不适用于初等教育、社会弱势群体、永久性契约、规定劳动时间、利他公益服务和社会事务等情况。在这种有限干预思想的主导下,他主张有限社会救济,认为人是生活在互助状态下的,而不是生活在自然竞争状态下的,针对贫困人口的救助是必需的,但这种救助要以不损害个人自助精神和自立意识为原则。总之,古典自由主义社会福利思想在基调上是消极性的,在形式上是剩余式的,反映了社会福利议题尚未完全进入社会有机运行体系。

从19世纪晚期开始,自由主义进入发展的第二个阶段。特别是在20世纪70年代以后,新自由主义思潮在欧美主要国家风行一时,成为影响70年代末英国的撒切尔夫人施政和80年代初美国的里根政府施政的主要政策思想。新自由主义继承了古典自由主义社会福利思想的基本原则和思想精髓,强调自由市场经济并反对凯恩斯国家干预主义;同时,新自由主义随着各国社会福利的实践进程得到应时性的丰富和发展。新自由主义的核心价值观是个人主义的,其理论出发点是个人自由和个人权利。在个人与国家的关系上,它强调个人是国家的基础,国家是个人的集合,国家是保障个人权益或利益的机构。新自由主义社会福利思想的主要代表人物有哈耶克、密尔顿·弗里德曼等人。他们的社会福利观主要体现在以下两点:一是在福利供给方面,与古典自由主义一样强调福利是个人责任。新自由主义仍强调个人福利的改善要依靠市场机制发挥主导作用,尽管思想主张与古典自由主义并无二异,但立论依据却存在很大差别。古典自由主义由于所处的时代大致是在市场体制崭露头角之际,个人为自身福利负责是被当做市场机制的效益看待的,所以在斯密所处的时代,政府只要当好"守夜人",个人福利只需交由"市场"就可以了。而在由古典自由主义向新自由主义的转换中,世界历史上接连发生了第一次世界大战、"经济大萧条"、第二次世界大战、"石油危机"等重大事件,抑或正是这些重大事件带来的政治、经济、社会变化,才导致了自由主义传统的嬗变。但是在发生了时空变化的条件下,相对于古典时期,人们更深刻体会了"市场失灵",看到了"凯恩斯主义"的失败,也发现了"福利国家"的弊病。那些信奉"自由"的人再一次地站了出来,以构造的新理论对国家干预进行批驳。西方经济学家、政治哲学家哈耶克就从"扩展秩序"出发,认为国家主义的思想是一种"致命的自负",它是一条"通往奴役之路"。哈耶克进而对"福利国家"这种"人造的秩序"提出了尖锐的批驳,他认为福利国家构成了对个人自由的威胁;福利国家具有短视和低效现象,国家这种"单一渠道"的发展模式,将成为未来发展的主要障碍";福利国家遏制了自由市场经济,破坏了社会经济的发展。①美国货币学派代表人物密尔顿·弗里德曼也坚决支持自由经济,反对国家对经济生活实施过多干预,自由社会中的政府角色应当是"规则制定者"和"裁判员",以解决不同个人的自由之间的冲突。② 弗里德曼以他的货币主义理论为基础,认为国家福利应当是一种以非再分配形式体现的"公共利益",采取"负所得税"有利于救助贫困对象,"既可以维护市场的功效,又能保障社会中弱势阶层的利益"。③ 可见,自由主义在福利问题上的个人传统是一贯的,古典自由主义与新自由主义之间的区别主要在于立论基础的不同,这种不同反映了变化了的时空条件。二是对于"福利国家"持否定性评价。新自由主义者们竭力主张市场自由,对福利国家给予尖锐的批评。他

---

① 参见周沛:《社会福利体系研究》,中国劳动社会保障出版社 2007 年版,第 147 页。
② 参见〔美〕密尔顿·弗里德曼著,唐绍杰、齐心等译:《资本主义与自由》,商务印书馆 2004 年版,第 31 页。
③ 参见熊跃根:《论国家、市场与福利之间的关系:西方社会政策理念发展及其反思》,《社会学研究》1999 年第 3 期。

们认为福利国家的根本缺陷在于：第一，人的理性能力是有限的，福利国家以"构建论的唯理主义"为假设，其立论前提是错误的。第二，福利国家是对自然秩序的破坏。社会是按照扩展秩序运行的，福利国家作为人为制度，实际上是对自然秩序的破坏。第三，福利国家对政治经济运行造成危害。强制性的资源再分配助长了"福利依赖"，降低了经济效率；福利国家促进了利益集团的发展，使政府为利益集团所左右，无法全面兼顾社会需求。总之，新自由主义认为国家并不能真正解决社会经济的发展和福利问题。但是，新自由主义者们也并非观点一致，他们中的有些人并不是彻底否定"福利国家"。比如哈耶克"关注的是福利国家对市场经济的负面影响以及由此带来的对公民自由的限制，然而，他并没有彻底否定福利国家……只是反对将一切责任都归属到政府的范畴"。① 弗里德曼也不认同国家的福利干预就是对个人自由的彻底否定，他认为在市场失灵时政府可以为社会需求者提供福利，只是采取的方式应当是"非再分配"形式的。

2. 社会民主主义的福利观

社会民主主义（social democratism）发端于 19 世纪中期，这种思想来源于"讲坛社会主义"和"费边社会主义"。讲坛社会主义是 19 世纪 70 年代至第一次世界大战之前，在德国发展起来的一种反对自由主义、主张国家干预的学说；费边社会主义是 19 世纪末 20 世纪初，在英国由一部分知识分子发起的一种走资本主义改良道路的社会思潮。社会民主主义在意识形态上介于社会主义与资本主义之间，其思想来源复杂，学说观点多元，理论流派较多，但在价值观和思想基础上具有共同性，因而尽管这一思想被冠以不同称谓，但是在社会福利领域，根据其推崇平等、自由、互爱的价值取向，提倡国家强力干预的社会政策，以及主张政府建立全民性福利制度这些显著的相同之处，人们习惯上将其概括为社会民主主义的福利观。社会民主主义思想在 1951 年召开的法兰克福会议之后，伴随英国等国家社会民主党的执政而得到广泛的传播，为欧洲福利国家的建立提供了重要的理论依据。在社会民主主义周围聚集了一大批不同时代的社会思想家，韦伯、蒂特马斯、

---

① 参见周沛：《社会福利体系研究》，中国劳动社会保障出版社 2007 年版，第 147 页。

马歇尔就是其中的杰出代表。

（1）费边社会主义的福利观。费边社会主义是一种集体主义的价值观，赞成国家干预和国家福利提供，否定最小国家干预的观念，其基本特征是民主渐进的社会改良和精英主义取向，主张通过非暴力革命的方式提升人类社会福祉。其基本思想观点，一是生产资料共同所有。韦伯提出了"市政社会主义"，认为只有生产资料公有才能得到最大幸福。二是从社会有机体的理念出发，强调要提高国民效率就必须确保国民的最低生活标准。每个公民过上有尊严的生活是人的天赋权利。政府有责任和义务，采取包括再分配手段向社会提供各种服务；但是个人必须为社会服务作出贡献，才能得到社会的回报。三是渐进实现社会主义。韦伯认为只有合乎宪法与和平的变革，才不至于引起混乱，才是可以接受的。四是剩余价值归社会所有。萧伯纳提出土地和资本都可以带来"租金"，这些"租金"是反社会的，应当用来补充劳动报酬。根据这些基本思想，费边主义者还提出了一系列具体的社会福利政策，比如，提出了"八小时工作法案"，制定了针对新《济贫法》的修正意见。①

（2）蒂特马斯的社会福利思想。蒂特马斯是英国费边主义思想的集大成者，其福利思想被称为"蒂特马斯典范"，是福利国家形成发展的重要理论基础。蒂特马斯将社会福利分为三大类型：剩余型福利、工作能力—成绩模式和制度性再分配模式。这三种模式的划分，主要是以国家的作用、优先考虑事项、接受者的地位及其政治立场为标准。三种模式各自特征见表1-1。

表1-1 蒂特马斯三种福利模型比较②

考察角度	剩余型福利	工作能力—成绩模式	制度性再分配模式
国家作用	只对市场和家庭不能满足的需求进行干预	根据生产效率和工作表现满足需求	普遍主义的国家管理服务，应该再分配收入和减少社会的不平等

---

① 参见钱宁主编：《现代社会福利思想》，高等教育出版社2006年版，第91页。
② 参见范斌：《福利社会学》，社会科学文献出版社2006年版，第109页。

续表

考察角度	剩余型福利	工作能力—成绩模式	制度性再分配模式
优先考虑事项	市场自由价值占主导,私人的提供受到普遍偏爱	关系经济成功,但社会需求的满足也被看做是必要的	满足社会需求被给予优先权,超过对经济效率的关心
接受者的地位	接受者被打上了失败者的烙印	接受者被看成是由于经济原因得到支持的潜在生产力资源	具有公民身份的所有社会成员都是接受者
政治立场	右	中	左

蒂特马斯认为:"自由放任"市场追求的是利润而不是福利,市场并不能满足个人和社会的全部需求。在一个普遍存在"负福利"和"社会成本"的工业化社会,要纠正市场对人的福利的破坏,就需要建立一套系统而有效的国家福利体系,为全体国民提供普及性的社会福利。这种由国家负责的社会福利体系应当有六个方面的职责:一是社会福利体系要具有分配和再分配作用;二是社会福利体系要促进社会整合和协调。社会政策的目标是"增强社区意识和参与,防止疏离;……不同的民族文化整合到社会中来";三是社会服务要承担起对那些在变迁中"去福利"问题进行补偿;四是社会福利最主要的目标在于增进个人和社会的福祉;五是社会服务并非是单纯的消费更是一种投资;六是社会福利体系能够弘扬利他精神。[①] 总之,蒂特马斯以其非凡的学术成就将社会福利思想推进到一个新的顶峰,他的福利理论堪称"福利的哲学",至今仍激发着社会福利领域中的实践探索和理论争鸣。

(3)马歇尔的公民权利理论。公民享有社会权利是现代社会福利制度的基础,也是福利国家的重要理论基石。英国学者托马斯·汉弗莱·马歇尔开创的公民权理论,为英国建成福利国家奠定了重要的理论基础。马歇尔按照社会发展历史,将公民权利划分为民事权利、政治权利和社会权利三种。民事权利,是人作为个体自由支配自己所拥有的权利,它通过法律程序

---

① 参见钱宁主编:《现代社会福利思想》,高等教育出版社2006版,第183—184页。

来维护个人的自由和个人在权利上与其他人的平等地位;政治权利,是公民参与行使政治权力的权利,它通过议会或政府委员会予以实现;社会权利,是公民享有一种符合社会标准的文明生活的权利,它以成员资格为基础,把改善社会福利状况、提供社会保障看做是国家的行动目标。马歇尔认为,社会权是实现民事权和政治权的前提,只有社会权作为公民权利确立之后,公民权利才可获得完整性。马歇尔利用公民权理论将早期以人道主义为基础的福利思想,发展到了以权利和人的需要为基础的福利思想,并且使社会福利的性质由一种社会控制的工具转变为一项人们为之奋斗的社会事业。这在社会福利理论发展史上具有重大的进步意义,在社会福利实践发展进程中具有直接的指导价值。在公民权利的理念下,福利成为公民在国家中所应该享有的权利,国家有义务建立社会福利制度体系以履行社会福利责任。公民权利理论使社会的弱势群体拥有了向国家要求福利待遇的基本权利,避免了福利接受者被标签化,接受福利援助不再伴随不平等的经济关系和社会关系。

3.“第三条道路”的福利理论①

20 世纪 80 年代以来,西方国家的政治领域兴起了一股超越“左”与“右”的中间主义路线,社会学家吉登斯(A. Giddens)将其称之为“第三条道路”。80 年代出现的这种中间路线与以往西方政治运动所标榜的“第三条道路”有着深刻的差别,它不仅仅是传统意义上资本主义与社会主义二元意识形态张力过度的结果,也是对过去的社会民主主义的全面复兴,是“后冷战”时代具有问题意识和全球思维的一种社会思潮,它代表西方左派政治集团在新的经济政治形势下,力图通过调整政治路线和理论创新突破传统思维,适应由“政党政治”向“选民政治”转变的重大政治现象。“第三条道路”集中反映了当代西方各国的政治发展,在思想、理论和制度、政策上对各国社会福利的发展产生了深刻影响。他们的社会福利思想主要体现在:一是在

① 参见钱宁主编:《现代社会福利思想》,高等教育出版社 2006 年版;范斌:《福利社会学》,社会科学文献出版社 2006 年版;[英]安东尼·吉登斯著,田禾译:《现代性的后果》,译林出版社 2000 年版。

福利国家认识上,深刻分析福利国家制度存在的矛盾,认为福利国家无法克服制度本身的人为风险,无法应对全球化深入发展的挑战,无法解决福利成本的增加与福利需求的无限扩大之间的矛盾。二是主张建立积极的福利社会。吉登斯认为,福利国家实际上是一种旨在控制外在风险的消极福利,难免会陷入自己制造的福利陷阱;应倡导建立一种积极的福利,公民和政府之外的其他机构应为这种福利作出贡献;福利制度在关注经济利益的同时,还须关注心理利益的培育。吉登斯眼中的福利社会是一种积极的福利社会,它首先是一个超越了单纯经济福利的机制,以克服人为风险、激发人的能动性作为实现个人福利的首要条件;同时,积极的福利社会也是一个积极解决"集体厄运"、促进全球平等与可持续发展的社会。三是建设"社会投资型国家"。为了建设积极的福利社会,吉登斯创造了"社会投资国家"的概念,"这一概念适用于一个推行积极福利政策的社会"。"社会投资型国家"实际上是主张在公共部门与私人部门之间建立一种协作机制,在最大限度地利用市场动力机制的同时,把公共利益作为一项重要的因素予以考虑,通过在全社会建立一种社会投资战略,发挥社会各方面的积极性,实现风险社会化的新型福利社会。"社会投资国家"主张的社会投资是一种多元化和民主化的投资,多元化指的是公共部门和私人部门建立投资协作机制;民主化指的是福利资源的分配采取自下而上的形式,充分发挥公民个人和社区或地方参与提高社会福利的积极性。作为一种投资机制,社会福利的投入不应由国家包办,而是一个国家与个人、企业与社会、经济因素与非经济因素相结合的混合型投资。总之,在理论上以吉登斯为代表、在政治上以英国首相布莱尔(T. Blair)为代表的"第三条道路",对西方国家在社会福利改革中纠正新右派的片面性、重建福利国家产生了极为有力的影响。

(三)社会福利思想评价①

社会福利思想包容于人类思想的智慧宝库,是人们对于一个社会的福

---

①　有些观点参考了学者钱宁在《现代社会福利思考》(高等教育出版社 2006 年版)一书中的观点。

利问题、福利制度和政策、福利追求的价值观、方法论和政策主张的理论性表述。它具有复合性的特点,是一种兼具独立性与交叉性、历史性与时代性、封闭性与容纳性、抽象性与现实性等多方面特性的形而上的理论形式。在不同社会形态中,在同一社会形态的不同发展阶段上,在不同社会主体那里,社会福利思想往往具有不同的价值指向、理论内涵和政策意义。考察社会福利思想及其演化线索,有利于我们正确认识其中的价值对立和观点演变,有利于从中获取实现社会福利制度不断改进的重要启示。

第一,社会福利思想的认识根源。人类关于社会福利领域内的思想绝不是凭空产生的。从源头上看,社会福利思想属于亚思想范畴,它总可以追溯至人类社会特定的认识根源和哲学基础。考察中西方社会福利思想的起源,可以认为主要有三大脉源,即东方世界的儒家文化、西方世界的基督教文化和古希腊时期的古典哲学。儒家文化与中国社会福利思想中的人本主义、宗族观念、恩惠理念有很大关系;基督教文化与西方社会福利思想中的个人主义、普世价值、互助传统有深刻渊源;古希腊哲学则广泛涉及社会福利的普遍性议题。可以说,这些思想文化是对存在于人的精神世界和物质追求中的人本、道德、伦理、慈爱、普世等理想观、现实观的深刻凝练,使人们在认识福利现象、批判福利现实、追求福利理想、构建福利制度等一般性命题,以及在认识和处理福利经济问题、政治分歧、价值冲突以及制度建设等特定性命题时,具有道德观和哲学观基础。在社会福利发展中,正是对这些深厚的思想渊源的传承、演绎、裂变,不断经历“差异和生成阶段”与“分离和对立阶段”的演变,才产生了不同的福利思想流派和不同的福利政策主张。这些不同的社会福利思想理论因而都带有深刻的“传统”印迹。尽管在福利思想的历史传承中,传统性色彩因不断经受时代性元素的冲洗而逐渐趋于淡化,然而,全球福利实践表明,传统的烙印对于社会福利的实践产生的影响却是不可否认的。这种影响是两方面的:一方面,它有利于发掘传统思想和民族文化中的智慧,促进社会福利实践在非正式制度环境中成长;另一方面,对于传统的奉行,也会导致观念上的封闭和思想上的阻碍,容易使社会福利实践陷入僵化与停滞。因此,我们辨别各种不同流派的社会福利思想理论,需要识别传统文化、哲学和宗教教义在一种社会福利思想形成、发展、演变中的影响,通过牵住福利思想渊源这条线索进而把握福利思想演变的轨迹;同时,我们分析不同社会福利实践,特别是在特定福利现象和模式的分析、比较面前,需要具有历史的眼光,注重从传统思想和历史传承中找寻线索和依据。

第二,社会福利思想的价值对立。我们发现,各种不同的社会福利思想普遍存在基本价值的矛盾对立。按照对社会福利思想的流派划分,如果将马克思主义社会福利思想、(新)自由主义社会福利思想、社会民主主义社会福利思想及"第三条道路"的福利思想做不同的组合对比,就会发现它们当中充满了价值冲突。有人认为这种冲突基本上是个人主义与集体主义两种福利观的对立。个人主义是一种把个人自由与需要的满足放在第一位、把福利看做是个人责任的福利价值观;集体主义则是一种将人人平等放在第一位、把福利看成是社会和集体责任的福利价值观。两种福利价值观的对立,在现实中主要体现在一个社会对以下三组对立关系的处理上:在经济上,怎样对待效率与公平孰先孰后的问题;在政治上,自由和权利与平等和公正哪一种政治观点更为根本;在意识形态上,资本主义与社会主义两种基本制度孰更优越。围绕这些对立性范畴,"选择"对于不同的社会主体而言往往具有不同的"帕累托最优解";同时,不同的"理性计算"必然带来"价值序位"的变化。尽管矛盾双方是对立的,但是社会福利思想中的这种价值对立也是互动性的。各种福利思想在既相互对抗和冲突又相互吸收和接纳的互动中,既促进了不同的福利现实又不断催生出新的价值冲突。在对价值对立问题的认识上,我们应当看到,正如任何事物的思想抽象只不过是一种理想观念的表达一样,以两极对立的形式表达福利理论的特征,并不意味着二者之间就是绝对对立和互斥的关系。事实上,社会福利思想在基本价值上的分野,往往会因为新的因素的出现而发生变化,并通过一系列的中间环节而形成你中有我、我中有你的包容关系。特别是在重要性上,福利的意识形态斗争被更为实际的社会政治议题超越之后,融合"左"与"右"的分立,选择"中间道路"和"混合主义"已成为全球社会福利发展的新趋势。因此,社会福利思想中的价值对立是一种绝对和相对辩证统一的现象。

第三,社会福利思想的问题与理论特征。纷繁多元的社会福利思想是在特定时空条件下，围绕人类需要怎样的福利、如何实现这样的福利等问题而建立的自己的理论体系。除了他们在价值上存在个人主义与集体主义之间的矛盾对立之外，不同的社会福利思想还深入探讨了社会福利"是什么"、"为什么"、"怎么样"等一系列基本问题。如果将价值观视为意识形态的范畴，那么，基本问题则是方法论或工具性的范畴。纵观主要社会福利思想的演变，可以认为不同福利流派主要是围绕以下基本问题展开理论构造的：一是在立场上，围绕福利是个人的还是社会的这一问题，对社会福利的责任归属进行讨论。个人主义传统以个人自由为依据，主张市场福利、工作福利、家庭福利；集体主义传统以社会需求和公民权利为依据，主张国家福利和社会福利；二是在功能上，围绕社会福利是作为社会管控的工具、政党政治的手段，还是作为促进人的发展与自由的权利、社会追求的目标而展开讨论；三是在原则上，围绕效率与公平、自由与平等谁更优先的问题，探讨社会福利的必要性和可能性，以及发展何种程度的社会福利可以最有效地处理两者之间的关系；四是在责任上，探讨国家、市场、家庭在社会福利中的作用；五是在机制上，围绕社会福利采取再分配手段还是市场化手段、实行公有制还是私营化展开讨论，探讨福利国家危机，探索福利国家走向。这些问题贯穿于社会福利思想的演变过程中，对于这些问题的解答，为社会福利思想由构想转化为现实提供了可能，也成为理解不同福利思想观点分野、政见各异的主要线索。在对这些问题进行讨论的过程中，社会福利思想展现了一些重要的理论特点。首先，社会福利思想具有显著的融合性。对社会福利问题的研究不仅局限在社会学、经济学领域，也包括政治学、伦理哲学等领域，总体上是跨学科、宽领域、开放性的。二是批判性。社会福利思想总是从批判性社会理想出发，在反思和纠正社会福利现实中得以发展、演变。三是意识形态性。从根本上讲，在不同的社会思想家那里，社会福利议题有着不同的价值意义。

第四，社会福利思想的时代感。社会福利思想既来源于历史，又是特定时代的产物。考察社会福利思想的演变历程，我们不难发现其中一条重大线索，那就是发生于世界历史中的重大社会变迁、重要政治事件、剧烈制度变革，对社会福利思想的演变持续产生着内在张力与外在拉力，不断促使社会福利的思想观点、理论体系、政策主张发生转向、融合、拓展,从而展现给人们一种强烈的时代感。这种时代质感,首先是反思性和批判性的,如前所述,这也是社会福利思想的重要理论特点之一。更重要的是回应性和构建性。这里的"回应性"是人们所持社会福利思想对于社会结构和社会制度变化的适应与发展。在这一点上,社会福利思想的演变是人们对于工业化、市场化、全球化等具有"自发性秩序"的变化所做的应对。这种自发性秩序实际上为福利思想演变提供了内在动力。这里的"构建性"是指社会对于非预期性事件后果的补救行动。我们认为,世界历史的发展并非是一条"平滑曲线",而是一种由"事件"推动的"拐点"式发展变化。历史事件的发生往往会对社会制度和社会意识的再造产生强烈需求,而满足这种事后需求往往就为福利思想的演变带来外动力。因此,从以上逻辑出发,可以认为,社会福利思想是沿着"渐进演化"和"激进突发"两种方式变迁的,但无论是哪种方式,都是时代的产物,都蕴涵特定的时代特征。

三、社会福利的制度构建

　　社会福利制度是社会福利实践的最直接表现形式。构建怎样的福利制度、如何构建福利制度以及如何认识当今世界的社会福利制度,是社会福利基本理论研究的基本内容。作为一定社会经济、政治、历史的产物,社会福利制度非但脱离不开特定的社会发展阶段,而且由特定的社会发展阶段所决定。因此,对于社会福利制度的研究,不但要对规律和共性进行抽象概括,而且要结合经济基础、社会条件、历史传统以及既有制度,从现实出发进行理性构建设计。

(一)社会福利制度的内涵、构成及特性

　　一般而言,社会福利制度是国家和社会为满足社会成员的福利需求而形成的有关制度安排。作为一种正式制度,它包括国家为了实施社会福利而形成的体制、制度、政策和措施;作为非正式制度,它包括社会成员出于人道主义意愿参与社会福利的意识、观念、道德。非正式福利制度由政府倡

导、社会公众志愿参与,并得到国家的合法化认可以及主流社会的价值认同。美国学者米基利(Midgley)认为,非正式社会福利制度包括个人、家庭、邻里和社区为增进社会福利、履行伦理和道德责任所承担的各种活动。①非正式制度尽管不在"构建主义"的视野下,但对于社会福利实践的发展有着深刻影响。因此这里稍做展开,以免对于这类制度产生遗漏,但研究的重点仍放在正式福利制度方面。

正如"制度视角的社会福利"中的论述,社会福利制度也有狭义和广义之分。广义的社会福利制度泛指与国家实施社会福利有关的制度安排;狭义的社会福利制度主要是特定范围和特定领域的专项性或专门性的福利制度安排。一般而言,广义制度是狭义制度的总体;狭义制度是广义制度的局部和构成。社会福利制度涉及社会生活的各个方面。在社会福利制度形成及其运行中,不仅涉及经济制度、政治制度、历史传统、社会环境、社会结构,也涉及不同社会群体以及社会成员各方面的问题。综合考虑多方面因素,概括来说,一个社会的福利制度一般包含三大构成要素:其一是社会福利制度的主体。即应当由谁承担社会福利产品的提供者和生产者的角色。根据不同的社会福利需求,国家、市场、社会组织、家庭(个人)及其四种力量的不同组合,都可以作为社会福利产品的提供者,也可以成为社会福利产品的生产者。在现代社会,提供者与生产者并非是一致的。有些福利产品的提供者本身就是生产者,有些福利产品的生产者与提供者是分离的,如政府购买市场组织的福利服务就是一种分离形式。在社会分工高度发展的条件下,明确社会福利主体中谁是生产者、谁是提供者,对于有效使用福利资源具有重要意义。其二是福利制度的对象。即社会福利产品是面向谁的,是全民还是特定群体,是选择性的还是普惠制的。一种福利制度一般要依据宪法原则、国家经济社会发展阶段,以及根据要解决的社会问题的性质,确定福利制度的对象范围。在社会福利发展的不同历史阶段上,以及在不同的福利思想中,对于福利对象的界定范围往往存在很大差别。其三是福利制度的内容。针对福利对象的不同,相应地确定有关福利项目。福利项目

---

① 　参见周沛:《社会福利体系研究》,中国劳动社会保障出版社 2007 年版。

也可以认为是福利制度框架内的具体性制度,各国福利制度的设计一般都具有层次化和类别化的特点,与公民日常生活有关的事项通常被作为福利制度保障的基本内容。总之,这三种要素是社会福利制度构成的基本要素。明确了这三种要素,也就明确了福利制度的基本框架,从而使社会福利制度在福利责任、福利对象、福利内容、福利形式、福利程度等基本内涵上得以清晰界定,也就为政府实施社会福利提供了制度依据。

社会福利制度具有鲜明的法律特征。任何一个国家的福利制度都是通过法律形式得以稳定并确保发挥长效作用的。虽然社会福利古已有之,但真正成为制度性的社会福利却是以法律形式体现的。之所以采取法律形式,原因在于社会福利属于一种公共议题和公共产品,无论是市场还是个人都不可能自发而为之,甚至有些社会福利问题本身就是市场机制的负面结果或者是为家庭和个人所不能解决的矛盾。因此,只有国家才具有解决社会福利问题的权力、权威和资源,而国家作为公众意志的集中和最高体现,只有通过立法程序才能合法地进行社会福利的实施。所以,无论是社会福利制度的确立还是执行,世界各国普遍以法律形式来进行。在现代社会,法律形式不仅包括国家立法机关制定的法律制度,也包括政府制定的政策法规。这些法律制度和政策法规,本质上都是对社会福利制度的法制规定,它们反映的是不同阶级、不同阶层的政治同盟或利益集团之间博弈的结果。这在欧美国家的社会福利实践中有明显的体现。以法律形式推行社会福利制度有着显而易见的优越之处,但是由于立法的周期相对较长,而且立法一般具有滞后性,所以立法方式也带有一定的弊端。特别是在一些转型国家,一些处在社会福利上位的法律制度还不够完善,社会福利实践也处于探索起步阶段,立法方式往往不如政府政策方式更为灵活有效。

社会福利制度具有重要的制度功能。一个社会之所以建立一种制度,实际上暗含着制度是重要的这样一种预设。制度学家从一般意义上探讨了制度的功能,舒尔茨将制度的功能概括为提供便利、降低交易费用、提供信息、共担风险和提供公共物品;诺斯则认为制度具有激励效应、抑制机会主义、减少不确定性等功能。实际上,不同的制度往往具有不同的功能,同一种制度因考察角度不同,也可能具有不同的功能。自从社会福利制度出现之后,无论是宏观的分析还是微观的考察,都可以得到一个印象,那就是社会福利制度在人类社会的发展中发挥着重要作用,这种作用是福利制度功能的发挥,它为一个社会提供了自我维持、自我改善、自我更新的能力。从结构功能的视角看,现代社会福利制度对于工业化社会有着举足轻重的作用,它是工业化社会正常运行的必要条件。工业化社会和市场机制的存在,一方面会带来物质财富的增长,另一方面也会在社会成员中造成财富差距,以及在不平等的财富基础上造成社会阶层分化、社会利益冲突,由此威胁一个社会的正常功能。社会福利制度通过为社会贫困成员提供生存和发展的保障,有助于促进社会整合,恢复社会功能。因此,对于社会而言,福利制度是社会运行的一种机制,缺少这一机制将导致社会的失序、混乱;对于国家而言,福利制度是现代国家职能实现的一种体制,缺少这种体制将影响国家的社会职能的实现;对于公众个人而言,福利制度有助于实现人的社会权利,是公民生存发展的保障。正是基于社会福利制度的积极功能,美国经济学家密尔顿·弗里德曼曾指出,福利国家的初衷是好的,是"人道的"、"崇高的";但是"功能"来自于设计,而由"功能"向"作用"转化则需要中间环节和条件。正如弗里德曼所指出的那样,"一些福利计划执行的结果却令人失望"。大量的事实也证明,社会福利制度的积极功能无法掩盖其负面影响。尽管其中的消极作用并不是人们设计福利制度的初衷,但是由于制度设计或制度执行上存在的问题,以及福利对象会随福利制度的实施而对其产生依赖,因此,社会福利制度自然无法完全实现赋予其的制度功能,甚至还会"摧毁自由市场给我们带来的繁荣,摧毁……人类的自由"。从这一点上讲,根据什么样的条件确立什么样的制度,将更有助于社会福利制度功能的积极发挥。

(二)社会福利制度的构建

由于经济、政治、社会和文化上的差异,各国形成了互有差异的社会福利制度。即使同样都是福利国家,不同国家的福利制度类型和模式以及项目也不尽相同。那么,社会福利制度的构建原则是什么? 影响制度构建的因素有哪些? 本书将对此进行探究。

1. 社会福利制度的构建原则

从社会福利制度的实践看,各国社会福利制度的形成包含了一些共性原则。概括来看主要有以下几个方面:

(1)适应性原则。这一原则体现了时空条件对福利制度构建的根本性约束。与经济社会发展相适应是福利制度得以形成并发挥作用的基本原则。各国都是基于特定的经济基础和经济体制、社会结构以及文化背景来构建本国的社会福利制度,并随这些宏观条件的变化而做相应的调整和完善。与经济发展相适应,要求福利制度与一个国家的工业化阶段、政府财政实力相统一,保持适度的福利程度;与社会发展相适应,要求福利制度与一个社会的人口年龄结构、就业结构、阶层结构相统一,形成合理的制度体系结构,保持适度的覆盖范围;与文化传统相适应,要求福利制度与一个社会的传统习俗相统一,使福利制度易于为社会成员所接受,以减少制度实施中的交易费用。

(2)强制性原则。这是正式制度得以形成并付诸执行的基本原则。福利制度的形成都是在政府主导下,通过法律、法规、政策等正式制度的形式,自上而下建立并付诸实施的。只有政府才具备将社会对福利产品的需求上升为制度供给的能力,并使社会福利成为一种预防和化解社会风险的机制;福利制度一经执行,家庭、社区、政府、市场、社会组织就只能在既定的福利制度框架内享有权利和履行义务。

(3)渐进性原则。渐进式改革是制度变迁的一种模式,是社会福利制度发展的一般规律。社会福利制度坚持这一原则,就是要依据制度的内外约束,沿着由点及面、从简至繁、循序渐进的轨迹,根据层次式推进、适应性调适、阶段化发展的思路推进制度建设,推动单项制度由不完善到完善、制度体系由短缺到完整,逐步使社会福利制度走向成熟和完善。

(4)层次性原则。这是社会福利制度结构设计的基本原则。就是针对不同的社会生活状态和社会风险程度,按照不同机制设计具体的福利项目和制度,建立项目多样、保障有别、涵盖全面的福利制度体系。在福利内容上,既要有保障人的基本生活的生计性福利,也要有改善人的生存质量的发展性福利;在制度类别上,形成包括社会救助、社会保险、社会福利、社会慈善在内的梯次制度结构;在筹资机制上,既要有财政预算方式,也要有社会统筹方式,还须有混合式筹资方式。

总之,福利制度的构建需要遵循以上基本原则。现实中,由于各个国家的国情不同,构建的原则也都是各有侧重。

2. 制度构建的影响因素

影响社会福利制度构建的决定性因素是广泛的,涉及经济、政治、社会、文化以及突发性事件等多个方面。这些因素既可以作为内生变量而构成福利制度的必要条件,又可以作为外生变量而形成福利制度的外部环境。各种因素既单方面发挥作用,又发生共时性或历时性关联,对福利制度的构建产生决定性影响。

(1)经济条件。经济条件是社会福利制度的重要决定因素。从静态角度分析,在物质意义上,一方面,经济性因素在社会福利制度构建中的影响主要体现在提供物质基础上。不管是哪种类型的社会福利,都离不开一定的物质条件作为基础,这是福利制度向社会成员提供有形或无形福利的基本条件。另一方面,财富的社会分配结构对于福利制度类型的选择同样具有决定性作用。政府财政在国民收入中占据较大份额,比如中国和苏联计划经济体制下的高度集中的财政模式,这样的政府财政模式有条件提供全民化的福利待遇;相反,如果国民收入主要分布于市场组织和家庭,政府财政包揽社会福利的做法则难成现实,而只能选择合作主义的福利制度模式。从动态角度分析,作为一个永恒发展的社会活动领域,经济活动中包含着两个最重要的范畴,即经济模式和经济体制。在经济模式上,人类社会的经济活动总体上经历了农业文明和工业文明两种类型,产生了以满足自需为主的分散式经济运行体制,以及以计划和以市场为核心的经济体制。不同的经济模式和经济体制之下产生了不同的福利制度。在农业文明占主导地位时,社会福利制度的表现形式主要是救灾赈灾制度;当人类迈入工业化社会之后,为了应对个体无力应对的社会性风险以维持工业化社会的再生产,才产生了现代意义上的多元化的福利制度。同时在工业化的不同发展阶段上以及在不同的经济运行体制下,社会福利制度的表现形式、制度结构也都是不同的。总体来讲,经济因素对于社会福利制度的构建的影响是决定性的,作用的形式和机制也是复杂的。经济因素既是社会福利这种社会再分配机制的内容，也是这种机制的外部条件。在福利国家，人们还常使用经济性指标来衡量一个社会福利水平的高低。

（2）政治因素。"政治"一词有管理公共事务之含义，指的是在一定的经济基础上，人们围绕特定利益，借助公共权力，通过一定程序实现特定社会权利的一种社会关系。作为一种公共议题，社会福利在政治上指的是一种公共管理活动以及由此形成的社会关系。在社会福利制度构建中，政治条件是重要的决定性因素之一。概括而言，现代社会福利制度虽然因国而异，但都是在具备了一定的政治条件之下建立起来的。首先，统一的国家政权的出现是社会福利制度形成的基本前提。在20世纪80年代的西方社会体系中，"国家是唯一最重要的中介"。国家机器的出现，不仅使不同形式的社会团结完成于主权国家的范围之内，而且通过税收制度实现了大规模社会财富的再分配。这种绝对权威和强大的资源动员能力是社会福利制度形成所必不可少的条件。同时，也只有主权国家的政府才具有广泛的社会行政网络，保证社会福利制度得以付诸实施。其次，民主政治是社会福利制度形成的制度环境。在这样的政治环境下，人们对于社会福利的需求会以公共议题的形式置于政府决策者面前，使政府通过改进福利服务扩大政治支持度；由于压力集团的存在，尽管有些国家的执政党会频繁发生更替，但社会福利制度却不因执政党的改变而产生根本性变化，使社会福利制度保持连续性和一贯性。政党政治也会使社会福利作为竞选筹码而备受不同党派的高度关注。再次，政府的合法性建设是推动社会福利发展的内在动力。与专制政府广泛采取的控制型社会管理模式不同，现代政府更加注重在与社会的互动中增强公信力和合法性。这其中，政府通常把承诺和改进社会福利政策作为重要工具，通过提高社会成员的福利水平来提高政府的政治合法性。因此，政治性因素不仅使社会福利成为具有稳定性的社会制度，成为具有正面作用的社会关系，而且也对社会福利产生了一定的负面性影响。掺杂了政治动机的社会福利，不仅带有意识形态的烙印，不同的利益集团对福利制度的发展具有决定性影响，而且政治角逐也使社会福利孕育了无限扩张的冲动，烦琐的政治程序也造成福利供给的滞后性。政治的积极性影响和消极性作用在西方福利国家制度从形成、发展到危机、改革的演变中得到了很好的印证。

（3）社会结构。从社会学的角度看，社会是一个由制度集结而成的系统。社会结构是对社会进行层面分析的一个概念。制度不仅构造了社会结构，反过来社会结构又规定了自身的制度。对一个社会的结构性解析可以有多种划分方法，通常可把社会结构理解为一个社会的制度结构、阶层结构、家庭结构、文化结构等范畴构成的集合。这些不同的社会结构相互关联、互有交叉，又可结合成为其他的社会结构。包括社会福利制度在内，人类社会诸多制度就是在一定社会结构下，既以社会结构为基本约束并在可能边界内生成，又对社会结构的形成和稳固产生构建性作用。从制度构成来看，制度结构主要有两个维度，即层面结构和方面结构。在层面结构上，社会制度体系按照制度功能的不同可以分为不同层级的制度；在方面结构上，社会制度体系又是由各种不同功能的制度构成的。一个社会的制度结构直接决定了该社会应当构建什么样的福利制度。我们不能想象，缺少现代税收制度、公共预算制度的社会能形成以政府财政为基础的福利制度；如果缺少以私人产权、资本、劳动为基础的分配制度，也无法形成合作主义的福利制度。同时，工资制度、税收制度、企业制度又与福利制度并列而存，对于其中每一制度的改变势必对福利制度产生影响。20世纪80年代，西方国家应对福利危机的重要手段就是减税和削减公共支出，这直接导致福利制度项目的减少。在中国，制度结构的变化对于福利制度的影响也是显而易见的。传统上的城乡二元化制度结构直接导致了二元化福利制度。这不仅反映在计划经济时期，城市居民享有全面的福利待遇，而农村居民却要通过"剪刀差"来承担农业支持工业的代价；在改革开放以后，农村的社会福利制度仍偏向于依赖家庭和土地的保障功能。随着户籍、就业等一系列二元化制度构成因素的瓦解和消亡，中国的社会福利制度必然要向城乡一体化的方向发展。因此，一个社会的福利制度总是要与这个社会的既有制度发生共时性或历时性关联，任何脱离特定社会制度结构的福利制度都是不存在的。阶层结构、家庭结构对于福利制度的决定性作用体现在制度类型上。一个社会的阶层结构主要取决于社会财富在社会成员中的分布。如果一个社会的财富平均分布于社会成员,更多地体现平均主义分配制度,这样的社会阶层结构之下更适宜构建普惠制福利而非选择性福利;如果一个社会的财富分配呈悬殊状态,意味着一部分社会成员无法获得一般水平的生活,这样的社会阶层结构需要政府实施选择性的福利制度;如果一个社会的阶层结构呈"橄榄型",中等生活水平的社会成员占大多数,最富和赤贫的社会成员规模不大且大致均等,这样的社会阶层结构宜于构建以社会保险为主体的福利制度。在考察社会阶层结构时,需要我们分析不同社会阶层结构形成的原因。发展中国家与发达国家、新兴工业化国家与后工业化国家以及体制转轨型国家与体制成熟型国家,在这些不同发展程度国家的社会中,导致一定社会阶层结构产生的原因是不同的。如果政府是捍卫社会公正的代表,那么政府将利用公共资源,通过福利制度矫正不合理的社会阶层结构所带来的社会问题,以此来使社会保持合理的流动性。因此,作为世界上最大的发展中国家也是社会转型国家的中国,在社会福利制度的形成和发展中,一方面,要重视绝对贫困以及经济体制改革带来的下岗、失业问题,将社会救助提上日程,为社会成员的基本生计提供制度性保障;另一方面,在向工业化更高阶段发展的过程中,还需适应阶层结构向以工薪阶层为主的发展趋势,同步加强社会保险制度建设,使社会福利制度随阶层结构的变化而同步变化。同样,家庭结构也是社会福利制度构建中需要考虑的约束因素之一。家庭是社会制度的一种,具有重要的福利功能。一个家庭福利功能的大小取决于其结构,其中家庭中就业人员与非就业人员的比例起着重要作用。由于制度性福利与家庭福利具有较强的替代性和互补性,如果家庭的福利功能比较健全,那么制度性福利就可能相对弱化;相反,如果家庭的福利功能脆弱,则势必需要有力的制度性福利。因此,在家庭成员日渐老龄化,人口抚养比持续上升的情况下,家庭总体上的福利功能在弱化,这就意味着制度性福利的供给水平需要提高,福利制度结构需要适时调整。此外,不同的社会文化结构也对福利制度的构建有深刻影响。任何制度都根源于社会文化。在我们的社会中,之所以出现各种模式和类型的福利制度,不仅是出于社会成员的需求,更是因为要适应特定的文化背景。与社会文化相背离的福利制度往往需要极高的交易费用,也难以在社会成员中得到执行,最终注定走向失败。因此,社会文化是福利制度构建的重要约束条件。

总之,决定社会福利制度构建的因素是多元化的,不仅有经济、政治、社会层面的客观性因素,也有来自一个国家的政治精英以及不同集团的价值偏好、利益博弈等主观性因素。这些因素构成了"制度可能性边界",社会福利制度就是在这种可能性边界内,在各种复杂因素的作用下形成的,并随相关因素的变化而不断演变发展。

(三)社会福利制度的基本架构

任何形式的福利制度都是由一系列要素构成的。在一般意义上,任何一项福利制度都包含主体、内容、组织网络等必不可少的要素。

(1)福利主体。从传统的福利供给看,福利主体经历了家庭、宗教慈善团体、非营利组织、国家或政府这样的演变过程。当代社会福利制度主体日益呈现出多元化发展的趋势,不仅家庭是福利制度的主体,社会组织、政府都是福利制度的主体。一是家庭。家庭作为社会的细胞,承担着哺育子女、赡养老人、维持生计以及情感慰藉等关乎家庭生存和发展的重任。在现代社会福利制度体系内,家庭福利是社会福利的重要补充,对于弥补政府福利的一些盲区地带具有特别重要的价值。二是慈善团体和社会组织。宗教慈善团体是最早的民间福利主体,在中世纪的西方社会,宗教慈善团体扮演着社会福利的主要角色,随着社会事务的国家化,其福利主体角色虽被国家或政府取代,但其影响仍然十分明显。除此之外,在当代社会,活跃于民间、作为政府和民众中介的非营利组织,也是社会福利的重要提供者。在欧美发达国家和我国港台地区,非营利组织为社会福利的供给和实施以及福利水平的提高作出了重要贡献。即使是在英国、瑞典等福利国家以及其他对福利投入很大的国家和地区,非营利组织的独特运作方式和功能发挥对社会福利的发展起到了重要的作用。三是政府。政府居于现代社会福利制度的主导地位。政府的主导作用主要体现在责任主体、供给主体和组织主体三个方面。责任主体指的是,政府要把建立和实施社会福利制度作为自身职责,把解决和改善民生、提升居民的生活水平作为政府的重要目标。供给主体指的是,政府通过公共财政投入,向社会提供一定规模和质量的福利产品,满足社会的福利服务需求。组织主体指的是,政府要为建立和实施福利制度构造一套管理制度和组织机构,使整个国家的福利制度体系有序运转。在多元的福利制度主体框架内,不同的制度主体具有不同的功能,家庭的功能在于对政府福利的补充作用;非营利组织的优势是专业化,能够为政府职能提供专业化的配套服务;政府是现代福利制度最重要的主体,不仅承担制度和政策设计者的职责,还负责公共财政投入、福利制度执行中的监管,以及对其他福利制度主体实施组织和管理等职责。

（2）福利内容。向社会成员提供哪些福利产品是社会福利制度的基本内容。由于人类的社会生活涉及社会成员的衣、食、住、行、医、教等多个方面,这决定了福利制度的内容往往也是多方面、多层次的。因此,各国建立的福利制度一般都涉及社会生活的不同方面,而且在制度的不同层面上,福利制度的具体内容也尽量体现层次性。比如在我国,社会救助制度的基本定位是保障困难群体的基本生活,具体制度包括最低生活保障制度、农村五保供养制度、灾民救助制度、临时性救助制度、流浪乞讨救助制度以及住房、司法、教育等专项救助制度;社会保险制度的目标人群是社会在职人员,具体制度有养老保险、医疗保险、失业保险等;社会慈善倡导团结互助的良好风尚,具体形式有慈善捐赠、社会互助、志愿服务等。这些关涉社会生活的方方面面,广覆盖、分层次的各项制度构成了我国特色的广义福利制度体系。各国社会福利的实践表明,社会福利制度的内容是具体的、历史的。福利内容的具体性指的是制度设计要与特定时空下的社会生活相一致;福利内容的历史性指的是福利制度要同步于社会发展进步。因此,社会福利内容应随经济、政治、社会条件的变化而不断调整和丰富。在一定的社会发展阶段上,社会福利的基本内容应包括:一是在横向上,涵盖人们社会生活中的不同方面,并随社会生活领域的拓展而不断丰富。二是在纵向上,兼顾不同层面的社会生活需要,形成包含生存性、矫正性、扶持性、发展性等体现梯次性的福利制度内容。三是在形态上,不断拓展福利载体,在巩固传统福利的基础上,保持福利内容和形式的创新性。

（3）福利供给。按照政府在福利供给中的角色定位,福利供给主要有政府包揽和政府主导两种形式。政府包揽型供给方式指的是政府全面承担福利供给责任,从制度建立到公共筹资以及建立庞大的行政输送管理网络,都充当了直接管理者的角色。政府主导型供给方式指的是政府在福利供给中只承担属于政府职责范围内的某些方面或环节上的责任,福利供给中的其他责任则由社会其他力量承担。政府作为福利供给的最强力量,在责任框架中确立包揽与主导两个类型的模式,最根本的依据是现代社会福利制度的层次性。首先,现代社会的福利制度具有广覆盖、分层次的特点。因此,处在社会福利制度体系最低层面的救助型福利制度,需要政府扮演包揽型角色。由于社会救助制度是最低保障性福利制度,所针对的人群主要是社会贫困成员和弱势群体,所保障的目标是基本生活,因此,在社会救助中政府的责任是全面的,不仅需要制定具体的救助制度和项目,还要为制度的实施筹集和投入资金。其次,对社会成员具有发展型作用的福利制度,需要调动社会成员的积极参与,因此需要政府扮演主导型角色。政府的作用主要应体现在制度规则的制定及监管制度的实施,针对不同的项目,政府在资金投入、管理运作等环节与家庭、企业、社会组织进行合理分工。需要指出的是,对社会福利供给做这样两种形式的划分,目的是为政府在福利供给中如何认识责任确立一个基本的原则。也就是说,并不是所有的福利项目都由政府包揽,政府主要在救助型福利制度上承担无限责任;在发展型福利制度项目上,政府的责任是有限的。而无论是有限还是无限,都应在责任政府框架内具体定义。同时应当明确,这种划分也仅是粗略式的。随着社会福利主体日渐向多元化方向发展,以及新的制度创新的产生,不仅不同的福利制度,即使是同一项福利制度,其供给模式所具有的内涵也是不同的。比如,福利国家体制应当属于政府主导型供给模式,而在世界各国纷纷采取私有化方式改造福利国家体制的现象出现之后,其实仍然可以视之为政府主导模式,但是福利改革之后的政府主导的内涵却发生了很大变化。此外,在不同国家进行同类型供给模式的比较分析,也可以发现其中的差异。

(4)福利行政。社会福利行政是指为发挥社会福利制度功能而进行的行政管理活动,包括管理制度、组织架构、运行机制等。社会福利行政是一个多要素的系统,一般包括执行主体、服务对象、工作手法和服务目标等要素。社会福利行政的目标是通过整合资源、协调关系、稳定机制,确保社会福利各子系统的功能得到发挥。确保社会福利行政系统有效运转的基本条件包括以下三个方面:一是立法。在实体法和程序法两个方面,形成完备的制度和法律,保证相关社会福利制度和政策的推行。二是按照行政层级,设置职能机构,确保社会福利政策措施由职能部门实施管理。三是培养专业工作人员。在政府职能部门内部培养和配置专职的社会福利工作人员;培养和造就社会工作者,在福利领域开发社工岗位,形成专业化的社会工作者队伍;通过政府购买服务的方式,吸纳社会专业人才进入社会福利管理体系。

四、转型期中国社会福利制度的发展思路

(一)转型期中国社会福利面临的形势与发展议题

现代社会福利的演变轨迹表明,在相当程度上,福利制度的发展是对社会形态变迁和社会结构改变进行积极回应的结果,与一个社会的价值认同、传统习惯、经济条件和社会发展程度有着紧密的关系,是经济、政治、社会等各种因素综合作用的渐进式过程。这个过程的实质是,诸多因素变化所产生的制度需求经由政治程序实现有效的制度供给,从而使原有制度实现新的结构调整或转向新的发展模式。近10多年来,随着国际化、城镇化、市场化以及老龄化的深入,中国社会的生产生活领域发生了许多新的变化,这些变化无不映射到社会福利领域,为再造社会福利不断提供新的制度需求和内在发展动力。

1. 经济发展新阶段的客观需要

社会福利的发展离不开一定的经济条件,经济发展同样需要社会福利的制度性支持。近5年来,我国国内生产总值年均增长10%以上,人均GDP年均递增8%左右。其中,2007年GDP达246619亿元,城镇居民人均可支配收入13786元,农村居民人均纯收入4140元,国民经济有了显著积累。宏观经济总体上的平稳发展,支撑了国家财政收入的增长,2006年全国财政收入39000多亿元,2007年突破5万亿元,连续四年平均增

长 21%。① 从经济成长角度来看,我国自"十五"规划实施以来,整体工业化水平持续提高,2005 年工业化综合指数达到 50,预计到 2018 年将达到100,基本实现工业化。② 中国经济的成长无疑是近 30 年的改革开放激活整个经济潜力的必然结果。事实表明,当前阶段我国已经初步具备了经济起飞所必需的主导产业、市场容量及制度环境,标志着我国经济发展已经迈入美国经济学家罗斯托所说的经济起飞阶段,总体上正处于向转变增长方式寻求发展动力的关键时期。③ 这一时期,保持经济发展对以社会福利为核心和主体的社会政策将产生高度的依赖。之所以这样说,首先从增长方式看,内生增长将是经济起飞阶段乃至更高阶段经济发展的核心动力,这势必引发对人力资本投资的潜在需求,从而对面向全民的教育福利提出更高的需求;其次从资源结构看,工业化深入发展是一个资本与劳动相比占据优势的竞争过程,资本和知识的拥有者相应取得强势地位,从而使得缺乏资本和低技能的劳动者相对失去竞争力。与此同时,伴随着统一的劳动力市场的形成,劳动力流动将在更大规模上突破行业、地区、所有制的限制,短期性和结构性失业将会取代体制变迁性失业,这势必导致劳动力尤其是同质化和低技能劳动者对就业扶助的需求。同时由于非正式就业规模的不断扩大,非正式就业、弹性就业人员的福利保障问题同样需要国家采取一定的政策性行动;再次从政府职能看,毫无疑问,中国近 10 多年经济发展得益于政府主导的市场化改革而产生的能量释放,进入经济起飞阶段之后,随着市场结构和体制环境的逐步形成以及"政府—市场"边界的日渐清晰,政府行使经济职能的途径与方式势必发生深刻变化,主导解决工业化社会产生的由于诸如工伤、疾病、失业、老龄等原因导致的收入损失或生活无着等社会问题将是政府的首要职能。综合上述变化看,步入新阶段的中国经济客观上

---

① 以上数据根据国家统计局和财政部统计资料分类整理。

② 参见社科院经济学部课题组:《我国进入工业化中期后半阶段——1995～2005 年中国工业化水平评价与分析》,《中国社会科学院院报》2007 年 9 月 27 日。

③ 美国经济史学家华尔特·罗斯托在《经济成长的阶段:非共产党宣言》一书中,将人类社会发展划分为包括"起飞"在内的六个阶段,经济起飞阶段的特征是:较高的经济积累、主导起飞的部门以及制度保障。

需要一种与其相匹配的社会福利模式,在一定意义上是"工业化逻辑"产生的新的功能需求对社会福利产生了新的"推力"。事实上,一些福利理论研究者的经验研究表明,"一个国家工业化程度越高,福利服务在国民收入中所占的比例就越高"。① 此种结论无疑正在中国得到不同程度的印证。概括而言,宏观经济发展视角上的社会福利发展需求,要求目前社会福利改革确立的议题至少应包含:适当扩大福利内涵、适度提高福利水平、重建政府主导责任等若干重要方面。

2. 转型期社会建设的必然要求

在当代中国,社会建设作为"四位一体"国家发展战略的组成部分,被单独提及是改革开放发展的历史必然,是我们在经济增长中统筹社会发展、实现发展成果共享和普惠的结果。改革开放以来,我国的市场经济有了很大发展,很多社会问题迎刃而解,但是,发展上的偏向使得我国社会建设没有与经济建设同步,因而积累了很多历史欠账。随着社会步入转型期,社会不协调因素趋于活跃,社会矛盾容易激化为社会风险,社会关系和社会结构发生深刻变动,这些问题既是伴随社会转型本身的一种客观趋势,也反映出中国远没有实现发展成果在社会成员之间共享的现实矛盾。这些问题的存在一般关系到公众的基本利益,尤其是关系到基层群众的民生利益,进而关系到社会和谐的基础。应对这些问题出路在于加强社会建设,遵循社会建设的自身规律,注重对社会机制的系统化构造。结合当前的客观实际,首要任务是建立和完善共享保障机制与合作参与机制。共享保障机制,能够确保全体社会成员获得基本生活权益上的"兜底"保证,能够使社会公众以合理方式平等参与成果分享;合作参与机制,能够在非同质性社会结构之下实现群体、阶层、组织基于合法环境之下的社会多元治理和社会秩序整合。从理论上来说,有了这两种机制,将有助于实现经济增长与普惠民生的统筹协调,有助于融合处于分层或断裂中的社会结构,从而为社会建设开辟出重要的推进路径。从功能视角看,社会福利作为解决社会问题、提升国民生活质

---

① Wilensky,Hand Lebeaux,C. (1965): *Industrial Society and Social Welfare*, the Second Edition,New York:Free Press.

量的基本制度安排,作为让公众分享经济增长成果的基本途径,其实质就在于促进社会机制构造,其发展的动因在于"社会形态的改变和社会结构的变迁"①。当前,中国社会福利在整体促进社会机制构造上的功能尚不健全,其中较大因素在于社会福利理念落后、政府主导责任弱化、福利社会化程度不高、社会福利体系不健全、政府投入力度不够等问题,导致社会福利所能解决的社会问题十分有限,大量社会问题有待于通过纳入社会福利制度安排加以解决,市场经济发展成果的共享需要创造一种普惠社会成员的有效工具。在经济增长自然带动社会发展的时代终结之后,如何进行社会建设已经成为一个显命题,其破题的关键应该是从重构社会福利切入,这是转型时期社会建设的必然要求。

3. 应对人口老龄化提速的需要

　　根据有关测算,中国早在 1999 年就已进入人口老龄化社会,现有 60 岁以上老年人口 1.49 亿人,约占总人口的 11%,为整个亚洲老龄人口的 1/2、世界老龄人口的 1/5。② 有关研究表明,21 世纪的中国是一个不可逆转的老龄社会,从 2001 年到 2020 年将是人口老龄化快速发展的阶段,老龄人口年均增长速度将达到 3.28%,大大超过年均 0.66% 的总人口增长速度,老龄化水平将达到 17.17%。从 2021 年到 2050 年将是人口老龄化加速发展的阶段,老龄化水平将达到 30% 以上,其中,80 岁以上老年人将占老年人口的 21.78%。从 2051 年到 2100 年将是稳定的人口重度老龄化阶段,老龄化程度将维持在 31% 的水平,社会进入高度高龄化的平台期。与老龄化迅速发展形成鲜明对照的是,中国的老龄化属于已成共识的"未富先老"状态,仅养老保险和医疗保障就面临巨大压力。与此同时,由于生活方式的现代化转变以及农村劳动人口大量涌入城市,所带来的空巢老人和留守老人问题越来越突出。满足老年人的福利服务需求是全社会的责任,也是福利发展的重要价值所在。近些年来,民政部门在发展城乡"三无"老人福利服务

---

　　① 参见林卡、陈梦雅:《社会政策的理论和研究范式》,中国劳动社会保障出版社 2008 年版,第 29 页。

　　② 参见李本公:《关注老龄》,华龄出版社 2007 年版,第 9 页。

的基础上,启动了养老服务社会化示范活动,实施了一批养老服务设施建设计划,着力于推动养老服务体系建设,养老福利服务工作取得了显著进展。但是,相比巨大的需求,目前的福利服务水平十分低下,仅传统意义上的供养对象的福利需求尚未完全得到满足,更不要说满足社会老年人的福利需求。就服务设施来看,目前的1.49亿老年人口中约有3200万人需要不同形式的长期照料护理,但全国各类养老机构仅有3.9万个、床位数170.2万张,平均每千名老年人拥有床位11.4张①;就社区养老服务看,发达国家社区服务方面的从业人员占就业总人口的20%—30%,发展中国家为12%—18%,我国目前只有3.9%;全国约有1/3以上的城市街道办事处和1/2左右的社区居委会没有建立老年服务机构和设施,农村乡镇则更少。就此而言,我国目前对老龄问题的应对能力与老龄化的提速发展之间存在巨大差距,加快发展面向老龄人口的福利服务是中国人口老龄化提出的重大挑战。

综上所述,中国社会福利面临着深刻的经济、社会、人口形势以及自身的内在发展需求。从较长一个时期来看,社会福利的再造首先应该将其放在特定经济社会发展条件和意识形态背景之下,进而合理地规划社会福利的发展模式,厘清准备实现的阶段性目标。

在上述形势下,中国目前的社会福利面临的议题主要有以下六个方面:一是要转变传统福利观念。长期以来,我们在福利问题上存在一些落后的观念,不仅赋予福利意识形态的属性,而且受到西方世界的"福利危机"、"福利病"的影响,对发展国家福利过于恐惧;同时,在福利的理解上有偏差,片面地把集体经济组织、企事业单位、社区性的福利行为视为福利,而仅把政府开展的很少一部分福利行为视为福利。在这些观念的影响下,我国社会福利领域内出现了一些不当思维和做法。最突出的是,在概念上,以社会保障涵盖社会福利,用小概念概括大概念;在制度上,缺乏在社会福利整体框架之下对各项制度的设计,社会福利相关制度缺乏有机的衔接整合;在体制上,造成了福利行政体制的分块设置,使社会福利工作实际上被分散于

---

①　参见民政部课题组:《民政事业经费保障长效机制研究》,《中国民政》2008年第4期。

不同政府部门,有些不具备行政职能的部门也承担了部分福利行政职能,造成了资源分散。因此,在我国经济社会形势发生深刻变化的条件下,发展社会福利事业必须首先转变传统观念。二是应拓展福利制度功能。社会福利是社会政策的体现,是一种具有层次性功能的制度安排。在当前的福利政策框架内,我国的社会福利具有救助性、补缺性的特点,较好地发挥了救助方面的功能,而作为社会风险的"对冲器",社会福利在向社会传递公正价值、解决市场机制带来的社会风险问题、有效促进社会资产建设等方面,功能仍然十分薄弱。三是应健全福利制度内容。目前的福利制度主要面向的是老年人、残疾人、残疾儿童、农村居民、社会流动人口、失地农民,以及在社会转轨、经济转型中因大量社会问题没有被纳入制度化福利保障范围的社会成员。四是应适当提高福利保障标准。与经济社会发展和人民群众的需求相比,社会救助标准普遍偏低,社会福利制度只是救助性的。因此,应当研究并形成与经济社会发展同步、与物价水平协调、对不同福利对象保持弹性的福利保障标准。五是改革福利行政管理体制。适应建设公共服务型政府的要求,继续推行"大部门制"改革,调整福利行政职能和业务工作,逐步弱化非行政部门的福利行政职能,减少福利工作协调性机构,加快建立主要由一个部门负责的社会福利行政管理体制。六是改善福利服务供给。目前,社会福利服务的政府投入相对不足,社会福利的社会化程度较低,福利机构和设施总量较少,基层福利服务工作队伍整体专业化水平不高,这些问题极大地制约了社会福利服务的供给能力。

(二)转型期中国社会福利的发展方向

在中国市场经济体制逐步完善与和谐社会建设提上重要日程的背景下,中国社会福利发展的经济社会条件发生了显著的变化,需要对社会福利做新的定位并确立相应的发展目标,这既是以问题为取向解决中国社会福利现存问题的选择,也是以功能为取向再造中国社会福利的客观要求。基于此,本书认为,中国目前应当在现行社会保障"三足鼎立"体系格局中,着力于建立适度普惠型福利模式。当前条件下建立的适度普型福利模式,是在综合考虑中国初级阶段的基本国情的基础上,着眼于社会建设与改善民生的一种福利发展模式。概括来看,适度普惠型福利模式的主要目标是:以不断改善社会成员生活质量、弥合社会断裂、促进社会和谐为宗旨,走政府主导、多元合作、层次化、法制化、标准化的社会福利发展道路。其主要架构是:在福利范围上,覆盖生活困难群体、特殊问题群体、社会边缘群体;在福利程度上,在保障基本生活的基础上,满足住房、健康、精神等方面的多样化多层次需求,并向矫正社会问题延伸;在发展机制上,坚持政府主导、社会参与,在合作架构中推进社会福利的多元化发展;在政策支撑上,构建包括政府责任政策体系,专业化、职业化的社会工作政策体系,多元化、专门化的社区服务政策体系等在内的社会福利政策体系。

在上述架构内,实现预设目标的合理努力方向至少包含以下几方面:

第一,以逐步扩大覆盖范围为取向,将福利关注对象由传统低收入救助对象扩展至老年人、未成年人、残疾人及身心障碍者等社会群体。在我国当前的社会保障体系格局中,一直存在狭义上的认识,把社会保障局限为特指老年人、残疾人、孤残儿童等方面的救助性福利事业。但是正如前面所述,随着中国社会老龄化程度的逐步加深,残疾人权益的提高和就业难度的加大,以及社会结构的日趋多元,传统福利难以满足矫正社会问题的需要。当前,以逐步扩大覆盖范围为取向再造社会福利的首要任务,就是要适度拓展社会福利覆盖范围,在民政部门主管的"三无"老人福利、孤残儿童福利和残疾人福利的基础上,将福利服务的对象延伸到所有老年人、儿童、残疾人及问题家庭等社会弱势群体和边缘群体,并逐步实现城乡统筹、制度统一,在政府救助机制之上,进一步扩大社会福利的适度普惠范围。

第二,以提升生活质量为核心,注重发挥救助、服务、扶持的综合效能。社会福利的价值含义在于强调生活状态的改进,但是受经济条件的约束,要达到社会合意的社会福利状态,需要在可能的条件下进行综合性制度安排和方案设计。西方福利国家全方位的社会保障已被实践证明既缺乏效率也不符合中国国情。就我社会目前阶段而言,要提升福利服务对象的生活质量,只能实行保基本、差别化、适度福利型的制度化福利。其一,需要完善基于家计调查的救助制度。在健全制度的基础上,建立随居民生活水平的提高而同步提高救助标准和保障水平的弹性救助机制,并完善一系列专项性和配套性的救助制度,逐步将边缘群体和特殊社会问题群体纳入制度性救助范围。其二,需要完善福利服务计划。由于社会问题开始出现多元化、差异化的趋势,社会福利应对的手段也应该由单纯的收入转移模式向动员资源提供多样化的福利服务转变,应当以不断改善和提高社会成员的生活质量、促进社会公平和维护社会稳定为追求目标,既要满足特殊群体的生活需要,又要侧重满足社会成员较高层次的发展性或功能恢复性需求。当前来看,包括面向特殊群体的寄养服务、社区照顾、家庭扶助计划,针对特殊问题群体的康复服务、心理矫治、法律援助、就业扶持等福利服务计划都应纳入社会福利服务体系,使福利框架内的服务对象的正常生活得以维护,最大限度地避免产生社会结构断裂,使福利对象的普惠程度适度提高。其三,面向社会开放社会福利服务。福利服务具有社会公共产品的属性,要突破仅服务于福利保障对象的局限,对全体社会成员开放,政府针对不同对象可采取不同的提供方式,并采取社会化的手段发展社会福利事业。

第三,以福利合作主义思想为指引,强调国家、市场、社区、家庭在社会福利发展中的地位,在多元架构中推进社会福利事业的发展。中国社会福利的走向在很大程度上深受以市场化为取向的新自由主义和强调家庭自助与互助、强调社区责任的保守主义的影响。发展中等概念的社会福利,应当将政府、市场、家庭、社区联结成为地位有别、相互支持、互为补充的,既满足社会成员的福利需要,又能体现中国传统文化价值与现代福利观念的社会福利发展格局。其一,在责任架构上,要改变传统意义上的政府包办和包揽社会福利的做法,政府的责任限定于行政主导、财政拨款、规则制定、市场监管等宏观领域;政府之外的市场组织、非营利组织、社区组织承担微观运营和组织生产的责任。其二,在政策架构上,形成基于政府主导性责任的社会福利政策体系、有利于开发社会资源和动员社会力量的福利社会化政策体系、促进社会福利服务配送社会化的非政府组织政策体系,最终建立以社区为载体的社区福利政策体系,形成社会福利多元架构发展的主体多元、领域宽泛的福利政策体系。

第四,以社会化为基本途径,强化政府责任,动员社会资源,加强社会福利服务设施和机构的建设,提高福利服务水平。福利机构和福利设施是社会福利事业的重要载体,也是社会福利高于社会救助的重要标志。要确保社会福利机构和设施纳入各级政府经济社会发展的总体规划,重点建设各类老年福利机构,满足"三无"老人、高龄老人、优抚对象和需照料老年人的养老需求;加强具有养护、医疗、康复、教育功能的儿童福利机构建设,提高收养、救治、康复、教育、回归等方面的儿童福利服务水平;加强精神病人福利机构建设,提高治疗、康复、心理援助方面的福利服务水平,使各类福利服务机构和设施普遍呈现合理增长态势,与经济社会发展水平和公众福利服务需求的提高相适应,满足老年人、孤残儿童、精神病人和重点优抚对象等群体所需。政府要加大对福利服务设施的财政资金投入,合理调整投入结构,创新投入机制,在大力发展针对困难群体的一定规模的供养性福利服务机构的同时,坚持以社会化为基本途径,探索通过政府财政补贴、资助以及优惠政策等有效方式,引导社会力量投资兴办福利服务机构,促进多元化投资机制的形成,提升全社会的福利服务水平。

(三)转型期中国社会福利的发展战略

前面已经对我国社会福利近期发展模式和发展方向做了探讨性阐述。政府作为中国社会福利事业发展的组织者和推动者,当务之急是在这一框架之下进一步优化社会福利事业发展战略。

1. 确立社会福利的战略地位

从国外的发展来看,社会福利在社会发展中居于战略性地位。工业革命以来,随着社会持续变迁,尤其是随着经济市场化、社会多元化和政治民主化的发展,源于社会基层(教会)的非正式福利现象逐渐地进入西方国家的政治和社会发展视野,进而社会福利被提到了作为政府追求和承担的重要政治目标和社会事业的地位,逐步形成了健全的福利体制。即使在福利国家面临突出危机,层出不穷的福利流派向传统福利体制提出尖锐挑战,迫使很多国家转向新的福利路径的情况之下,社会福利的基本价值取向却始终没有被否定,追求社会平等、提高生活质量一直是社会福利所关注的核心议题,政府在社会福利领域仍维持着较高的支出水平。事实上,社会福利已经成为与市场机制并重的维持政治和社会稳定的基础性机制。

对于中国而言,改革开放30多年来之所以取得如此辉煌的成绩,具有中国特色的社会福利为其提供了重要的基础条件。但长期以来,社会福利在国家整体发展格局中始终从属于经济发展战略,计划经济时代国家包揽和集体负担的福利体制被打破之后,原有的福利保障项目过度向家庭(个人)转嫁,政府的福利责任被极大地收缩,由此造成养老、医疗、住房等民生问题凸显,收入差距拉大趋势难以根本遏制,以及越来越多的社会病态得不到应有的矫治。从客观上讲,中国已经出现以工具理性设计社会福利的倾向性民意,大力发展社会福利也是实现社会发展与经济发展同步的必然选择。再从政府合法性角度来看,由于中国民主政治的发展和公民权利观念的深入,单纯行政控制或行政指令已无益于赢取最大的政治支持,中国政府同样面临如何最大限度地获取公众支持以维持政治、社会稳定的问题,可持续的社会福利无疑为政府树立权威提供了重要的平台。因此,尽管我们尚不具备充分的经济基础足以发展面向全体公众的较高水平的社会福利,但这并不影响我们面向未来对社会福利的战略性地位进行确立,这是对实现经济与社会协调发展、保持政府合法性的时代回应。确立社会福利的战略地位,需要我们在党和政府的正确领导下,将发展社会福利列入国民经济与和谐社会发展的总体规划中,把社会福利事业与经济建设同等看待,坚持投入优先、城乡统筹、适度发展的原则,稳步加以推进,逐渐使其成为推动社会发展的有效的保障系统。

2. 重建社会福利责任架构

现代社会福利已步入福利多元主义时代,中国社会福利的改革路向是由国家中心主义向福利多元主义模式转换,在政府财政能力远不能满足国民福利需求的条件下,横向上需构建政府、市场、社会衔接互补的责任架构,纵向上需构建不同层级政府间责任合理分担的责任架构,这是发展政府主导的合作主义范式的福利模式的主体保证。

在横向架构上,社会福利作为制度化的政府责任,在制度内容、福利程度、运行方式等方面有着不同的规定性,按照这些内在规定性,纳入合作框架的福利责任主体应包括政府、市场、家庭,以及有助于福利配送的社区。重建社会福利责任,首先,要在上述主体之间形成基于比较优势的合作架构,政府作为主导责任的承担者,基本职责主要集中在立法和制度设计、财政支持、监督和实施等领域,从宏观上发挥掌舵和托底的作用。目前政府作为主导责任者的紧迫性议程,一是需要扩大政府的财政投入,二是需要进一步改善低收入群体和下岗失业者的福利待遇。这些属于现有制度边缘的群体,十分需要由政府为其解决多方面困难和免除后顾之忧。其次,要在政府主导之下,将市场经济条件下的社会福利生产机制纳入合作视野,市场机制在责任架构中应侧重于承担微观运营和资金投入的职责。一是应突出政策调控作用,引导民间的逐利性社会资本向福利领域扩大投入,壮大私有和混合福利经济的规模,促进社会福利服务领域内资本结构趋向多元化;二是应坚持有限责任的原则,政府有选择地从某些福利领域退出,担当好出资人角色,推进管办分离、政事分开、公有民营、民办公助,促进国有福利机构和福利性企业实现市场化运营。从长远发展看,处理好政府与市场的关系是社会福利发展的大势所趋,将极大地决定中国社会福利的效率程度和整体水平的提高,从而也决定了中国社会福利必须坚持社会福利社会化的发展思路。最后,要处理好政府与社会的关系。在此方面,社会福利的作用主要以家庭和非营利组织为实现载体。就家庭来看,长期以来家庭就是中国社会福利的传统责任主体,尤其是在面向全民的普惠型福利制度建立之前,家庭的福利保障作用还应予足够重视,在责任架构中发挥其对政府主导的正式社会福利的补充作用。在政府与其合作过程中,特别需要对福利功能残缺或不足的家庭给予必要扶助、扶持,以帮助其恢复正常的福利功能;同时由于农村土地保障功能的持续弱化,还应适当地增加政府在农村的制度性福利责任,以均衡城乡家庭的福利负担。就非营利组织来看,西方国家在福利国家面临危机之际,普遍将新的改革出路聚焦到非营利组织身上,对其授权成为社会福利改革的重要替代性策略。非营利组织的功能运作对促进英国、瑞典等高福利国家和地区社会福利发展起到了重要作用。随着中国社团发展环境的整体趋好,非营利组织逐渐步入社会生活领域,今后应当通过政府的监管及财政贴补政策,加强对非营利组织的培育和发展,增强其在社会福利服务中的供给和实施能力;同时,政府要加快福利职能转变,可以采取合同承包、特许经营、凭单制等方式,把社会福利和社会服务的管理和实施的职能移交或委托给非营利组织,促进社会福利服务的专业化和社会化。

在纵向架构上,主要是形成基于公共产品理论和政府责任划分的中央与地方政府之间社会福利责任架构。理顺纵向责任框架,首先,要按照分级负担、属地管理原则,合理划定中央政府和省以下各级政府责任。中央财政应当承担起社会福利服务水平均等化责任,根据各地经济社会发展水平和财政自给能力安排专项用于社会福利服务建设的资金;并建立和实施综合性的社会福利发展指标体系以考核地方政府(省级政府)社会发展绩效。省以下各级政府是发展社会福利的实施主体,负责编制辖区内社会福利发展规划,将社会福利支出纳入财政预算,省级政府也要担负绩效考核和财政转移支付的职责。纵向福利责任是落实政府主导责任的关键,各级政府在福利财政责任上的博弈进而导致福利领域的政府性缺位,其实质是这种责任关系缺乏刚性约束的结果。在政府责任的纵向划分上,中国与西方存在很大不同,中国在行政上是多层集权型政体,在财政上是分级分税制体制,与西方国家的联邦主义相比,中国发展社会福利事业可能存在更为严重的信息不对称问题、委托代理问题以及较多的交易费用,因此要格外注意纵向政府责任的划分问题,如果处理不好势必影响社会福利的整体发展。

3. 完善社会福利制度体系

社会福利是政府行政实务的重要内容,通常需要在政策和法律构成的制度框架之内有序进行。20世纪90年代以来,全国人大和各级政府先后制定和出台了一系列涉及社会福利的法规制度,形成了以《中华人民共和国残疾人保障法》、《中华人民共和国未成年人保护法》和《中华人民共和国老年人权益保障法》为法律依据,以政府各种规范性文件为政策依据的制度体系,其中各级政府制定的政策和部门规章是社会福利行政的直接依据。由于各项福利制度正处在适应实践的需要而不断进行调整扩充的时期,目前的社会福利制度体系与社会福利内在发展需求之间存在较大差距:一是体系不够健全,旨在规范社会福利的法律尚属空白,儿童福利、福利机构建设等方面也没有相应的法律法规;二是福利法规的专项指导性不够,往往混合在其他社会政策方面的法规中。比如老年人、儿童、残疾人的权益保障法属于综合性法律,其中对福利保障事项的专项性规范不够;三是现有福利制度提供的政策依据不强。目前社会福利开展的大量工作主要以政策为依据,权威性和稳定性不够,以政代法、政出多门的问题比较突出。这种问题的存在,既是中国社会福利实践尚不成熟的体现,同时也制约了社会福利实践的深入发展。

从制度周期和可行性视角分析,社会福利制度建设可以做近期、中期、长期三种思路性设计。其一,近期思路是调整现有的法律政策框架,并以需求为导向适度扩充和完善相关政策。比如在残疾人保障方面的法律中,应当对福利企业集中安置残疾人就业的原则性规定向更富操作性的方向适当调整;在老年人福利保障政策上,要突出对产业政策的调整和完善;对于涉及多个政府部门的福利政策,要在同一平台上进行整合,促进不同部门之间的政策衔接与协调,提高整体合力。其二,中期思路是在修订原有法律的基础上,考虑出台专项性福利工作条例,逐步构建包括《老年人福利事业条例》、《残疾人福利事业条例》、《儿童福利事业条例》在内的政府行政法规体系,为《中华人民共和国社会福利法》的出台创造条件。从目前条件看,由于现有的涉及社会福利的法律普遍为原则性规定,出台条例使相关的法律转化为富有操作性政策的可行性较高,比如国家已经修订出台新的《农村五保供养工作条例》,使农村"三无"老人的福利保障较好地适应了变化的经济社会形势,实现了由集体福利事业向国家财政保障为主的历史性转变。这些思路和措施适应了形势的发展变化,完成了政府对确保农村五保老人福利待遇上的责任归位。其三,长期思路是在原有法律法规基础上,出台综合性的社会福利法,使社会福利法等位于即将出台的社会保险法和社会救助法,促进社会保障法律的完整性和体系性。要使社会福利作为社会保障体系的三大基础之一并在其内在规律支配下获得独立性的发展,法制化必然是其长远发展之路,特别是在社会保障体系中的社会保险和社会救助即将出台专项性法律的形势下,社会福利的发展也需要以专项法律为基础,而唯有如此社会福利才能在其本质上有别于社会救助,体现出中国特色社会保障体系的专业性和层次性。总之,福利法律制度建设是社会福利事业全面健康发展的基本条件,近期、中期、远期三种发展思路是既针对现状又立足长远的一种分析,制度建设需要把结合实际与从长计议统一起来,以社会福利的发展需求为导向进行合理搭配和整合。

4. 编织社会福利支持网络

社会福利作为一项实务性工作和复杂的系统性工程,需要有发达的支持网络为福利运行提供必要的支撑。完整的社会福利支持网络应当对专门化的福利机构、以服务为导向的社区以及专业化的社会工作形成全面覆盖。专门的社会福利机构是提供供养、康复、医疗、养育服务的基本载体,有利于满足福利对象的多方面福利需求;富有服务功能的社区有助于整合社区群众自治组织、非营利组织以及各类非正式组织参与社会福利服务活动,实现社会福利的可及性和便利性;专业化的社会工作借助于专业的社工知识和科学人性的服务方式,有助于配送社会福利服务,传输健康的生活理念,帮助弱势群体增加权能,满足社会公众的福利服务需求。从我国实际看,经过多年的发展,福利机构建设和社区服务已具备一定的基础,社会工作已纳入政府工作的重要日程,社工岗位开发、执业水平考试正大力推进,充分利用并积极创造各种有利条件,编织一张由福利机构、社区服务、社会工作三种要素组合搭配而成的社会福利服务支持网络,是实现社会福利目标、提升福利覆盖面和受益面的重要保障。

根据发展适度普惠型福利的目标,近期在社会福利机构建设方面的具体思路是:坚持投入与改造相结合、扶持引导与规范管理相结合的原则,在加强国有福利机构建设的同时,大力扶持和引导民办福利机构发展,形成国有机构发挥示范作用、民办民营机构发挥主体作用,投资主体多元化、运营机制市场化,覆盖城乡、结构合理的福利机构布局。政府投资兴办一定数量的福利机构是发展福利事业的必然要求,范围应主要集中在救助性福利和抚恤性福利之内,并注意对原有福利机构进行设施性改造和经营性改造,尤其需要打破国有福利机构由政府直属、直办、直管的体制,使国有福利机构和设施的条件符合特定福利对象人性关怀的要求,微观经营管理符合市场经济的要求;在发展民办福利机构方面,由于社会福利领域与公共利益高度相关,社会资本向福利领域的投入通常受市场营利机制的驱使,这种特性决定了在政府放开私人部门进入福利领域之初,在政府引导和发展民办福利机构的过程中,首先应当制定完善的扶持政策、设施服务标准和行政监管体系,同时配合以福利供给方式创新,在市场竞争和服务对象"用脚投票"的选择机制之下,社会福利的供给才能满足不断扩大的需求,从而进入发展的良性循环。

社会福利的实施终端位于社会基本单元的社区层面,原因在于社区是以地域为界具有整合功能的社会系统,是社会福利对象的主要活动场所。整合社区资源、发展社会福利,为老年人、残疾人、孤残儿童等特殊群体提供福利服务,是实现社会福利社会化的有效形式和重要途径。首先,社会福利社区化发展的关键是对社区福利资源进行整合,要顺应社区自治性组织职能的"去行政化"倾向,依托城乡社区居民委员会,培育社区居民参与社区福利事务决策的意识,使社区福利设施的建设对社区结构的变化和社区福利需求的差异有良好的回应;其次,应当充分利用街道、社区各类服务组织,向社区老年人、儿童、残疾人、贫困对象、优抚对象以及特殊群体提供救济、照顾和便利服务,政府要在此过程中成为服务的购买方,同时要加强服务监管,通过合理途径,将福利服务的提供交由社会组织负责。最后,将非营利组织引入福利服务领域,并大力培育社区志愿活动。社区福利的理想目标应当是形成多元化、多层次参与社会福利提供的局面,非政府组织和志愿团体与政府机构相比有其特有优势,政府在这方面应采取更加积极的鼓励政策。

培育宏大的社会工作者队伍是发展社会福利的人力支撑。当前建设专业化社会工作者队伍的可行性思路包括:其一,要大力发展社会工作教育事业,培养一支富有社会工作价值观,掌握现代社会工作理论、知识、方法和技巧的专业人才队伍。其二,要在政府的指导下,依靠社会中介组织,采取有效措施进一步加强社会福利服务机构从业人员的培训工作,对在岗社会福利工作人员及管理者进行系统的培训,努力提高他们的专业能力和专业水平,逐步推行从业人员上岗培训制度。应该按照国际通行模式,结合我国的现实情况,形成包括正规学历教育、非学历的职业培训等在内的多层次和网络化的社会工作人才培养体系。其三,积极推进社会工作执业水平评估认证制度。评估认证制度处在社工教育与社工实务的中间环节,加强其建设是社会工作人才队伍建设的关键和核心。要稳步推进社会工作职业资格证书制度、登记注册管理制度、职级职称管理制度、行业自律评价制度等社会工作执业水平评估认证制度体系建设，以规范和引导社工专业教育，提高社会工作专业化服务水平。目前需要结合社会福利领域的实际，研究提出推进社会工作和社会工作人才队伍建设的目标任务、实施步骤，重点做好区域性和领域性的起步和启动工作，使社会工作执业制度建设由点到面、由线到面逐步展开。

社会福利基本理论是一个内涵十分丰富、外延相当宽泛的领域，全球社会福利的改革发展掀起了社会福利理论研究的热潮。但是，中国对于社会福利基本理论的研究仍有待进一步深入，特别是对于社会福利的概念、思想、制度等一些共同的、重大的基本理论问题需要深入探讨。此外，研究基本理论还要结合当前中国社会福利的实际，为中国社会福利的改革和发展提供理论分析与路径指向。在本书设定的社会福利基本理论框架中，社会福利的基本概念有价值、权利和制度层面的三种理解；社会福利思想既是人们对于一个社会的福利问题、福利制度和政策、福利追求的价值观及方法论和政策主张的思想理论表述，也是一种兼具独立性与交叉性、历史性与时代性、封闭性与容纳性、抽象性与现实性等多方面特性于一体的理论形式。构建社会福利制度应遵循一定的原则，依据特定的经济、政治、社会条件，对制度主体、福利内容、福利供给以及福利行政等福利制度的基本内容进行规定并加以研究。当前中国社会福利的发展应适应经济发展迈入新阶段、社会建设提上日程以及人口老龄化提速等新形势新要求，适当扩大覆盖范围、适度提高福利程度，坚持政府主导和多元主义原则，着力构建和发展适度普惠型社会福利模式。

社会福利理论具有很强的开放性，加之全球化、工业化、城镇化、信息化以及人口老龄化的迅速发展，研究和解答社会福利领域中的实际问题必将不断丰富、拓展、深化社会福利的理论范畴。本书只选定了相对狭小的范围并进行框架性探讨，不仅对问题的分析有待深入，而且仍有很多议题未有涉及。中国社会福利基本理论研究无疑应着眼于社会福利发展的实际，进一步向更深层次、更大范围深化和拓展。

本章主要参考文献

1. [英]安东尼·吉登斯著,田禾译:《现代性的后果》,译林出版社2000年版。

2. 林卡、陈梦雅:《社会政策的理论和研究范式》,中国劳动社会保障出版社2008年版。

3. 李本公:《关注老龄》,华龄出版社2007年版。

4. 周沛:《社会福利体系研究》,中国劳动社会保障出版社2007年版。

5. [英]保罗·皮尔逊著,汪淳波译:《福利制度的新政治学》,商务印书馆2004年版。

6. 孙立平:《失衡——断裂社会的运作逻辑》,社会科学文献出版社2004年版。

7. [美]罗伯特·K.默顿,唐绍杰、齐心等译:《社会理论和社会结构》,译林出版社2006年版。

8. [美]密尔顿·弗里德曼著,张瑞玉译:《资本主义与自由》,商务印书馆2004年版。

9. [美]华尔特·罗斯托著,郭熙保、王松茂译:《经济增长的阶段——非共产党宣言》,中国社会科学出版社2001年版。

10. 钱宁:《社会正义、公民权利和集体主义——论社会福利的政治与道德基础》,社会科学文献出版社2007年版。

11. 钱宁:《现代社会福利思想》,高等教育出版社2006年版。

12. 周宏:《福利国家何处去》,社会科学文献出版社2006年版。

13. 黄少安主编:《制度经济学》,高等教育出版社2008年版。

14. 卢现祥:《西方新制度经济学》,中国发展出版社2003年版。

15. [英]罗素著,马元德译:《西方哲学简史》下卷,商务印书馆1976年版。

16. 周永新:《社会福利的概念与制度》,香港中华书局1998年版。

17. [美]威廉姆·H.怀特科著,解俊杰译:《当今世界的社会福利》,法律出版社2003年版。

18.《邓小平文选》第三卷,人民出版社 1993 年版。

19.《邓小平文选》第二卷,人民出版社 1994 年版。

20. 中华人民共和国国家统计局:《中国统计年鉴 2007》,中国统计出版社 2008 年版。

21. 中华人民共和国民政部:《中国民政统计年鉴 2007》,中国统计出版社 2008 年版。

22. 窦玉沛:《中国社会福利的改革与发展》,《中国社会福利》2006 年第 10 期。

23. 民政部课题组:《民政事业经费保障长效机制研究报告》,《中国民政》2008 年第 4 期。

24. 社科院经济学部课题组:《我国进入工业化中期后半阶段——1995~2005 年中国工业化水平评价与分析》,《中国社会科学院院报》2007 年 9 月 27 日。

25. 潘屹:《当代中国社会福利改革的指导思想与实践》,《社会保障制度》2007 年第 6 期。

26. 熊跃根:《论国家、市场与福利之间的关系:西方社会政策理念发展及其反思》,《社会科学研究》1999 年第 3 期。

27. 徐月宾、张秀兰:《中国政府在社会福利中的角色重建》,《中国社会科学》2005 年第 5 期。

28. 刘继同:《个人主义与市场经济:自由主义社会福利理论综合评价》,《北京电子科技学院学报》2005 年第 3 期。

29. 江治强:《中国社会福利战略性发展的思考》,《中国特色社会主义研究》2008 年第 6 期。

30. Taylor-Gooby, P. and Dale, J. (1981): *Social Theory and Social Welfare*, London: Edward Arnold.

31. Wilensky, Hand Lebeaux, C. (1965): *Industrial Society and Social Welfare*, the Second Edition, New York: Free Press.

32. Titmuss, P. M. (1974): *Social Policy: An Introduction.* London: Unwin-Hyman.

第二章　老年人社会福利建设研究

人口老龄化是当今世界面临的重大社会问题之一。中国老年人口规模之大,老龄化速度之快,高龄人口之多,是世界人口发展史上所罕见的,必将给经济社会发展,特别是老年社会福利事业带来深远的影响。建国以来,我国老年人社会福利事业取得了很大成绩,但随着经济社会的发展,老年人社会福利依然处于总量供给不足状态,无法保障广大老年人的基本生活,与党和国家构建和谐社会的总体目标不相适应。在新的历史时期,中国老年社会福利事业如何面对经济社会发展结构转变以及人口老龄化带来的挑战,走出一条具有中国特色的发展道路,以满足老年人日益增长的福利服务需求,维护他们的基本生活权益,进而促进经济社会协调发展,已经成为全社会关注的焦点问题。这也正是本书的研究主旨。

一、老年人社会福利的基本理论

老年人福利制度作为国家整个社会福利体系的重要组成部分,是专门针对老年人丧失劳动能力后的基本生活予以保障的制度安排,和其他福利制度相比具有其独特性。在展开本研究之前,先厘清老年人社会福利的相关基本理论。

(一)老年人社会福利制度的基本内涵

老年人是指达到或超过老年年龄的人,是社会的一个特殊群体。[①] 确

---

① 特殊群体是一个社会学概念,特指某些群体在社会结构中的特殊地位及其生存状况。那些由于自身或社会原因常处于不利地位的社会群体被称为特殊群体。

定和划分老年人的年龄标准是随历史的发展而变化的。目前,世界卫生组织把老年人定义为年龄在60周岁以上的人群,而西方一些发达国家认为65岁是分界点。《中华人民共和国老年人权益保障法》第2条规定,老年人的年龄起点标准是60周岁,凡年满60周岁的中华人民共和国公民都属于老年人。老年人作为特殊群体,主要是由于老年人更容易在身体功能、生活能力或社会能力等方面产生障碍,无法保障正常的生活形态,必须从国家和社会获得帮助以保障和改善其基本生活。人进入老年期后,不仅会在生理和心理层面上表现出一系列的特征,例如健康状况恶化、丧失劳动能力和日常生活能力,而且在心理上陷入挫折、沮丧或焦虑不安、恐惧等心理困境。从社会层面上讲,老年人也意味着其社会责任被全部或大部分解除,不再是完全意义上的社会生产者,社会参与力度大大减少,社会地位逐渐下降。也有一些学者提出,不能单纯依靠年龄因素界定老年人,认为老年人是指随着年龄达到或超过一定界限而出现生理机能衰退及社会功能弱化的社会群体。以年龄为标准界定个体老化的程度会导致社会福利有失公平,以中国60岁的标准为例,许多人在60岁之前就因为健康状况等原因不能工作,而同时许多60岁以上的人还在从事着各种各样的工作。尽管这种情况确实存在,但由于采用年龄来界定老年人,便于清楚划分福利项目的服务对象,也便于政府老年人政策的实施,因此,日历年龄仍然是国家界定老年人的规范化标准。

国际上关于社会福利概念的理解分歧也较大。在西方福利国家,社会福利是一个涵盖很广的概念,通常指国家采取的各种社会政策的总称,凡是为改善和提高全体社会成员物质、精神生活而采取的措施、提供的设施和服务等都称为社会福利。在我国,传统的社会福利概念与西方国家使用的社会福利概念存在很大区别。在有关立法文件和理论研究上,都将社会福利置于社会保障的概念之下,认为社会福利属于社会保障的一部分。在实践中,我国传统社会福利的对象不是全体社会成员,而是部分特殊成员即社会弱势群体,社会福利是国家和社会为弱势群体提供的收入和服务保障,主要包括老年人福利、儿童福利和残疾人福利。国内也有研究将社会福利定位为社会保障体系的最高层次,认为社会救助的目标是维持社会成员的最低生活水平,社会保险的目标是维持社会成员的基本生活水准,社会福利的目标是提高公民的生活水平和生活质量。但实际上,这种类型的社会福利在我国社会保障体系中还比较少。与对社会福利概念的理解相适应,关于老年人社会福利的理解也有两种:从广义上说,老年人社会福利是指为了保障、改善和提高老年人的物质生活和精神生活所采取的各种生活保障和社会服务措施;从狭义上说,老年人社会福利是老年人因年老、疾病、贫困、生理或心理缺陷而丧失劳动能力并出现生活困难时,国家向其提供的保障和服务措施。考虑到当前我国老年人社会福利正由补缺型福利向普惠型福利转变,本书所研究的老年人社会福利不是指针对"三无"老年人、贫困老年人的特殊福利,而是指为保障老年人物质生活、精神文化生活所采取的一切举措,包括党和政府为此制定、颁布的所有法律法规、方针政策、制度规范等。

(二)老年人社会福利的主要内容

老年人社会福利所包含的内容往往和现代工业社会的诸多特点相关:人口的迅速增长和老龄化、劳动市场的形成、家庭结构的变化、医疗卫生设施的普及、城市化的发展和教育的普及等,都影响着老年人生活的各个方面,因此也推动了老年人社会福利内容的扩展。[①] 结合现代工业社会的特征和老年人的需求,老年人社会福利主要包括以下内容:

1. 收入保障

老年人从生产领域退出之后,不再是生产者,而是纯粹的消费者,因此经济收入水平也会随之下降。虽然从理论上讲,老年人可以通过继续工作、领取退休养老金和社会保险金等渠道获得收入,但由于老年人难以和年轻人竞争获得工作岗位,退休金与退休前的就业和收入有关,特别是如果退休金的调整滞后于通货膨胀的影响,退休金的价值就会下降。加之随着年龄的增长、身体功能的下降、对医疗保健和生活照料服务需求的增加以及个人积蓄的逐渐减少,老年人很可能进入社会贫困群体,需要得到政府和社会的

---

① 参见陶立群主编:《中国老年人社会福利》,中国社会出版社 2002 年版,第 18 页。

帮助。如何避免老年人生活陷入贫困,保障老年人的基本生活,成为老年人福利的一个重要目标。

2. 医疗保健

老年人医疗保健是影响其晚年生活的一个十分重要的问题。老年首先意味着人在生理上一些功能的退化,肌肤松弛、血管硬化、脏器功能衰退,视觉、听觉、味觉、触觉和嗅觉全面退化,行为能力下降,随着组织器官及生理功能的衰老,对抗疾病的能力也逐渐下降,许多在进入老年期之前潜伏的疾病也容易在此时显现出来,老年阶段成为一个疾病多发时期,因此老年人对医疗保健的需求远远高于普通人。而且针对老年人的医疗保健不仅要强调治愈,还需要长期的保健护理,例如老年人护理服务、老年人康复服务、老年人疗养服务等。随着老龄人口的增加,医疗保健日益被老年人社会福利部门关注,成为老年人社会福利的一项重要内容。

3. 日常生活照料

老年人生活照顾服务是指为满足老年人日常居家生活需要而提供的一系列服务,包括居家照顾服务、老年人日间照顾服务、老年人家务助理服务、老年人院舍服务等。① 从其内容来讲,既有一般性的非专业照顾和帮助,也有属于准专业甚至专业性的护理和看护。随着年龄增高,老年人身体健康状况下降,自理能力逐渐退化。据统计,在 60 岁以上的老人中,有约 4% 的人丧失吃饭、穿衣、洗澡、入厕等基本生活自理能力;有 30% 的人生活只能部分自理,需要家庭、社区或社会为其提供生活照顾服务。在人口老龄化加速、平均寿命延长的背景下,解决老年人的日常生活照料问题,改善老年人生活状况,提高老年人生活质量,成为老年人社会福利的一项重要内容。

4. 住房

老年人住房的类型和质量直接影响其晚年生活的水平。老年人的住房需求经常和医疗保健、日常生活照顾、社会交往需求相关联,他们通常希望住在一个能得到各种及时的照顾和服务、方便与人交流的地方,这个地方既

---

① 参见田北海:《香港与内地老年社会福利模式比较》,北京大学出版社 2008 年版,第 40 页。

可以是私人住宅也可以是养老院。和普通人相比,老年人对住房的需求有三个特点:对不拥有自己住房的老年人来说,房租对已经退出生产领域的他们带来的压力更大;即使拥有住房的老年人,大多房屋已经陈旧,面临维护和整修等问题;随着老年人年龄的增大,活动能力和自我照顾能力会发生变化,由于身体状况下降需要改变居住环境的人数占很大比例。

5. 教育

在知识和技术更新速度加快的社会中,教育已经成为人们的终生需要,接受正规教育不再是儿童和青少年的特权,越来越多的老年人在退休以后有了充分的可以支配的时间,便产生了继续接受正规教育、更新知识和技能的愿望。继续接受教育,不仅可以发展老年人的个人特长和爱好,充实退休赋予的闲暇生活,使精神有所寄托,还可以提高老年人的社会参与能力,无论就再就业而言,还是就适应现代化生活而言,都是必要的。保障老年人接受教育的权利,帮助老年人提高知识水平、增强社会参与能力,也成为老年人福利所要考虑的一个重要问题。

6. 就业

与其他社会成员一样,老年人有权全面参与他们所在社区以及整个社会的发展。有关研究证明,适当的工作对老年人的身心健康有促进作用,有助于帮助他们摆脱无用感、失落感、被社会遗弃感等负面情绪。[①] 随着人均寿命的普遍提高,越来越多的有劳动能力的老年人希望能够通过继续就业或再就业的方式,发挥余热,为经济社会发展作出贡献,同时也能通过自助的方式满足基本生活,或进一步提高生活水平,减轻国家社会保障负担。在老龄化已经进入高龄期的社会中,继续雇用劳动力当中的年纪较长者,鼓励老年人继续参与社会发展,已被视为提高老年人社会福利水平的一种可行办法。

7. 社会交往

随着老年生理、心理等方面的变化,老年人逐渐从生产领域中退出,其社会交往关系也会发生相应地发生变化。在一定程度上,老年人被排斥于

---

① 参见陶立群主编:《中国老年人社会福利》,中国社会出版社 2002 年版,第 107 页。

一般社会之外,处于社会边缘地带,与其他社会成员相分离。离岗后,家庭矛盾、代际冲突、生活节奏变慢以及社会安全感的缺乏,都可能给老年人带来不同的压力。就城市老年人群体来说,老年人退休后,其主要的社会关系将由正式的业缘关系变为非正式的血缘关系、地缘关系和趣缘关系。① 如果不能积极面对这种社会关系的转变,就会导致社会交往活动减少,社交圈子缩小,产生离群后的孤独、寂寞感,会严重影响老年人的身心健康。

除以上内容外,老年人在交通、娱乐、法律、信息咨询等其他方面也都有其特殊的需求,老年人社会福利的内容应该尽可能满足他们各方面的需求,以确保老年人生活的安定和生活质量的提高。

(三)老年人社会福利的基本模式及制度构成

国际上关于福利模式的分类研究由来已久,维伦斯基(Wilensky)和勒博(Lebeaux)是最早进行社会福利模式类型研究的学者。在1958年出版的《工业社会与社会福利》中,他们把社会福利模式划分为"补救型福利"和与之相对应的"制度型福利"两种模式。英国社会政策鼻祖蒂特马斯(Titmuss)在其1974年出版的《社会政策》中,把福利模式分为三种理想类型:第一种是基本上承继了维伦斯基和勒博传统的"补救型"福利模式;第二种是"工业成就型"福利模式;第三种是"制度再分配型"福利模式。丹麦学者艾斯平·安德森(Esping·Andersen)在其1990年出版的《福利资本主义的三个世界》中,首次明确使用了"福利体制"或称"福利模式"这一概念,将福利资本主义分为三个世界或称三种模式:"自由主义"福利模式、"保守主义"福利模式和"社会民主主义"福利模式,并在其1999年出版的《后工业经济的社会基础》中坚持使用这个基本范畴。从此开始,"福利模式"理论开始逐渐成为一个使用非常广泛的专有术语,成为研究福利国家和福利制度比较的一个主要概念和工具。

国内关于福利模式的研究大都将社会福利模式大而划之,分为"普救

---

① 参见田北海:《香港与内地老年社会福利模式比较》,北京大学出版社2008年版,第35页。

式"（主要是北欧和西欧）和"补救式"（主要是英语国家,尤其是美国）两大类:"补救型"模式是在家庭和市场不能起作用时,国家才发挥作用;在这种模式中,通过家庭和国家之间相互依赖,满足个人的基本需求。"普救型"福利模式排除了市场的作用,社会福利是根据需要的原则来提供一种"普救性"（universality）和"有选择性"（selectivity）相结合的服务,其目标是平等、社会团结;在这种模式中,发挥作用的是政府和国家,通过二者相互依存满足人们的需求。针对老年人社会福利模式的分类,有研究将其细化为四类:权利福利模式、剩余福利模式、补贴福利模式和有限福利模式。权利福利模式认为,老年人收入不足和身体衰弱是个社会问题,应当由社会解决,而不应当由个人和家庭来承担照顾老年人的全部责任;剩余福利模式认为,国家虽然在一定程度上承认老年人对社会福利项目的权利,并采取集体主义的做法提供某些社会福利,但国家在承担责任时是有选择的;补贴福利模式认为,在老年人和家庭没有能力照顾他们自己时,应当由国家直接补贴那些需要帮助的老年人个人,使他们有能力支付所需各种服务;有限福利模式认为,应当强调老年人自理或家庭照顾,政府公共项目的资金主要用于扶持私有服务业的发展,老年人个人的需要主要依赖私营合同的服务来满足。

从老年人社会福利的制度构成来看,一般情况下,以政府部门为代表的社会公共部门,在满足老年人福利需求的措施方面主要包含三个层次的内容:老年人社会救助、老年人社会保险、老年人福利服务。老年人社会救助是国家和社会按照法定的程序对贫困老年人给予款物救济和服务,以使其生活得到基本保障。虽然需要救助的老年人只是老年人口中的少数,而且老年人也不是唯一可以得到救助的人群,但在整个社会救助计划中,对老年人口的救助占很大一部分,作为对老年人基本生存权利的保障方式,社会救助在老年人社会福利中处于基础性的地位。老年人社会保险是由国家立法强制实施,由政府、用人单位和劳动者等社会各方面筹集资金建立专门基金,在劳动者年老丧失劳动能力后,从国家或社会获得的物质帮助。与老年人社会救助相比,老年人社会保险具有明显的补偿性、储蓄性和互济性的特点。在保障老年人基本生活方面,从对少数贫困老年人的救助到解决大多数老年人的收入问题,老年人社会救助和老年人社会保险相互补充,共同为老年人构筑了一个安全网。老年人福利服务则是在经济比较发达、社会物质生活水平较高的情况下对老年人实行的一种比较全面的保障形式。其基本特征是：权利和义务脱节，服务对象是全体老年人，不论其收入高低，经济状况如何，均可在需要时享受到社会为他们专门提供的各种服务，如免费身体检查、享受养老服务设施、享受高龄津贴和服务补贴等。其目的是保障老年人物质生活的进一步改善和提高，提升老年人生活质量，促进老年人福利的发展，帮助老年人尽可能在各方面享受社会发展的成果，这也是老年人社会福利体系进一步完善的体现。

二、我国老年人社会福利的发展历程

（一）中国传统社会的老年人供养

中华民族素有"敬老养老"的优良传统。在先秦时期，以孔子为代表的思想家提出"仁、义、礼、智、信、忠、孝"等伦理思想，对"孝"文化的传播起了关键性的作用。《礼记·祭义》载："凡养老，有虞氏以燕礼，夏后氏以飨礼，殷人以食礼，周人修而兼用之。"用款待宾客的"燕礼"、"飨礼"和"食礼"来对待老人，足以表明尊老、敬老的程度。让鳏寡孤独者"皆有所养"，是先秦时期养老制度的重要内容。据《孟子·梁惠王下》载："老而无妻曰鳏，老而无夫曰寡，老而无子曰独，幼而无父曰孤"，"此四者，天下之穷民而无告者"，其中包含着对这些人实施定期救济、人身权利保护、问病等特殊照顾内容。到了汉代，汉武帝采纳了董仲舒"罢黜百家、独尊儒术"的建议，儒家伦理成为至高无上的行为规范和道德准则，孝敬、关爱、奉养老人的观念成为建立家庭的坚实基础，并在社会中奉行不渝。

中国传统社会也曾在法律上明确过家庭和政府机构对老年人的保障责任。例如，唐令给予"侍老"以生活方面的优待制度，规定侍丁享有免役的待遇，正如《唐律疏议》指出的："侍丁，依《令》免役，唯输调及租"。天宝元年（742 年），唐玄宗在改元《大赦文》中说："侍丁者，令其养老；……比者王政优容，俾申情理，而官吏不依令式，多杂役使。自令已后，不得更然"。而且为了侍奉老人，老人亲属中的服刑人员也可权留侍养。根据唐朝的规定，除"十恶"之外,家有 80 岁以上亲及笃疾,应侍养者可向刑部申报,暂缓流刑,以充侍养。待亲终满一周年后,方押送流放之地。明、清律例规定,如果祖父母、父母在世,子孙分割家产另立门户或不供养老人的,除按十恶、不孝罪论处外,还规定:"凡鳏寡、孤独及残废之人,贫穷无亲属依倚,不能自存,所在官司,应收养而不收养者,杖六十"。

为了救济老年贫困无依靠者,一些朝代还曾在各级官府设立"悲田院"、"福田院"、"养济院"等居养机构,对社会上无依无靠、无家可归者实行收养。如宋代建有居养院、安济坊、漏泽园等,专门收养老、疾、孤、穷者;元代建有养济院,专门收养"诸鳏寡孤独、老弱病残、穷而无告者";明清两代设有栖流所,收养孤老,安置贫病流民,费用均由国库拨付;在民国时期,政府也办有少量福利设施,教会与民间亦有举办收养机构者。[①]

从以上可以看出,我国传统社会的老年人社会福利制度主要与家庭相关联,除家庭是老年人生活的主要依靠外,一定形式的社会养老也是始终存在的。统治者制定各种法律政策,对老年人供养作出规定,政府和社会团体通过举办敬老仪式或组织慈善性助老活动,对无家可依的老年人提供帮助。这些社会化的养老方式作为家庭养老的重要补充,有效促进和维护了家庭养老方式的世代延续。尽管如此,纵观中国数千年的历史,晚年生活对许多老年人来说并不尽如人意,由于家庭承担养老责任的能力受到家庭经济状况的制约,老年人往往很难得到舒适的生活环境,特别是在遭遇天灾人祸或在饥荒年间,老年人的生活更是难以得到保障。同时,社会化的养老措施由于不全面、不系统,缺乏制度保障,本质上仍只能算是一种官办慈善事业,具有典型的恩赐色彩,通常不足以弥补家庭养老的不足,导致社会人口平均寿命比较短,人们对老年人社会福利的需求也不迫切。

(二)新中国成立后的老年人社会福利

社会保障制度和经济发展之间存在互动关系。当国家经济、人口和政

---

① 参见郑功成:《中国社会保障制度变迁与评估》,中国人民大学出版社 2002 年版,第326 页。

治环境发生变化时,老年福利制度也会随之进行调整。新中国成立以来,我国老年人社会福利制度伴随着经济体制和社会结构的变革而发展演变,主要可以划分为初创时期、调整时期、停滞时期和改革与发展时期四个阶段。同时,由于受城乡二元经济结构和严格的户籍管理制度的影响,中国的现行社会福利制度呈现出明显的二元特征。

　　1. 初创阶段

　　新中国建立伊始,百废待兴。长期的半殖民地统治和近半个世纪的连年战祸,致使我国国民经济濒临崩溃,工业破产,农业凋敝,饥民遍野,由于外部的压力及自身的基础不足,新中国并没有形成严格意义上的社会保障及社会福利制度。老年人保障和福利制度也仅处于初创阶段。

　　在城市,新中国成立初期,政府通过接收、改造国民党政府官办的救济院、劳动习艺所及地方民办的慈善堂、外国教会举办的慈善机构等,成立了教养院,收容了一批孤老残幼和无家可归的游民。1951 年 5 月,分管城市福利等工作的内务部(民政部前身)在北京召开全国城市救济福利工作会议,通过了《关于城市救济福利工作报告》,对改造旧有福利设施、发展社会福利事业、健全对私有救济福利机构的管理等做了明确规定,面向城市居民的福利事业自此开始起步。1956 年,国家调整、整顿生产教养政策,将其中的残老、儿童划分出来另设残老教养院和儿童教养院(即后来的社会福利院和儿童福利院),"三无"老年人在残老教养院得到了较好的供养。

　　在农村,经过土地改革,废除了封建土地所有制,建立了以农民个体所有制为基础的"耕者有其田"的土地制度,农民真正在法律上拥有了土地所有权。农民有了土地就意味着基本生活有了保障,土地保障是这个时期政府和社会给予农民的最大保障。这一时期的农村,国家除了提供最基本的社会救济外,根本没有物质和资金实力建立其他社会保障制度,而针对农村老年人的社会福利制度主要体现在对孤寡老人的照顾上。例如,在土地改革时期,许多地方除对他们分近地、好地、适当多分土地外,还积极组织互助组,对他们帮耕、帮种、帮收。对生活仍有困难的老年人,国家还给予包干定量救济或临时救济。1953 年,中央人民政府内务部制定的《农村灾荒救济粮款发放使用说明》,把无劳动能力、无依无靠的孤老残幼定为一等救济户,以保障他们的基本生活。

2. 调整阶段

在"一五"计划成功实施、社会主义制度稳固建立及国家初步实现工业化的背景下,我国政府采取了高度集中的计划经济政策,经济的高度计划和政治的高度集中是这一时期社会结构与社会生活的基本特征。与此相适应,"集体福利"成为这一阶段我国社会福利政策的主要特点。

在城市,由于国家经济水平落后,同时在救济的福利观念指导下,民政部门负责的老年人社会福利,只为特殊老年人群体(城市中的"三无"老年人)提供低水平的救济和服务,机构数量少,规模小,服务水平低。针对普通老年人的社会福利,主要通过各个机关、企事业单位提供职业福利的方式来获得满足。在单位提供的社会福利下,城市居民中的老人都是"某单位"的成员,享有的福利也只会在本单位内实现。以职业福利为支撑、以民政福利为补充,是这一时期城市老年人社会福利的典型特征。

在农村,完成新民主主义革命的土地小农所有制变革以后,人民政府认为"建立合作社,依靠统一经营可以形成新的生产力"是人民群众"由穷苦变富裕的必由之路",积极鼓励和引导农民走合作化的道路。[1] 1956 年年底,农业高级社的普遍建立,标志着中国农村集体经济制度基本确定。与此相适应,以集体为主导的平均主义的分配制度潜在地发挥着社会保障的功能。在这一体制下,老年人被纳入合作社,并在分工分业上得到照顾,被安排参加力所能及的劳动,并参与集体分配;当完全丧失劳动能力时,他们才退出农业生产劳动,回到家庭,由家庭具有生产能力的成员满足其基本生活需求。针对孤寡老人这一特殊困难群体,1956 年 1 月,中央以草案形式发表的《1956—1957 年全国农业发展纲要》(后于 1960 年 4 月 10 日召开的第二届全国人大第二次会议正式通过),和 1956 年 6 月 30 日召开的第一届全国人大第三次会议通过的《高级农业合作社示范章程》两个指导性文件中,都明确规定农业生产合作社对于缺乏劳动力或者完全丧失劳动力、生活没

---

① 参见薄一波:《若干重大决策与事件的回顾》上卷,中共中央党校出版社 1991 年版,第 191 页。

有依靠的鳏寡孤独社员,在生产和生活上给予适当的安排和照顾,使他们生养死葬都有依靠。

3. 停滞阶段

1966 年开始的 10 年"文革"的浩劫,不仅使中国政治、经济、文化等各方面受到严重破坏和蒙受巨大损失,而且使老年人社会福利制度建设也遭到严重破坏。福利这一用来改善人们生活状况和满足人们生活需要的功能被扭曲和政治化。1968 年 12 月,主管社会福利工作的内务部被迫撤销,许多福利事业单位被强行合并和撤销,不少孤老残幼人员重新流落街头。

4. 改革与发展阶段

从 20 世纪 80 年代开始,我国进入了改革开放的新阶段,经济制度由计划经济向市场经济转变,集体经济时期发展起来的各项社会保障与福利事业或因失去了原有的经济基础而处境艰难,或因面临资金困难而停滞不前,或因缺乏经济支撑而濒临解体。这一时期,老年人福利服务供需矛盾逐渐凸显:一方面,由于老年人口数量的快速增加和人口老龄化的加速推进,老年人对护理照顾、健康维护等都提出了新的要求;另一方面,由于经济结构、社会结构和家庭结构的变化,使得空巢老人、独居老人增加,传统的家庭养老方式受到挑战。

在这样的背景下,主管社会福利工作的民政部门逐步认识到,我国社会福利特别是老年人社会福利由国家和集体包办的模式,已经难以满足人民群众对养老福利服务需求日益增长的需要。不发动和依靠社会力量,老年人社会福利事业就不可能快速发展,必须积极探索发动和依靠社会力量发展老年人社会福利事业的新途径。改革开放以来,我国福利政策改革走过了以下发展历程:

在城市,1983 年,民政部提出"兴办社会福利事业要调动多方面的力量,广开门路,采取多种渠道。国家可以办,社会团体可以办,工厂、机关可以办,街道可以办,家庭也可以办。要依靠基层,组织动员社会力量,举办小型多样的社会福利事业单位";1986 年,民政部制定的五年规划(1986—1990 年)中明确提出社会福利事业改革发展纲要,提出要变单一的国家负担为国家、集体、个人三方共同负担,由救济型福利向福利型福利转变,部分地区民政部门主办的社会福利院开始向不是"三无"对象的老人开放,民办的养老院也在一些地方开始出现;1997年4月,民政部与国家计委联合发布《民政事业发展"九五"计划和2010年远景目标纲要》,进一步明确了福利社会化的改革目标与政策取向;2000年2月13日,国务院办公厅转发了民政部、国家计委等11部门联合制定的《关于加快实现社会福利社会化的意见》,首次明确了我国社会福利事业发展的指导思想、总体思路和目标任务,对推动老年人社会福利社会化发挥了重要指导作用。这一时期的城市社会救助工作也取得了突破性进展,1999年9月,国务院颁布《城市居民最低生活保障条例》,标志着我国城市贫困老年人的基本生活权益得到了法律保障。

在农村,随着家庭联产承包责任制的实行,土地再一次承载起作为生产资料和社会保障的双重功能,对老年人来说,土地保障和家庭保障是占绝对主导地位的保障方式。但与此同时,为顺应农村实际需要,党中央和国务院对逐步建立农村社会保障制度提出了明确要求。在养老保障方面,1990年7月,国务院明确由民政部主管农村社会养老保险制度建设工作。1994年,国务院颁布《农村五保供养工作条例》,首次明确了"五保"供养的性质、对象、内容、资金来源、供养形式等方面的问题;各地相继出台一系列相配套的规章制度,结合本地区实际,具体落实"五保"供养工作,使"五保"供养工作进入制度化、规范化时期。这一阶段的农村救济制度改革方面也有一些进展,1995年民政部开始在部分地区开展农村最低生活保障试点工作,将救助目标由传统的孤寡老人覆盖到所有的贫困人口,一些农村贫困老年人也逐步被纳入保障范围。

三、我国老年人社会福利建设的现状及问题

(一)老年人社会福利建设的现状

党的十六大以来,党中央提出要加快建立覆盖城乡居民的社会保障体系。作为构建社会主义和谐社会的重要内容和全面建设小康社会的重要指标,社会保障和社会福利被提升到前所未有的战略高度,开始进入统筹城乡

发展和加快制度创新的新阶段。适应经济转轨、社会转型以及老龄化加速的新形势,我国老年人福利政策有了许多新的发展,针对困难老年人的救助政策不断完善,面向全体老年人口的福利政策陆续出台,老年人福利政策逐步由补缺型福利向适度普惠型福利发展。我国老年人社会福利建设取得了以下主要进展。

1. 老年人的基本生活得到了切实保障

城乡低保制度已经覆盖所有老年人口。按照《城市居民最低生活保障条例》的规定,城市"三无"老人均可按当地城市居民最低生活保障标准,全额享受低保救助。目前,全国所有城市贫困老人均已纳入低保救助范围,实现了应保尽保,一些地方还对"三无"老人、贫困老年人给予重点救助,将其享受的低保金在当地规定标准的基础上上浮20%左右,全国城市低保对象中60岁以上老年人口的比例超过13%。2007年,国务院下发了《关于在全国建立农村最低生活保障制度的通知》,农村低保制度建设力度加大,不断规范完善。这项制度的建立,标志着农村贫困老年人也被纳入了制度保障的范围。目前,我国共有农村低保对象5214万人,其中大约1/5是老年人。

城乡老年人社会保险制度全面展开。城镇企业职工基本养老保险制度进一步完善,确保了离退休人员基本养老金按时足额发放;建立健全了城市基本养老金待遇与缴费年限、缴费基数和退休年龄挂钩的激励约束机制和企业年金等补充养老保障制度。农村社会养老保险取得了突破性进展,但是由于缺乏必要的财政投入,村集体的补助又极少,农民参保积极性不高,加上政策和体制变化,90年代建立的农村社会养老保险制度一度被中断。2003年以后,各地开始探索有财政补贴的新型农村社会养老保险制度。在此基础上,2009年9月,国务院下发了《关于开展新型农村社会养老保险试点的指导意见》,再次从国家层面确定建立新型农村社会养老保险制度,规定年满16周岁、不是在校生、未参加城镇职工基本养老保险的农村居民均可参加新农保;新农保基金由个人缴费、集体补助、政府补贴三部分构成,在支付模式上分基础养老金和个人账户养老金两部分,其中基础养老金由国家财政全额支付。

针对农村孤寡老人的"五保"供养制度不断完善。特别是2006年国务院新修订的《农村五保供养工作条例》公布实施,把农村五保供养资金列入政府预算,实现了从农村集体内部的互助共济向以政府财政保障为主的重大转变,农村"五保"老人这一最困难的群体基本生活从此有了可靠保障。据统计,截至 2010 年年底,国家已把符合供养条件的 556.3 万农村五保对象纳入了保障范围,其中,集中供养的有 177.4 万人,分散供养的有 378.9 万人,基本实现了应保尽保。供养设施也得到明显改善。2007 年 1 月,民政部启动"农村五保供养服务设施建设霞光计划",用 5 年的时间由中央和地方政府共投入资金 50 亿元左右,民政部每年安排福利彩票公益金不少于 1 亿元,用于资助农村五保供养服务设施建设,解决农村五保对象的居住和供养需求。

2. 老年人的医疗保健需求得到一定程度的满足

在城市,城镇居民基本医疗保险从 2007 年试点开始,范围迅速扩大,参保对象是具有当地城镇户籍的未参加职工基本医疗保险的非从业人员,涉及全国城镇非从业人员 2.4 亿多人,其中老年人占很大比例。各地还结合实际出台了专门针对老年人的医疗保险政策。例如,北京市从 2007 年 6 月起实施"一老一小"的大病医疗保险,城镇老年人每年个人缴纳 300 元,就可享受大病医保待遇。在农村,新型农村合作医疗试点从 2003 年起在全国陆续展开,到 2008 年年底已全面覆盖有农业人口的县(市、区),参合农民达 8.15 亿人,参合率为 91.5%。各地通过建立制度,积极资助"五保"老人、贫困老年人、70 岁及以上老年人参加新型农村合作医疗制度,帮助其缴纳个人应负担的全部或部分费用。各种保障制度使老年人的医疗困难得到一定程度的缓解。为了帮助老年人解除病痛疾苦、提高生命质量,卫生部还出台了《关于加强老年卫生工作的意见》,要求在深化卫生体制改革中,建立老年人卫生保健服务系统,支持社区医疗机构多向老年人提供廉价、便捷的服务,推动大中型医疗机构做好老年人医疗卫生工作,促进农村基层卫生服务网络为农村老年人提供医疗健康服务,鼓励开展老年人慢性疾病预防、老年人健康宣传教育、老年病研究等工作,提高老年人医疗服务水平。

此外,各地建立了惠及"三无"老人和贫困老人的城乡医疗救助制度。

根据医疗救助制度规定,低保对象中的老年人因患大病住院治疗,发生的医疗费用经大病医疗保险报销后,符合条件的可到民政部门申请医疗救助。各地还广泛开展老年人医疗救助专项行动,例如,2002 年 10 月,卫生部启动了"让老年人重见光明行动",到 2006 年为约 600 万名老年白内障患者实施了复明手术,并为边远贫困地区的老年缺肢者、听力障碍者免费装配假肢、验配助听器。

3. 老年人的各项优待政策不断建立和完善

2005 年 12 月,全国老龄人口工作委员会(以下简称老龄委)等 21 个部门联合出台了《关于加强老年人优待工作的意见》,规定由社会上各类单位为老年人提供各种形式的经济补贴、照顾和优先、优惠服务。地方各级政府也相继出台了既有共同性又有特色性的老年人社会优待政策,其主要内容包括:

第一,建立高龄老人津贴制度。《关于加强老年人优待工作的意见》规定,有条件的地方可对百岁或高龄老年人发放生活补贴。目前,全国各地对 100 岁以上老年人普遍发放了标准不等的高龄津贴,大多数地区对 90 岁以上老年人发放了高龄津贴,有条件的地区对 80 岁以上老年人发放了高龄津贴。一些经济欠发达地区也出台了 80 岁以上老年人津贴政策,如青海省海西州规定,县级人民政府对持有本地户口的 80—89 岁的高龄老人每人每年发放生活补贴 600 元,90—99 岁的高龄老人每人每年发放高龄补贴 800 元,100 岁及以上老年人每人每年按 1200 元发放高龄补贴。

第二,建立老年人福利养老金制度。例如上海市政府规定,自 2004 年 1 月 1 日起,对全市常住农业户籍、年满 65 周岁且每人每月领取养老金低于 75 元的农业人员发放补贴,补贴标准最低不低于 75 元,从 2007 年 1 月 1 日起提高到每人每月 85 元。从 2006 年 9 月 1 日起,凡上海市城镇户籍中年满 70 周岁,在上海居住、生活满 30 年,且未纳入基本养老、医疗保险制度以及未享受征地养老待遇的老人,均可享受新制度规定的养老、医疗保障待遇,其基本的养老待遇暂定每人每月 460 元。北京市规定,从 2008 年 1 月 1 日起,具有本市户籍,年满 60 周岁,且没有享受到社会养老保障待遇的城乡老年人,均可以申领到每月 200 元的福利养老金。

第三，建立老年人服务补贴制度。各地还对经济困难老人、特殊贡献老人、100 岁以上老人、80 岁以上其他老人发放不同数额的居家养老服务补贴。例如，从 2004 年起，上海将社区居家养老服务补贴经费纳入政府财政预算，建立起与社区就业服务相联系、政府购买服务的补贴制度，社区居家养老服务在全市范围铺开，并以服务券的形式，为经评估认定的、经济困难和生活自理困难的老人提供服务补贴资金。"十一五"期间，我国还开展了以生活完全不能自理和半自理老年人为对象的"爱心护理工程"试点和示范工作，采取中央财政拨款占 50%、地方财政和福利彩票配套资金占 50%的办法，有计划有步骤地在省会一级城市以及中等城市试点建设 200 所"爱心护理院"。

第四，其他老年人社会优待政策。很多地方建立了老年病医院或设立老年病科，开展老年病的治疗工作，大多数医院都设有老年人挂号、看病、取药三优先公约。法律服务机构在为老年人提供赡养方面法律服务时减免相关费用。老年人还可免费乘坐城市公交和地铁，优先购买火车票、长途汽车票、飞机票，享受公园、园林、旅游景点等的参观门票减免优惠。由单位或社区建立老年人活动站、老年中心等一些专门的老年人休闲娱乐的活动场所，为老年人提供文化、教育、娱乐、体育活动设施，并实行免费或优惠服务。还有一些城市社区建立了老年人婚姻介绍所、老年人就业介绍所、家政服务站等，为老年人解决了生活上面临的难题。

4. 老年人社会福利社会化取得明显进展

社区养老服务体系逐步建立健全。社区养老服务体系是指在社区建立一个支持家庭养老的社会化服务体系，它既是对传统家庭养老模式的补充与更新，也是创新养老服务方式、解决众多老人养老服务需求的重要途径。从 2000 年起，上海市率先在全国探索开展社区居家养老服务，根据政事分开、政社分开的原则，在市、区县、街镇三个层面建立了社区居家养老服务工作网络，各街镇还建立了社区卫生服务中心，开设了家庭病床，为老年人提供集医疗、预防、保健、康复为一体的社区卫生服务。从 2001 年 6 月起，民政部用 3 年时间在全国实施"社区老年福利服务星光计划"，全国城乡共新建和改建社区"星光老年之家"32490 个，其中，省会城市建成 7278 个，地级城市建成 14943 个,县城镇和农村乡镇建起 10269 个,其功能涵盖老年人入户服务、紧急援助、日间照料、保健康复和文体娱乐等,受益老年人口超过 3000 万人。2006 年 4 月 9 日,国务院颁布了《关于加强和改进社区服务工作的意见》,提出了一些发展社区为老年人服务的新措施。2008 年 1 月 29 日,全国老龄委、国家发展改革委、民政部、卫生部等多部门联合出台了《关于全面推进居家养老服务工作的意见》,就制定居家养老服务发展规划、加大政府投入力度、贯彻落实支持居家养老服务的优惠政策、建立和完善社区居家养老服务网络等内容,提出了明确要求。

鼓励社会力量参与老年人社会福利机构建设的政策不断完善。为推动老年人福利机构从政府投入为主进一步转向多元化主体合力推进,各地坚持以市场为导向,以优惠扶持政策为动力,进一步调动社会力量的积极性,确立了“政策引导、政府扶持、社会兴办、市场推动”的原则,探索出了公建民营、民办公助、政府补贴、购买服务等多种途径,形成社会资金以独资、合资、合作、联营、参股等方式兴办养老服务业的灵活机制和政府、社会“双轮驱动”的发展模式。例如,自 1994 年起,上海市政府连续 12 年把加强养老机构建设、新增养老床位列入市政府为市民办实事项目。尤其是 2005 年,养老床位从每年新增 2500 张上升到每年新增 1 万张,市政府出台了促进养老服务发展的“18 条”扶持措施,将每张床位的补贴从 1600 元增至 5000 元,一年建成床位 10094 张,全市养老床位数从“九五”末期的 2.8 万张,跃升至“十五”末期的 5 万张,占 60 岁以上户籍老年人口的 1.9%,截至 2005 年年底,社会力量办养老机构的床位数占到总床位数的 50% 以上。2005 年 3 月,北京市在《资助社会力量兴办社会福利机构实施细则(试行)》中规定:凡属资助范围内、符合资助条件的,由法人(非政府机构)、自然人及其他组织举办的、自收自支、自负盈亏经营的养老服务机构,按入住满一个月的托养人员实际占用床位数,每月每张床位补助 100 元,极大地调动了民间力量参与老年福利事业发展的积极性。为加强养老机构的规范化管理,民政部先后颁布了《社会福利机构管理暂行办法》、《社会福利机构基本规范》等规范性文件,并与建设部联合下发了《老年人建筑设计规范》,把建设、服务、管理、资金等方面作为规范化建设的重点,确保养老机构健康和稳定发展。

（二）老年人社会福利建设中的主要问题

市场经济体制的逐步健全、国民经济的迅速发展和综合国力的不断提升、政府和社会对建立老年人社会福利制度的必要性和重要性认识的日益提高，以及制度建设已经取得的显著成就，这些都为进一步建立健全老年人社会福利制度提供了良好的制度环境和物质基础。从客观的角度进行分析，除了这些有利因素外，我国老年人社会福利事业发展也必须面对和解决以下问题：

1. 有关老年人社会福利的政策法规体系需要进一步完善

完善的政策法规体系是老年人社会福利事业健康发展的基本保障。无法可依、无规可循的社会福利必然是不可持续的，也是不能稳定的。目前，我国老年人社会福利的政策法规体系只是初步搭建起一个基本的框架，和老年人生活保障有关的法律法规以及政策文件主要有：《中华人民共和国老年人权益保障法》、《农村五保供养工作条例》、《城市居民最低生活保障条例》，国务院《关于开展新型农村社会养老保险试点的指导意见》、国务院《关于在全国建立农村最低生活保障制度的通知》以及民政部出台的《关于加快实现社会福利社会化的意见》、《老年人社会福利机构基本规范》、《社会福利机构管理暂行办法》、《农村敬老院管理办法》、《老年人社会福利机构基本标准》、《养老护理员国家职业标准》、《老年人建筑设计规范》等。体系中只有《中华人民共和国老年人权益保障法》、《农村五保供养工作条例》上升到法律法规的层次，而且《中华人民共和国老年人权益保障法》已经滞后于经济社会发展的需要，有待进一步修订。其余的老年人福利政策更多地停留在政策性文件规定的层面，缺乏必要的法律依据和法律保证，权威性不足，在执行过程中的约束力和强制力大打折扣。同时，市场经济条件下社会福利发展的政策规定尚不明确，特别是福利资源的整合、开发和分配缺少指导性的政策，严重阻碍了老年人社会福利事业的发展。

2. 老年人社会福利事业发展不平衡，城乡差异、地区差异大

在中国，由于历史原因以及户籍制度的存在，中国的城市老年人福利和

农村老年人福利至今仍然两极分化,而且国家在政策上的倾斜致使城市和农村的发展水平极不平衡。据一项统计显示,在福利项目支出方面,城镇居民的福利性支出(包括价格补贴、民政福利与企业或单位内部福利)占全国福利性支出的95%以上,而占人口总数约75%以上的农村人口只能分享不到5%的财政性福利份额。① 此外,由于老年人社会福利事业发展状况与地方经济发展水平紧密联系在一起,各地经济发展的不平衡决定了老年人社会福利事业发展的不平衡,经济发达地区与欠发达地区在福利制度建设、社会福利机构数量、资金投入、人员素质和管理水平、服务质量等方面都存在很大差距。近年来,一些经济发达地区在制定老年人福利制度、增加服务项目、提高服务水平、培养专业人才等方面下了很大工夫,除完善老年人各项优待制度、加快建设养老福利机构外,还开设了托老所和日间护理中心、组织上门服务等多样化福利服务。与此形成鲜明对比的是,一些经济欠发达地区和农村地区制度建设落后,福利设施、设备陈旧,整体管理水平较低,大多数老年福利机构地理位置偏僻,硬件设施较差,服务水平较低,基本停留在只能提供吃、穿、住等简单服务的原始阶段。

3. 社会福利覆盖面狭窄,普惠性不强

随着经济发展和社会进步,人口老龄化、家庭小型化和城市化的进程加快,人民群众对于养老福利服务的需求越来越迫切,而我国现有的老年社会福利总量供给严重不足。一是现有的社会福利主要还是狭义上的社会福利,以保障"三无"对象基本生活权益为主要任务,保障面狭窄,福利项目偏少,缺乏惠及全体老年人的社会福利体系。二是老年人社会福利供给与需求矛盾突出。据统计,60岁以上老年人余寿中约有2/3时间为带病期,随着老年人口总量的迅速增长和对生命质量要求的不断提高,需要经常就医、长期护理的老年人会越来越多,但社会福利产品供给远远不能满足需求。而且老年人社会福利服务的形式单一,绝大多数老年福利院和老年公寓等机构只能提供单一的收养服务,日间护理中心和上门服务等其他服务方式

---

① 参见郑功成:《中国社会福利发展论纲——从传统福利模式到新型福利制度》,《社会保障制度》2001年第1期。

缺乏,全国有98%的老年人主要依靠家庭提供生活照料和精神慰藉服务,享受不到普惠型的社会福利服务。

4. 社会福利社会化程度较低,社会参与不够

尽管随着社会福利社会化的推进和社会力量兴办社会福利机构的出现,我国社会福利事业机构所有制性质单一的公有制形式已经得到改变,出现了多种所有制形式并存的局面。但是,老年人福利事业在计划经济时形成的由国家包揽、集体包办,民政部门"直属、直办、直管"的做法并未彻底改变。由于国家对社会兴办福利机构和福利服务的政策不健全、不配套,特别是扶持措施与优惠政策不明显,政府各方面力量的投入不够,难以调动社会力量办福利的积极性,社会力量对发展福利事业的参与度较低。全国现有的社会福利事业单位中,由国家和集体兴办的占绝大多数,真正由社会力量兴办的福利机构的比例很小。而且社会力量举办的老人福利机构普遍规模较小,设施、服务水平方面都不尽如人意,有些福利机构商业化色彩较浓,难以发挥应有的作用。社区养老服务等其他多种为老年人服务项目的发展总体上也比较落后,全国约有1/3以上的城市街道办事处和不到1/2的社区居委会没有建立为老年人服务的机构和设施。

5. 社会福利基础设施建设落后

基础服务设施是实施老年人社会保障制度的重要载体。当前,我国农村福利基础设施建设严重落后。据民政部统计报告显示,截至2010年年底,我国共有各类老年福利机构39904个,床位349.6万张,相对于1.7亿的老年人口,远远不能满足需要。而且地区之间社会福利基础设施建设水平差异很大,在社会福利机构的资金投入、管理水平、服务质量等方面,中、西部地区和东部地区相比也是相差甚远。表2-1是从东部、中部、西部分别抽取了两个具有代表性的省份,列举了这6个省份的农村五保供养机构建设情况。从表中可以看出,在发达地区,有的省份农村养老服务机构数量已经超过乡镇数量,这意味着机构数量的保有量已经超过了平均每个乡镇拥有一个供养服务机构的水平;但在西部地区,有的地方平均5个乡镇才拥有一个"五保"供养服务机构。

表 2-1 6 个省份农村"五保"供养服务机构建设情况

省份	乡镇数量	农村"五保"供养服务机构数量	床位数	平均几个乡镇拥有一个供养机构（乡镇数/机构数量）
江苏	1334	1342	148184	0.99
浙江	1513	1082	93672	1.40
山西	1397	817	31101	1.71
黑龙江	1272	502	39767	2.53
青海	396	130	3328	3.05
宁夏	233	74	4159	3.15

数据来源:《中国民政统计年鉴 2010》,中国统计出版社 2010 年版。

6. 养老服务队伍建设亟待加强

养老福利事业公益性强、风险高,行业具有多专业综合的特点。从养老福利服务工作的岗位职责和专业技能要求来看,现有的服务人员队伍还远远不能适应老年人社会福利事业发展的客观需要,直接制约了养老服务与管理水平的提升。从养老机构从业人员的构成情况看,专业技术人员(拥有技术职称)的比例仅在 5% 左右。尤其是一些社会兴办的养老机构,为控制或降低人力成本,其从业人员多是农村外来务工人员。加之社会地位不高、工作条件相对较差、待遇偏低等因素的影响,造成养老护理服务人员流动性大,专业化水平低,影响了行业服务质量的提高和可持续发展。

四、国外老年人社会福利的制度安排与实践

随着人口老龄化的加速,老年人的权益保障日益得到各国政府的高度关注,一些国家对于养老保障事业进行了不懈探索。认真借鉴发达国家老年人社会福利工作的经验,对于定位和发展我国老年人社会福利事业具有重要意义。本书选取瑞典、美国、日本三个比较有代表性的国家进行分析考察。

(一)瑞典的老年人社会福利

瑞典执政的社会民主党受费边主义、伯恩斯坦主义的影响,接受"福利

经济学"的理论主张,经过半个多世纪的实践,瑞典建立了以完善的福利政策见长的"瑞典模式",成为福利国家的样板。瑞典的老年人福利高度发达,足够的老年人津贴和住房补贴使许多老年人在没有国家其他救济或家庭经济支持的情况下都能维持晚年生活,很少有老年人生活在贫困线以下。

在老年人收入保障方面,瑞典对老年人的收入保障主要是通过发放养老金来实行的。早在1913年,瑞典就建立了国民养老金,国民养老金是覆盖全体国民的定额待遇型年金,旨在为全体老年人提供基本的收入保护。瑞典从1999年开始推进公共养老金制度改革并重新划分为三个层次:保障养老金、名义账户制养老金和实账积累制养老金。其中,保障养老金是家计调查型的最低养老金待遇,主要提供给低收入群体。可见,无论是在旧制度下还是在新措施中,政府都提供最低养老金收入保障。

在医疗保健方面,老年人在公立医院接受治疗,享受免费待遇。领取养老金的老年人免交健康保险费,但仍享有健康保险的权利。因患慢性病需要长期护理的老人享受家庭护理,由本地区医护人员负责,由一名家属或一名保健助手协助,国家发给家庭护理补助费。医院设老年科,需要长期住院治疗的老年人,可以住疗养院治疗。此外,还为老年病人和残疾人设有康复中心,康复中心有医生、康复技师、心理学家,向患者提供治疗和咨询服务。

在住宅服务方面,凡领养老金的老人,都可以领到住宅津贴。政府还特意在普通住宅区内建造老年人公寓,或在一般住宅建筑中建立便于老人居住的辅助住宅,使老人能居住在子女附近。2002年,瑞典颁布新《社会福利法》,明确规定了老年人福利政策必须为老年人能够尽可能长时间地独立生活创造条件。而当老年人无法独立生活时,则可以申请入住老年人福利机构。各地在建设老年人福利机构时,都遵循"尽可能让老年人独立生活在自己的寓所"的原则,竭力做到使在福利机构中的老年人像生活在自己的家里一样,同时又能享受到专业化、现代化和规范化的机构养老服务。

瑞典还建立了完善的社区养老服务网络。按照瑞典政府规定,在地方建立政府服务网,由地方政府提供社会服务保障,根据社区大小不同相应设立规模不等的家政服务区。服务内容包括入户服务、个人卫生、安全警报、看护送饭、短时照料、住房维修、社区医保等,切实解决居家老年人的各种生活困难和问题。瑞典的养老服务组织机构也很健全,工作机构分为国家、地区、县三级,国家级工作机构设在卫生部,地区和县配置相应的工作机构,专门负责老年人的健康和社会照料服务等工作。

此外,瑞典老年人在公共交通、教育等其他方面也享有特权。老年人除减价乘坐火车、船只、飞机、地铁和公共汽车外,行动困难的老年人还可以减价乘坐出租汽车或老年人专用车辆。政府为了满足老年人的学习愿望,取消普通大学的入学年龄限制,一律向老年人开放。广播和电视教育除为老年人制作播放特别节目外,还按老年人的生活规律另外补播。国立图书馆为老年读者送书上门,并调查老年人的阅读意向,编制老年人爱读的书目供老年人借阅参考。

(二)美国的老年人社会福利

由于受宗教文化、政党政治及其个人中心主义价值观的影响,美国社会保障总体上属于自保公助型,保障水平低、享受条件苛刻,强调制度设计的效率目标。在老年人社会福利方面,从总体上看,美国已经构建了一张老年人的社会安全网,使他们在收入、健康、服务、居住、就业、学习等方面都有所保障。在美国,关于老年人社会福利的法律法规非常健全。联邦政府1930年颁布的《社会保障法》,将养老问题纳入了法制化的轨道;1965年颁布的《老年法》,以老年福利为中心,进一步完善了政府在老年福利方面的立法。随着美国社会人口老龄化程度的不断加剧,政府相继出台了《老年人志愿工作方案》、《老年人营养方案》、《多目标老人中心方案》、《老年人社区服务就业法》、《老年人个人健康教育和培训方案》、《仪器券法案》、《住房补助》等法规,基本做到老年人社会福利的各个方面都能有法可依。

在老年人收入保障方面,美国为老年人提供的经济保障主要是社会养老保险,养老保险资金主要来源于雇主和雇员,双方各承担相关缴费的50%,缴费水平也与工资收入挂钩。美国养老社会保险制度规定,受益者的最低退休年龄是65岁,而且受益人必须缴纳社会保险税满10年才有资格领取退休金,如果提前退休(未满65周岁),每提前一个月扣减法定养老金的 1.56%；如果延迟退休，每推迟一个月增加法定养老金的 0.25%。① 对年满 65 周岁但不能获得保险年金的老人，如果其资产所得及个人收入符合法律规定的领取安全补助的标准，可以领取安全补助金。除此之外，还有老年人公共救助，老年公共救助包括以下两种：一是对需要经济救助的老人，即那些既没有领取老年年金，也没有申请安全补助金的老人，经调查，财产总值及每月收入在一定标准以下、生活困难，可以向当地社会局申请公共救济；二是对需要医疗救助的老人提供公共救济。②

在老年人医疗保健方面，1965 年，联邦政府开始实施照顾计划（又称老年保健计划）；1966 年 7 月，国会通过《医疗照顾保险法案》，规定凡是年满 65 岁的美国公民，无论已经退休还是在业，均有资格享受政府提供的医疗保健服务。健康照顾计划分为两个项目：医疗照顾和医疗补助。医疗照顾的受益群体主要是年龄在 65 周岁及以上，享受退休福利的老人。医疗照顾又分为强制性的住院保险和自愿性的补充医疗保险。住院保险要求所有年满 65 岁的老人必须参加，可以享受住院、家庭照顾、出院后的护士护理以及临终关怀等服务。自愿性的补充医疗保险主要向老年人提供门诊、家庭照顾以及其他形式的社会服务。医疗救助则是一种公共救济计划，主要是针对贫困者给予一定的健康照顾服务，替他们支付医疗费用。凡是无固定收入或者收入过低、领取联邦政府收入维持金的老人及其家属，都有资格享受医疗救助。

在老年住宅服务方面，由于美国年轻人成家立业后一般都会和父母分开居住，美国的养老方式在很大程度上依赖养老福利机构。政府和民间组织为老年人设计并兴建住宅，以低廉的价格甚至免费供给老人居住。同时，政府还兴建了养老院、老人活动中心和老人日间托护中心等大批专门的老年人福利机构，为老年人提供全面的服务，涉及医、食、住、行等生活中各个重要环节。同时，一些慈善机构和非营利机构在社会养老中也扮演着重要

---

①　参见胡玉洁：《老年福利制度国际比较及对我国城市老年福利制度的启示》，西北大学 2007 年硕士论文。

②　参见陈银娥：《社会福利制度》，中国人民大学出版社 2004 年版，第 132 页。

的角色。美国老年人福利服务方面的大量社会工作是由民间团体、慈善机构来承担和完成的。无论是哪一种形式的机构,政府均给予技术支持和免征地税、营业税等政策优惠,这些养老机构必须接受政府的考核和监督。据有关资料显示,全美目前建设有不同性质、不同服务项目的养老机构两万多家,形成了一个多层次的社会养老服务体系。较高水平的社会化养老服务为老年人的生活带来了便利。老人们可以根据自身的经济状况、健康状况选择不同性质、不同层次的养老机构。

在老年人社区服务方面,国家大力支持以社区为基础提供的、方便老人的上门服务,以增强老年人在家庭中的生活能力。美国的老年人社区服务体系内容包括交通移动服务、送餐服务、法律咨询等各个方面。社区福利服务实行产业化管理的方式,由政府对社区福利服务进行间接指导,由社会福利供给团体统一规划和调配社区福利的操作人员以及提供具体的服务,它在行政上归属州高龄化政策室和社区高龄化事务所,但是其组织运行是通过行政机构和居民事业团体合作的方式实施的。

美国老年人还可以享受其他社会服务。例如各州设有供餐中心,为生病或独居老人送餐上门。地铁、公交汽车对老人出行有特价优惠。美国设有老年大学,老年人的教育基本上是免费的;成人教育中心、社区大学都有义务接收 65 岁以上的老人免费进修。除此之外,还有一些专门机构为老年人提供心理咨询和法律咨询服务。

(三)日本的老年人社会福利

日本是老龄化程度较为严重的国家。2006 年,日本 65 岁以上的人口已达到 2431 万人,占总人口的 19% 以上,远高于 7% 的老龄化国际标准。根据有关资料,日本的老龄化率在 2010 年达到 25% ,2025 年将达到 28% 。日本政府始终坚持国家担负社会福利主要责任的原则,虽然政府逐步降低了国家对社会福利设施的财政负担,但是国家仍然还是老人福利财政经费的主要来源,负责老人社会化福利的整体规划及其实施与监督。在对待社会老龄化问题上,日本的基本立场可以归纳为三点:第一,打破认为老年人在健康和经济上都是脆弱群体的旧有观念;第二,尽早为老龄化做准备,采取措施避免老龄化带来的诸多问题;第三,根据老年人性别的不同享受完全和安全的生活。①

日本老年人的经济保障是以年金保险的形式实现的。日本养老保险制度建设从 20 世纪 50 年代末期开始起步并逐步完善。1961 年,公共年金以共济年金、厚生年金、国民年金等形式覆盖了 20—59 岁的日本居民,实现了"国民皆年金"的目标。1984 年以来,日本政府对公共年金制度进行改革,将原来相互独立的三层结构改为由国民基础年金和雇员年金组成的双层关联结构的年金制度,凡处于规定年龄段的国内居民均须加入并享受国民基础年金,形成覆盖范围广泛的强制性的第一层次养老保险;雇员年金作为基础年金的附加成分,为公私机构雇员提供第二层次的养老保障。在 1985 年的年金制度改革中,还扩充了对大量雇佣老龄者的企业予以奖励的制度,增设了"高龄继续就业补助制度"。

日本实行"国民皆保"的医疗保险制度,每个人都必须加入保险。20 世纪 70 年代,日本医疗保险对 60 岁以上老年人实施免费医疗。1982 年颁布的《老年人保健法》,规定了老年人医疗中自付费用的比例,并开始设立日间照护、短期收容、提供医疗与护理一体化的照顾等救济项目,费用由医疗保险支付。1983 年,日本实施了《老年人健康和医疗服务法案》,制定的老年人健康和医疗服务制度覆盖了 70 岁以上和 65—70 岁卧床不起的老人,提供包括健康手册、健康教育、健康咨询、健康检查等形式的服务。1989 年 12 月,由日本财政部、自治部、福利部共同策划制定的《高龄者保健福利推进十年战略》(又称黄金计划),指出了今后 10 年老年保健福利政策的发展思路,明确提出了 10 年间在日间照顾、短期入住等居家服务以及特殊养护老人院、老人保健设施等方面的发展目标。

在老年人生活照料方面,日本在 2000 年 4 月开始实行老年护理保险制度(在日本称为介护保险)。日本的《老年护理保险法》明确规定,护理保险制度的目的是,对由于年龄增长而引起的身心健康疾病的老人,在他们需要洗澡、排泄、饮食等看护服务以及身体机能训练等医疗服务时,为其提供保

---

① 参见《民政部出国(境)考察报告选编(2001—2004)》(内部),第 361 页。

健医疗服务和福利服务。65 岁及以上的被保险者都可以接受护理保险服务,在其接受护理之前,由有关专家按照全国统一的标准对保险者的身体和精神健康状况及需要照料程度进行两次审定,以此为据来判定被保险者需要享受的护理保险的种类和服务内容,并制订相应的服务计划。看护保险制度的服务项目由机构服务和居家照料组成,居家护理服务由访问护理员到被保险者家里进行护理;设施护理服务则是被保险者完全离开家居,住进护理设施接受护理员的护理。老年人在享受护理服务时,原则上必须缴纳护理费用的 10% ;余下的 90% 费用由中央财政和地方财政共同承担一半,护理保险费承担另一半。

日本的老年人福利机构比较完善,建有养护老人之家、特别养护老人之家等老年人收养机构。养护老人之家主要接收病残老人、痴呆症患者或心理失调者、无法与子女同住的老人、单身老人以及经济困难者;进入养护老人之家的老人承担部分费用。特别养护老人之家主要接收那些卧床不起的老人以及心理残疾较为严重、丧失独立生活能力的老人,由受过专门训练的工作人员负责照顾。日本也十分重视鼓励和引导民间机构或个人投资社会福利事业,国家和地方政府通过委托和招标的形式,让民间社会福利法人经营和管理各种社会福利设施。日本 80% 左右的福利设施由民间社会福利法人经营,而国家经营的福利设施仅占 20% 左右。政府对非营利性民间设施的经营活动给予财政补贴和税收优惠,同时对民间社会福利机构的经营管理进行考核、指导和监督。

值得一提的是,日本政府高度重视社会福利服务队伍建设,大力推行社会福利士、护理福利士等相关的职业资格证书制度。在日本,从事高龄者福利工作的人员都需要通过系统的专业学习,经过考核并取得一定的技术资格之后才能从业。在日本有一支庞大的家庭服务专业队伍,对行动不便的老人以及身心残障者进行定期访问,展开针对性的服务,为病患者提供治疗以及为一些贫困老人提供日常生活服务。

(四)发达国家老年人社会福利的比较分析

通过以上对几个发达国家老年人社会福利发展基本状况的概述可以看

出,由于受政治体制、社会价值观等因素的影响,各国在选择老年人社会福利模式上存在较大的差异。例如,瑞典为老年人提供的社会福利采取的是集体主义的方法,认为老年人收入不足和身体衰弱属于社会问题,应该由社会来解决,健康保健和社会服务被公认为是公民的权利;由于社会普遍支持公共福利,国家的福利项目不但向老年人提供高质量的服务,并且注重维护老年人的尊严。美国社会保障总体上属于自保公助型,国家承认对老年人负有社会责任,但同时也强调老年人自立和家庭照顾,政府财政拨款主要用于发展私有老年服务业、医疗保健产业和基础研究,直接服务于老年人的公共项目被控制在最低限度内,因此民间提供的社会福利服务十分发达,服务质量很高,但公共福利服务的设施和管理水平相对较差。日本则注重保险主义的原则,强调建立自助、互助、公助融为一体的三重构造的社会福利模式,个人的自立和自助是最基本的原则;在此基础上是家庭和社区之间的互助,政府的责任是对上述的自助以及互助提供必要的援助和创造良好的发展环境。

尽管各国在老年福利发展方面表现出诸多差异性,但是各国的老年社会福利中存在着一些相同的特征,归纳起来主要有:

1. 有关老年社会福利的法律制度都比较健全

福利事业较为发达的西方国家,在老年福利事业发展过程中基本上都是立法先行,甚至每一次制度调整和改革都是先制定法律,再组织实施。通过颁布一系列老年人福利的法律制度,确立老年人福利制度的法制地位,赋予老年人福利事业制度化的规范,使政策的具体实施有章可循,有法可依。政府不再把提供福利服务看做是对国民的一种恩赐,而是当成履行一项应尽的义务和责任;国民也将其视为一项正当合法的权利,从而保证了福利制度的强制性和稳定性。

2. 保障全面、覆盖广泛

这些国家的社会福利范围包括经济保障、健康保障、就业保障、教育保障、福利服务等,涉及衣、食、住、医、行以及教育和疗养等老年人生活的各个方面,制度的覆盖范围十分广泛,绝大多数的老年人都能通过老年人福利制度安排享受到基本生活保障和服务保障,无力自助并且无法从其他方面获取援助的老年人,也都能领取社会救济金,包括生活费用补助、疾病照料等特殊补助和照应。

3. 强调家庭、政府和市场之间相互合作和协调

养老虽然是家庭不可推卸的责任,但已经不可能完全依靠家庭来解决,正是因为家庭内部不能解决,才会成为社会问题。保障老年人的基本生活权益,不仅需要以家庭为主要平台,还需要加强政府和市场的互动协调。各国在发展老年人社会福利事业的过程中,都十分重视协调家庭、政府和市场三者之间的关系及资源调整和整合。

4. 重视发挥社区照顾的作用

由于正规的机构性福利服务在满足老年人个人的不同需求方面受到一定的限制,而且公共福利资源的利用效率也受到了质疑,许多发达福利国家在制定对老年人的保健和社会照顾政策中,都普遍强调在社区范围内为老年人提供非机构形式服务的重要性,并形成了一套具有本国特色的老年人社区福利服务体系。

5. 非营利组织和慈善机构参与度高

美国政府非常重视扶持社会力量兴办养老机构,加上本来就活跃的宗教慈善事业,两者相互合作与协调,建立了大量的民间性质或慈善性质的养老机构。日本政府也十分重视发展民间的老年人福利事业,如前所述,日本由民间社会福利法人经营的福利设施占全部社会福利设施的80%左右。

五、推进我国老年人社会福利事业的对策思路

综上所述,尽管我国老年人社会福利事业取得了很大的进步,但当前的老年人社会福利制度仍然与经济社会的发展要求不相适应,无法保障老年人的基本生活需求,更难以满足坚持科学发展观和构建和谐社会的总体要求。因此,必须针对存在的问题,在总结传统制度建设经验的基础上,积极借鉴国外先进经验和做法,立足实际,探索建立与我国经济社会发展水平相适应的老年人社会福利体系,以切实维护老年人的合法权益。可资借鉴的对策思路主要包括以下几个方面。

（一）充分认识老年人社会福利建设的重要性

由于社会经济结构深刻变革、市场经济进程深化以及农村人口老龄化程度加剧等因素的影响，我国老年人对社会福利制度的需求发生了很大变化。无论是从经济社会持续发展的角度，还是从满足老年人基本需求的角度，都对进一步完善老年社会福利制度、提高老年社会福利水平提出了迫切要求。从人口老龄化的背景来看，我国属于典型的未富先老国度，这与发达国家截然不同，西方发达国家人口老龄化是社会经济现代化的产物，而我国是在国家尚未实现现代化、经济尚不发达、社会福利制度尚不完善、社会福利设施还远远不能满足老年人需要的情况下进入老龄社会的。因此，老年人社会福利供给与需求之间的矛盾非常突出，未来面临的人口老龄化挑战比其他国家也更加严峻。从人口老龄化的进程来看，我国不仅老年人口基数大、人口老龄化速度快，而且人口高龄化态势显著。第六次人口普查结果显示，我国 60 岁及以上人口共有 17765 万人，占到总人口的 13.26%。据国家老龄委预测，到 2020 年，我国 60 岁以上的老年人口将达到 2.48 亿人，老龄化水平将达到 17.17%；到 2050 年，老年人口总量将超过 4 亿人，老龄化水平将达到 30% 以上。而且在老年人口结构上，高龄老人占老年人口的比重也将从目前的 11% 增长到 2052 年的 23%，相应的人口数量将超过 1 亿人，占世界高龄老人总量的 1/4。快速增加的老年人口无疑会形成强大的社会福利服务需求。从老年人社会福利的发展状况来看，我国目前的老年人社会福利机构不仅整体数量少，而且设施、设备普遍陈旧落后，服务水平低，离满足社会化养老的需求还有较大差距。同时，家庭结构小型化也给传统的家庭养老服务带来极大挑战。随着计划生育这一基本国策的执行和城市化进程的加速，"四二一"人口结构的日趋明显，"三代同堂"式的传统家庭越来越少，"核心家庭"越来越多。据调查，2006 年，全国纯老年人家庭为 44%，有的大中城市社区中的空巢老年人比例更是高达 73.18%。家庭小型化不仅带来供养经济能力方面的问题，老年人在生活照料和精神慰藉方面的问题也日益突出。由此可以预见，随着人口老龄化、家庭小型化、农村城市化进程的加快，老年人社会福利的需求与供给之间的矛盾将日益加剧。大力发展老年人社会福利事业，为需要照顾的老年人提供服务，满足人民群众日益增长的社会福利服务需求,是我们当前和今后面临的一项刻不容缓的战略任务。

(二)加强老年福利政策法规建设,推进老年人社会福利制度化和规范化

我国已经进入老龄化社会,而且老龄化的程度和速度将继续加大,及早修订和不断完善保护老年人权益的法律,以及与老年人福利相关的制度,将老年福利工作纳入法制化管理的轨道,已经成为现实对我们的迫切要求。基于中国老年福利法律法规建设历史欠账过多,加之中国的立法基本原则是由低到高,由规范性文件、规章逐步上升到法规、法律,因此在短期内建立完善的老年人社会福利法规体系的设想是不现实的,这是一个需要长期努力的过程。

健全老年人社会福利法规体系,首先要在宪法层次,明确国家、社会与家庭对于老年人的保障和照顾义务。其次要在法律层次,根据经济社会发展的要求,以及老年人合法权益保障的现状和人口老龄化程度不断加深的趋势,及时修订《中华人民共和国老年人权益保障法》,遵循针对性和可操作性的原则,突出保障老年人的生命权、健康权、人身权、财产权和经济社会发展参与权,对违反者规定具体的法律责任,加大对违法行为的责任追究力度,并通过建立健全执法监督检查制度,使老年人合法权益真正得到维护。针对老年人的社会救助、社会保险、社会福利服务等具体的政策制度则需要进一步的探索完善,不断促进制度的规范化和可持续化,并随着制度的建立健全,再逐步向法规、法律过渡。当前,可以根据需要先行制定或修订与老年社会福利相关的部门规章与地方规定,各部门、各地区按照国务院《关于加强和改进社区服务工作的意见》、国务院办公厅转发全国老龄委办公室和发展改革委等部门《关于加快发展养老服务业意见的通知》等中央有关文件精神,根据经济社会的发展、环境的变化与各地的实际,适时、适地制定与老年人社会福利相关的规范性文件,使之在我国老年人社会福利事业发展过程中发挥重要作用。

（三）拓展社会福利服务对象，构建适度普惠型老年人社会福利制度

社会福利是现代经济发展到一定阶段的必然产物，其资金来源于其他经济部门，机制的运行受制于整个社会的运行状况。过高的或过低的福利保障水平都不利于经济的发展和对社会成员的有效保障，也不利于制度本身的可持续发展。目前，根据我国经济社会发展的现实情况，补缺型的老年福利制度随着人口老龄化、家庭结构小型化等因素的变化已经难以适应现实需要，而生产力的发展程度尚不足以提供全面的、高水平的、高待遇的社会福利。我国老年人社会福利制度的改革应当从弥补制度缺失入手，积极稳妥、循序渐进地推动老年人社会福利制度由补缺型向适度普惠型转变。

首先，要实现老年福利服务对象的转型，由针对城乡"三无"老人的补缺型福利逐渐转向面向全社会老年人的适度普惠型福利。传统的中国老年福利保障对象主要限于城乡"三无"老人，属于补缺型福利。在构建普惠型老年人福利制度中，应当按照服务对象公众化要求，无论是机构养老服务还是社区养老服务，都要立足于社会经济发展的需要，逐步拓展老年人福利保障对象。机构养老服务，尤其是政府兴办的老年人福利机构，在做好传统"三无"老人保障的同时，还应面向社会老人提供福利服务。社区养老服务，也应树立为全社会老年人服务的目标，建设一批社区服务设施，面向社会老人开展福利服务。

其次，要实现老年人社会福利服务内容的转型。机构养老的服务内容不应仅限于满足在院老年人最基本的生活需要，还要积极开展康复护理、医疗保健、文化娱乐等方面的服务。居家养老的服务内容也要不断拓展，以社区服务为载体，借助专业化养老服务组织和中介组织，向社会散居的"三无"老人、经济困难老人、高龄老人、生活半自理和完全不能自理老人，提供生活照料、家政服务、康复护理、医疗保健等服务，从而使养老服务内容由满足生存需要的补缺型福利向全方位的救助型福利转变。

此外，还要实现老年人福利服务方式的多层次和多样性。多层次，即根据老年人的收入情况和需求状况，提供不同类别的服务，对于"三无"对象则提供纯福利性的服务，对普通的中、低收入老年人提供低偿或无偿的、非营利的公益性服务，对于高收入老年人根据其需要提供按市场价格收费的

商业化、高质量的服务。在具体的服务方式上要实现多样化,通过建立一批内容有别、形式多样的福利设施和服务项目,如通过兴办老年公寓、敬老院、托老所等方式为老年人提供收养服务;通过成立家政服务组织和志愿者服务队伍开展包户服务,上门为老年人提供洗衣、洗澡、做饭、购物、家务、访谈等日常生活照顾服务;还可以通过开办老年人食堂、浴室、理发店、婚姻介绍所、老年活动中心等,全面照顾和丰富老年人的生活。

(四)坚持政府主导与社会参与相结合,完善促进老年人社会福利事业发展的保障机制

在老年人社会福利事业发展中,政府的责任定位是关键一步。在国外,与老年人相关的社会福利制度都是在政府的主导下进行的,特别是在制度创立初期,正是由于政府的参与和主导,老年人福利制度才得以顺利实施。在我国经济社会的发展过程中,特别是在落实科学发展观、构建和谐社会和加强政府公共服务职能的背景下,政府应当进一步强化对老年人福利事业的资金投入规模和政策扶持力度。一是要加大财政投入的力度。随着政府职能的转变和公共财政体制框架的逐步建立,政府应逐步加强对社会福利的投入,切实保障"三无"老人、贫困老人的生活标准不低于当地平均生活水平,同时还要切实保障对社会福利机构建设、社区养老设施兴办和居家养老服务体系建设的投入,采取民办公助、购买服务等多种方式支持、鼓励社会力量的参与。二是要加大对社会力量举办社会福利服务机构的政策支持力度,在规划、建设、税费减免、用地、用水、用电等方面制定优惠政策,鼓励和支持社会力量兴办社会福利机构。三是要加大对各类养老福利机构的指导和规范力度,努力创造公平竞争的环境,预防侵害老年人权益的现象发生,维护广大老年人的合法权益,促进政府主导和社会参与之间的良性互动。

建立中国特色的社会福利服务制度,离开政府的主导行不通,完全由政府包揽不现实。实践证明,调动社会力量参与,推进社会福利服务社会化,有利于缓解政府财力不足同全社会日益增长的巨大福利需求之间的突出矛盾,是发展中国社会福利事业的必由之路。第一,充分利用社会政策引导民间力量参与老年人福利事业,尤其要划分清楚福利服务和经营服务的界限,切实制定有利于福利服务的政策法规。第二,推动福利事业和慈善事业的良性互动,社会福利事业的发展需要大力弘扬全社会的慈善意识,为包括慈善资金在内的社会力量参与社会福利事业营造良好的舆论氛围和投资环境。同时,社会福利事业也是慈善事业发挥作用的重要载体之一,而社会力量参与老年人社会福利事业正是慈善事业的有效实现形式,政府可以通过采取一系列优惠政策为发展社会福利搭建桥梁,积极鼓励非营利性社会组织和慈善宗教团体参与老年人福利事业的发展。第三,充分调动广大人民群众参与老年人福利事业的积极性,从倡导和挖掘传统文化中的积极因素的角度出发,积极倡导亲友、邻里之间的互助服务和志愿者服务。第四,继续扩大福利彩票发行,坚持"扶老、助残、救孤、济困"的发行宗旨,筹集彩票公益金,为促进老年人社会福利事业发展提供资金支撑。

(五)坚持家庭、社区和福利机构相结合,健全老年人社会福利服务体系

中国是一个人口众多的发展中国家,以目前的经济发展水平,还不能像西方发达国家那样由政府包办社会福利事业。由我国老年人目前的收入状况所决定,老年人社会福利服务完全实行市场化商业运作也是不可能实现的。根据我国经济发展水平和社会保障现状,构建一个以家庭为基础、以社区为依托、以社会福利机构为补充的社会福利服务体系,是比较现实的选择。

一是强化家庭的基础地位。我国家庭一直是赡养老人的重要力量。家庭不仅能够使老年人丧失劳动能力后物质生活得到有效保障,对赡养和照顾老人具有很大的方便性和可行性,而且适合老年人的生活习惯和心理要求,也是最能满足老年人精神慰藉需求的养老方式。现阶段,由于我国老年人社会福利体系尚不健全,无论是从生活保障的角度还是从服务保障的角度,家庭都仍是老年人维持基本生活的重要途径。因此,在制度建设初期,必须充分发挥家庭保障的传统优势和基础作用,在鼓励和引导老年人自助养老或家庭成员照顾的同时,政府和社会力量要积极提供便利,让老年人到社区自主选择由政府扶持开展的、适合老年人特点的各类社会化服务。

二是充分发挥社区的依托作用。在人口老龄化加速推进、家庭普遍小型化和家庭照料功能日益弱化的条件下,强化家庭基础地位必须充分发挥社区的依托作用,为家庭提供有效的支持。今后,在社区建设中,通过引进非政府的福利机构或者依靠社区自身力量,在政府的支持和资助下,为社区居民提供福利服务和公共服务,应当成为建立老年人社区服务体系的努力方向。应当按照国家社区建设的总体部署,大力推进社区养老服务,制定优惠政策,积极引导社区各方面力量参与养老服务,鼓励和扶持民间资本在社区内创办托老所,大力扶持和发展社区家政服务业,积极培育社区志愿者队伍,为老年人提供日常生活照顾、医疗保健等方面的服务,使老年人既能拥有居家养老的生活氛围,又能够享受社会化服务。具体服务方式包括:对有一定经济条件的老人,通过市场化运作的养老形式,提供有偿社区养老服务;对"三无"老人和经济困难的老人,政府通过发放居家养老服务券等方式,免费或低偿提供基本生活照料服务。

三是加快社会福利机构建设。社会福利机构是老年人社会福利事业发展的重要载体,在老年人福利服务方面发挥着不可或缺的重要补充作用。老年人的生活照料服务特别是长期照料服务,专业性较强,涉及医疗、康复、护理、心理、临终关怀以及管理等多学科内容,仅靠家庭是解决不了的。因此,必须以社会服务需求为导向,大力动员社会力量,整合社会资源,推进各种形式的养老机构建设,做到增加政府投入与引导社会投入相结合,新建改建官办养老机构与支持发展民间养老机构相结合,大力发展面向广大中低收入老年人的和长期照料型的养老机构,满足大多数老年人的服务需求。在完善非营利性养老机构管理和政策扶持的同时,研究营利性养老机构的管理与扶持措施,以满足一部分支付能力较高、需求层次多样的老年人入住养老机构的需求。

（六）推进专业教育和职业培训,促进老年人福利服务队伍的专业化

建立一支高素质、专业化的服务队伍,是提升老年人福利服务水平,为老年人提供优质服务的重要条件。随着社会发展,老年人社会福利工作对专业技术知识和专业工作方法及服务技巧的要求也会越来越高。因此,发展老年人福利事业必须加强社会福利服务人员队伍的知识化、专业化建设。

一是积极开发人力资源,逐步提高服务人员待遇,吸纳专业人员到老年福利服务人员队伍中来。加强对现有工作人员的专业化培训,依托专业化、社会化培训机构,做到证书培训和继续教育培训相结合,进一步完善护理人员、医护康复人员培训课程,不断提升从业人员职业素质。建立养老院院长执业证书制度,强化管理人员的行业准入,逐步实现从业人员持证上岗。

二是研究制定老年人福利的服务质量、服务自治、服务信息、服务安全卫生等方面的具体规范,明确老年人福利服务工作中各个岗位的专业标准和操作规范,使每个工作人员都能明确自己的工作职责,遵守操作规范。

三是推广养老福利服务机构配置社工的做法,积极引进一批专业素质高、实际工作能力强、知识结构合理的社会工作专业人员,补充到老年人社会福利事业日益壮大的服务队伍中,并为他们创造良好的工作条件和发展环境,提升养老机构专业化服务和管理水平。

四是积极发动志愿者队伍参与老年福利服务,通过倡议、发动、引导志愿者服务活动,建立"劳务储蓄"制度等多种措施,不断壮大志愿者服务队伍,促进志愿者服务制度化、规范化、经常化,建立起一支专业人员与志愿者相结合的老年人福利服务队伍。

本章主要参考文献

1. 科林·吉列恩、约翰·特纳著,杨燕绥等译:《全球养老保障——改革与发展》,中国劳动社会保障出版社 2002 年版。

2. 郑功成等:《中国社会保障制度变迁与评估》,中国人民大学出版社 2002 年版。

3. 陶立群主编:《中国老年人社会福利》,中国社会出版社 2002 年版。

4. [英]苏珊·特斯特著,周向红、张小明译:《老年人社区照顾的跨国比较》,中国社会出版社 2002 年版。

5. 田北海:《香港与内地老年社会福利模式比较》,北京大学出版社2008年版。

6. 窦玉沛:《中国社会福利的改革与发展》,《社会福利》2006年第10期。

7. 房连泉:《瑞典名义账户养老金制度改革探析》,《欧洲研究》2008年第6期。

8. 杨玲:《美国、瑞典社会保障制度比较研究》,《武汉大学学报》2006年第1期。

9. 刘袁平:《日韩老年福利比较及其启示》,《日本研究》2006年第1期。

第三章　残疾人社会福利服务建设研究

残疾是社会的固有现象,是人类发展进程中所付出的必然代价。残疾人是人类社会中的一个特殊的利益群体,由于先天或后天的原因,导致他们生理残疾或心理残疾,造成身心痛苦,成为生存和发展中的严重障碍。在激烈的社会竞争中,残疾人作为弱势群体,需要通过社会福利服务等合理的制度安排,来保障他们的人格尊严与合法权益,有效化解他们面临的困境。在构建社会主义和谐社会的进程中,必须大力发展社会福利服务,依法保障残疾人的生存权与社会发展权,促进残疾人全面融入社会生活,努力提升残疾人的幸福指数,以实现全社会的科学发展与和谐发展。

一、残疾人社会福利的基本理论

(一)基本概念的界定

在不同的国家、不同的文化和不同的语境中,人们对于残疾的认识各不相同。根据概念所指向的重点不同,对于残疾的理解大致可以分为两类:一是指向一种现象。美国《残疾人法》中界定为:"就个人来说,'残疾'一词是指:(A)对一项或者多项主要生活活动有实质性限制的某种生理或者心智缺陷;(B)这种缺陷的经历;(C)被认为有这种缺陷。"英国国际发展部(DFID)在《残疾、贫困与发展》中将残疾定义为:"(一种)导致社会和经济不利地位、权利被否定以及在社区生活中发挥平等作用的机会受到限制的长期缺陷。"二是指向一种能力。联合国《关于残疾人的世界行动纲领》(1982年)指出:"残疾是指由于缺陷而缺乏作为正常人以正常方式从事某种正常活动的能力。"

不同国家对于残疾人的理解也各不相同。1990年的美国《残疾人法》将"残疾人"定义为：生理或心理上存在异常而影响其一项或多项主要的活动能力；有过这些障碍的记录或被认为有这方面障碍的人。联合国大会1975年颁布的《残疾人权利宣言》规定，残疾人是指任何由于先天性或非先天性的身心缺陷而不能保证自己可以取得正常的个人生活和社会生活上一切或部分必需品的人。新修订的《中华人民共和国残疾人保障法》将残疾人定义为：指在心理、生理、人体结构上，某种组织、功能丧失或者不正常，全部或者部分丧失以正常方式从事某种活动能力的人。这一定义包括两层意思：一是在心理、生理、人体结构上存在残缺或损伤；二是指全部或部分丧失以正常方式从事某种活动的能力，即不能完全像健全人那样以正常方式从事活动。由于国情不同，各国对于残疾人的认定标准各不相同。残疾人的划分标准是动态而不是静态的，是随着经济、社会及科学文化的发展而变化的。在西方一些发达国家，把因疾病造成内脏损伤而置换为人工器官的人，也列为残疾人。我国残疾人标准由国家参照国际标准，根据我国国情制定。现行法律认定的残疾人包括：视力残疾、听力残疾、言语残疾、智力残疾、精神残疾、肢体残疾、多重残疾和其他残疾的人。本书沿用新修订的《中华人民共和国残疾人保障法》所认定的概念内涵与基本分类方法。

残疾人与社会福利密不可分。社会福利的含义较为复杂。从广义上讲，凡是政府和社会提供的、为提升国民的物质和精神生活水平而采取的措施都属于社会福利的范畴，其范围通常涵盖社会保障，包括政府和社会为国民提供的各种服务设施和社会保障的各项内容。从狭义上讲，社会福利则是指由国家和社会团体举办的、除社会保险和社会救助之外的各种福利事业和公共服务。本书在对社会福利的定义上倾向于以广义的理解为主，是一种包含了社会保障的社会福利，涵盖医疗福利、就业福利、教育福利、生活福利等内容。

残疾人社会福利是指国家或社会为了实现和提升残疾人的生活福祉，使残疾人实现与自然、社会及其他群体之间和谐发展而采取的一种再分配性行动计划和措施(包括资金、设施和服务等形式)。从社会发展的视角分析,残疾人社会福利服务是指国家或社会在法律和政策范围内,向全社会各类残疾人普遍提供资金帮助和优质服务的一种社会性制度,其目的是为了改善残疾人的生活状态,提高残疾人的生活质量,帮助他们参与社会生活的各个领域。广义的残疾人福利服务涉及社会生活的诸多方面,大体包括国家对残疾人在生活、教育、医疗、就业、环境等方面的特殊安排。狭义的残疾人福利服务主要指残疾人日常生活服务。

一般而言,残疾人社会福利服务的目标体系包括下述三个层次的内容:第一,生活救助层次,即以对最困难的和有问题的残疾人群体提供救助和服务作为目标,保证所有的残疾人都能生存和免于绝对贫困。这是为实现最低层次的社会福利状态所作的制度安排。第二,收入安全层次,社会福利服务制度不仅为有困难和有问题的残疾人群体提供救助,也为大多数残疾人提供收入保障。第三,社会发展层次,即以促进社会平等和实现所有残疾人的发展潜能作为目标。在这一层次上,残疾人社会福利服务制度的涵盖范围最广,不仅包括社会保障等收入再分配制度,还包括生活服务、社会参与与社会融入等方面的内容。在决定社会福利服务制度目标体系的诸多因素中,价值观念、可行性、经济发展水平与政治制度是四个主要的因素,其中经济发展水平是最为重要的基础。如果一个社会选择超出其经济承受能力的残疾人社会福利服务目标,则这一目标是不可行的。社会福利服务的这四个方面紧密相连、互相依存,共同决定着一个国家残疾人社会福利服务模式的选择。

(二)残疾人社会福利服务的理论模式

分析残疾人社会福利服务模式,既要参照社会福利的普遍理论,又必须回归人类历史进程中残疾人社会福利服务实践发展演变的轨迹。结合福利模式理论,并考察残疾人社会福利服务的发展历程,可以分析出残疾人社会福利服务理论主要有三种基本模式,即医疗福利模式、社会参与模式与权利保障模式。在人类历史的长河中,这三种福利服务模式的更替体现了残疾人社会福利服务思想与实践的发展进程。

1. 医疗保障模式的残疾人福利服务观

医疗保障模式认为,"缺陷"是指心理上、生理上或人体结构上,某种组织或功能的任何异常或丧失。"残疾"是指由于缺陷而缺乏作为正常人以正常方式从事某种正常活动的能力。"障碍"是指一个人由于缺陷或残疾而处于某种不利地位,以至于限制或阻碍该人发挥按其年龄、性别、社会与文化等因素应能发挥的正常作用。①

医疗保障模式的主要观点有二:其一,残疾问题是医学问题,残疾是一种缺陷,是残疾人与非残疾人相比的一种能力缺乏与功能限制。这种模式简单地认为,如果残疾人得到康复,那么与之相关的所有问题都解决了。按照苏珊·伯奇和伊恩·萨瑟兰的概括:残疾是一种缺陷或损害,需要医疗介入来治愈它或通过专业的康复服务来消除它。② 社会为残疾人提供福利服务的主要途径就是医疗康复和收养照顾,通过治疗与救助使残疾人回归正常人的生活状态,从而改善残疾人的基本生活状况。医疗保障模式的潜台词是:残疾人是一个病态的、低能的、难以独立生存的群体,更遑论能够贡献社会。其二,残疾问题是个人问题。由于残疾与障碍源于个人的缺陷,因而个人应该对残疾与障碍负责。在这个意义上,医疗模式也被称为个人模式。其预设前提是社会属于非残疾人,其公共设施与服务均为满足非残疾人的需求而设计,因而它不会改变环境和设施以适应残疾人;相反,残疾人应该通过自身的努力适应社会的要求。③

依据这一模式,社会福利服务视残疾人为病人,残疾人福利服务政策导向旨在保护和治愈残疾人,通过医疗救助与康复救助尽力帮助残疾者重建身体功能,使其达到社会的正常要求。这一模式的福利服务政策要求为因残不能工作者提供医疗福利服务,并不鼓励残疾人进入就业行列。用残疾人的话说,是将他们置于永无止境的"准备陷阱"中。同时,社会本着人道

---

① 参见《关于残疾人的世界行动纲领》,1982 年。

② See *Radical History Review*, Issue 94(Winter 2006), pp. 127–147.

③ 参见陈新民:《残疾人权益保障——国际立法与实践》,华夏出版社 2003 年版,第156—161 页。

的考虑,将残疾人作为福利与慈善的对象,通过救助与施舍使残疾人的生活状况有所改善。

医疗保障模式的残疾人社会福利服务观受到残疾人组织以及专业人士的批评。他们认为这一模式忽视了社会环境以及社会期望与个人能力之间的互动,使残疾人无法摆脱"社会排斥"的阴影。美国学者戈夫曼在研究中发现,在对残疾人的福利照顾中,对残疾人实施的"封闭式"的、"庇护式"的供养和照顾将使他们处于不良的伙伴关系之中,阻碍了他们建立积极的社会关系。① 由于该定义过于偏重医学理念与个人责任,反映的仅仅是医疗和诊断的观点,忽视了社会环境的不足与缺陷,忽视了社会期望与个人能力之间的相互作用关系,难以很好地指导决策和行动,是残疾人遭受普遍排斥、难以融入社会的重要根源,现已为残疾人社会福利服务的研究者与实践者所抛弃。

2. 社会参与模式的残疾人福利服务观

20 世纪 50 年代以来,西方国家出现了一系列与残疾人教育与服务相关的新思想或概念,如"正常化"原则、"去机构化"运动、回归主流、"全纳教育"以及社区融合理念等。这些理念推动了传统的残疾观由医疗保障模式走向社会参与模式,形成了回归社会的思潮,极大地改变了残疾人社会福利服务中的康复与服务模式,使越来越多的残疾人离开封闭的、与主流社会隔离的、寄宿制的社会福利服务或康复机构,重新返回正常的社区环境并接受相关的支持与服务,也促进了西方国家残疾人的社会福利服务政策在制度上的重大转变。

《国际功能、残疾和健康分类》(ICF)是社会参与模式的具体体现与发展。它是世界卫生组织提出的国际通用的描述和测量健康的理论框架。基于社会融合的价值观,它反对将残疾定义为隔离的少数人群的特征,主张

---

① 参见李莉、邓猛:《近现代西方残疾人社会福利保障的价值理念及实践启示》,《中国特殊教育》2007 年第 6 期。

"残疾"是健康的减损,是个人和社会环境之间动态互动的结果。① 具体地说,包括损伤(身体功能和结构明显的偏离和丧失)、活动受限(个体进行活动时可能遇到的困难)、参与受限(个体投入到一种生活情景中遇到的问题)以及环境因素限制(指生活中受到自然、社会和态度环境的限制)四项内容中的任何一项或全部。社会环境是残疾人融入社会的最大障碍。②

社会参与模式的主要观点在于:残疾问题也是社会问题和发展问题,残疾人所遭遇的困难主要不是残疾导致的,而是社会造成的,是不健康的社会态度与政策造成了对残疾人的社会排斥与社会隔离。社会的可持续发展、和谐社会的实现,要求所有社会成员以行动者和受益者的身份充分、切实地参与。残疾人作为社会的有机组成部分,应以行动者和参与者的身份充分参与社会发展。因此,依据这一模式,社会处理残疾问题的方法是:通过社会扶助等社会福利服务方式支持残疾人的社会融入与社会参与。③ 社会对残疾人提供的福利服务不仅仅是医疗康复,还应将残疾人作为社会发展的参与者和获益者,致力于通过消除环境障碍、改变社会态度以及提高生活能力及工作能力和社会参与能力等措施,保证残疾人融入社区发展,实现残疾人的再社会化。

3. 权利保障模式的残疾人社会福利服务观

公民权利是由法律规定并受到法律保护的公民的利益、资格或自由的一种诉求。在近现代欧美国家的发展历史中,公民权利始终是一个重要的内容。在公民权利的政治理念下,人们把享有社会福利保障当做自己的应有权利,对残疾人的保障和救助不必再借助于人性的同情与怜悯。所有社会成员包括残疾人都拥有政治上和道德上的平等地位,这就改变了社会福利服务的慈善救济性质,在消除残疾人福利服务中的社会歧视方面迈出了

① 参见邱卓英:《国际功能、残疾和健康分类研究总论》,《中国康复理论与实践》2003年第9期。

② 参见王娜、李萌、田宝、邱卓英:《智力落后的概念与国际功能、残疾与健康分类框架应用》,《中国康复理论与实践》2004年第10期。

③ 参见汪海萍:《以社会模式的残疾观推进智障人士的社会融合》,《中国特殊教育》2006年第9期。

重大的一步。可以这样说,作为公民权利的社会福利服务观的形成,将现代社会福利服务与传统社会福利服务从根本上区分开来。它在维护人的基本价值尊严和社会正义、促进人的发展特别是残疾人的发展方面,产生了巨大的推动作用。①

以权利为本的残疾人社会福利服务观认为,残疾问题是人权问题,残疾人作为人类社会中的一个特殊的利益群体,他们与一般社会成员和其他社会群体相比,有着特殊的社会需求、特殊的思维方式和特殊的生活方式。但在人格上、在政治权利和生存发展权利上,他们与其他社会群体和社会成员是平等的,毫无尊卑贵贱之分。必须承认,残疾人是权利享有者,他们能够而且应当像其他社会成员一样决定自己的生活;必须认识到,残疾人在充分参与个人发展或社会发展中所遇到的障碍是对人权的侵犯;必须明确,与其他社会成员一样,残疾人有权行使自己应有的权利,并且有权完全参与他们自身和所在社区的发展;任何对残疾人有意或无意的歧视,其本身就是对基本人权的侵犯。因此,残疾的社会模式和以权利为本的残疾观及发展观是互相支持、互相促进的。

二、我国残疾人社会福利服务发展的现状与问题

(一)我国残疾人社会福利服务的主要内容

我国残疾人社会福利服务的主要内容包括:就业福利服务、康复福利服务、救助福利服务、教育福利服务和环境福利服务等方面。

1. 康复福利服务

残疾人康复福利服务是指通过专业化的程序和技术对生理的、心理的、行为的残障者实施再教育和再塑造,增强他们适应社会的能力,以便进入正常的社会生活,乃至成为具有建设性的社会一员。② 我国的残疾人康复福

---

① 参见李莉、邓猛:《近现代西方残疾人社会福利保障的价值理念及实践启示》,《中国特殊教育》2007 年第 6 期。

② 参见陈银娥主编:《社会福利》,中国人民大学出版社 2004 年版,第 178 页。

利服务既包括残疾的治疗,也包括残疾的预防。一是通过覆盖城乡居民的基本医疗卫生服务体系,为残疾人提供公共卫生、基本医疗、基本医疗保障和药品供应保障等方面的服务。对参保和参合的重度残疾人给予个人缴费补贴,提高残疾人参加城镇居民基本医疗保险和新型农村合作医疗的住院、门诊报销及补偿水平,降低残疾人住院和门诊的医疗负担。针对精神残疾人的实际困难,建立免费服用基本药物制度。建立残疾人大病医疗救助专项补助资金,为享受医疗保险和医疗救助政策之后仍有困难的残疾人提供帮助。二是构建以社区康复为基础、以专业康复机构为骨干、以残疾人家庭为依托的康复服务网络,大力发展残疾人康复事业,实现残疾人人人享有康复服务的目标。改善残疾人专业康复服务机构的条件,完善功能,提高服务能力。依托城市社区卫生服务中心(站)、乡镇卫生院、村卫生室,在全市每个街道、乡镇及社区、村开展残疾人康复服务项目,配备适宜的服务设施和人员,规范基层康复服务的内容和标准;为有特殊困难的残疾人配发基本辅助器具并提供相应服务,同时对基层康复人员队伍开展专业培训。三是建立社会化的残疾预防和控制工作体系,开展以社区为基础的预防工作,针对遗传发育、疾病伤害、环境行为等主要致残因素实施预防工程。要提高出生人口素质,加强出生缺陷预防,开展心理健康教育,倡导健康生活方式,强化安全生产、劳动保护和交通安全等措施,有效控制残疾的发生和发展。要建立残疾报告制度,普及残疾预防知识,提高公众的残疾预防意识。

2. 就业福利服务

我国残疾人就业福利服务包括三个方面:一是利用法律或政策手段保障残疾人平等就业的权利。我国各级政府和有关部门通过制定就业和社会保障发展规划,将残疾人列入就业困难对象,在就业政策和就业服务方面给予重点支持,实施促进和稳定残疾人就业的政策,鼓励用人单位履行社会责任,支持和帮助残疾人就业,对招用残疾人的用人单位给予岗位补助。对兴办福利企业、盲人按摩机构等集中安排残疾人的就业单位给予社会保险补贴。二是对残疾人个体就业、自主创业实行优惠政策。国家对个体经营、自主创业的残疾人给予资金扶持和经营场所租金补贴;对农村和山区残疾人制定专项扶持措施,优化扶贫助残基地和扶持项目的配置,对农村残疾人发展种养业、民俗旅游业和多种经营项目给予政策和资金支持。三是为残疾人职业技能培训、实用技术培训和职业介绍提供服务。通过制定和完善残疾人职业技能培训制度和就业服务制度,引导经认定的职业培训机构、公益性职业介绍机构和残疾人就业服务机构,根据市场和残疾人需求,为残疾人开展职业技能培训、实用技术培训和职业介绍服务;开发适合残疾人特点的公益性就业岗位;发展盲人医疗按摩和保健按摩行业;通过残疾人职业康复劳动项目,搭建残疾人手工艺品展销平台,带动残疾人在社区和家庭实现就业。

3. 救助福利服务

救助福利服务是指在公民因各种原因导致难以维持最低生活水平时,由国家和社会按照法定的程序给予款物接济和服务,以使其生活得到基本的保障。一是我国对残疾人救助福利服务依托于城乡最低生活保障政策,对残疾人实行应保尽保,保障重度残疾、一户多残、老残一体等特殊困难群体的最低生活水平,并对城乡低收入家庭中的残疾人在生活、医疗、教育等方面遇到的困难给予救助,对不适合参加劳动、无法定扶养义务人(或法定扶养义务人无扶养能力)、无生活来源的重残人予以供养、救济。二是我国政府大力发展慈善公益事业,建立残疾人乘坐城市公共交通工具、游览公园、利用公共文化设施等方面的优待办法和服务保障措施。利用彩票公益金支持残疾人事业,鼓励社会捐赠,促进残疾人慈善公益事业健康发展。

4. 教育福利服务

教育是改善残疾人状况、提高残疾人素质的关键手段,也是残疾人平等参与社会的根本保证。我国的残疾人教育有法律依据和保障。《中华人民共和国教育法》、《中华人民共和国义务教育法》、《中华人民共和国高等教育法》、《中华人民共和国职业教育法》中都有残疾人教育的相关内容。1994 年颁布实施的《残疾人教育条例》则是有关残疾人教育的专门法律。我国残疾人教育福利服务包括一般教育和特殊教育两个方面的内容:一是通过相关法律法规,保障适龄残疾儿童平等接受义务教育的权利;通过助学项目保证贫困残疾儿童接受义务教育。二是大力发展特殊教育。要求具备一定条件的区县必须建立特殊教育学校,制定特殊教育学校的办学标准,改善特殊教育学校的办学条件,建立重度、多重残疾儿童少年送教上门等制度,满足残疾儿童少年多样化的特殊教育需求。创造各种条件,发展残疾人高等教育。培养特殊教育师资力量,鼓励教师从事特殊教育。

5. 环境福利服务

环境福利服务包括残疾人综合服务设施建设和无障碍环境建设两个方面的内容:一是残疾人综合服务设施,具体包括残疾人康复中心、托养中心、活动中心、创业培训基地、心理咨询中心等多种形式。我国积极建设残疾人综合服务设施,使残疾人可以根据自己的特点和兴趣,接受系统康复训练、娱乐治疗和职业康复劳动训练、心里咨询等服务和教育。二是政府通过制定《城市道路和建筑物无障碍设计规范》、《民用机场旅客航站区无障碍设施设备配置标准》、《特殊教育学校无障碍设计规范》、《铁路旅客车站无障碍设计规范》等法规,规范全国无障碍建设的规划、设计、施工、管理,包括城市道路和建筑物的无障碍设计、残疾人家庭无障碍改造、残疾人驾驶机动车和残疾人专用车停车泊位等,保证无障碍建设的有序开展。通过公共服务机构和电台、电视台等平台,为残疾人提供语音、文字提示、盲文、手语等无障碍服务。

(二)我国残疾人社会福利服务的主要成就

1. 我国残疾人社会福利进展情况

新中国成立以来,特别是改革开放 30 多年以来,我国的残疾人社会福利事业取得了重大进步,基本情况如下[①]:

(1)就业工作取得新进展。2010 年,残疾人就业工作在保持就业局势稳定的基础上取得新的进展。城镇新安排 32.4 万残疾人就业。其中,集中就业的残疾人 10.2 万人,社会各单位按比例安排残疾人就业 8.6 万人,个体就业和多种形式灵活就业的残疾人 13.7 万人,全国城镇实际在业人数441.2 万;1749.7 万农村残疾人稳定实现就业,其中从事农业生产劳动的达1347.3 万人。

---

① 参见中国残疾人联合会:《2010 年中国残疾人事业发展统计公报》。

（2）康复工程全面铺开。2010年,604.7万残疾人得到不同程度的康复,顺利完成中国残联专项彩票公益金残疾人康复项目任务,18.6万贫困残疾人受益。全年完成白内障复明手术79.9万例,为27.3万名贫困白内障患者免费施行复明手术,全年为3.3万名低视力患者配用助视器,培训低视力儿童家长1.2万名,有效开展家庭康复训练。全年对1.6万名盲人进行定向行走训练。2010年,在1818个市县开展精神病防治康复工作,对495.2万名重性精神病患者进行综合防治康复,监护率达到84.0%,显好率达到68.4%,社会参与率达到54.5%。截至2010年年底,累计建立辅助器具供应服务机构2367个,为残疾人减免费用装配普及型假肢3.0万例,供应辅助器具113.9万件,装配矫形器2.6万例。全年开展肢体残疾康复训练服务的机构4915个,对2050名贫困肢体残疾儿童实施了矫治手术,装配了矫形器等辅助器具,进行了术后康复训练。

（3）救助福利服务有序开展。各省（自治区、直辖市）将残疾人扶贫开发工作纳入政府工作计划和政府目标责任制考核范围,并广泛动员社会力量对贫困残疾人开展"帮包带扶",残疾人扶贫工作取得明显进展,贫困残疾人生产生活状况得到进一步改善。2010年,扶持贫困残疾人204.0万人,其中119.5万人通过扶贫开发解决了温饱问题;当年接受实用技术培训的残疾人85.5万人次,投入培训经费2.6亿元。2010年,安排各类扶贫资金3.9亿元（不包括康复扶贫贴息贷款8亿元）。有649.1万名贫困残疾人享受到多种优惠政策的扶持,对贫困残疾人开展结对帮扶的单位和个人分别达到11.8万个和88.4万人,帮扶物资折款及资金投入共计4.4亿余元。建立残疾人扶持基地4575个,投入资金2.1亿元,安排和扶持贫困残疾人23.3万人。完成11.8万户农村贫困残疾人危房改造,投入危房资金9.7亿元,受益残疾人14.5万人。

（4）残疾人受教育权得到了更好保障。截至2010年年底,全国为盲、聋、智残少年儿童兴办的特殊教育学校已发展到1705所,义务教育普通学校附设特教班有2775个,在校的盲、聋、智残学生51.9万人。已开办特殊教育普通高中99所,在校生6067人。残疾人中等职业教育机构有147个,在校生11596人,毕业生6148人。全国有7674名残疾人被普通高等院校录取,1057 名残疾人进入特殊教育学院学习。

(5)残疾人综合服务设施建设进一步加强。截至 2010 年年底,全国已竣工并投入使用的各级残疾人综合服务设施共计 2544 个,在建项目共计428 个,筹建项目共计 223 个。2010 年,无障碍建设规章、标准进一步完善,全国有 7 个省、81 个市(地)、297 个县(市、区)出台了无障碍建设与管理规章、政府令;全国有 14 个省、193 个市(地)、758 个县(市、区)成立了无障碍建设领导协调组织。城市道路、建筑、家庭无障碍改造工作平稳进行。

2. 我国残疾人社会福利建设的主要成就

(1)我国残疾人福利服务政策日益完善。

为了促进残疾人社会福利服务事业的发展,我国先后制订实施了关于残疾人社会福利服务的五年计划。自《中国残疾人事业"十一五"发展纲要》实施以来,残疾人的状况得到明显改善,残疾人事业取得了显著成就,形成了更加有利于残疾人事业发展的社会环境。我国残疾人福利服务政策体系日益完善,为残疾人社会福利事业的发展提供了有力的政策保障。

据不完全统计,我国涉及残疾人权益保障的法律、法规,已颁布实施的有 50 多部,包括《中华人民共和国残疾人保障法》、《关于促进残疾人事业发展的意见》、《残疾人教育条例》、《残疾人就业条例》、《社会福利企业管理暂行办法》、《关于进一步加强残疾人康复工作的意见》、《关于进一步加强残疾人体育工作的意见》等,涉及残疾人康复、教育、就业、扶贫、维权、体育、国际合作、基层组织等各个层面的利益。其中,《中华人民共和国残疾人保障法》是开展残疾人福利服务的重要依据。1990 年 12 月 28 日,第七届全国人大常委会第十七次会议通过《中华人民共和国残疾人保障法》,这是保障残疾人利益、发展残疾人事业的基本法律,旨在保障残疾人以平等的权利、均等的机会,充分参与社会生活,共享社会物质文化成果。这项法律的颁布和实施,使中国的残疾人社会福利发展达到一个新的水平。

2008 年 4 月,第十一届全国人大常委会第二次会议在对《中华人民共和国残疾人保障法》进行修订的过程中,遵循了保持法制统一、强调平等和不歧视、注重全面融入社会、加强特别扶助等基本原则。主要涉及残疾人康复、教育、劳动就业、文化生活、福利和无障碍环境等几个方面;同时增加了一些内容,如将依法推行按比例就业、依法推进无障碍建设、加强社区工作和法律援助等写进了修订草案,进一步明确了国务院以及地方人民政府在残疾人事业发展中的主要职责。

(2)我国残疾人福利服务体系基本建立。

改革开放以来,我国残疾人和残疾人工作越来越受到社会的关注和重视。1978年,中国盲人聋哑人协会恢复工作。1979年,上海市开办了第一个弱智儿童学习班,此后,全国各个省市纷纷效仿,以官办、民办等多种形式,接纳弱智儿童。1984年,中国残疾人社会福利基金会成立,成为为残疾人服务的专门组织机构。1987年,长春大学首次开办了招收残疾人上大学的特教部。与此同时,辽宁省沈阳市皇姑区则于1984年发动街道力量,开始对残疾人进行知识教育、技术培训、医疗康复工程,凡达到康复标准的残疾人,则送到街道的福利工厂。1987年,在重庆市举办的第二届国际康复研讨会上,皇姑区向世人展现了统筹规划残疾人“社区康复”的一整套办法。1988年,全国各类残疾人的统一组织——中国残疾人联合会(以下简称中国残联)成立。随后,全国各省、地、县也成立地方分会,标志着我国残疾人事业驶入了快速发展的轨道。1993年,国务院成立了残疾人工作协调委员会,并于2006年更名为国务院残疾人工作委员会,由国务院一位副总理担任主任,民政、教育、发改委、财政等38个部门为成员单位,协调解决残疾人工作中的重大问题。残疾人事业进入了政府工作的重要议事日程。

我国残疾人社会福利服务工作,在政府主导、社会参与、国家扶持、市场推动的大格局下稳步开展,基本形成了政府主导、职能部门牵头、其他相关部门配合、社会组织和个人共同参与的工作格局。我国政府鼓励和动员社会力量广泛参与残疾人事业,包括残疾人组织在内的社会各界共同参与和支持发展残疾人事业,帮助和促进残疾人参与社会生活,共享物质和文化发展的成果。

(3)我国残疾人福利服务水平显著提升。

改革开放以来,我国通过对现有从业人员进行培训和职业教育,造就了一支职业化、专业化的社会福利服务队伍,使广大从业人员具有较高的政策理论水平、高尚的职业道德、较强的服务技能,进而推动我国残疾人社会福利服务水平达到了一个新的发展高度。

"十一五"期间,通过颁布实施《全国残联系统康复人才培养规划》,国家将各类康复工作会议和业务培训纳入学分管理,使用学分登记册,加强社区康复协调员资格认证,提高康复人才培训质量。为了提高残疾人康复工作的科学化、专业化水平,中国残联成立了由残疾人康复相关学科领域专家组成的全国残疾人康复专家技术指导组,要求各地成立相应的专家技术指导组。目前,北京市、河北省、山西省、内蒙古自治区等25个省区已经建立了省级残疾人康复专家技术指导组,在为残疾人康复工作提供技术指导、开展业务培训、实施检查评估等方面发挥了重要作用。为规范各地残疾人康复培训工作,提高残联系统康复人才培养水平,中国残联组织专家编印了《全国残联系统康复人员培训学分管理办法》、《社区康复协调员资格认证管理办法》、《社区康复上岗人员培训教材》,着力推行残联系统康复人才培训的学分管理和社区康复协调员资格认证制度。

(4)我国残疾人福利服务领域不断扩大。

改革开放以来,我国各省市创新服务思路,提升服务品质,不断扩大残疾人福利服务领域,努力为残疾人提供个性化服务,依托社区开展为重度残疾人、智力残疾人、精神残疾人、老年残疾人等提供生活照料、康复养护、技能培养、文化娱乐、体育健身等领域的各项服务项目。各地积极推进残疾人康复服务专门机构和康复服务专业人才队伍建设;整合资源,发挥医疗卫生机构、社区服务机构、学校、幼儿园、福利企事业单位、残疾人活动场所等现有机构、设施和人员的作用,大力开展社区康复服务,建立社区康复员队伍,完善适宜的社区康复设施,将社区康复服务纳入社区建设和基层卫生工作。地方政府鼓励和支持残疾人服务领域的科技研究、引进、应用和创新,提高信息化水平,扶持残疾人辅助技术和辅助器具研发、生产和推广,促进相关产业发展。湖北省将残疾人康复纳入全省基本医疗卫生制度和基层医疗卫生服务内容,鼓励和支持各级医疗卫生机构开展残疾人医疗康复项目,建立了省级残疾人辅助器具资源中心、聋儿康复中心和孤独症儿童康复中心,各地(市、州)普遍建立了脑瘫、聋哑残疾儿童训练康复机构和假肢装配站;市、县普遍建立社区康复站,初步建立了以专业康复机构为骨干、以社区为基础、以家庭为依托的社会化康复服务体系,基本形成了层次高、技术好、服务优、有特色的康复服务网络。浙江省启动了为贫困残疾人免费体检工程,为城镇贫困残疾人免费体检。上海市开展了送康复服务上门活动,贫困残疾人与社区卫生服务中心签订协议,享受社区医生上门提供的医疗康复、心理疏导、健康教育等康复服务。北京市宣武区坚持盲人定向行走工作与个人需求、心理辅导、养生保健、技能训练、文艺活动五个结合,寓教于乐,通过盲人定向行走训练带动盲人生活和劳动技能的全面康复,收到很好的效果。

(5)我国残疾人福利服务方式走向多元。

残疾人福利服务是多学科、跨部门、业务广泛、综合性强的社会事业,必须以政府为主导,各方协调运作。经过多年的探索与实践,我国提出了推进社会福利社会化的基本思路:实现投资主体多元化、服务对象公众化、运行机制市场化、服务方式多样化和服务队伍专业化及与志愿者相结合。2000年2月,国务院办公厅转发了民政部等11部门《关于加快社会福利社会化的意见》,制定了包括卫生福利事业在内的社会福利事业发展规划和目标任务,对社会力量兴办社会福利机构制定了一系列优惠政策。一方面,广泛动员社会各种力量为包括残疾人在内的特困群体提供福利服务,有效地增加了助残及康复服务的机构数量及服务的供给;另一方面,进一步丰富了残疾人福利机构乃至各类社会福利机构的服务内容和服务项目,使全社会为残疾人提供的服务更加丰富多彩。

政府大力发展盲聋哑、弱智儿童特殊教育和义务教育,适应教育发展的国际潮流,改革传统特殊教育体制,办学形式灵活多样,为残疾人提供正常化和社区化的特殊教育。

政府在依托社区为重度残疾人、智力残疾人、精神残疾人、老年残疾人等提供公益性、综合性服务项目的基础上,鼓励发展残疾人居家服务,有条件的地方建立残疾人居家服务补贴制度;积极培育专门面向残疾人服务的社会组织,通过民办公助、政府补贴、政府购买服务等多种方式,鼓励各类组织、企业和个人建设残疾人服务设施,发展残疾人服务业。部分省市在残疾人生活保障、残疾人康复、聋儿语训、残疾人辅助器具配置等服务项目上,坚持以政府投入为主;而在残疾人综合服务设施、托养机构等残疾人服务设施的建设和管理上,则运用了公办公管、公办民营、民办公助三种方式,充分发挥了市场在配置资源方面的基础性作用。

(三)我国残疾人社会福利服务存在的主要问题

虽然近年残疾人社会福利服务事业发展较快,受益对象不断扩大,社会福利服务水平逐步提升,但随着经济社会的发展,残疾人对于社会福利服务的需求日益旺盛,且逐步呈现现代化、多元化和个性化的发展趋势,与之相比,残疾人社会福利服务事业的发展仍然存在诸多不足。

1. 服务理念尚未形成

从宏观层面分析,长期以来,我国过于强调政府等公共部门的管制职能,忽视了公共部门在提供社会福利服务方面的基础性作用,使社会福利服务缺少发展的基本文化环境。从中观层面分析,与残疾人福利服务相关的部门对残疾人社会福利服务的重视程度不够,对残疾人工作习惯于计划经济时期的劳动福利模式,将残疾人社会福利服务视为传统社会救济的一部分,导致残疾人社会福利服务发展的不稳定和不平衡。从微观层面分析,在残疾人社会福利服务过程中,有些公务人员服务意识较薄弱,或对残疾人的福利服务需求视而不见,漠不关心;或官僚习气浓重,"主—仆"关系倒置,导致"门难进、脸难看、事难办"的现象层出不穷。就公众层面而言,社会公众普遍沿袭计划经济体制下的传统理念,对残疾人社会福利服务的关注度不高,认为残疾人社会福利服务是政府的事,社会力量无须过多介入,因而导致残疾人社会福利服务的社会氛围较差。就残疾人群体而言,残疾人自身的福利服务权益保障意识较弱,残疾人社会福利服务内在的推动力不足。

2. 服务供给严重不足

当前,残疾人教育、社会救助、康复医疗服务和无障碍环境等基本社会福利服务非常欠缺,直接影响到残疾人的基本生活质量。第二次全国残疾人抽样调查资料显示,15 岁及以上残疾人文盲率高达 43.29%。只有13.28% 的城镇残疾人和 5.12% 的农村残疾人享受到最低生活保障服务。城镇 16 岁及以上残疾人参加养老、医疗、工伤、失业社会保险的比例分别为27.87%、36.83%、1.11%、1.35%;农村 16 岁及以上残疾人参加养老、合作医疗、工伤、失业社会保险的比例分别为 1. 95%、29. 39%、0. 10% 和 0. 07%。除京沪等少数大城市外,其他地区的残疾人医疗康复设施建设严重滞后,康复站很少。同时,残疾人社会福利服务的基础设施建设还未引起足够重视,绝大多数城镇的无障碍设施建设被忽略,残疾人出行受到严重制约。

3. 残疾人社会福利服务的城乡差距相当明显

我国农村残疾率普遍高于城市,农村残疾人口数量大约是城镇的 3 倍,而农村残疾人社会福利服务的政府投入无论是金额上还是比例上均远远低于城镇地区,导致城乡残疾人社会福利服务的发展严重失衡。部分城镇残疾人社会福利服务开始向满足残疾人发展需求推进,而农村残疾人社会福利服务仍基本上停留在生存需求层面,因残致贫、因残返贫的现象比较普遍。当前用于改善和提高残疾人社会福利服务的各项文化体育设施、无障碍设施和福利活动大多数是围绕城镇残疾人展开的,农村残疾人较少能够参与进来。尤其是在中、西部地区,农村残疾人主要依靠家庭帮扶和个人努力来解决生活问题,面向残疾人的社会福利服务非常少。总体看来,城乡二元差距在残疾人社会福利服务领域非常明显,且呈现日益扩大趋势。

4. 服务体制不健全,运行机制不畅通①

在我国当前行政管理体制下,残疾人社会福利服务涉及民政、财政、卫生、教育、劳动人事、残联等众多部门,福利职能交叉严重,决策程序繁杂,服务资源分割。不同部门由于利益主体不同,容易忽视残疾人社会福利服务事业的发展全局,导致残疾人社会福利服务的供给不足与管理失范。而由于管理体制的不顺,有限的公共财政资源没有得到合理配置,福利服务资源短缺和资源浪费现象并存。各级残联组织是残疾人社会福利服务的综合管理机构,但残联代表性较弱,在具体业务上容易受制于众多的相关行政管理部门,而且过于行政化的管理风格容易使残疾人社会福利服务事业缺乏活力。同时,运行机制比较混乱,部门之间就残疾人社会福利服务的配合协作

---

① 参见杨宜勇、邢伟:《残疾人公共服务:从生存型向发展型转变》,《中国物价》2009 年第 4 期。

不足。非营利组织与市场主体对残疾人社会福利服务运作的参与不足,社会层面的有效监督缺乏。残疾人群体的福利服务需求表达渠道不畅,社会福利服务的供给主体与供给路径单一,传统福利模式不能满足个性化需求,社会福利服务的评估体系尚未建立,总体服务效能较低。

三、发达国家残疾人社会福利服务的基本模式

西方国家早期的残疾人社会福利服务主要由教会和慈善机构提供,慈善式的济贫观念和单纯的供养理念支撑着早期社会福利服务工作的开展。近现代以降,伴随着国家力量的强大,政府在社会福利服务领域逐渐发挥出越来越重要的作用并取得了主导地位。在这一变化过程中,新的价值理念也不断催生出欧美等发达国家不同模式和内容的残疾人社会福利服务体系。发达国家在残疾人社会福利服务制度建设方面主要形成了以下四种基本模式。

(一)瑞典模式

与西欧国家相比,瑞典的残疾人社会福利服务起步较晚。1847年和1871年,瑞典议会分别通过了《济贫法》和《新济贫法》,依法实施救助老弱病残的社会政策,开始涉及残疾人社会福利服务。第二次世界大战以后,瑞典逐步发展成为高福利国家,社会福利开支占到中央政府总支出的一半以上。当前,瑞典残疾人社会福利服务已发展成为以国家保障为基础、以制度规范为支撑、以社会融合为目标的残疾人福利服务模式。其主要特点是:

一是制度健全。在瑞典的国家福利模式中,保障残疾人权利的相关法律政策主要分为三个层次:高层是中央政府的全国性法案,中间层是各地方政府制定的相关法规,底层是有关残疾人的社区服务规范。在国家级法案方面,现行的《残疾保障法》规定,残疾人除了享受普通的福利服务政策外,还有许多补充。残疾人福利服务政策的基础就是所有纳税人各尽所能、共同捐资,成立共享基金。而基金的分配是以人人平等为原则的,旨在消除人们生活条件上的差异。同时,针对残疾人的特殊需要,政府制定相应的福利

服务政策。瑞典法律规定,政府应该为残疾人提供三种不同的住房,还要为严重残疾人士安排生活服务员。政府资助编写并出版适合残疾人和其他人阅读的残疾人简易读物,为残疾人提供便捷经济的交通服务,日间照料中心为残疾人提供一些有报酬的工作。瑞典的《健康与医疗法案》还要求政府必须为残疾人提供免费的技术服务,比如各种康复训练和职业培训等。在地方政府法规及社区服务规范方面,《残疾人基本法》是瑞典各地方郡县政府规划社会福利、确定残疾人健康与医疗服务内容的立法依据。瑞典的《社会服务法》规定了地方政府的责任,强调地方政府必须为那些身体或智力残疾的人提供他们所需要的支持和帮助,使他们能够旅行、进出公共场所、参与社区活动。地方政府可以利用社会力量开展社会福利活动,但必须保证这些服务要以适当的形式提供给个人。[①]

二是福利服务形态多样。瑞典的残疾人社会福利服务包括家庭生活服务、教育服务、工作服务和住房服务等方面的内容。在家庭生活服务方面,瑞典各地方当局为残疾人提供有组织的家庭生活服务,包括清洁、烹饪、购物、洗衣和个人看护,以及行走帮助、使用娱乐设施等。家庭生活服务的费用与接受服务的残疾人的收入有关。同时,在社区生活的残疾人还能申请由地方政府为其雇用生活服务员,或政府提供经费由其自行雇用生活服务员。在教育服务方面,为使残疾儿童、残疾青年和成年人有权获得与其他正常儿童一样的受教育的机会,地方政府负责残疾儿童的教育,并成立专项基金用于某些残疾人的特殊教育。在就业服务方面,全民就业是瑞典的就业政策目标,瑞典《工作环境法案》要求雇主必须使工作的物理环境、操作结构等适合残疾工人的需要。若雇主为了适应残疾工人工作而改变其工作场所、安排技术助理或雇用特殊助理,那么他们可以得到政府的补助。为安置更多残疾人就业,并为他们提供在岗职业培训,瑞典政府根据残疾人的需求和适应能力,设立了一家大型国有福利企业—Samhall,并在全国200多个地方设有分支机构,其90%的员工为残疾人。在住房服务方面,瑞典地方

---

① 参见刘翠霄:《各国残疾人权益保障比较研究》,中国社会科学出版社1994年版,第55—60页。

当局负责残疾人的住房。国家制度规定,可以为行动不便的残疾人专门改造或设计适合他们居住和生活的住房。其住房应当具有适合残疾人休息、个人卫生、烹饪、就餐和活动的功能,保证严重残疾的人能够获得24小时帮助和服务。在技术服务方面,瑞典障碍协会作为国家级的公共机构,负责检测、评估残疾人技术服务行动,并负责该领域的研究与发展工作。瑞典《健康与医疗法案》要求地方政府必须为残疾人提供技术服务。技术帮助中心提供包括技术支持、轮椅以及建议服务,视觉服务中心、听觉服务中心、口译中心等也为残疾人提供相应的服务。此外,国家还为残疾人提供文化与休闲、交通运输等方面的服务。

三是广泛的社会融合。在依法保障残疾人的基本生活权益的基础上,瑞典高度重视通过促进残疾人的社会融合来保障残疾人的社会参与权和发展权。瑞典于20世纪60年代将正常化理念写入法律,并作为残疾人社会融合政策的重要基础。此后,人们越来越尊重残疾人过正常生活的权利,日益关注残疾人"独立决策的权利",即允许残疾人自己决定自己的生活方式,认为一个真正的高福利国家的社会服务体系应能满足所有人的需要,残疾人也能利用社会服务体系在社区中自如地生活。为了进一步实现残疾人的社会融合,推进残疾人社会生活的正常化,瑞典于1994年颁布《支持服务法》。根据该法律,残疾人有权选择独立的生活方式,并有权根据自己的需求选择社会服务,以实现社会融合的进程。目前,瑞典的残疾人社会融合主要有生活融合和就业融合两种融合模式,具体又可分为居住服务、医疗服务、职业训练和就业支持四个方面。瑞典非常注重对残疾人的社会融合服务,人性化的居住和生活环境,非机构化护理和替代性居住方式以及良好的社会服务,为残疾人创造了良好的社会融合环境。残疾人融入社会不仅对残疾人本身,而且对相关的组织乃至整个社会都有深刻的影响。从个人层面上看,社会融合就意味着残疾人可以离开封闭的庇护机构,更多地参与社区生活,接触到更多的非残疾人,并使残疾人的邻里互助成为可能。从组织层面上看,社会融合意味着为残疾人提供服务的目的和形式发生了根本的改变,更多的社区支持和服务帮助他们更好地参与社会生活。目前,阻碍残疾人融入社会的特殊医院、寄宿制学校、封闭式工作机构等已被关闭,而

"全纳教育"开始实施,残疾人的团体之家(group home)和社区之家(community-based group homes)帮助他们实现了在普通社区居住的梦想;支持型就业(supported employment)和庇护型一体化就业(sheltered integrated work)使残疾人有机会进入开放的劳动力市场,实现就业融合。从社会文化层面上看,社会融合使人们对残疾人的看法发生了改变,人们能在自己的社区里更多地接触到各种类型的残疾人,有机会真正了解他们的能力和为人,社区居民更愿意帮助他们,从而构建起残疾人能自如生活的支持性社区环境。①

(二)英国模式

自《伊丽莎白济贫法》颁布后,经过工业革命的洗礼,英国逐步开始了福利国家的进程。1911年颁布的《国民保险法令》,成为人类历史上第一个有关残疾人保障的立法。1942年,英国颁布了《贝弗里奇报告》,设计了一整套从"摇篮到坟墓"的社会福利制度,普遍主义福利与公民权利紧密联系在一起,体现着国家与公民之间的直接合作关系。《贝弗里奇报告》在七个福利项目中将残疾救助的内容予以单列,意味着残疾人被逐步纳入现代社会福利框架。② 此后,英国的残疾人福利服务制度逐步健全,社会福利服务项目日益增多,残疾人社会福利服务逐步覆盖到全社会。

英国的残疾人社会福利服务主要包括生活照料服务、康复医疗服务、教育就业服务等项内容。这些福利服务主要由政府有关部门和社会志愿者组织提供,为那些具有特殊困难的残疾人提供各种福利设施和服务。1990年,英国颁布了《国家健康服务和社区服务法》,对残疾人的社会福利服务进行改革,带来了残疾人社会福利服务四个方面的显著变化,使残疾人福利服务总体呈现出社会合作模式的特征:一是从传统的以政府为主导的服务

---

① See Matikka LM. Vesala HT. Acquiescence in quality-of-life interviews with adults who have mental retardation. Finnish Association on Mental Retardation. Research Unit. Helsinki. Finland.

② 参见[英]贝弗里奇著,劳动和社会保障部社会保险研究所译:《贝弗里奇报告》,中国劳动社会保障出版社2004年版,第53页。

模式向以社区为主导的服务模式转型;二是社区服务由以供给为主导转向以需求为导向,服务项目更适合服务对象的需要,服务质量也更符合服务对象的要求;三是资源配置的权力从中央政府下放到地方政府,中央政府与地方政府的服务资金负担更加趋于平衡;四是注重社会参与,积极引导市场主体和非政府组织(简称 NGO)投身社区服务,服务效益有所提升,多种经济成分参与的社区服务迅速发展。目前,英国根据残疾人的实际需要,已形成一个由地方政府组织管理的多元化残疾人社会福利服务体系,包括社区公共服务、志愿服务、私营服务、互助服务等服务项目,为残疾人提供教育娱乐、助残设备、餐饮服务、安排住宿等项服务内容。公共服务主要是地方政府所属的服务机构、社区服务组织和其他社会保障机构对残疾人提供的服务,政府近年对这些机构直接提供的资金在逐年减少。志愿服务主要指经过登记注册的非政府组织提供的服务,这部分服务具有明显的慈善特征,政府给予一定的税收优惠。私营服务主要指以营利为目的的私营机构和个人提供的服务,近年来发展很快,在为残疾人提供的入户照料等社会服务方面已成为公共服务最大的竞争者,是英国社会服务的新增长点。互助服务主要指社区成员、家庭成员以及邻居友人等为残疾人提供的服务,这类服务近年正在向互助服务小组的形式发展。① 社会服务费用主要由地方财政承担,部分通过社会化途径解决。英国目前有大约 860 万名残疾人(不包括智障与精神病患者)。1999—2000 年度,英国地方政府用于社会服务方面的开支总额为 93 亿英镑,其中 13%用于智障看护,8.1%用于残疾人援助,5.1%用于精神病人照顾。② 对于智障与精神病患者,英国也采用了以家庭照顾为主、以社区服务支持为辅的社会救助政策,促进他们参加力所能及的劳动。

在残疾人医疗康复服务方面,英国设立了完备的残疾人保健服务体系。国民保健服务系统为残疾人提供了各种康复设施,不仅帮助残疾者恢复生

---

① 参见马洪路主编:《中国残疾人社会福利》,中国社会出版社 2002 年版,第 67—68 页。

② 参见英国国民统计局编:*Britain 2000*,London:The Stationery Office,1999,p. 170。

理机能和生活能力,同时还关注残疾者的精神生活。英国《国民保健法》规定,英国公民可享受除牙科手术、视力检查和配镜以外的一切免费医疗服务,病人只需支付处方费,而残疾人及低收入家庭无须支付处方费用。英国卫生部在全国各地设有100多个地区卫生管理局和委员会,负责管理国民保健的具体实施工作。其专门建立的康复中心不仅为残疾人配备各种康复训练器具、生活用品及日用设备等并指导他们进行日常生活的适应性训练,还专门组织体育比赛、娱乐、交流等活动,逐步提升残疾人社会参与和社会融合的能力。除此之外,地方政府定期了解本地残疾人的人数与医疗康复需求,通过自己经营的医疗设施或委托民间兴办的康复设施收治残疾人,并组织社会工作者、志愿者、保健人员和家庭护士等为残疾人提供医疗帮助与康复服务。① 对于轻度精神性残疾人,政府和非政府组织积极引导早期治疗和社区护理,为在社区生活的精神残疾人提供技术训练、职业介绍和娱乐服务。

在残疾人就业福利服务方面,英国残疾人就业福利政策主要强调为残疾人就业创造条件,以便残疾人能与健全人一样独立参与社会生活。英国政府于1944年颁布的《残疾人就业法》规定,凡雇佣人数达到20人以上的企业,有义务雇佣占企业职员总人数3%的残疾人。1948年,英国政府在《就业及职业训练法》中规定,国家及地方政府有对残疾人进行康复和职业训练的责任,对有生活需要的残疾人给予经济上协助的责任。英国政府对残疾人进行分类登记,A类是经过职业训练就能就业的残疾人,B类是必须创造特殊条件才能就业的残疾人。政府设有就业部、劳工部训练司和伤残人员司、残疾人就业指导官等来提供就业安排、就业辅导和就业指导,地方政府则通过设立残疾人训练所、康复中心,或者委托企业、职业学校、社会团体等为残疾人提供职业训练场所和技术培训设施。② 根据英国于1995年开始实施的《残疾人法》的规定,雇员人数在15人以上的企业都有义务接

① See Helen Jones. "Health", Robert M. Page & Richard Silbuen (ed), *British Social Welfare-in the Twentieth Century*, Macmillan Press, 1999, 159.

② 参见钟仁耀:《社会救助与社会福利》,上海财经大学出版社2005年版,第309页。

受残疾人就业,任何歧视残疾人的行为都是违法的。1997 年,英国政府将残疾人福利服务事务从社会保障部转移到教育与就业部,这种变化体现了英国政府重视残疾人教育、培训与就业的基本思路。

(三)美国模式

美国的残疾人社会福利服务政策经历了以治疗残疾为特征的生存保障阶段,以强化职业康复和建设基础设施为特征的社会融合阶段,以消除就业歧视和完善工作场所为特征的权利扩展阶段以及以扩展自由和发挥潜能为特征的潜能发展阶段。美国残疾人福利政策的变迁过程,反映了不同时代总体物质生活条件和社会观念之间的内在关系及其对残疾人福利政策的影响。当前,美国残疾人社会福利程度较高,福利服务项目繁多,财源渠道宽泛,为残疾人提供了较为稳定的生活与发展环境。美国对于残疾人社会福利服务的规定主要体现在《社会保障法》、《职业康复法》、《康复法》、《建筑无障碍法》、《残疾儿童教育法》、《关于处于发展阶段的残疾人法案》、《美国残疾人法》等法律文本之中。其残疾人社会福利服务制度的框架主要包括残疾人就业福利服务、补充性收入服务、医疗康复福利服务、工人补偿服务、暂时伤残保险服务、退伍军人补贴和无障碍环境服务等项内容:

第一,就业福利服务。就业福利服务是以社会保险为基础的。社会保险也称为养老、遗属和残疾人保险(以下简称 OASDI),它是美国最重要的社会福利服务项目。就残疾人社会福利服务而言,现行的 OASDI 是由为残疾人提供保险的 1956 年修正案、为残疾工人未成年子女提供保险的 1958年修正案等保险法案演变而来。美国残疾公民通过 OASDI 而获取生活保障的前提是:必须在就业期间参加社会保险。社会保险属强制性保险,参加保险的残疾人可按月领取保险金。保险金收入主要来自雇主、雇员和自由劳动者所交纳的社会保险费(税)、联邦政府对退伍军人保险费和管理费的财政拨款、联邦政府投资利息等。社会保险基金主要用于给有保险身份的致残职工按月支付保险金、为伤残人提供职业再培训的服务费用等。残疾人每月可领取基本保险金,残疾人的配偶也有资格在 62 岁时获得保险金,但保险金额只是职工正常退休时所得基本保险金的 50%。如果职工配偶在65岁以下,且抚养有18岁以下的残疾孩子,那么这些孩子也可获得50%的保险金。要享受残疾保险必须符合三个条件:其一,必须是残疾保险受保人;其二,索赔者必须达到法律确定的伤残等级标准;其三,等候期满5个月。同时满足这三个条件的被保人就可以享受社会残疾保障保险(以下简称SSDI)的保险待遇。给付标准主要分三种:残疾人收入给付、医疗给付和职业恢复服务。残疾人收入给付是指受保人通常在残疾期间应得到的基本保险金;医疗给付针对65岁以下有资格领取残疾年金24个月或24个月以上的残疾工人;职业恢复服务是指受保人可以通过各州的就业机构接受职业恢复训练。此外,残疾人工作累计赚取6个积分点就可领取退休金,得到终身福利服务,配偶和孩子也可得到同样的福利服务。

第二,补充性保障收入服务(以下简称SSI)。补助收入计划由原联邦政府和州政府共同举办的三项福利项目——老年补助、盲人补助和永久性完全残疾人补助加以合并而形成,于1972年经国会批准建立,并于1974年1月开始实施。该项福利服务是一项完全由联邦政府管理的项目,即联邦政府每月给残疾人一定的补助,补充性保障收入服务的补助费率还随着生活费指数的变化而进行调整。补充性保障收入服务享受者的资格要求和政府支付的补助标准在全国是统一的。经州政府残疾鉴定服务办公室鉴定为残疾人的,根据致残年龄及工作年限给予相应的残疾福利金。作为SSDI的补充项目,SSI大大降低了残疾人的生活风险系数。与前者不同,SSI的获得与之前工作的积累无关。目前,该项目的资金来源于联邦政府、州政府和地方政府,但行政管理主要由州政府和地方政府负责,并由其决定接受援助者的资格标准和受益水平。同时,国会还制定了最低受益标准和工作激励方案,旨在使伤残者有更多获取收入的方式和机会。该项目的限制条件非常苛刻,符合领取条件的多数是盲人和残疾人,因此在历次的福利改革中受到的阻力最小,运行一直比较稳定。除SSDI和SSI之外,满足相应条件的残疾者还可以享受医疗照顾、特殊教育及对特需家庭的临时救助。

第三,医疗康复福利服务。医疗照顾和医疗补助是美国最主要的医疗福利服务项目。医疗照顾的对象是参加社会保险的残疾人。医疗照顾包括住院保险和补充医疗保险。按照规定,凡参加残疾人社会保险的企业和个人,必须同时参加住院保险,保费分别由雇主和雇员按照一定的税率平均负担,国家以税收的形式强制征收。税款入库后划入联邦住院保险信托基金,用于支付参保者的全部医疗费及管理费用。残疾人也可在自愿的基础上通过每月支付保险费参加补充医疗保险。补充医疗保险的资金来源与住院保险一样,由信托基金提供。保险费率每年都要调整。补充医疗保险提供的医疗保健项目有:外科手术服务、精神病人护理、农村诊所医疗等。医疗福利的另一个项目是医疗补助,其对象是那些低收入和缺少生活来源的人群,作为特殊的受保护人员的残疾人还可以按规定接受定向的医疗补助。医疗保障项目的管理机构是医疗保障资金管理局,它的主要职责是促进医疗照顾计划和医疗补助计划的实施。同时,美国在残疾人的职业康复服务以及医疗康复服务方面加大了非政府力量的投入,形成了联邦政府与地方政府的分权以及政府与私人组织和志愿机构之间互动互补的格局。美国国会于1973年通过了《残疾人康复法》,强调对重度残疾人进行康复治疗,以联邦康复服务署为法定主管机关,地方政府则设立职业康复机构具体执行康复计划,中央政府提供80%的经费。社会工作者的加入以及与社会福利服务工作人员的密切配合,大大提高了对残疾人服务的质量。在美国,以残疾人为对象的医疗服务一般都由普通医院或护理机构提供,或由保健局或护理机关提供护理人员,美国的"访问护士制度"成为这个国家向残疾人提供福利服务的主要支柱。对于精神病患者的政策,美国从过去的隔离保护走向社区护理,形成由社区卫生中心、州立精神医院、康复中心等机构协作进行的精神残疾人救助网络,现在分布点很广的以精神残疾人为对象的美国精神卫生中心,已经在精神残疾人的治疗和恢复方面发挥了卓著的作用。

第四,工人补偿服务。这项补偿计划最早制订于1808年,其后经过多次修订而不断得到完善。工人补偿服务的内容是向那些因公负伤的工人提供货币补助和医疗照顾。支付暂时伤残、永久性残、永久性半残和死亡职工家属补偿金的计算方法,通常是以事故发生时期职工每周收入额的一定比例为依据,一般补偿额为其收入的1/2。在获得工人补偿服务的人员中,占比例最大的是暂时性伤残的职工。工人补偿服务项目的另一个重要内容是向伤残人员提供必要的医疗保障,其中包括急救处理、手术及修复术、医疗及护理、药品费用等等。

第五,暂时伤残保险服务。暂时伤残保险服务是由美国部分州实行的一项保障项目,它主要是向那些因非公事故伤残而导致工资损失的职工提供的补助金,由于享受这种补助的时间有一定的条件限制,因而称为暂时伤残保险。根据各州的规定,享受暂时伤残保险的职工必须缴纳保险费,有些州还规定雇主也必须为职工投保,政府一般不对此项目进行资助。与失业保险金一样,暂时伤残保险金的支付也是以周为计算单位,其支付标准以伤残者在就业期间的收入水平为参考依据。暂时伤残保险不是由美国政府统一管理,而是由联邦政府授权委托各州来执行这个项目。

第六,军人残疾补贴服务。在美国,联邦政府为现役军人和退伍军人提供残疾补贴,由联邦退伍军人事务机构负责具体管理。军人残疾补贴包括两类:一是为服役期间因伤残而丧失工作能力的退伍军人提供的补助,或为服役期间死亡的军人家属提供的生活津贴。享受服役期伤残补助待遇的退伍军人,政府对其补贴金的支付是无条件的,即不考虑此人其他收入的状况。军人残疾补贴以月为支付单位,其金额视伤残程度而定。二是为非服役期间伤残人员提供的补贴。依据1992年的规定,补贴金的发放标准为每月634—1212美元之间不等。①

(四)日本模式

日本的残疾人社会福利服务具有扶助主导的特点,即国家与地方公共团体通过多层次的立法保障来实施救济、保护、预防等援助,使残疾人能拥有较好的生活。同时,要求社会为所有残疾人提供参与社会各个领域活动的机会,帮助残疾人克服自身的障碍,积极融入社会。日本残疾人福利服务的基本立场是以扶助为主要方式,为减少残疾人在生活上的困难提供更多的方便。在日本设有《残疾人手册》,残疾人凭借手册可以获得公共交通

---

① Brent, K. "Social security disability insurance: applications awards, and lifetime income flows"[J]. *Journal of Labor Economics*, 1999, (4). p. 785.

费、电讯使用费、航空费的折扣或减免,同时还有残疾人免交所得税和居民税的优惠规定,在很多公共服务上享受减额照顾。2003 年,日本又执行了支援费制度,为残疾人参与社会生活提供服务和特别扶助,对残疾人发放年金(退休金),对同时有重度残疾人的家庭发放特别福利津贴,保证他们的生活水平。① 现在,日本很重视残疾人的"正常化",通过社区、家庭以及学校等方面的合作,推动残疾人参与社会事务。

日本的残疾人社会福利服务项目主要包括四个方面:一是基本生活服务。各地设立有残疾人福利之家,对因身体上的障碍不能在家进行日常生活的残疾人,以低廉的费用提供适合日常生活的居室及其他设备,并提供日常生活所必需的便利。二是教育就业服务。中央与地方成立了国立残疾人职业复健中心,中心内设职业教育、职业训练和就业指导与研究等部门。针对残疾人的各种就业需求,综合性地进行技能训练,提高其文化水平,促进其就业,为残疾人融入社会提供方便。三是更生(康复)服务,包括更生医疗的给付、辅助器具的制造与发放、残疾人更生设施建设等。实施的对象是持有残疾人证并被残疾人更生咨询所认定为需要医疗的人,由指定的更生医疗机构进行。四是无障碍环境服务。日本政府制定奖励措施,采用补助金、减免税、低利融资等奖励办法来促进无障碍建设。1996 年,日本建立住宅金融公库,由国家建设省掌握使用,为的是促使房地产商考虑无障碍设施建设,凡是符合政府"节能和适合老年人居住"这两个条件的,就能获得国家的低息贷款。日本人把这种奖励措施称为"爱心奖励法",认为这种做法比美国采用惩罚措施的方式层次要高。在政府的有力推动下,日本的无障碍设施建设非常系统和完善。日本东京、横滨在住宅、道路交通、公用设施中的无障碍建设方面,考虑周到,设施完备。公共交通的无障碍建设与改造也是力求系统化:所有路口全部坡化;主要路段人行横道口都装有盲人过街音响指示器;公用设施内轮椅可以通达所有地方;所有地铁站都装有升降机,并有带盲文的按钮;每列地铁列车都有专门车厢设有轮椅席位;盲道从地面一直铺到地铁站台。

---

① 参见郭士征:《社会保障研究》,上海财经大学出版社 2005 年版,第 248 页。

日本残疾人社会福利服务的机构主要有四类:一是福利事务所。设有社会福利主事和残疾人福利员,专门从事残疾人实际情况的调查、福利咨询和服务指导,负责发放残疾人证件,通过福利服务措施使残疾人入住福利设施。二是残疾人更生咨询所。根据《残疾人福利法》,由都、道、府、县设置残疾人更生咨询所,为残疾人的更生提供咨询和方便,并对残疾人的更生情况进行判断。三是儿童咨询所。对不满 18 岁的残疾儿童提供各种咨询、判定、指导及各种福利服务措施。四是协作机构。根据《残疾人福利法》的规定,民生委员会要协助各有关机构工作。各地区设有残疾人咨询员,他们接受委托对残疾人的咨询进行必要援助。医疗保健机构和公共职业安定所对实施援助的机构所介绍来的残疾人要协助其更生。

(五)几点启示

从以上四种基本模式分析中可以看出,发达国家残疾人社会福利的实践逻辑建构于世界经济的发展进程中,更重构于各个国家的社会发展中。它整体上秉承了一般社会福利制度的发展特点,同时也呈现出各国特有的路径依赖。这无疑为我国残疾人社会福利的发展提供了诸多有益的启示:

(1)树立社会参与与权利保障的残疾人社会福利观。近现代西方国家的福利制度基本上是为了弥补"市场的缺陷"而向公平靠拢的制度安排,它们出于对过去历史的深刻反思和出于战后大众对社会和平稳定发展的强烈愿望,结合了大量的社会主义改良的思想,加强了社会分配,增加了社会福利,不仅让资本主义更加人性化,更让资本主义制度得到社会主义思潮的改良和洗涤,让社会保持稳健的、长时间的发展成为可能。特别是他们关于社会福利目标从救济式的"医疗模式"到消除社会排斥的"社会模式"的转变,给我们以新的启示。

(2)坚持社会合作、责任共担的多元主义发展取向。为应对资本主义经济危机和政府"失灵"现象,发达国家开始倡导福利多元主义,要求减少政府在社会福利直接供给中的角色,即政府不再是唯一的福利提供者,福利服务可由公共部门、营利组织、非营利组织、家庭与社区四个方面共同负担,以此来提升福利的供给效率。事实上,现代西方国家的残疾人社会福利服务都出现了社会化运作的趋向,尽管其资源来源一般仍以政府为主,残疾人社会福利服务的实施主体越来越多地由专业性的社区服务机构与社会工作人员来承担,而不是由政府直接来承担。

(3)以完善的法律规范来推动残疾人社会福利的发展。在欧美发达国家,由于其优良的宪政传统和法治文化,各国都建立了制度化的残疾人社会福利保障体系,使残疾人的社会福利保障有法可依,与残疾人有关的任何一项制度的建立和改革,都以相关法律的制定和修正为先导,这已成为一种国际惯例。从总体上看,发达国家经过多年的发展,具有整体性、系统性和权威性的残疾人社会福利制度体系已经建立起来,这对于保障残疾人的基本生活权益与社会发展权利,促进经济社会发展与政治稳定起到了重要的推动作用。

(4)从国情出发,注重模式选择的科学性与合理性。在漫长的发展演变中,发达国家根据自身社会结构与文化特性,建立了周延合理的残疾人社会福利模式。但无论是哪种模式,其残疾人福利制度的设计思路都是立足不同阶段基本国情的现实政策选择,都为我国残疾人社会福利制度的设计提供了有益参考。鉴于资源短缺与文化范式的相似性,日本的统分模式更值得我们大胆学习和理性借鉴。我们应积极挖掘各国模式的基本经验,整合各种模式的合理内核,从中国国情出发,重构一个可持续发展的社会福利制度框架。

四、构建我国残疾人社会福利服务体系的基本路径

当前,推进我国残疾人社会福利事业的发展,必须针对目前我国残疾人社会福利服务存在的现实问题,充分认识推进我国残疾人社会福利服务发展的必要性,逐步构建残疾人社会福利服务体系,切实维护残疾人的合法权益。应始终以残疾人的最根本利益为出发点和落脚点,秉承公共性、基础性、实效性和可行性等服务属性,坚持政府主导、社会参与等基本原则,科学确立与国情相适应的残疾人社会福利服务发展战略,逐步构建城乡服务一体化、服务主体多元化、服务形式多样化、服务模式本土化、服务队伍专业化

的有中国特色的残疾人社会福利服务体系,推进残疾人社会福利服务的可持续发展,逐步提升残疾人的社会福利服务水平,依法保障残疾人的基本生活权和社会发展权。具体而言,构建残疾人社会福利服务体系应从以下几方面入手:

(一)逐步推进残疾人社会福利服务的理念变革

理念是行为的先导,构建残疾人社会福利服务体系必须从理念变革开始。一方面,要以权利保障为宗旨,确立残疾人本位的核心服务理念。在现代公共管理的范式中,公民不仅是国家的主人,也应是公共管理的重要行为主体,公民权在公共行政过程中占据着核心地位。这就要求构建残疾人社会福利服务体系必须从依法保障残疾人的基本权益出发,赋予残疾人在社会福利服务中的主体地位,树立一切服务为了残疾人、服务为了一切残疾人的残疾人社会福利服务意识。另一方面,要牢固树立服务型政府意识。服务型政府的本质,就是要将公民本位的服务理念作为一种行政文化注入政府的公共行政过程中,推动公共治理理念与主导价值由政府本位到公民本位的深层次转换,并在此基础上完成政府治理模式的战略转型。而落实到残疾人社会福利服务体系的构建上,就是要建设服务型政府,推动与残疾人社会福利服务相关的公共部门全方位、系统性地深化服务理念变革,强调管理就是服务,寓管理于服务之中,让由残疾人群体意志主导的社会福利服务最终成为与残疾人社会福利服务相关的公共部门改革和发展的方向。树立服务型政府意识,还必须加强对公务员的行政伦理教育和服务伦理教育,培养公务人员的公仆意识、自律能力和主动服务意识,引导公务人员树立正确的行政理念,推动公务人员实现由管理者向服务者的角色意识转变,力求做到"向残疾人致敬,为残疾人服务,请残疾人评判,让残疾人满意"。同时,还要树立制度化、市场化与专业化的理念,促使残疾人社会福利服务由人治模式下的随机性、零碎性服务向法制模式下的长效机制转型,由行政化单一供给模式向市场化的多元供给模式转型,由业余关照式服务向科学化、专业化、标准化的服务范式转型。

(二)发展政府、非营利组织与市场合作协商的服务供给模式,推进残疾人社会福利服务主体的多元化

残疾人社会福利服务领域宽泛,对象众多,形式多样,仅靠国家是难以包办的,必须以政府为主导,积极引导非营利组织与市场的协作参与,推进残疾人社会福利服务主体的多元化。就政府而言,应明确政府责任,建立国家对残疾人社会福利服务的基本供给制度。从公共行政的角度分析,公共管理与社会福利服务是政府的两大基本职能。而且由于社会福利服务属于特殊的公共产品,具有不同于私人服务的效用不可分割性、消费非竞争性和受益非排他性三大特性,这就决定了现代意义上的社会福利服务自诞生之日起就是由政府所主导。残疾人作为特定的弱势群体,为其提供基本生活服务与社会发展服务、保障其基本权益,更是政府的基本责任。应该明确政府对残疾人社会福利服务的主体责任,逐步建立政府对残疾人社会福利服务的基本供给制度。政府对残疾人社会福利服务的职责主要在于制定社会福利服务政策,供给基本社会福利服务,监管社会福利服务市场,规范社会福利服务行为,推动社会福利服务发展。当务之急,一是与国家经济社会发展相适应,在国家社会福利服务总体框架中,制定国家残疾人社会福利服务发展规划,确定国家层面的残疾人社会福利服务发展战略与基本目标,作为指导残疾人社会福利服务事业发展的基本制度安排。地方各级党委、政府要高度重视残疾人社会福利服务建设,因地制宜制定地方各级残疾人社会福利服务体系建设规划。考虑到老年人高龄致残现象日渐凸显的发展趋向,残疾人社会福利服务体系建设规划应与老龄化社会的发展要求相适应,与养老社会福利服务相契合,共同列入政府社会福利服务体系的重要子系统,保证残疾人社会福利服务的发展方向。二是以制度激励与财政引导相结合,切实保证残疾人基本社会福利服务的供给。大力推进残疾人社会福利服务类的法规的建设,研究制定促进残疾人服务业发展的政策,构建发展残疾人社会福利服务的长效机制。建立稳定的残疾人社会福利服务建设经费保障机制,以加大公共财政用于残疾人事业的投入来推动残疾人社会救助、社会福利、医疗康复、教育就业、辅具服务和无障碍环境等项基本社会福利服务的发展。三是建立和完善残疾人服务机构的行业标准、服务规范和

社会福利服务评价体系,推进残疾人社会福利服务的人性化、科学化与规范化建设。同时,要加强对残疾人服务机构的培育扶持和规范管理,充分发挥其在残疾人社会福利服务行业中的示范引导作用。民间组织是残疾人社会福利服务的重要参与主体。在市场经济条件下,民间组织主要依靠公益性、志愿性和非营利性的特点,发挥自我组织、自我服务和行业自律的作用,提供政府和市场提供不了或提供不好的社会福利服务,以满足残疾人日益多元化和个性化的社会福利服务需要。应注重培育发展草根性的社区组织、志愿者组织,组织引导志愿者和社会工作者队伍参与残疾人社会福利服务;同时要积极动员社会力量,积聚社会资本,整合社会资源,引导民间资本投入残疾人社会福利服务建设。就市场而言,市场既是残疾人社会福利服务供给的基本主体,也是残疾人社会福利服务的活力所在,必须推动残疾人社会福利服务的市场化。要以残疾人的社会福利服务偏好为依据,大力培育和发展面向残疾人社会福利服务的各类市场组织,鼓励各类组织和个人以公办民营、民办公助、政府资助、财政补贴等多种方式积极开展面向残疾人的专门性服务。残疾人社会福利服务应放宽对社会福利服务供给领域准入标准的限制,面向民营企业,引入服务竞争机制,通过市场竞争打破政府垄断,形成多元供给主体共同参与的良性竞争格局,以实现社会福利服务资源的合理配置,逐步提高残疾人社会福利服务的效率和水平。

（三）坚持以人为本,逐步构建以需求为导向的残疾人社会福利服务体系

在残疾人社会福利服务体系的构建中,坚持以人为本,就是要坚持以残疾人为本,即残疾人社会福利服务要以残疾人的基本生活需求和社会发展需求为导向,坚持服务为了残疾人、服务依靠残疾人、服务产品由残疾人共享。一般而言,残疾人的需求是多方面、多层次的,既包括衣食住行需求、医疗康复需求等个体需求与基本需求,也包括教育需求、就业需求、心理需求、体育需求、政治需求和文化精神需求等社会参与与社会发展需求。与之相对应,残疾人社会福利服务体系的内容既包括生活救助服务、医疗康复服务、交通服务等基本生活服务,也包括教育服务、就业服务、文化服务、政治参与服务等社会发展服务。基本生活问题是残疾人生存与发展的首要问题,基本生活服务是残疾人社会福利服务的基础和主体。针对当前残疾人基本生活服务供给不足的实情,首先要从保障残疾人的基本生活权益出发,以社会救助服务、社会福利服务、医疗康复服务、就业服务、交通服务为主体,构建残疾人的衣、食、住、行等项基本生活服务网络,夯实残疾人社会福利服务的基础,促使残疾人逐步达到全社会的基本生活水平,切实保障残疾人的基本生活权益。其次,在此基础上,逐步发展教育服务、就业服务、文化服务、政治参与服务等社会发展服务,逐步推进残疾人社会福利服务由生存型向社会发展型的转变。特别是随着我国政治民主化建设的推进,要高度重视残疾人的政治参与问题,为残疾人的利益表达和参与社会治理提供切实有效的制度安排,保证残疾人共享我国民主发展的成果。再次,要大力促进残疾人对于构建社会福利服务体系的参与。一方面,要尊重残疾人对残疾人社会福利服务相关事务的知情权、参与权、表达权和监督权,设计合理的制度安排,完善残疾人参与社会福利服务的有效途径,构建残疾人利益表达与政府回应的互动机制,逐步建成信息时代的高效、便捷、透明的残疾人参与网络,保证残疾人对于社会福利服务体系构建中有关服务内容、服务项目、服务方式等公共决策的参与,实现残疾人社会福利服务的民主性、针对性、可行性和实效性。另一方面,在残疾人社会福利服务的供给中,大力发挥残疾人的服务潜能,发展"增能"型服务。应注重发挥残疾人对于社会福利服务的主体参与作用,努力提升其服务的参与能力,积极引导残疾人从服务客体转变为服务权益主体,逐步消除残疾人对于社会福利服务的被动感、疏离感与无助感。最后,要逐步推进个性化服务。不同残疾个体的社会福利服务需求因年龄、残疾类别、残疾程度和发展阶段的不同而各异,应坚持因时制宜、因地制宜和因人制宜,注重推进贴近不同残疾类别群体的针对性服务,逐步实施个性化服务,努力满足不同时期、不同地区、不同残疾人的社会福利服务需求。

(四)注重公平优先,促进残疾人社会福利服务的均等化

构建残疾人社会福利服务体系,应该从公平公正出发,促进残疾人社会福利服务的均等化,保证残疾人平等享受社会福利服务的发展成果。一般而言,残疾人社会福利服务的均等化应包括三个方面:一是城乡之间残疾人

社会福利服务的均等化;二是残疾人社会福利服务与健全人社会福利服务的均等化;三是重点残疾人与一般残疾人社会福利服务的均等化。在推进城乡残疾人社会福利服务的均等化方面,应将残疾人社会福利服务纳入城乡统筹发展的范畴,逐步缩小残疾人社会福利服务的城乡差距,构建城乡一体化的残疾人社会福利服务体系,实现城乡残疾人社会福利服务的有效对接。根据我国残疾人社会福利服务的现有基础与发展需求,在城市,可以以切实保障基本生活、逐步扩大社会参与和适度促进社会发展相结合作为残疾人社会福利服务发展的方向。城市残疾人社会福利服务的基本框架可以以市区为支撑、以街道为依托、以社区为基础,完善残疾人的衣、食、住、行等项基本生活服务,逐步加强残疾人社会福利、教育就业、精神文化、政治参与等项发展型服务,努力健全城市残疾人的社会福利服务网络。各地在继续发展城镇残疾人社会福利服务的同时,应高度重视构建农村残疾人社会福利服务网络。在农村,应坚持打好基础、消除空白和量力而行的原则,建立以县残疾人社会福利服务中心为龙头、以乡镇残疾人服务站为主体、以村残疾人服务员为基础的乡村残疾人社会福利服务网络。县残疾人社会福利服务中心可在现有康复服务中心的基础上改建;乡镇残疾人服务站可依托现有敬老院或社会福利中心建立;村残疾人服务员可通过政府购买公益岗位的形式招聘。为弥补公共财政的不足,可以采取县乡政府、村集体和残疾人家庭按比例分担的办法来解决村残疾人服务员的服务收费问题,亦可采取提供重残人员津贴的形式予以社会福利服务的资助。要充分考虑残疾人的实际需求,发展农村残疾人康复医疗;增加农村残疾儿童的教育补贴,提高农村残疾儿童的入学率;逐步推进农村体育文化等公共设施和无障碍环境建设,丰富其精神文化生活。同时,要注重做好农村的残疾预防工作,提高公众的残疾预防意识,减少残疾发生率。在残疾人社会福利服务与健全人社会福利服务的均等化方面,首先要倡导全社会共同关注残疾人社会福利服务的意识,形成全社会理解、尊重、关心和帮助残疾人的基本氛围,为残疾人平等参与社会福利服务创造良好的环境,在基本生活、康复医疗、教育就业、社会参与和维权等方面,为残疾人提供实实在在的帮助,从而实现残疾人事业与经济社会的协调发展。其次要加大对残疾人社会福利服务的投

入,实现残疾人社会福利服务与整体社会福利服务网络的对接。要把残疾
人服务网络放在国家社会福利服务体系建设的大背景下规划发展,全面促
进社会福利服务体系和残疾人专门社会福利服务网络的无缝对接。既要充
分发挥社会福利服务机构的主体优势,促进残疾人与健全人的资源共享,又
要大力推进针对残疾人的专业化服务,将其列入城乡公益性建设项目规划,
纳入政府推动社区建设、基层卫生服务和社会工作人才队伍建设的具体安
排,逐步发展多层次、多元化、多向度的专业服务项目,从而使残疾人的社会
福利服务项目与健全人的社会福利服务项目相得益彰,切实提升残疾人社
会福利服务的普惠性和实效性。在推进重点残疾人与一般残疾人社会福利
服务的均等化方面,主要是逐步扩大有关重度残疾人社会福利服务优惠政
策的覆盖面,使针对重度残疾人的服务逐步向一般残疾人延伸,从而提升残
疾人群体的整体社会福利服务水平。

(五)立足基层,大力发展残疾人社区福利服务

社区是残疾人的安身之所,是残疾人生存与发展的基本依托。我国
8300多万名残疾人都生活在城乡社区,他们不仅在日常起居、康复医疗、教
育就业、最低生活保障等方面需要得到社区的扶持和帮助,同时在参与社会
生活、行使民主权利、展现自身价值等方面,更要通过社区来实现,因而残疾
人社会福利服务与社区密不可分。社区残疾人社会福利服务作为和谐社区
建设的重要组成部分,是我国社会福利服务事业的新发展。推进社区残疾
人社会福利服务,为残疾人提供切实有效的扶持和帮助,对于提高残疾人的
生活质量、促进残疾人平等参与社会事务,具有十分重要的意义。残疾人社
会福利服务建设应该坚持社区化的工作方向,充分利用社区资源,为残疾人
提供就近便利的服务。一是建设社区残疾人社会福利服务网络,夯实残疾
人社会福利服务的基础。我国城市社区服务以居委会、小区为依托展开,农
村社区服务以村、镇为依托展开,具有明显的地域性特征。① 应根据社区的

---

① 参见张雪筠、王怡:《浅析社区残疾人公共服务体系的建构与发展》,《社会工作》2009
年第6期(下)。

地域性特征,立足于残疾人在社区内所能满足的社会福利服务需求,有针对性地规划残疾人社区服务的基本项目,依托社区组织推进残疾人社会福利服务网点建设,在社区内逐步建立融康复、就业、教育、文娱体育、生活福利于一体的微型残疾人社会福利服务网络。二是针对残疾人需求的多样性特点,逐步拓展残疾人社会福利服务的范畴,丰富服务内容,促进残疾人的社区融合。残疾人社区社会福利服务的内容主要有生活照料、医疗康复、社会救助、就业培训、文化娱乐和社区无障碍环境建设等方面。现阶段社区残疾人社会福利服务应注重落实包括城市最低生活保障制度在内的各项社会救助政策,保障残疾人的基本生活;以家庭为基础,开展残疾人社区康复;为重度残疾人、智力残疾人、精神残疾人、老年残疾人等提供日间照料、居家照顾、康复训练等项服务,推进残疾人社会福利服务向纵深发展;积极开展心理辅导、文化娱乐、体育健身等服务项目,培养残疾人积极向上的生活情趣,活跃残疾人的精神文化生活;加快社区社会福利服务场所和无障碍设施建设改造,建设社区无障碍环境,方便残疾人参与社会生活;建立以社区为基础的残疾预防制度,完善残疾人信息通报机制。三是依托村委会、居委会等城乡社区自治组织,建立由志愿者和专业工作者相结合的残疾人社区服务队伍。依托社区残疾人协会,大力发展社区非营利组织,引导非营利组织组织志愿者积极开展残疾人社会福利服务,充分发挥非营利组织在残疾人社会福利服务中的促进作用。同时,还应以社会工作者为主体,逐步发展职业化的社区残疾人社会福利服务,推进残疾人社会福利服务的专业化和规范化。

本章主要参考文献

1. 陈新民:《残疾人权益保障——国际立法与实践》,华夏出版社 2003 年版。

2. 彭华民等:《西方社会福利理论前沿》,中国社会出版社 2009 年版。

3. 易松国:《社会福利社会化的理论与实践》,中国社会科学出版社

2006 年版

4. 陈银娥主编:《社会福利》,中国人民大学出版社 2004 年版。

5.《中共中央、国务院关于促进残疾人事业发展的意见》,《人民日报》2008 年 4 月 24 日。

6. 王齐彦、谈志林:《残疾人社会保障研究》,《中国人民大学报刊复印资料》(社会保障研究)2006 年第 11 期。

7. 赵行良:《中国残疾人社会保障问题初探》,《华中师范大学学报》1995 年第 2 期。

8. 李莉、邓猛:《近现代西方残疾人社会福利保障的价值理念及实践启示》,《中国特殊教育》2007 年第 6 期。

9. 潘跃:《改革开放进程中,残疾人事业取得了举世瞩目的历史性成就》,《人民日报》2008 年 11 月 12 日。

10. 中国残联"两建办"调研组:《湖北残疾人社会保障体系和服务体系建设调研报告》(内部资料)。

第四章　儿童社会福利建设研究

儿童社会福利事业状况既是衡量现代国家发展与政治制度框架设计是否科学、合理的重要内容，又是衡量社会文明与社会现代化程度的最佳指标。随着我国社会的转型，如何推进儿童福利的整体水平，建立与我国经济、社会发展水平相适应的儿童福利制度体系，成为当前我国儿童福利事业建设的重要内容。

总体上来看，儿童福利是一个非常复杂的概念。首先，儿童福利是一种社会机制，它包含的内容有：在儿童福利服务推行过程中，政府和各类社会服务机构及自愿组织之间，如何进行资源的协调、整合，如何规范服务输送程序，如何安排服务衔接，以及儿童福利制度的完善，社会自身在儿童福利服务推行中的机制建设等。其次，儿童福利是一种社会理念，它包含的内容有：在儿童服务领域所体现出的社会公正、平等、公平等社会意识，尊重儿童作为一个完整的成长个体，其发展过程中所具有的个体能动性、主动性，社会文化中所持有的儿童观，以及成人社会和政府在维护儿童社会权利和尊严中所应承等的责任、策略等。再次，儿童福利是一项重要的社会政策，它是国家社会福利的重要内容，也是社会福利在儿童这个特殊群体中的体现，它通过社会政策和立法的方式对儿童需求加以满足，对儿童权利进行保障，为儿童发展提供支持与保护。在 1959 年通过的联合国《儿童权利宣言》中指出："凡是以促进儿童身心健康全面发展与正常生活为目的的各种努力、事业及制度等均称之为儿童福利。"美国儿童福利联盟认为："儿童福利是社会福利中特别以儿童为对象，提供在家庭中或其他社会机构无法满足需求的一种服务。"最后，儿童福利是一种社会福利行动，表现为：它是将儿童福利政策、价值伦理里转化为具体的儿童福利服务的过程,在这一过程中,家庭、社区、社会组织共同行动,通过专业化的服务为所有的儿童,特别是处于困难境地的儿童提供服务;或是通过对儿童家庭提供支持性的建设;或通过对社区提供儿童发展项目建设来满足社区内儿童的服务需求;或是通过建立专业性的社会服务组织,专门面向儿童提供的各种服务,使儿童的成长环境得到改善,并为其成长提供必要支持。

　　儿童福利有广义和狭义之分。从广义而言,儿童福利的目的是针对全体儿童的普遍需求,设计各种方式,促进儿童生理、心理和社会潜能的最佳发展,以符合社会需要。从狭义而言,儿童福利的服务对象则是指那些遭遇各种不幸情境的儿童或者家庭,如孤儿、残障儿童、贫困儿童、被虐待或者被忽视的儿童、行为偏差或情绪困扰的儿童等,针对个别问题需要给予救助、保护、校正、辅导或者采取收养等措施,以有效改善其处境或解决其面临的问题。

一、我国儿童社会福利体系的建设

(一)儿童福利政策法规体系的建设

　　作为社会福利制度体系中的重要内容,我国儿童福利制度的发展与我国不同历史阶段的社会经济、文化背景紧密联系。在新中国建立后,我国儿童福利制度建设的重点主要集中于儿童的生存与保护问题上,制度涉及面较窄。改革开放以来,随着我国经济发展模式与社会发展模式的转型,在国家公共政策、社会福利政策的不断完善和发展过程中,逐步形成了由国际儿童公约、条例;全国人大法律、法规;中央政府的规章、条例;地方政府的法规、政策;各类儿童服务组织内部管理条例共五个层级的儿童福利制度体系。与此同时,我国儿童福利制度建设的内涵不断得到丰富,其所涉及的领域不断拓宽,并在教育、卫生、医疗、劳动保障等政策体系中得到体现。

　　在参与国际儿童保护公约方面,中国政府积极参与《国际儿童权利公约》的起草工作,并于1990年8月签署,于1992年3月向联合国递交批准书,该公约于1992年4月对中国生效。2000年9月,中国签署了《关于贩卖儿童、儿童卖淫和儿童色情的儿童权利公约任择议定书》。2001 年 3 月，中国签署了《禁止使用童军议定书》。

在国家法律、法规层面，我国先后颁布了一系列的法律法规，形成了以《中华人民共和国宪法》为基础，以《中华人民共和国未成年人保护法》、《中华人民共和国婚姻法》、《中华人民共和国残疾人保障法》、《中华人民共和国收养法》、《中华人民共和国义务教育法》、《中华人民共和国母婴保健法》、《中华人民共和国预防未成年人犯罪法》等为主体的法律法规体系。尤其是《中华人民共和国未成年人保护法》中，对未成年人享有的生存权、发展权作出明确规定："对孤儿、无法查明其父母或者其他监护人的以及其他生活无着的未成年人，由民政部门设立的儿童福利机构收留抚养。"20 世纪 90 年代前后，国家先后制定了《中华人民共和国民法通则》(1986 年 4 月 12 日第六届全国人民代表大会第四次会议通过，1986 年 4 月 12 日中华人民共和国主席令第三十七号公布，自 1987 年 1 月 1 日起施行)、《中华人民共和国残疾人保障法》(1990 年 12 月 28 日第七届全国人民代表大会常务委员第十七次会议通过，2008 年 4 月 24 日第十一届全国人民代表大会常务委员会第二次会议修订)、《中华人民共和国收养法》(1991 年 12 月 29 日第七届全国人民代表大会常务委员会第二十三次会议通过，根据 1998 年 11 月 4 日第九届全国人民代表大会常务委员会第五次会议通过的《关于修改（中华人民共和国收养法）的决定》修正)、《中华人民共和国未成年人保护法》(1991 年 9 月 4 日第七届全国人民代表大会常务委员会第二十一次会议通过，2006 年 12 月 29 日第十届全国人民代表大会常务委员会第二十五次会议修订，自 2007 年 6 月 1 日起施行)等保障孤残儿童基本权利的法律。

在中央政府和相关职能部门的规范、条例方面，1992 年，我国政府从中国国情出发，参照联合国《儿童权利公约》，发布了《九十年代中国儿童发展规划纲要》，这是我国第一部以儿童为主体、以促进儿童发展为目标的国家行动计划；2001 年，我国出台了《中国儿童发展纲要（2001—2010）》；1997 年，民政部、财政部等 6 部委联合下发了《关于进一步发展孤残儿童福利事业的通知》；1999 年，民政部制定了《社会福利机构管理暂行办法》；2001 年，民政部制定了《儿童社会福利机构基本规范》；2003 年，民政部出台了

《家庭寄养管理暂行办法》;2004 年,民政部和教育部联合发布了《关于进一步做好城乡特殊困难未成年人教育救助工作的通知》;2006 年,民政部联合15 个部门印发了《关于加强孤儿救助工作的意见》;2007 年,民政部起草的《孤残儿童护理员国家职业标准》与劳动和社会保障部共同颁布。这些法规、标准的颁布实施,从制度上有力保障了儿童福利事业的健康发展(见表4-1)。

表 4-1　《中国儿童发展纲要(2001—2010 年)》主要目标

儿童发展主要领域	主要目标
儿童与健康	提高出生人口素质
	保障孕产妇安全分娩
	降低婴儿和 5 岁以下儿童死亡率
	提高儿童营养水平,增强儿童体质
	加强儿童卫生保健教育
儿童与教育	全面普及九年义务教育,保障所有儿童受教育的权利
	适龄儿童基本能接受学前教育
	有步骤地普及高中阶段教育
	提高教育质量和效益
	提高家庭教育水平
儿童与法律保护	依法保障儿童生存权、发展权、受保护权和参与权
	依法打击侵害儿童合法权益的违法犯罪行为
	预防和控制未成年人犯罪
	在诉讼中依法维护未成年人的合法权益
	建立法律援助机构,为儿童提供法律援助
儿童与环境	改善儿童生存的自然环境
	优化儿童发展的社会环境
	保护处于困境中的儿童

(二)儿童福利行政体系建设

儿童福利行政体系方面的建设,主要是指政府机关或公共团体促进儿童身心健全发展与正常生活、实现儿童福利的推行过程。一般包括四个方面的内容:行政组织、人事行政、财务行政和行政方法。就儿童福利行政组织方面看,我国目前还没有设立专门负责全国儿童福利规划、管理、指导的职能部门,但在长期的儿童福利建设过程中,形成了一个从政府到社会、面向儿童服务的行政系列框架。1990 年,国务院妇女儿童工作协调委员会正式成立,成为国务院负责妇女儿童工作的协调议事机构。1993 年 8 月 4 日,国务院妇女儿童工作协调委员会更名为国务院妇女儿童工作委员会,负责协调和推动政府有关部门执行妇女儿童的各项法律法规和政策措施,发展妇女儿童事业。

中央政府各相关职能部门也设立了儿童工作部门,负责不同领域的儿童福利事务。民政部社会福利和社会事务司作为具体负责孤残儿童的社会福利和流浪儿童救助保护工作的主要职能部门,为孤残儿童的健康幸福成长提供保障,对残疾儿童实施医疗康复,对孤残学龄儿童因材施教,对流浪儿童提供健康检查、医疗、衣物、食品、住所、非正规教育、心理咨询和行为偏差矫治等方面的服务。教育部基础教育司负责儿童的幼儿园教育、义务教育、特殊儿童教育等方面的事务,同时由民政部门主管的儿童福利机构还为社区中的残疾儿童及其家庭提供生活照料、康复训练和专业培训等方面的服务,形成了为孤残儿童的发展提供支持和帮助的一整套照料体系和服务模式。卫生部妇幼保健司负责幼儿计划免疫及相关卫生保健工作。

此外,全国青年联合会和共青团组织设有少年部,专门负责全国少年儿童的教育培养以及校内外面向儿童的工作;妇女联合会组织设有儿童部,负责以家庭教育为中心对儿童养育的指导工作,担负起教育和保护少年儿童的职责;各省市设有未成年人保护委员会,依法保护未成年人的合法权益,为儿童提供法律的、社会的帮助。

(三)儿童福利服务项目建设

从广义上来看,儿童福利服务的范围和内容十分丰富,国际社会将儿童福利服务的内容一般分为支持性、补充性和替代性三类。支持性儿童福利服务包括儿童家庭福利服务、儿童保护服务、未婚妈妈及其子女的服务和儿童心理卫生咨询服务;补充性儿童福利服务包括儿童家庭补助、家务服务和托育服务；替代性儿童福利服务包括寄养服务、收养服务和儿童教养机构的服务，其中涉及孤残儿童养护、托育服务、机构教养、儿童保护、困境家庭服务以及对残疾儿童和行为偏差儿童的矫正服务等全面服务。

1. 普遍的儿童福利服务

普遍的儿童福利服务是指面向全体儿童所提供的服务，它是保障全体儿童养育、照顾、教育、医疗、参与和发展的最基本需求的制度安排和社会机制建设。就目前来看，我国面向全体儿童的福利服务主要涉及医疗卫生服务、教育服务、社会保护服务、司法保护服务四个方面。

医疗卫生服务包括出生缺陷干预与围产保健、母婴保健及妇幼保健、全国儿童免疫接种计划等方面的内容，目前我国在各地县以上地区普遍开设了母婴医院或爱婴医院，并普遍建立了孕产期和围产期保健制度和档案，对0—14岁儿童实施国家免疫措施；教育服务包括托幼服务、义务教育服务、学校健康安全保护服务等方面的内容，我国自2007年实行"两免一补"的教育政策，免除义务教育期间的学费和书本费，同时在《中华人民共和国未成年人保护法》中规定，学校必须实施素质教育、关爱并尊重儿童、开展成长教育，并与儿童的监护人一起，保障儿童的健康与安全；社会保护服务包括维护儿童的生存权、发展权、受保护权及参与权等方面的内容，强调为儿童创造良好的社会文化环境和生活环境，并为部分未成年人提供职业教育等服务；司法保护服务包括用法律的手段保护儿童的各项合法权益，如为未成年人提供法律援助或司法救助，强调儿童受保护和抚养的责任；在对违法未成年人的司法处理上，秉承教育、感化、挽救的方针；并通过开设少年法庭等司法手段，保护未成年人的身心发展与健康成长。

2. 特殊儿童的福利服务

特殊儿童社会福利服务旨在为特困儿童提供特殊服务，这是我国儿童福利服务的重要内容之一。我国特殊儿童福利服务主要包括特殊儿童院舍照顾、儿童收养保护、农村"三无"儿童的五保供养、城市孤残儿童服务及保护以及专门针对残障儿童的特殊教育和康复等内容。

在院舍照顾方面，全国建立有各类公办儿童福利院近百所，由专门人员通过对孤儿实行养、教、康合一的方式，培养他们成为对社会有用的人；在对残障儿童的服务方面,民政部、卫生部和残疾人联合会等有关单位积极主导,并发动社会力量参与,引进各类社会资金,为他们提供医疗和康复治疗,同时出资举办或资金支持各类特殊教育学校,帮助残障儿童获得必要的技能,并逐步融入主流社会;在农村"三无"儿童的供养方面,政府将"三无"儿童列入"五保户"范围并使之享受相应的待遇,在保障其生活达到当地居民一般水平的同时,向其提供免费教育;针对流浪儿童,则由政府举办流浪儿童救助保护中心对其实施保护与救助。此外,各类社会资源也纷纷设立面向特殊儿童的社会性福利项目,例如"希望工程"、"春蕾计划"、"微笑列车"等,使大量失学儿童重返课堂,使孤残儿童获得及时的救助。

3. 涉及儿童家庭的福利服务

家庭在人们不同的生命阶段中均扮演者重要的角色,特别是对儿童来说,家庭是其满足各种成长需要并预防其成长偏差的重要保障。我国儿童福利政策强调以家庭为主体、以政府服务为补充的儿童福利服务提供原则。《中华人民共和国未成年人保护法》强调,家庭是儿童生活的主要场所,家庭对于未成年人的生存和健康发展负有重要的保护责任;同时,政府对处于困境的家庭提供必要的社会保护,如通过推行城市最低生活保障办法这一家庭救助制度,为城市困难家庭的儿童提供援助服务;通过对农村孤儿提供"五保户"福利救助,为农村孤儿提供以家庭助养为主要形式的孤儿福利服务。

近年来,随着我国社会经济的发展,家庭承担传统责任的能力下降,传统的以家庭为主体的儿童福利思路越来越无法保证儿童的成长与发展需求,为此,国家社会福利政策也开始注意为家庭提供各种支持性的、发展性的服务。例如,从2008年秋季学期开始,在全国范围内全部免除城市义务教育阶段学生的学杂费,对享受城市居民最低生活保障政策家庭的、处于义务教育阶段的学生,继续免费提供教科书;对家庭经济困难的寄宿学生补助生活费。一些地方政府为残障儿童家庭提供康复训练或手术补助津贴。2010年6月,民政部社会福利和慈善事业促进司、联合国儿童基金会、北师大社会发展与公共政策学院在北京发布《中国儿童福利政策报告》,要求重视家长教育,强化家庭支持政策,切实尊重儿童、保护儿童,提升儿童成长环境的人文关怀,最终建立与儿童实际需求及经济社会发展水平相适应的儿童福利体系。

二、我国现阶段儿童社会福利发展的特点

据 2000 年全国人口普查数据显示,我国现有 0—14 岁儿童近 3 亿人,占全国人口总数的 22.8%。其中,现有失去父母的儿童、弃婴和事实上无人抚养的未成年人(以下统称孤儿)约 71.2 万人;各类残障儿童约有 800多万人,流浪儿童近 100 万人,同时由于家庭问题而身处困境的儿童数量则日益剧增。为此,我国政府投入大量人力、物力,提供各类儿童救助服务。从对孤儿群体的福利保障情况看,现有 56.8 万名孤儿得到了政府的制度性救助,占孤儿总数的 79.7%。其中得到城市低保救助的有 16.3 万人,得到农村"五保"救助的有 17.1 万人,得到农村低保救助的有 23.4 万人,得到其他临时性救助的有 3.7 万人。此外,尚有 10.7 万名孤儿没有得到任何救助,占孤儿总数的 15%。从安置方式看,全国有 9 万名孤儿生活在儿童福利机构和敬老院内,占孤儿总数的 12.6%,有 62.2 万名孤儿散居社会,占孤儿总数的 87.4%。在散居社会的孤儿中,有 54 万名孤儿由亲属抚养,占这部分孤儿总数的 75.8%;寄养在非亲属家庭及独立生活的有 8.3 万名,占这部分孤儿总数的 11.7%。目前,全国共有 290 家独立儿童福利机构、800 多个社会福利院附设了儿童部。在对残疾儿童的福利服务方面,政府则在各地建设近 1 万个康复中心、弱智儿童训练中心、社区康复站等,同时积极鼓励支持各类社会组织和个人兴办残疾儿童服务机构。我国现阶段儿童社会福利事业的发展在总体上呈现以下特点:

(一)儿童福利事业发展思路与时俱进

自改革开放以来,我国儿童福利事业得到迅速发展,突出表现为以下两点:一是面向全体儿童的广义的儿童福利发展较快,尤其是医疗保健和学前教育设施在城市社区基本得到普及;二是针对弱势儿童的狭义的儿童福利也在不断发展。1978 年 9 月,第七次全国民政工作会议在北京召开,这是

在粉碎"四人帮"反党集团、恢复成立民政部之后召开的第一次会议,具有特别重要的意义。会议把社会福利事业作为民政工作重要内容之一加以明确。我国社会福利事业全面恢复的标志是1979年11月民政部在北京召开的全国城市社会救济福利工作会议。这次会议拨乱反正,进一步明确了社会福利事业单位的社会福利性质,制定了恢复和发展社会福利事业的方针和政策。会议针对各种收养对象制定了不同的方针:对学龄儿童实行教与养的结合,使他们在德智体几方面得到全面发展,成为有社会主义觉悟的有文化的劳动者;对婴幼儿以保育为主,在养好的基础上,搞好学龄前的教育,使婴幼儿身心健康成长;对残疾儿童实行养、治、教相结合,尽可能给予矫治和锻炼,并施以适当的文化和职业技能教育,积极为其将来就业创造有利条件。在这次会议精神的指导下,儿童福利事业全面恢复起来,并超过"文革"前的水平。

1984年,民政部在福建省漳州市召开了全国城市社会福利事业单位改革整顿工作经验交流会议。这次会议以党的十二届三中全会精神为指导,进一步提出"解放思想,勇于改革,因地制宜,依靠社会力量,积极发展城市社会福利事业,全心全意为孤老残幼服务"的指导思想,并制定了社会福利事业实现"三个转变"的发展战略和改革方向:一是从单一的、封闭的、国家包办的体制转变为国家、集体、个人共同兴办的体制,面向社会,多渠道、多层次、多形式地举办各种社会福利事业。二是从救济型转变为社会福利型。要克服单纯恩赐的观点,不仅要解决由政府供养人员的温饱问题,而且要丰富他们的精神生活。三是从单纯供养型向供养康复型转变。

1989年5月,民政部在湖南省湘潭市召开了全国城市社会福利事业单位深化改革工作座谈会。会议要求社会福利事业单位深化改革,提高效益,增强活力。会议指出,我国社会福利单位有限,孤老残幼众多。国家无力大包大揽。要做好这一群体的安置工作,必须坚持集中收养和分散收养并举的原则。除少数由国家办的社会福利事业单位集中收养外,大多数要依靠社区服务机构收养或代养;家庭代养或领养。已经由国家集中收养的孤老残幼,也可以根据福利院的实际情况,分散供养一部分,委托城乡有代养能力的家庭负责代养。

从 1994 年开始,民政部根据社会福利机构收养对象的不同,对福利院实施分类管理,儿童福利事业取得一定发展。但从总体来看,儿童福利事业仍滞后于国民经济发展水平,各地发展也不平衡。

(二)儿童福利事业在"九五"期间发展迅速

1996 年制定的国民经济和社会发展"九五"计划中,提出了"切实保护妇女、未成年人、老年人、残疾人等社会群体和优抚救济对象的合法权益"和"积极发展社会福利事业和社区服务,加强福利设施建设"的指导方针。在全面落实"九五"规划的大背景下,1997 年 3 月,国务院召开专门会议,听取了关于当时我国孤残儿童福利事业发展状况的汇报,研究了孤儿、弃婴安置和加强儿童福利机构建设等问题。会后,民政部、国家计委等 6 部门联合下发了《关于进一步发展孤残儿童福利事业的通知》(以下简称《通知》),明确了孤残儿童福利事业是我国社会保障工作的重要组成部分,各级政府应将其列入国民经济和社会发展计划,促进孤残儿童福利事业的发展水平与当地国民经济和社会发展水平相适应,并提出了"九五"期间儿童福利机构建设的总体目标。《通知》从加强基础设施建设、提高儿童福利机构中收养儿童的生活费标准、建立和完善孤儿和弃婴的救治制度、扶持孤残儿童福利事业发展、切实加强孤残儿童的保护等几个方面提出了明确要求和具体措施,初步解决了一些长期困扰儿童福利事业发展的困难和问题,对全国儿童福利事业发展起到了积极的推动作用。《通知》下发后,各级民政部门和儿童福利机构加强了对本地区儿童福利事业的调查研究,积极向当地政府和有关部门反映情况和困难,主动与有关部门加强协作,充分利用《通知》下发的契机,制定具体措施,把政策用好用足。

在创造和争取外部支持环境的同时,民政部也着力加强了儿童福利机构的内部规范和管理。1999 年,民政部发布《社会福利机构管理暂行办法》,对儿童福利机构的举办、管理、监督等提出具体办法和措施。2001 年 3 月 1 日开始施行的民政部强制性行业标准《儿童福利机构基本规范》,对儿童福利机构的管理、设施设备、服务内容和标准作出了详细的规定,推动了儿童福利机构建设的规范化、专业化进程,大大提高了儿童养育的水平和质量。

2003年,《城市生活无着的流浪乞讨人员救助管理办法》开始实施,并在全国建立起130多家专门的流浪未成年人救助保护中心,标志着中国儿童福利对象由传统的孤残儿童扩大到包括流浪儿童在内的各类"困境儿童"和"正常儿童",标志着我国儿童福利事业的指导思想发生了重大的转变,救助保护作为一种新的理念指导着儿童救助服务的实践。

(三)儿童福利制度建设取得重大突破

为切实保障孤儿的各项权益,推动儿童福利事业发展,2006年4月,民政部会同财政部等14个部门联合印发了《关于加强孤儿救助工作的意见》(以下简称《意见》)。《意见》围绕建立政府主导的孤儿救助工作机制、多形式安置孤儿的渠道、各部门职责等重大问题做了阐述,要求各部门制定和落实好孤儿生活、就业、教育、住房等9个方面的优惠政策,全面保障孤儿合法权益。《意见》在孤儿救助政策上取得突破性进展,成为建国以来对孤儿生活救助和服务保障方面的第一个综合性福利制度安排,推动了儿童福利事业由补缺型向适度普惠型的转变,在我国儿童福利事业发展史上具有里程碑的意义。《意见》以儿童利益为本,围绕孤儿生存和发展的需要,对其生活、教育、康复以及成年后就业、住房等作出全面的安排,把孤儿健康成长、全面发展作为儿童福利的最终目标,成为我国儿童福利事业制度化建设的重要标志。《意见》下发以来,在地方各级党委和政府的领导下,各地结合实际,积极研究和出台配套政策和实施办法,推动了孤儿救助工作的深入开展。辽宁省人民政府转发了民政厅《关于加强全省孤儿救助工作的意见》,明确了22个相关部门的职责,全面细化了孤儿安置、生活、教育、医疗、住房、就业等各方面的救助政策,初步建立了孤儿生活标准自然增长机制,推动了儿童福利事业城乡统筹的进程,具有较强的操作性和示范性。

(四)替代性养护模式在探索中创新发展

为了使孤儿、弃婴身心得到健康发展,各级民政部门围绕儿童身心发育和性格形成的特点,对孤儿、弃婴的替代型养护模式进行了积极有益的探索,形成了多种亲情化的养育模式。

(1)家庭收养。依据《中华人民共和国收养法》,为孤儿、弃婴选择有收养意愿、有爱心、有条件的收养家庭,促进孤儿回归稳定的家庭环境。

(2)家庭寄养。是指经过规定的程序,将民政部门监护的儿童委托在家庭中养育的照料模式,是把失去家庭的孤残儿童托养在一个家庭的养育方式。2003年,民政部出台了《家庭寄养管理暂行办法》,规范了家庭寄养工作,把家庭寄养作为儿童福利服务的一种养育模式正式确立下来。家庭寄养把亲情化的养育模式与儿童福利机构康复、特教的优势结合起来,对创新多样化的儿童养育模式,促进残疾儿童健康成长,发挥了积极作用。

(3)院内小家庭。在儿童福利机构内,设置相对独立的家庭设施,招聘父母照料几个孤儿、弃婴,组成相对稳定的小家庭。

(4)社会助养。社会上的组织、单位或爱心人士出资资助若干名孤儿、弃婴的养育费用,由福利机构提供集中养育照料服务。

(5)机构集中养育。对确实不能开展家庭收养,难以回归家庭的孤儿、弃婴,由政府出资,集中养育在各级儿童福利机构内,由福利机构提供照料、康复训练、特殊教育等基本生活保障和福利服务。

(6)类家庭养育。由民政部门提供经费,招聘社会人士担任孤残儿童的生活照护人,或是通过在社区寻找居所,将孤残儿童置于社区环境内进行养育,营造更加符合儿童生理、心理发育特点的养育环境,提高儿童成长过程中的社会融入性。

(五)残疾孤儿康复事业进展显著

各级民政部门和儿童福利机构历来把残疾孤儿康复工作作为儿童福利事业的重要组成部分,积极创造条件为残疾孤儿实施手术矫治和康复训练。但由于资源不足、条件有限,过去福利机构内残疾孤儿的手术康复是分散的、短期的,缺乏稳定长效的保障,远不能满足大量残疾孤儿的迫切要求。特别是近年来,福利机构中重残和急症患儿不断增加,这些孩子的健康和生命安全受到严重威胁。为帮助福利机构中的残疾孤儿解除病痛的折磨,恢复生活自理能力,为他们回归家庭、回归社会创造条件,民政部于2004年5

月启动了"残疾孤儿手术康复明天计划",用福利彩票募集的资金为福利机构内具有手术适应症的残疾孤儿实施手术矫治和康复。民政部为此成立了领导小组和办事机构;制定了具体的实施方案、项目管理规定及捐赠接收管理办法;与卫生部联合下发通知,规范了工作程序,建立了定点医院合作制度。各级党委、政府也大力支持这一计划,全国31个省成立了相应的领导小组和办事机构,制定了相应的保障措施。这是建国以来第一次对残疾孤儿实施全覆盖的手术矫治行动,是保护残疾孤儿合法权益、改变他们前途和命运的重大举措。

（六）儿童福利机构建设和功能建设稳步推进

为加强儿童福利机构建设,民政部在"十一五"期间实施"'十一五'儿童福利机构设施建设规划暨蓝天计划"(以下简称"蓝天计划"),与发改委共同制定了《儿童福利机构建设"十一五"规划》及指导意见,资助地级以上大中城市新建、改建和扩建一批功能完善、设施齐全、环境优美的儿童福利机构。2006年至2010年,国家共投入部级福利彩票公益金和国债资金15亿元,地方民政部门留成的福利彩票公益金也将"蓝天计划"作为重点资助项目。这一计划力争用5年时间,在全国地级以上大中城市建设和完善集抚养、救治、教育、康复、特教功能于一体的儿童福利机构。通过全面改善儿童福利机构设施条件,完善功能,推动我国儿童福利机构由单纯养育型向"养育、医疗、特教、康复"及技能培训等融为一体的多功能型转变,使得儿童福利机构成为儿童福利的资源中心和管理中心,为孤残儿童提供规范、专业的社会福利救助服务。

（七）独立面向孤儿群体的福利制度初步形成

2006年4月,民政部会同中央综治办、最高人民法院、发展改革委、教育部、公安部、司法部、财政部、劳动和社会保障部、建设部、农业部、卫生部、人口计生委、共青团中央、全国妇联14个部门联合印发了《关于加强孤儿救助工作的意见》(以下简称《意见》),《意见》以儿童利益为本,围绕孤儿生存和发展的需要,对其生活、教育、康复以及成年后就业、住房等作出全面的安排,把孤儿健康成长、全面发展作为儿童福利的最终目标,成为我国儿童福利事业制度化建设的重要标志。

2008年12月25日召开的全国民政工作会议上作出重要决定:对孤儿,要根据儿童发育成长的需要,科学制定全国统一的最低养育标准,避免出现经济发达和欠发达地区供养标准悬殊的现象。同时要求各级政府和相关机构千方百计拓宽收养渠道,促进孤儿回归家庭。要确保孤残儿童和其他儿童一样,在祖国的同一片蓝天下健康成长。

为保障社会散居孤儿基本生活和成长发育的需要,避免出现各地供养标准差距大、孤儿保障状况不平衡的现象,2009年2月,民政部办公厅下发了《关于制定孤儿最低养育标准的通知》(民办发[2009]4号),明确全国统一的社会散居孤儿最低养育标准为每人每月600元。《关于制定孤儿最低养育标准的通知》第一次明确提出要在全国建立儿童福利津贴制度。

各地建立孤儿养育监督和服务指导中心,对孤儿登记建档,定期对监护人的养育质量、孤儿身心发展情况进行评估监督,为孤儿家庭提供各方面的指导、支持,儿童保护机构能够立即派出专业人员介入,必要情况下暂时剥夺父母或养父母的监护权,实施国家"临时监护",同时为儿童寻找具备一定资质的寄养家庭或机构。

(八)福利机构儿童最低养育标准制定实施

针对福利机构儿童残疾比例高、残疾种类多、营养康复和医疗需求大的特点,为保障在院儿童身心全面发展需要,避免出现养育标准过低、康复条件较差、各地养育标准差距较大的问题,2009年7月,民政部下发了《关于制定福利机构儿童最低养育标准的指导意见》(民发[2009]77号以下简称《指导意见》)。《指导意见》强调了制定福利机构儿童养育标准的重要意义,并在测算论证的基础上,建议福利机构儿童最低养育标准为每人每月1000元,包括在院儿童的伙食费、服装被褥费、日常用品费、教育费、医疗费和康复费。

全国统一的社会散居孤儿和福利机构儿童最低养育标准的制定和落实,为建立孤儿津贴制度、健全独立面向孤儿群体的福利体系奠定了基础。

（九）以社区为平台的残疾儿童康复教育事业得到发展

2008 年,国务院在《关于促进残疾人事业发展的意见》中指出:"优先开展残疾儿童抢救性治疗和康复,对贫困残疾儿童康复给予补助,研究建立残疾儿童康复救助制度"。各地方政府也根据当地经济社会发展水平,出台了相关的残疾儿童社区康复和教育政策,为进一步完善残疾儿童服务网络,加强残疾儿童的康复教育服务进行了大量的探索。同时,民政部门也依托福利机构,充分利用社区医疗、教育、人力等各种资源,积极拓展以家庭为基本服务单位的残疾儿童康复教育服务模式,推进对社区残疾儿童康复教育服务的有效覆盖,并结合社区需求为参加儿童康复教育的家庭提供各种服务,如家长训练班等,为普通家庭的残疾儿童提供服务。

（十）专业化儿童福利服务人才队伍建设取得初步成效

从业人员的素质决定着社会工作的成败,通过建立社会工作者职业水平评价制度,在社会服务领域引入专业社会工作者,是推进我国社会工作的前提。2006 年 7 月 20 日,人事部、民政部联合颁发了《社会工作者职业水平评价暂行规定》和《助理社会工作师、社会工作师职业水平考试实施办法》,首次将社会工作纳入专业技术人才范畴,标志着我国社会工作者职业水平评价制度正式建立。为了将专业化社会工作人才队伍建设落到实处,2007 年以来,民政部在全国 170 多个地区、260 家单位开展了社会工作人才队伍建设试点,在儿童福利院、未成年人保护中心、残障儿童康复中心、社区等领域,对社会工作如何更好地为儿童及其家庭提供服务进行了有益的探索。

三、我国儿童社会福利发展中的问题

现行的儿童福利制度是 20 世纪 50 年代建立并发展起来的,是一种典型的补缺型的福利模式,存在着如下弊端:

（一）儿童福利体系发展的价值基础不完整

儿童权利观念是一个社会儿童福利发展的重要价值基础。尽管我国大众社会已普遍接受这一概念,但是这种接受也仅停留在儿童的生存权和受教育的权利两个方面,而在儿童需要、儿童发展等方面却缺乏相应的价值基础。这一不足导致我们在现实的儿童社会福利服务体系建设过程中,更多地关注了孤残儿童的照护、健康和教育,而对如何从儿童成长的需要出发,促进所有儿童的健康全面发展,缺少深入的探讨和相应的措施。

(二)服务对象存在局限性

现行儿童福利制度的服务对象主要是城市中的"三无"孤儿、弃婴和残疾儿童。20%的城市特殊儿童占用了全国儿童福利开支的95%以上,这反映了我国儿童福利制度的城乡过度分割性和严重不平衡性。此外,长期存在的对儿童福利的狭义理解,使许多困境儿童的福利与保护问题不能完全被纳入国家的儿童福利体系。据《2005年儿童福利事业统计年鉴》中相关数据反映,全国每年有流浪儿童15万人,以及其他各类数量巨大的处于困境中的儿童,无法得到相关的福利和保护。

(三)服务定位存在狭义性

不少人对儿童服务的认识停留在对狭义概念的理解上,认为国家在其中扮演着一个补救性的角色。儿童服务的功能仅仅满足于服务对象的衣、食、住等基本生活需要和基本的医疗要求,重视养、忽视育,只能满足儿童基本生存需求,而对服务对象的人格的塑造、个性的培养、生活的幸福与满意度、生活的质量、精神生活的多方位需求则无法满足,缺乏个性化的服务。

(四)儿童福利偏重于国家包揽,政治附属色彩浓厚

长期以来形成的国家福利形式,使得政府承担了照顾孤残儿童的全部经济保障和服务供给的责任,儿童福利机构的维持和发展完全依赖于政府拨款,体制和机构都比较单一。由于缺乏国家对社会力量的引导和规范,不能形成畅通的儿童福利事业多元参与渠道,社区和民间组织的作用几乎得不到发挥,以社区为基础的儿童照料服务无法顺利开展,社会福利服务无法在有效监管的情况下得以实施,造成社会照顾和服务资源的浪费。另外,儿

童福利事业与我国的政治和政治制度形成了一种密切相连的关系,在很大程度上受到政治气候的影响和制约,甚至在有些场合成了政府的政绩和政治形象的表现,仍然是"社会主义优越性"的一种体现。相关制度的原则性强于可操作性,福利特色的属性比较淡化,缺少以儿童为主体的参与性,从而影响了儿童福利制度的执行效率。

(五)儿童福利的制度安排缺乏统一性

我国儿童福利制度涉及面十分广泛,相关部门有国务院儿童少年工作协调委员会、民政、财政、发展改革、卫生、教育、劳动保障、司法、建设等政府行政管理部门,以及共青团、妇联、残联等群众团体。不同部门有不同的儿童政策目标,因此在制度的制定、理解、管理、执行等方面缺乏统一集中性。这种多部门都参与儿童福利工作的现状,使得在政策执行过程中,由于缺乏协调和整合机制,出现重复和缺失并存状况。

(六)对儿童专业服务缺乏清晰认识

在对儿童福利服务的提供过程中,首先,缺少服务的专业化合作以及综合服务意识,以单一性服务提供为主,或是简单地将不同专业的人员聚集在一起,提供单项服务,缺少专业沟通。其次,缺少对儿童的全方位服务观,仅对儿童本人提供直接的服务,不能对其处境作出整体评价,对儿童发展性的服务涉及较少或没有涉及。

(七)缺少以家庭福利为起点的普惠型儿童福利制度

家庭是社会成员最重要的福利资源,任何在家庭以外建立起来的正规的社会保护制度都不能取代家庭的功能和责任,而只是政府在不同程度上、用不同的方式对家庭责任的分担。对儿童来说,家庭是其成长和发展的基础环境,家庭的作用不仅表现在家庭环境对儿童及青少年学业和教育效果的直接影响,还表现在对其发展的诸多方面的深远影响。人们的生活基础是在儿童时期奠定的,所以儿童时期的生活质量对于儿童来说非常重要。但是在我国现行儿童福利体系中,福利资源往往只倾向于失去家庭依托的社会边缘群体,如孤残儿童等。其他凡是有家庭的儿童,首先必须依靠家庭来满足其相应的保障和发展需要,而家庭以外为家庭及其不能自立的成员提供福利帮助的渠道几乎不存在。由于缺乏相应的儿童家庭保护和福利制度的支持,使得儿童的保护与福利主要由家庭自身来维持,而一些家庭,特别是处于经济困境中的家庭,往往由于缺乏相应的经济支持和服务资源,从而无法履行对家庭中儿童的发展责任甚至是基本的保护责任,这使得特殊困境中的儿童往往陷入福利真空的艰难处境中。

(八)城乡二元结构制约了儿童福利制度的发展

长期以来,中国二元结构的社会管理体制,造成了城市和乡村之间在生活环境、公共权力空间等方面的巨大差异,并导致城市和乡村的儿童在福利服务享有中的严重不公和巨大差异,以致形成了以出身来划分福利享有权的城乡二元儿童福利制度,从制度上人为地对儿童进行出身差别界定,破坏了儿童平等享有福利的权利。这种二元儿童福利制度在很大程度上阻碍了我国儿童福利制度一体化的发展。

(九)针对流浪儿童等困境儿童的福利和服务保障不足,层级偏低

随着社会转型期我国各种社会问题的凸显,中央及各地政府除了向孤残儿童提供救助外,还对其他处境困难的儿童,如农村留守儿童、单亲家庭儿童、在押服刑人员未成年子女、农村或城市贫困家庭的儿童、失足青少年、遭受暴力的儿童、乞讨流浪儿童、外来流动家庭儿童的福利服务需求,给予了极大关注,并相继出台了一些政策。但是由于这些政策缺乏立法保障,而且在保障和服务层面上各行其道,不能形成统一的保障体系,加之各地在资源保障上存在较大差异,致使对上述处于困境中的儿童的保护能力和效果大打折扣。

(十)儿童福利专业化水平发展滞后

随着自然科学和社会科学的发展,特别是医学和心理学领域推出的一系列重大发现,为儿童提供福利服务已经不再只是一件由政府或慈善组织

给予不幸儿童的施舍或为他们做的善事,而是与其他专业一样,在其工作技巧的背后具有完善的理论基础。各国政府为保证儿童福利服务能够实现其预期的目标,广泛地运用自然科学和社会科学领域中的相关知识、方法与技术为儿童提供服务,对其工作人员进行专业教育与培训。儿童福利工作者所需运用的知识面很广,除教育、医疗和护理等学科知识以外,还涉及很多其他社会科学,如心理学、语言学、社会学、管理学等。而目前在我国大多数专业儿童福利机构中,由于工作人员来自不同行业或专业(主要是教育和卫生系统),只能因人设职、因人设岗,机构服务取向单一,结果导致福利资源浪费和管理水平与服务质量滞后。

四、我国儿童社会福利事业的发展对策

(一)以孤儿最低养育标准资金保障为抓手,推动儿童福利向适度普惠型转变

随着经济的快速增长,我们必须积极适应社会发展的要求,逐步拓展儿童福利的保障范围,推动儿童福利由补缺型向适度普惠型的转变。要实现这一转变,必须在坚持儿童福利服务体系保障和资金保障相结合的同时逐步提高保障水平,即在建立健全居家、社区、机构相结合的福利服务体系,为全社会有需要的儿童提供基本服务保障的基础上,推动建立儿童福利服务的资金保障制度。重点推动孤儿最低养育标准的落实,探索建立以发放津贴为核心内容的孤儿福利制度。根据民政部关于孤儿最低养育标准的要求,福利机构儿童为每人每月1000元,分散养育孤儿为每人每月600元。各地争取在此标准基础上,结合实际,有效落实,并有所提高。

(二)发挥政府主导作用,利用社会力量,推进儿童福利事业的科学发展

发展儿童福利事业,是各级政府的应尽职责。随着我国经济社会的发展特别是落实科学发展观、构建和谐社会和加强政府公共服务职能的实施,政府的责任非但不能减轻,而且应当进一步强化,资金投入和政策扶持的力

度应当随着国力的增强不断加大,这是衡量政府是否履行职责、社会是否文明进步的重要尺度。政府的主导作用主要体现在制定政策、出台规划、资金支持、监督管理等方面,这是推动儿童福利事业健康发展的基础,也是充分发动社会力量参与儿童福利体系建设的前提和保证。

发展社会福利事业,离开政府的主导不行,完全由政府包揽也不现实,必须坚持以市场为导向,进一步调动社会力量的积极性。要不断完善和落实对社会力量兴办儿童福利机构的优惠扶持政策,积极稳妥地推进民办公助和公建民营,探索发展儿童福利的有效实现形式。就民办公助而言,要明确具体方式和途径,建立必要的申请和审批程序,通过签订协议明确双方的权利义务关系。明确社会办福利设施功能改变等有关规定,确保国有资产不流失,确保社会办福利机构快速健康发展。就公建民营而言,要明确社会办福利机构必须具备的资质和条件,通过签订协议明确双方的权利义务关系,切实加强监管,推动规范管理,提升服务水平。

此外,随着我国社会的发展和国家经济实力的提高以及公民、企业、社会团体等社会责任意识的增强,国家需要在制度层面对儿童福利事业支持体系进行整合,从而形成个人、家庭、政府和社会对儿童福利事业的支持合力,真正实现儿童福利事业的多元参与和共享发展。

(三)坚持家庭在儿童福利中的基础地位,整合社区和机构的资源,健全儿童福利服务体系,发展普惠型儿童福利服务

家庭是儿童成长与发展的重要环节,众多的心理学及社会学研究均证明,为家庭提供支持是满足儿童成长需要的最为有效的途径。儿童的需要与家庭的需要是不可分割的,帮助家庭即是帮助儿童,不能帮助家庭就不能有效地帮助儿童。坚持家庭在社会福利体系中的基础地位,符合我国的国情。在儿童福利制度体系的建设中,首先应该加强对家庭服务的补充和完善,为困难家庭提供儿童成长津贴或家庭补助金,通过提升家庭结构功能,促进儿童福利事业的发展,例如建立家庭福利津贴、判定家庭经济补助制度等。其次,我国孤残儿童失去父母,通过儿童福利机构实行收养、家庭寄养,有利于他们回归家庭,在有亲情的"类家庭"中健康成长。推行亲属监护、

收养、家庭寄养等多元化的养育方式,有利于促进孤残儿童个性培养和健康成长。

随着家庭小型化和家庭照料功能的减弱,必须充分发挥社区的依托作用。今后,民政部门要不断加强社区服务设施、组织、信息平台建设,为孤残儿童提供支持;通过社区青少年活动场所、社区医疗服务等途径,为孤残儿童提供优惠和便利,为儿童提供良好的养护、康复、托管等服务。

此外,还应将我国未来儿童福利建设的目标定位于有利于儿童身心全面发展的层面上,树立促进儿童全面发展、强调儿童参与、倡导儿童权利的儿童福利指导思想,扩大受惠儿童的范围,逐渐发展普惠型儿童福利政策和制度体系。

(四)加强儿童福利的标准化和专业化建设,提升全社会儿童福利发展水平

一个目标明确、体系完整、覆盖面广的法律体系,是实施儿童福利法规化管理的重要依据和保障。今后,民政部门将充分总结 2000 年以来社会福利机构改革发展的经验教训,对现有的《社会福利机构管理暂行办法》进行修订,使之从部门规章上升为国务院行政法规,理顺审批程序,明确准入条件,丰富运营监管措施,建立退出机制,完善处罚细则。

标准规范是实施现代社会福利的必要条件。要高度重视儿童福利的标准化工作,进一步研究制定服务质量、服务资质、服务设施、服务信息、服务安全卫生、服务环境监测等方面的标准,建立和完善重点突出、结构合理、层次分明、科学适用的儿童福利标准化体系。制定《家庭寄养基本规范》、《脑瘫康复训练示范基地基本规范》等标准,同时,修订《儿童社会福利机构基本规范》。

(五)完善儿童福利制度体系建设,避免儿童福利执行过程中的服务冲突和隔断

我国现有儿童福利制度与服务体系存在相互衔接不顺畅,在服务领域、服务提供层面、服务广度等方面存在交叉重叠和中空断隔同时并存的现象。

因此在未来的服务制度体系建设过程中,需要将工作重点放在明确儿童福利体系中各个相关主体的相互关系及其权利与责任的划分上,明晰儿童福利的具体内容,规范经费来源与渠道,强化财政投入比例与执行标准,厘清相关管理和监督体制等事宜,制定一部综合性的、规范统一的儿童福利专门法典,将儿童作为发展的主体和有着生存权、发展权、被保护权和参与权的独立的人,强调国家、社会对于儿童的义务和责任,强调儿童的权利、发展及参与,用法律的形式使对特困儿童群体的救助保护,对所有儿童的福利照顾成为一种规范和明确的制度安排,从而扭转目前儿童福利体系建设中的不利局面。

(六)倡导普遍的、广义的儿童福利理念,提升儿童福利制度体系建设的广度和深度

随着我国改革开放30多年来社会经济的快速发展,社会对儿童福利理念的认识和理解也不断深化,对儿童福利在内容、范围、深度等方面的需求越来越高,而传统的儿童福利对服务的定位无法应对大部分儿童及其家庭在心理、生理、社会化成长方面遇到的各种困难。为此必须调整对儿童福利理念的认识,从全方位的服务导向和儿童本位的价值视角出发,逐步丰富和深化儿童福利,构建完整的儿童福利服务体系。

(七)建立儿童福利服务评估体系,加强福利服务管理监督,提升儿童福利服务质量

随着我国经济的发展,儿童福利机构正在从单一的供养功能向集养育、医疗、保健、康复、教育为一体的多功能转变,传统的对儿童福利服务的单纯行政评价,以及缺乏科学统一的评价参照标准、缺少社会有效监督的机构服务评估方法,已经不适合当前社会福利的发展。为此需要建立一套严密的福利服务管理评价体系,一方面,帮助儿童福利机构准确地把握服务定位,建立科学高效的服务规范,提升其内部管理水平和服务理念;另一方面,以一系列服务评价指标为标准,通过加强对福利机构的监管,促进儿童福利事业健康、持续的发展,促进优质服务资源的形成和充分利用,保证服务对象

的权益得到更好地体现。

（八）加强专业化人才队伍建设,提升儿童福利服务水平

近年来,随着经济社会的快速发展和我国福利事业的不断推进,社会对儿童社会福利服务需求日益呈现多样化、复杂化、专业化的趋势,同时社会对儿童社会福利服务质量和工作人员素质的要求也越来越高,服务领域也越来越广,它要求从事儿童社会福利事业的工作人员必须是既具有完备的专业知识、又具有扎实的专业技能的复合型人才。具体来说,儿童福利工作人员必须兼备教育(特殊教育)、治疗(康复)和护理(保健)、社会工作以及组织管理等方面的基本知识和操作技能,并且能够在工作中掌握和运用相关的社会科学知识。因此,加快建设一支高素质的人才队伍,是当前提升我国儿童福利事业质量的重要保障。民政部门应进一步加强人才队伍建设,努力形成一支专业人士和志愿人员有机结合的儿童社会福利服务人员队伍。一是实行孤残儿童护理员职业资格和技术等级管理认证制度,制定岗位专业标准和操作规范,实行持证上岗。二是加强从业人员的高等专业教育、在职教育和岗位技能培训,提高其职业素养和职业技能。三是抓紧开发儿童福利机构中的社工岗位,鼓励和吸引专业社会工作者和社工专业的高等院校毕业生到社会福利机构工作,并为他们创造良好的工作条件和发展环境,提升儿童社会福利机构的专业服务水平。四是大力倡导志愿者服务,加强志愿者队伍建设,实现志愿服务活动的制度化、规范化、常态化。

本章主要参考文献

1. 陆士祯:《简论中国儿童福利》,《华中师范大学学报》(哲学社会科学版)1997年第6期。

2. 成海军:《中国特殊儿童社会福利》,中国社会出版社2003年版。

3. 刘继同:《当代中国的儿童福利政策框架与儿童福利服务体系(上篇)》,《理论研究》2008年第5期。

4. 尚晓媛、程建鹏:《中国孤儿状况分析》,《青年研究》2006 年第 10 期。

5. 尚晓媛、陶传进:《中国儿童福利制度的权利基础及其限度》,《清华大学学报》2009 年第 2 期。

6. 杨生勇、冯晓平:《中国儿童福利研究综述》,《中国青年研究》2006 年第 1 期。

7. 张秀兰、徐月宾:《建构中国的发展型家庭政策》,《中国社会科学》2003 年第 6 期。

8. 仇雨临、郝佳:《中国儿童福利的现状分析与对策思考》,《青年研究》2009 年第 2 期。

9. Lynne M. Healy, *International Social Work*, Oxford University Press, 2001.

第五章　社区福利服务建设研究

党的十七大提出,要加快推进以改善民生为重点的社会建设,把城乡社区建设成为管理有序、服务完善、文明祥和的社会生活共同体,为社区建设和社区工作指明了方向。社区福利服务是城乡社区建设的重要基础性工作,是社会保障体系的重要组成部分。随着经济社会体制改革的不断推进,更多的"单位人"转变为"社区人",社区福利服务在提高居民生活水平和生活质量、密切党和政府同人民群众之间的关系等方面将发挥越来越重要的作用。深化社区福利服务研究,加强社区福利服务建设,已成为摆在各级党委和政府面前一项迫切需要解决的重大问题。本研究拟从概念分析入手,梳理社区福利服务的基本理论和发展演变,深入分析存在的问题,在借鉴国内外经验的基础上,明确加强社区福利服务建设的工作思路和保障措施,以期使社会福利服务惠及全体社区居民。

一、社区福利服务的基本理论

多年来,无论是学术理论界还是政府部门,对社区福利服务一直缺乏独立系统的研究,至今这一词汇还没有成为专门的概念,实践中常用社区服务一词代之,但社区服务这一概念因理论内涵的缺失和实践定位的模糊而存在先天缺陷。由于学术界对社区服务概念的理解存在许多分歧,实际管理部门和工作人员对社区服务的认识也不一致,这导致实践过程中价值引导的混乱和运作实施的不规范。本研究将在国内外现有理论成果的基础上,正式提出社区福利服务的概念,并从理论层面重新界定其含义和特征,以利于准确把握社区福利服务事业的科学发展方向。

(一)社区福利服务概念的界定

社区福利服务与社区服务和社区福利密切相关,在概念使用上,有时候三者之间存在着交叉关系。因此,分析社区福利服务的概念,需要首先讨论社区服务和社区福利两个概念。

一是关于社区服务的概念。社区服务有广义和狭义两种理解。从广义上讲,社区服务除了包括面向老年人、残疾人、优抚对象等特殊困难群体提供的社会福利服务之外,还包括面向社区居民提供的便民利民服务,面向社区企事业单位和机关团体开展的双向服务等。具体而言,社区服务是指"在政府的统一规划和指导下,以一定层次的社区组织为主体或依托,以自助—互助的广泛的群众参与为基础,既突出重点对象,又面向全体社区成员的,用服务设施和服务项目来增进公共福利、提高生活质量的区域社会性服务"。[①] 社区服务的内容可以分为三个层次:福利性服务、行政事业性服务和商业性服务。其中,福利性服务是社区服务的出发点和归宿,服务对象是社区中有特殊困难的人,目的是通过提供无偿服务,满足这些人的基本生活需求;行政事业性服务是社区服务的重要内容,它通过提供非营利的低偿服务来帮助全体社区居民解决生活中的困难;商业性服务是社区服务的辅助内容,主要是提供营利性的有偿服务,方便居民的日常生活。这种观点从我国的实际情况出发,强调在我国经济尚不发达的情形下,应明确社区服务具有福利性和营利性的双重属性,允许社区开展一些营利性的商业服务。只有将福利性服务和部分有偿及低偿服务相结合,用市场化的路径来弥补国家福利服务投入不足的问题,以商业化的服务辅助福利性的服务,社区服务才能走上可持续的发展道路。

从狭义上看,社区服务不等于社区内存在的所有服务活动,它应该只包括其中的福利性服务,而不包括商业化服务。社区服务是"在政府的支持

---

① 参见唐钧:《关于城市社区服务的理论思考》,《中国社会科学》1992 年第 4 期。

下,通过调动社区内外的各种资源而进行的福利性服务"。① 社区服务发展之初带有很浓厚的福利性质,当时的倡导者对社区服务所作的界定是,"在各级政府的指导和资助下,以街道办事处、居委会为依托,动员社会力量,兴办各类福利服务设施,为居民群众特别是有困难的家庭和居民提供社会福利"。② 因此,它的本意是从事福利性的服务,不是以营利为目的的,而是把社会效益放在第一位。由于社区服务的落脚点在社区,那么社区服务就应该是有助于增进社区中社会共同体属性的服务,而商业化服务显然不能达到这个目的。因此,商业化服务不包含在狭义的社区服务的内涵之中。

二是关于社区福利的概念。社区福利来源于社会福利,是社会福利的重要组成部分。随着我国社会各项事业改革的逐步深入,社会福利从计划经济时代的"单位制"转变为市场经济时代的"社区制",从单位分解、剥离出来的社会福利职能和事务就在社区中得以运作和落实,社区福利(community welfare)的概念由此而生。而且,福利社区化发展也是一种世界性潮流。由于国民的社会福利需求日趋多样,国家面临着福利支付的困境,西方福利国家出现了福利危机,福利社区化作为一种可行的替代方案相应被提上日程。因此,用社区福利的概念来重新界定社区服务的内涵,可以改变社区服务概念目标无序的状态。具体而言,社区福利主要是指"在政府相关部门的指导下,以社区为基础,整合和协调社区内外的社会资源,为解决社区居民特别是生活不能自理的个人和家庭的生活问题,提高居民的生活质量,由政府的公共体系、社区组织、非营利组织所提供的社会性福利服务"。③ 社区福利包括面向社会保障对象的福利服务,面向全体居民的公益性服务和低偿服务。社区福利的目的在于,"通过对正式或非正式的社区资源进行协调和整合,为那些生活不能达到自立的个人以及家庭提供家

---

① 参见关信平、张丹:《论我国社区服务的福利性及其资源调动途径》,《中国社会工作》1997年第6期。

② 参见张德江主编:《社区服务工作文集》,中国社会出版社1991年版,第3页。

③ 参见汪立华、沈洁等:《中国城市社区福利》,社会科学文献出版社2008年版,第10页。

政、保健、护理并包括精神文化生活在内的社会性福利服务"。①

三是关于社区福利服务的概念。人们对社区服务和社会福利概念认识的不一致,导致社区福利服务概念的内涵也存在较大差异,主要体现在其服务性质和服务对象上。通过上述讨论,本研究认为,我国社区福利服务的发展方向应与国家社会福利制度的发展趋势相一致,当前应当以困难群体为主要对象,逐步建立面向全体社区居民的普惠型社区福利服务制度。社区福利服务指的是,从广义的社会福利概念出发,包括政府、社区组织和社区居民等在内的服务主体,以各类社区福利服务设施为基础,动用社区内外的资源,为全体社区居民特别是困难群体提供的,旨在提高生活质量、增进社会福利、增强社区成员归属感的非营利性产品和服务。依照这一概念,社区福利服务体系主要是指以满足社区居民的福利需求为目标,以面向社区弱势群体的福利性服务和面向全体社区居民的公益性服务为主要内容,政府支持引导、多方协同参与的服务网络和运行机制。

(二)社区福利服务的主要特征

明确了社区福利服务的概念,社区福利服务的特征也就显而易见,主要表现在福利性、群众性、地缘性和服务性四个方面。

一是福利性。福利性是社区福利服务的根本属性,也是其应有之义。从本质上说,社区福利服务是一项社会福利事业,它以维护社区内的弱势群体的生活权益为出发点和归宿,这也是社区福利服务的核心内容。偏离福利性的发展方向,就会远离社区福利服务的发展目标。社区福利服务的目的是通过提供福利服务设施和服务项目,满足服务对象物质生活方面的基本需求,并尽可能满足他们更高层次的精神文化方面的需求。需要指出的是,福利性并不等同于国家福利或政府福利,福利社会化是福利的发展方向,也就是说,社区组织、驻社区单位、社区居民和家庭应该与国家共同分担提供社区福利的责任。

二是群众性。从社会学的角度看,社区是由人组成的社会共同体,是人

---

① 参见沈洁:《城市社区福利服务体系与运作机制探讨》,《社会福利》2002 年第 12 期。

创造了社区,而不是相反,社区不过是人生活的载体和形式。因此,一定数量的人口是社区最具有能动性的构成要素。社会福利服务的群众性特征包含两层意思:一是从服务对象来说,社区福利服务的重点对象是生活在社区中的孤寡老人、残疾人、孤残儿童、优抚对象等特殊群体以及下岗失业等急需帮助的困难群体,并逐步扩大到社区内所有需要帮助的居民;二是就服务主体而言,社会福利服务之所以把社区作为依托,就是要发挥社区居民和志愿者广泛参与、民主管理的作用,既要以积极的态度参与社区的管理和发展,也要通过互帮互助、共同行动的方式来相互照料、排忧解困,逐步走向完全的自主和自治。

三是地缘性。尽管社区的定义众说纷纭、各有不同,但是人们对社区基本要素的理解差异不大,即由地域、人口、组织结构和文化心理四个部分组成。社区不能简单地等同于地域、区域,就在于社区是人类生活的共同体,它能传递一种归属感,增进居民的认同感。这也是滕尼斯最早对现代社会社区从重传统、富有人情味的社区(gemeinschaft)转向重理性、讲契约的社会(gesellschaft)而感到不安的原因所在。地缘性的特征主要表现为:社区福利服务以社区内的社会组织为依托,满足本社区居民的物质生活需要和精神文化需求,解决本社区的社会问题;服务对象是本社区内的人口,服务人员也是以社区内的专业社会工作人员和志愿者队伍为主;社区福利服务还依据本社区的地理条件、人口状况和文化因素,从本社区的实际需要出发,提供多层次、多形式的服务内容。因此,社区福利服务带有鲜明的地缘性特征。

四是服务性。作为社会公共服务的重要组成部分,服务性是社区福利服务的内在属性,不管提供这种服务的主体是政府、社区组织、社区居民,还是志愿者。开展社区福利服务就是要充分调动社区内的福利资源,通过社区邻里之间的互帮互助,增进社区居民之间的友谊与感情,满足最基本的福利服务需求,预防生活中可能出现的最低程度的风险。在这种情形下,社区居民既是社区福利服务的受益者,又是社区福利服务的提供者;既培养了社区居民的主人翁责任意识,又促进了整个社区的社会公益。可以说,这种社区福利服务的社会公益和社会效益是第一位的,是社区福利服务需要首先强调的根本目的。虽然社区可以从事营利性的服务活动,以营利性服务支持福利性服务,但是这些服务的内容必须在适度、可控的比例范围内,在最大限度保证社会效益的前提下,不能变相超出福利性服务的内容范围,而且其经营性收益扣除适当的工资支出和日常开支外,不能作为利润分配,而是需要重新投入到社区福利服务事业中去。

二、我国社区福利服务建设的发展与现状

(一)社区福利服务的起源与发展

社区福利服务最早起源于西方国家,是工业化、城市化和现代化的产物。19世纪中后期,随着西方工业革命的推进和经济社会的发展,城市化进程不断加快,社会人口加速流动,传统社会秩序遭到严重破坏,居住环境、社会治安严重恶化,失业、贫穷、疾病等问题大量涌现,经济发展和社会稳定反而遭受极大的威胁。社区福利服务作为资本主义早期的国家社会福利体系的组成部分之一,成为解决当时社会问题的一种方式。英美慈善组织的成立和社区睦邻组织的兴起,是早期社区福利服务的主要标志,并且迅速波及德、法等欧洲国家以及整个北美地区,进一步促进了社区福利服务的发展。

第二次世界大战后,福利国家在欧洲兴起,国家提供给国民"从摇篮到坟墓"的法定服务,社区福利服务的存在空间变得极为有限,一度行将衰落。到20世纪50年代,民间自发组织开展的社会性慈善组织和救助行动走向终结,被视为"我们世纪中最悲壮的失败之一"。[①] 由于联合国的积极推动,社区福利服务重返历史舞台,在发展中国家再度兴起。许多亚洲、非洲、南美等地区发展中国家遇到了西方发达国家工业化后出现的同样问题,面临着失业、贫困、疾病、经济发展缓慢等问题的困扰。为了推动全球落后地区的经济社会发展,联合国提出了经济落后地区的经济发展必须与社会进步同步进行的理论和方针,主张用建立社区福利中心的社区发展方法来

---

① 参见杨团:《社区公共服务论析》,华夏出版社2002年版,第2页。

推动经济社会发展,后又建议以社区发展计划取代社区福利中心计划,并成立专门组织推动发展中国家的社区发展运动。与此同时,发达国家面临着后工业化时期的种种难题,在社会结构、城市规模、家庭结构、人口流动等方面发生了巨大的变化,人们越来越远离他们生活的共同体,走向更大更广的社会,社区再次走向衰落和消亡。由于传统的生活秩序遭到破坏,而新的社会支撑体系还没有及时建立,人与人之间变得日益疏远和陌生,人们变得更加孤独、无助和不安。社会控制系统也随之失灵,治安弱化无力、生活堕落无序、道德失范败坏、贫富差距加大,"现代病"和"社会病"带来的问题强烈冲击着西方政制统治的合法性。联合国开始研究将用于发展中国家的社区发展计划推广应用到发达国家中。美国政府首当其冲,率先采用"社区行动方案";英、法、德等国家随后也普遍开展了社区发展实践。这样,社区福利服务实践就从发展中国家扩展到发达国家,由农村延伸到城市。

(二)我国社区福利服务的发展历程

新中国成立之后,为了体现社会主义制度的优越性,国家运用其强大的行政力量囊括和包办包括福利服务在内的一切社会事务。由于当时经济发展水平落后,投入在福利服务方面的财政资金极为有限,福利服务水平并不高。党的十一届三中全会之后,我国政治经济体制改革不断深入,政府行政职能进一步转变,国家要求国有、集体企业和其他单位将其所承担的部分职能逐步推向社会,"单位人"急剧减少,失业和下岗人员大量增加,越来越多的无主管单位人员回归于他们生活的栖息地——社区。与此同时,商品经济高速发展,城市化的步伐不断加快,大量农村人口向城市流动,城市人口随之迅速增加,而且城市人口老龄化的趋势日益显现,家庭结构变得更加多样化,原有单一、少量和低质的福利服务并不能满足人们日益增长的福利服务需求。人们对社区福利服务的需求不断增加,并且有着更高、更广、更加多样化的要求,社会福利改革与发展的序幕正是在这样的背景下被徐徐拉开的。纵观我国社区福利服务的发展历程,可以分为孕育产生、推广发展、巩固提升、深化拓展四个阶段。

第一阶段:孕育产生阶段(1983—1987 年)。社区福利服务在传统民政服务的基础上孕育而生,是民政部在 20 世纪 80 年代中期深化城市社会福利事业改革的背景下推动和发展起来的,但是社区福利服务的性质在改革之初并没有界定清楚,带有较强的经验性、实践性和模糊性。在 1983 年召开的第八次全国民政工作会议上提出,要调动各方面的力量,采取多种渠道,兴办社会福利事业。1987 年在辽宁省大连市召开的社区服务工作座谈会上,民政部首次提出了社区服务的设想,认为社区服务是"在政府的领导下,发动和组织社区内的成员开展互助活动,解决本社区的问题",并概括总结为"社区办服务,叫好事自为"。同年 9 月在湖北省武汉市召开的民政工作会议上,民政部再次对社区服务的性质和目的作出界定,指出"社区服务是在社区内为人们的物质生活和精神生活所提供的各种社会福利与社会服务,它的目的就在于调解人际关系,缓解社会矛盾,创造一个和谐、良好的社会环境"。① 这两次会议标志着我国的社区福利服务进入兴起产生阶段。

第二阶段:推广发展阶段(1988—1992 年)。从 1988 年开始,我国社区服务进入全面的推广发展阶段,在全国的大中城市开始广泛试点。当时主要是通过建立社区服务体系的指导机构或协调机构,制定社区服务体系的发展规划,来探索不同类型、不同层次的基层社区服务体系模式。1989 年,民政部在浙江省杭州市召开了全国城市社区服务工作经验交流会,总结推广了武汉会议以来各地社区服务工作的经验,并提出推广发展社区服务的指导思想与主要任务。1991 年,民政部在北京再次召开全国社区服务工作研讨会,明确了社区服务的内涵外延、地位作用、组织管理、发展与提高等内容。1992 年,中共中央、国务院出台了《关于加快发展第三产业的决定》,将社区福利服务纳入第三产业的范畴,由此确立了社区服务产业化和行业化的发展方向。到 1992 年年底,全国已有 70% 以上的街道开展了社区福利服务工作,各类社区福利服务设施达 11.2 万个,形成了以社区服务中心为骨干,以老年人、残疾人、优抚对象服务和便民利民服务为主要内容,以发展社区服务实体来增强自我发展能力的社区福利服务事业发展的新格局。

第三阶段:巩固提升阶段(1993—1999 年)。1993 年,民政部联合国家

---

① 　张德江主编:《社区服务工作文集》,中国社会出版社 1991 年版,第 10、21 页。

计委、国家体改委等 13 个部委制定颁布了《关于加快发展社区服务业的意见》，明确指出"社区服务业是在政府倡导下，为满足社会成员多种需求，以街道、镇、居委会和社区组织为依托，具有社会福利性质的居民服务业"。社区服务业由社区福利服务业、便民利民服务业和职工社会保险管理服务业组成，是社会保障体系和社会化服务体系中的一个重要行业，是具有福利性质的第三产业。该文件将社区福利服务置于社区服务之下，并提出向社会化、产业化方向发展，建立自我积累、自我发展的运行机制，强化"以服务养服务"的意识。1994 年，在上海市召开的民政工作会议上，进一步澄清了社区服务发展中的模糊认识，强调社区服务具有双重属性，它既是一项以非营利为目的的专业性生活服务事业，又是特殊的第三产业，并提出要提高社区服务的产业化程度和经济效益。为了贯彻上海会议的精神，民政部于1995 年制定颁布了《社区服务示范城区标准》，在全国布置开展了创建示范城区的活动，为社区服务在全国城镇的广泛普及和整体水平的提高提供了规范指导，保证了社区服务的正确发展方向。

第四阶段：深化拓展阶段（2000 年至今）。20 世纪 90 年代后期，由于原有的社区福利服务项目已经不能满足居民的日常需求，社区福利服务的内容开始不断拓展，民政部提出在继续开展社区福利服务的基础上，统筹推进社区建设，社区福利服务由此被纳入更广义的社区建设的范畴。2000年，中共中央办公厅、国务院办公厅转发了民政部《关于在全国推进城市社区建设的意见》，社区服务被确定为社区建设的重点发展项目，要坚持社会化、产业化的发展方向，主要内容为"四个面向"：面向老年人、儿童、残疾人、社会贫困户、优抚对象的社会救助和福利服务，面向社区居民的便民利民服务，面向社区单位的社会化服务，面向下岗职工的再就业服务和社会保障社会化服务。2006 年，国务院发布《关于加强和改进社区服务工作的意见》，指出要坚持社会化的基本原则，发挥政府、社区居委会、民间组织、驻社区单位、企业及个人在社区服务中的作用，政府提供公共服务，鼓励、支持社区居民和社会力量参与社区服务。2007 年，国家发展改革委员会和民政部联合印发《"十一五"社区服务体系发展规划》，对社区服务体系建设作出全面系统的规定，内容包括社区服务体系建设的指导思想、基本原则、发展目标、重点任务、重点工程以及保障措施等。2009 年,民政部再次出台《关于进一步推进和谐社区建设工作的意见》,强调要充分发挥行政机制、互助机制、志愿机制、市场机制的作用,积极推进政府公共服务覆盖到社区,进一步完善覆盖城乡社区居民的社区福利服务体系,满足居民群众多样化、多层次、多方面的服务需求。

(三)我国社区福利服务建设的现状

经过 20 多年的不懈努力,我国的社区福利服务已经形成了较为成熟稳定的管理体制和运行机制,特别是在社区行政管理、资金供给与运作以及人力资源的动员和整合方面,社区福利服务遍布全国各地的大街小巷,融入城市居民的日常生活,并正在积极向农村地区拓展。实践证明,我国目前建立的社区福利服务管理体制和运行机制是与我国转型时期的基本国情、社情相适应的,对于推动整个社区建设和发展是切实可行的,成绩也是有目共睹的。具体表现在以下几个方面:

1. 社区福利服务意识深入人心

在过去的很长时间内,人们有困难首先想到的是政府,或者通过单位来解决。但是,随着我国市场经济体制的改革和完善,社区福利服务的逐步推广和深入,人们再遇到困难找到的是街道、居委会、社区服务中心、社区组织以及社区志愿者等。社区意识和社区福利服务观念深入人心,并潜移默化地影响着人们的日常生活。从某种意义上说,这种观念上的变化和思想上的解放,比一些服务设施建设等物质方面的改进更加有意义,也更能推动社区福利服务向纵深方向发展。目前,全国各地大部分省市的社区福利服务得到较大发展,社区福利服务业也正式成为国民经济和社会发展规划的重要组成部分,政府在规划立项、税收减免、资金支持、用房用地、编制用工等方面出台了一系列保护扶持政策和措施,为社区福利服务的运行和发展营造了良好的外部环境。可以说,社区福利服务事业方兴未艾,正处于蓬勃发展的最好时机。

2. 中国特色的社区福利服务管理体制初步形成

社区福利服务管理体制,主要是指在政府行政系统层面,通过行使行政职权、制定政策法规等方式管理社区福利服务,这也是指导和规范社区福利服务事业发展的制度保证。经过多年的发展与完善,我国各地已逐步形成了政府领导、民政主管、社会参与的社区福利服务体制。

(1)政府在社区福利服务管理体制中处于主导地位。作为后发型现代化国家,我国的社区福利服务事业从创办之初就是在政府自上而下的领导和推动下萌发成长的,这与西方国家的自发性和自下而上的运行机制有很大的不同。社区福利服务之所以在我国发展得如此迅猛,完全得益于政府的支持和引导。如果没有政府的积极推动,仅靠社区居民自发的参与和自下而上的推动,社区福利服务最多只能在个别地区的个别社区发展开来,而不可能出现整个地区甚至全国性的发展。政府对社区福利服务的扶持和推动是多方面的,主要体现在:第一,倡导发展社区福利服务事业,制定和实施社区福利服务的发展规划和政策措施。目前,国家层面共出台各类规划2个,政策文件10多份,确保了社区福利服务事业的稳步发展。第二,通过制定和实行社区福利服务标准,进行宏观管理和业务指导。目前,制定和实行的各类社区福利服务标准4个,确保了社区福利服务的正确发展方向。第三,以项目、经费等多种方式,资助和引导社会各界开展群众急需的社区福利服务项目。第四,鼓励和兴办社区公益事业,切实履行政府的服务职能,特别是政府在社会保障方面的职能。

(2)民政部门在社区福利服务管理体制中发挥引领作用。中国社区福利服务体制的特殊之处在于,不仅将民政对象的服务需求置于核心地位,而且在组织建制上由民政部门主管。由于社区福利服务与民政服务有一定的历史渊源,具有社会福利的性质,而民政部门负责拟订社会福利事业发展规划、政策和标准,同时负责拟订城乡基层群众自治建设和社区建设政策,拥有推行社区福利服务的政策支持网络,也就理所当然地成为主管部门。目前,社区福利服务的行政管理体制分为市、区、街道三级,设有专门的主管机构和协调机构。主管机构一般是各级政府的民政局,主要负责组织、部署和实施社区福利服务工作;协调机构的职能是制定社区发展规划和政策,动员协调相关部门,支持配合各项工作的开展;街道负责确认和实施服务项目,指导、督促和检查居委会开展社区福利服务工作。

（3）社会力量是社区福利服务建设的重要组成部分。社会参与的主体包括社区居民、社区内单位、社区组织等，首要的是社区居民的参与。社区居民既是服务的对象，也是服务的主体，他们参与社区福利服务的深度和广度，直接影响到社区福利服务的成效。只有社区居民直接广泛地参与，才能有效整合和充分利用社区自身的各类资源，培育居民的社区归属感、认同感和现代社区意识，从而推动社区健康、有序和可持续发展。社会参与还包括社区内外机构团体的参与，包括公安、城建、工商、税务、财政等部门，以及共青团、妇联、残联、工会等社会团体。这些机构和团体全方位参与其中，就可以充分调动社区内外一切社会资源，形成强大的社会支持网络，共同推动社区福利服务协调发展。

3. 社区福利服务资金保障机制运转有效

资金支持是保证社区福利服务事业持续有效运转的物质基础，也是衡量一个地方社区福利服务事业发展水平的重要标志。我国已经初步建立了以社会筹资为主、以政府资助为辅的多层次、多途径、多种经济成分并存、多种力量共同兴办的社区福利服务资金供给机制。这种多元资金供给机制是建立在我国社会主义初级阶段的基本国情之上的，充分发挥了社会力量和市场机制的作用，较好地缓解了政府资金投入不足的问题。

目前，社区福利服务资金的供给渠道主要有三个来源：第一，政府对社区福利服务的资金投入。社区福利服务作为国家社会福利制度的一部分，政府理所当然地承担起资金投入的责任，政府的投入始终是社区福利服务的重要资金来源。政府投入的形式分为直接投入和间接投入两种，直接投入是通过政府的财政拨款来体现；间接投入则通过税收减免、无偿提供场地和设施等形式来实现。第二，各种社会捐助形成的资金投入。随着我国公民主体意识的不断提高，越来越多的人参与到社会捐助的活动中来，社会捐助的资金也随之不断增长。社会各界对社区福利服务的捐助呈现出多主体、多形式、多渠道的发展趋势，机关、企业、社会团体和个人等都积极参与其中。第三，社区自身营利收入的再投入。在社区福利服务的各种项目中，除了为特殊困难群体提供的基本生活需要服务是无偿的之外，其他超出基本生活需要的部分都是可以收费的。社区福利服务在保证其福利性和公益性的前提下,适当开展一些营利性的项目,并以低偿为原则,以社会效益为主,兼顾经济效益,用营利性部分的收入支持和弥补福利性服务的成本,提高了社区福利性服务自我存续和自我发展的能力。

4. 社区福利服务队伍和社区福利服务网络不断加强

人力资源的构成与动员机制的运行是社区福利服务有效开展的重要因素,也是社区福利服务得以运转的必备条件。经过多年的发展,我国社区福利服务队伍从无到有、迅速发展,数量不断增多,来源不断广泛,专业化程度不断提高,建立了一支以专职人员为骨干、以兼职人员为主体、以社区志愿者为基础的社区福利服务队伍,形成了专兼结合、功能互补的服务队伍格局。

(1)社区福利服务的专职人员是指以社区福利服务工作为主要职业的人员,也就是职业化的社区福利服务工作者。以专业化程度为标准,社区福利服务工作者又可以分为专业工作者和非专业的劳务工作者。专职人员一般分布在社区服务中心、社区敬老院、社区托护所、职业介绍所、青少年活动中心、社区图书馆等社区服务机构之中。社区服务机构和人员数量的迅速增长,为我国社区福利服务事业的发展创造了必要条件,也为劳动就业开辟了新的渠道。近年来,许多地方面向社会公开招聘了一大批具备专业知识的人才进入社区工作者队伍,这些专业人才在心理咨询、法律援助、社区矫正、社区安全等领域发挥着重要作用。

(2)社区福利服务的兼职人员是指兼任社区福利服务岗位工作的人员,他们大多来自与社区工作相关的行政机关、企事业单位、社会团体和居委会。就目前而言,兼职人员以居委会干部为主,数量也比专职人员多。据统计,截至2010年年底,全国共有社区居委会成员43.9万人,通过换届选举,一大批素质高、能力强、作风正、愿意为群众服务的居民走上社区工作岗位。这些兼职人员是社区福利服务的主体力量,他们的文化程度相对较高,大多在自己本职工作之余兼任社区福利服务工作。他们既熟悉国家现行的政策法规,又具有社区工作的知识和经验,服务的专业技术含量和层次比较高。

(3)社区志愿者又称义工,指一些自愿提供经常性的和直接的无偿服务的人员。社区志愿者及其志愿活动的基本特征在于自愿性、公益性、非营利性、经常性和服务对象的专门性等。社区志愿者出于个人自愿,积极参与社区福利服务活动,并不谋取相关报酬。截至2010年年底,全国社区志愿者组织已经达到28.9万个,每个社区至少有三支以上的社区志愿服务队伍,注册的社区志愿者达到3100万人,参加社区志愿服务活动的人数已累计达到5000多万人次,服务时间达1500万小时,成为推动社区福利服务事业的重要力量。

(4)在社区服务设施建设方面,"十一五"期间,中央和地方预算投入资金21.8亿元,在全国范围内规划建设3000个示范性综合性社区服务设施,全国多数地方城区、街道层面都有一处以上面向社区开展服务的综合性服务设施。截至2010年年底,全国城镇社区服务设施已达18万个,城镇便民利民服务网点74.8万个,街道社区服务中心3928个,社区服务站50782个,社区卫生服务中心6456个,社区卫生服务站2.5万个,社区文化中心(室)3.4万个,社区劳动保障工作机构4.55万个,慈善超市7053个,社区综治工作服务站(点)10万多个,社区警务室6.2万个,社区人民调解委员会7万个,法律援助工作站5.5万个,消费者投诉站、消费维权联络站4.9万个。社区福利服务人员队伍依托这些机构和平台,活跃在社区福利服务的各个领域,初步形成以社区服务中心为纽带,市、区、街道、居委会相互联系、相互支持的社区福利服务网络,社区居民大量的民生问题得到了有效解决。

5. 社区福利服务的范围和内容不断拓展

提供社区福利服务的落脚点和归宿是满足人民群众日益增长的福利需求,方便群众的日常生活。相比传统的民政服务,社区福利服务已有很大的发展,服务范围和内容基本覆盖社区居民物质和精神生活的各个领域,服务对象从老年人、残疾人、儿童、优抚对象等特殊群体扩大到全体社区居民,服务内容从单一分散的服务发展到包括社区救助、养老、助残、救孤、优抚、就业、青少年教育、医疗康复、婚丧嫁娶、居民生活、家政服务、信息及治安防范等多层次、多方位的系统化服务,服务方式由无偿发展到低偿、有偿、无偿相互补充以及设施服务、互助服务、志愿服务相互结合的多渠道、多样式服务形式和做法。目前,多种利民服务项目普遍展开,各种便民服务方式不断涌现,社区居民的服务需求得到了不同程度的满足。

　　此外,社区福利服务的方式方法也在不断改进,全国许多地方在街道层面开展了"一站式"服务,为居民提供方便快捷的福利服务。为解决社区困难群体的生活困难,许多社区还建立了阳光超市、慈善超市、扶贫超市等新型福利载体,积极为困难群体排忧解难。一些地方还加大了政府购买服务的力度,在社区内配备专门的卫生保洁、社会治安、劳动保障、计划生育等协管人员,开展社区公益服务和便民利民服务。计算机信息网络技术也开始广泛应用于社区福利服务,街道普遍建立起社区信息综合服务网络,并与社区居委会的社区服务站实现联网,提高了社区福利服务的效率和质量。

三、我国社区福利服务建设的主要问题与原因分析

　　如前所述,改革开放以来,特别是近10年来,社区福利服务建设取得了突出的成绩,基本满足了人们日益增长的福利服务需求。但是,随着国家经济实力的稳步提高,人们对物质和精神文化生活又有着新的更高的要求,当前的社区福利服务供给状况也不能完全适应和谐社区建设的新形势。而且,我国社区福利服务的发展毕竟只有20多年的时间,尚处于成长发展的关键期,在理论和实践上都存在需要深入探讨和解决的问题。

(一)社区福利服务管理体制滞后,政府职能转变尚未到位

　　管理体制滞后是影响社区福利服务发展的根本因素。政府职能转变尚未到位,政社不分、政事不分的现象依然存在,以政代社、政社混淆的弊端仍然突出。政府直接插手各项社区管理事务,直接组织和承办社区内的文体活动、公益活动、慈善活动、志愿者活动等,将本来应由社区非营利组织、社区居民和社区志愿者承担的任务据为己有。反过来,这导致非营利组织发展缓慢,社区居民的参与意识不强,志愿者队伍发展规模有限。政府并没有充分培育和扶持非营利组织的成长,营造居民和志愿者主动参与的良好环境,无论是政策支持上还是资金资助上,政府的作用都没有充分发挥出来。

　　现行社区福利服务管理体制的最大缺陷在于,民政部门的职能和权限

难以胜任社区福利服务的管理要求,形式上是民政主管,实际上民政管不到、管不了、管不好。经过多年的发展,社区福利服务的内涵和外延在不断丰富和扩张,服务性质、服务对象、服务内容更加多样和广泛,已经超出了民政工作和社会福利的范畴,越来越具有社区建设的特征,民政部门的职能和权限也就很难胜任社区福利服务事业的规范管理要求。就服务对象和服务内容而言,民政部门主管的主要是针对社会弱势群体的福利服务,对于面向社区居民的营利性服务,民政部门管不了,工商、税务等部门又管不过来,造成社区管理上的真空地带。一方面,在社区服务设施和资源的调配使用方面,社区服务中心和服务站的投资主体及运营主体是各区政府、街道办事机构,民政部门的职权范围有限,一般无权过问设施的规划、建设和使用。另一方面,社区服务的多头管理又导致政出多门、管理越位、职权交叉,社区福利服务工作的行政化倾向难以得到根本的遏制。

从社区居委会的层面来看,政府主导的社区福利服务管理体制强化了社区福利服务的行政化色彩,弱化了居委会的自治功能。一方面,居委会承担了大量区、街道分派的行政工作,工作重心也向此倾斜,自身行为的价值取向与政府保持高度的一致,已成为政府深入社区的一条"腿";另一方面,居委会工作的行政色彩过浓,无暇顾及居民的合理诉求,基层群众自治组织的性质被扭曲,难以发挥自我管理、自我教育和自我服务的自治功能。

(二)社区福利服务发展中的资金投入不足,资金供给不畅

资金来源困难是当前制约社区福利服务发展的首要因素。社区福利服务具有福利性和公益性的特征,这就决定了政府对社区福利服务资金的供给有不可推卸的责任,政府的财政拨款是社区福利服务事业发展最重要的资金保障。但与发达国家相比,我国政府投资占总支出的比例还比较低,最多在30%左右。从目前的现状看,政府财政收入的绝大多数资金都用于刺激经济的增长,用于社区福利服务的资金十分有限。社区福利服务投入的随意性比较大,往往受到领导主观意志、政策舆论导向的影响,规范化程度比较低,社区福利服务的支出既未纳入国家财政预算体系,也没有归入政府预算或其他事业预算中。不同层级的政府在资金投入职责上还没有形成明

确的制度与机制,容易造成权责不清、责任模糊的问题。

政府在社区福利服务投资上的捉襟见肘,使得筹资的渠道不得不转移到社会运作和商业机制上去。虽然我国公民的慈善意识在不断提高,社会捐赠的现象越来越普遍,但是还未形成规范化、常态化的捐赠氛围,没有固定的来源和稳定的规模,也就很难成为独立稳定的融资途径。在这种情形下,资金供给的重任只好求助于商业化机制的运作,这在某种程度上也与我国社区福利服务的实践相吻合。许多街道、居委会本身的经济实力就十分有限,只好通过形式多样的商业性服务活动来赚取利润,并从这些利润中提取一部分来开展社区福利服务,这也是政府部门倡导的"以服务养服务"。在当前乃至今后的相当长的时间内,这种资金供给模式有其现实的合理性,营利性和有偿性的服务还会存在,用来弥补和补充福利性服务和无偿性服务。但是,这也容易造成重经济轻服务、重有偿服务轻福利服务的不良现象,反而使社区福利服务越来越失去其福利性特征,商业化色彩却越来越浓,背离了社区福利服务制度设立的初衷。

(三)社区福利服务观念相对落后,社区参与的社会化程度不高

我国的社区福利服务是在社会福利社会化改革思路推动下的产物,但在单位制逐渐解体、政企政社分开的市场化改革潮流中,大多数居民的归属感仍然停留在原来的单位上,社区意识比较单薄,对社区的认识还不是很全面,认同感和归属感不够强烈。我国社区居民的总体参与程度不高,参与社区福利服务的大多是离退休人员,社区单位和在职人员的参与不多,规范化、制度化的参与机制远未形成。而且,不少社区居民将社区福利服务视为政府、街道与居委会的事情,依赖心理和领受意识强,缺少主动参与社区事务的责任感,即使有参与也主要是在街道、居委会的动员劝说下的被动式、应付式参与,自觉自愿的不太多;有的人认为社区福利服务是老弱病残和文化程度不高的人从事的职业,从心里瞧不起甚至抵触社区福利服务工作。总体而言,不少居民的社区服务观念相对落后,"社区是我家,管理靠大家"的现代理念尚未深入人心,建设社会化社区参与机制依然任重而道远。

社区参与社会化程度不高的另一表现是,社区非营利组织发育不良,数量较少,参与者人数不多,在社区福利服务建设中的作用还不突出,与其应该承担的职能和任务还存在较大差距。社区福利服务本来具有很强的群众自治性特征,这与非营利组织的活动宗旨具有内在的契合性,非营利组织理所当然地应在此领域发挥重要作用。从西方发达国家非营利组织成长发育的历史来看,政府退出了很多传统的公共服务领域,转而由非营利组织承担,发达国家非营利组织的支出已占国民生产总值的10%左右,国家对外援助资金的40%是由非营利组织支配的。受我国政策制度环境的影响,政府控制着大量社区资源并直接从事社区福利服务项目,留给非营利组织的活动空间极为狭小,非营利组织在登记注册方面还有种种限制,因此非营利组织数量少、势力弱、社会影响小,普遍存在资源匮乏、自身能力不足、专业化程度偏低等问题,难以承担政府转移出来的服务职能和服务重任,相应延缓了我国社区福利服务社会化的进程。

(四)社区福利服务队伍整体素质较低,专业化水平不高

从长远的角度看,我国当前社区福利服务队伍的构成和素质与我国社会主义市场经济条件下对社区福利服务的发展需求是不相适应的。这支队伍尚处于粗放增长和外延扩张的发展阶段,人员的整体文化素质较低、收入待遇不高,提供的服务项目在内容、质量和专业化技能上仍处于较低层次。

在我国社区福利服务事业发展的初期,蓬勃发展的事业需要大规模的人力资源的支持,这也就吸引了大批下岗待业人员、家庭妇女、离退休人员和有劳动能力的残疾人加入到服务队伍的行列。在服务队伍的人员构成比例中,专职人员相对较少,绝大多数都是劳务型的人员,文化程度普遍不高,接受过大学教育的微乎其微,更谈不上接受过专业的社会工作训练了。兼职人员的本职岗位不在社区福利服务职责范围内,与社区也没有直接的利益关系,往往只需对其本单位和部门的领导负责,这就很难对他们的工作进行业绩考核,也难以从根本上产生约束力。因此,这支队伍会让人产生"身在曹营心在汉"的感觉,缺少内在的动力和应有的积极性、主动性和创造性。社区志愿者是社区福利服务队伍中的基础力量,但是我国的社区志愿服务活动还处在起步阶段,志愿服务的目标定位还不成熟,相关政策法规并

不健全,实践中也存在着种种问题。志愿服务活动的组织体制和运行机制的行政化色彩过浓,削弱和降低了志愿服务活动的志愿性,而且在许多社区公益性服务设施中志愿者的数量太少,一些志愿服务的对象又有泛化和扩大化的倾向,并没有专门针对社区内的困难群体和弱势群体,同一社区内的高收入者因地缘位置的便利而享有了不该享有的服务内容,这在一定程度上侵害了弱势群体的合法权益,造成了本来稀缺的服务资源再次分配的不公平。

(五)社区福利服务供给不足,社区之间发展不平衡

在我国社区福利服务的具体实践中,提供的服务项目还不是很多,而且大多集中于老年人照顾、残疾人照顾、贫困家庭照顾、社区卫生、计划生育、婚姻职业介绍等内容。至于社区居民急需的专业化服务,诸如老年人心理与行为辅导、弱智儿童辅导、精神障碍者回归社会辅导、问题青少年行为矫治与辅导、暴力家庭与单亲家庭的辅导与治疗、刑满释放人员的社会化辅导、居民的健康辅导等知识含量较高的服务内容,则还没有普遍开展起来。即使这些简单的社区福利服务,也存在着供给不足的情况。比如,我国正处在老龄化加快发展的新阶段,迫切需要社区开展面向老人的养老、就医、娱乐健身、精神慰藉等方面的服务,尤其是企业离退休人员全部移交给社区后,社区承担的为老服务任务越来越重。然而,就服务设施而言,有的社区服务设施明显不足,配套项目不齐全;有的社区单体性设施过多,综合性设施缺乏;有的社区虽然建立了一些服务设施,但由于没有很好地根据居民的实际需求设置服务项目,或者提供服务的方式不容易为社区居民所接受,使得一些服务设施处于闲置状态,在资源本来就不丰富的情况下,又造成了新的资源浪费。

同时,随着我国市场经济体制的逐步建立和完善,社会利益和社会群体日益分化,按阶层划分的社区格局越来越明显。不同阶层之间在支付能力、需求层次上有着很大的不同,不同类型的社区开始出现,社区福利服务也呈现出不平衡的发展趋势。简单来说,社区可以划分为优势社区和弱势社区。优势社区包括中高档商品房住宅区、单位大院住宅区、经济适用房住宅区

等,这类社区的房屋质量较好,物业管理规范,配套服务设施完善,社区卫生环境优良,社区居民普遍有安全感。弱势社区包括混居型陈旧住宅区、平房区、棚户区等,这类社区在物业管理方面交叉多元,有些甚至存在管理空白,居住人口收入较低,社区环境脏乱,社区配套设施不完善,居民的安全感较差。社区福利服务发展的不平衡性还体现在不同阶层的需求差别上,社会弱势群体对低层次、无偿性的福利服务仍有一定的需要,中层居民有一定的支付能力来满足自己对服务的需求,至于上层居民更看重服务的品牌和质量。

四、国外社区福利服务建设的制度安排与经验借鉴

通过对一些国家和地区社区福利服务政策体系的比较研究,可以使我们全面深入了解发达国家社区福利服务方面的政策制度架构。进行社会政策的跨国比较有一定难度,不同国家和地区所面对的具体情况并不相同,制度设计的初衷也就会有所差异。必须从更广阔的历史文化和社会福利体系背景之中进行理解和把握,才能更加明确哪些政策措施是针对该国自身特点的,哪些又是放之四海而皆准的,并为我国建立和完善社区福利服务的制度体系提供建设性的经验。

(一)英国

英国是世界上最早出现的福利国家之一,近半个世纪以来,英国的福利体系经历了从不断完善、迅速发展到陷入困境、改革调整的曲折过程。20世纪 50 年代,英国学术界和社会组织对实行了多年的院舍照顾(institutional care)进行反思,社区照顾(community care)作为一种替代性照顾方式开始兴起。它是英国在福利国家政策有所变化的背景之下推行的一种新型社区工作模式,经过多年的调整和完善,已成为英国社会福利工作最主要的方式。

1. 发展进程

自《济贫法》颁布之后,英国的社会福利在很长的时间内沿袭了机构设

施照顾的方式,对那些无依无靠的老人、残障人士和精神病患者实行集中收养的方式,国家通过兴办大型福利设施,集中照料和收养这些受助人员。虽然院舍照顾较好地解决了受助人的基本生活需要,但是这些大型设施所处地域比较偏僻,远离被照料者生活的社区,使其被置于一种非正常的环境中。这些人因此失去了同正常人进行交往、进行正常社会生活的条件,得不到自我康复和实现的机会。而且调查还表明,某些住院者受到了非人的待遇。在院舍机构中,工作人员很少致力于病人的康复,而是形成了一种控制甚至虐待居住成员的行为方式。院舍照顾的另一弊端是,院舍往往会发展出一种我行我素的生活,强调院舍的需求以维持其顺利运转,而不是服务于居住者的意愿。于是,一些人权组织发出了让住院者回归社区的呼声,由社区作为保健和福利服务的供给主体,取代设施收养的院舍照顾方式。此外,面对日益衰退的经济困境和国家沉重的财政压力,政府顺势倡导和提出社区照顾的理念,并在1959年颁布的《精神卫生法》中对此做了明文规定。社区照顾能使被照顾者像正常人一样在自己熟悉的社区环境中生活,不再产生被抛弃感,从而受到了普遍的欢迎。1971年,英国社会福利专业委员会通过对设施照顾和刚刚兴起的社区照顾运作中存在问题的调查,提交了一份社区照顾改革报告书,提出社会福利设施小型化和家庭化、福利保健服务社区化的改革方案;同年颁布的《地方自治体社会服务法》,吸纳了改革方案的具体内容。自此,社区照顾在英国全面展开。1990年,英国政府颁布了《社区照顾法》和《国民保健与社会关怀法》,该法律明确了未来社区照顾改革的基本方向,进一步强化了地方自治机构的权限和责任,将规划和管理的权限全部下放到地方自治体和社区委员会,社会福利服务的管理逐步从由中央到地方的纵向体制转变为以社区为基础的横向体制,由一元体制走向多元体制,政府财政支出瓶颈也由此得到缓解。

2. 制度安排

社区照顾的含义就是不使被照顾对象脱离他们熟悉和生活所在的社区,动用社区资源,运用社区支持体系,在本社区内开展服务。社区照顾的工作体系由管理员、关键工作人员和照顾人员组成。管理员对某一社区的社区照顾负全部责任,具体内容包括分配来自政府的社区照顾资金,聘用和监督下层社区照顾人员。关键工作人员是在管理员指导下开展社区照顾的主要责任者,负责资金发放,了解被照顾对象的需要并为他们解决一些重要问题。照顾人员是由政府雇用从事直接日常生活服务的人,他们并不都是全职,多是与被照顾对象有亲属关系的人,也可能是他们的邻居。以老年人服务为例,社区照顾的具体形式有以下几种:①在社区内兴建老人院,集中收养社区内无人照顾、生活不能自理的老人。但是这种院舍是开放的,住院老人走出院舍就能进入他们生活的社区,这也是与传统的将院舍与老人生活所在的社区隔离开来的院舍照顾最大的不同。②开办老年公寓,为社区中有生活自理能力但身边无人照顾的老人提供服务。有需要的老人也可以定期来这些公寓,政府专门安排交通工具接送老人,老人一般当日返回自己的住所。③对居住在自己家里但生活不能完全自理的老人,由社区照顾人员实行上门服务,服务项目包括上门送餐和代为做饭、清理卫生、购买生活用品及聊天等。政府也会发放适当的津贴,由家庭成员来照料留在社区、住在家里的老人。①

(二)美国

受英国社区照顾政策的影响,美国社区福利服务从 20 世纪中叶开始蓬勃发展。但是美国没有直接沿用社区照顾、社区服务等概念,而是使用了社区实践(community practice)和社区发展(community development)一词。虽然美国在社区概念上未能取得统一认识,对是否有严格意义上的社区福利服务在理解上还存有争议,但是不能因此认为美国不存在社区福利服务政策和相关的实践活动。相关的福利服务是在社区建设和社区发展的进程中开展的,目的就在于通过发展社区经济社会文化来增进社区居民的福利。

1. 发展进程

20 世纪 50 年代,美国的一些城市成立了社会发展部,并组建了社区组织委员会,大力推行城市社区建设。1951 年,纽约市曼哈顿区建立了 12 个社区规划委员会,委员会成员负责协调区长来规划和预算本地区的发展。

---

① 参见夏学銮主编:《社区照顾的理论、政策与实践》,北京大学出版社 1996 年版,第 31—32 页。

1963 年,纽约市将曼哈顿区的经验推广到其他区县,并通过立法的形式加以规定。当时的城市社区发展项目包括社区福利、医疗卫生、预防和治疗犯罪、廉价住房建设等。美国社区福利服务的真正发展是在试图消灭贫困的社会背景下开始的,当时美国政府尝试着从解决贫困问题着手缓和社会矛盾,推行了以消灭城市贫困为目的的社会工程。1964 年实行的《经济机会法》中明文规定,社区需要开展以下公益事业:职业培训,提供就业机会;健全社区文化教育机构,推行社区成人教育;保护儿童;企业捐助;社区福利服务等。自此,以社区为依托开展的防贫和扶贫活动进入了全面的发展时期。受英国社区照顾政策的影响,美国于 1963 年颁布了《社区精神保健中心法》,极力倡导精神病患者和智力残障者从设施收容所回归社区的政策,要求在 30 万人口左右的社区必须设置一所社区精神保健中心,为精神病患者回归社区提供必要的福利服务。80 年代,美国的一些城市开展了大的社区建设项目,强调社区居民、社区志愿者和社区组织的广泛参与,提高社区居民的自我依赖、自我完善、自我发展能力,培育真正有生命力的社区。90 年代初,美国政府提出了《授权区和事业社区法案》,以重新界定政府和社区的关系为突破口,实行政治、经济和社区福利一体化的发展目标。

2. 制度安排

如前所述,美国使用的概念是社区实践和社区发展,而不是社区福利服务。与社区相关的内容范围比较广泛,可以大致分为六个部分:邻里与社区的组织化建设;社区的经济发展和社会开发;社区福利服务;失业援助;互助活动;权利保障等。社区福利服务的内容包括:为老年人和残疾人提供照顾、为学前儿童提供保育、为在校儿童组织夏令营、为失业者提供职业培训和职业介绍服务并进行家庭企业咨询、为无家可归者和单亲家庭提供住房支持、为妇女儿童提供保护服务、为低收入个人和家庭提供资助、帮助移民和难民迅速融入本地社会实现本地化。[①] 相关内容的规划和运作主要由社区委员会承担,具体职责包括:考虑本社区与外部的沟通;参与编制预算和

---

① 参见汪立华、沈洁等:《中国城市社区福利》,社会科学文献出版社 2008 年版,第324 页。

拟定资金使用计划与本社区发展规划;监督和评估社区服务质量;选聘董事会职员,分派社区主任和专业工作人员的日常工作,并向市长、区政府和议会递交年度报告。委员会通过调查社区的福利需求情况,制订和安排社区福利服务发展计划,并监督服务供给的质量。委员会本身是一种非营利组织,委员不拿报酬,委员资格也没有其他附带条件,但是需要一定比例贫困阶层人士的参与。美国的社区管理组织还包括社区董事会,它是由政府和民间合作构成的非营利组织。社区董事会的职责和社区委员会的职责基本相同,只是在服务对象上有所区别和分工。美国社区福利服务供给的一个显著特点是,非营利组织非常发达,提供的服务项目种类繁多、无所不有,只要有需求就有相应的服务,福利供给也呈现出多元化的发展趋势。

(三)日本

受欧美国家社区福利服务发展的国际思潮以及本国人口老龄化进程加快的影响,日本率先在亚洲进行福利事业改革,发展社区福利就是其中的一个重要改革方向。与欧美等国不同的是,日本政府始终在左右和诱导着社区福利服务的发展方向,因此社区福利服务发展过程的行政化程度和政治色彩比较浓厚。当然,在社区福利服务的对象和内容方面,日本与其他国家还是有很多的相似之处,也较好地解决了工业化进程加速带来的民众社会福利需求多样化的问题。

1. 发展进程

日本的社区福利服务政策形成于20世纪60年代后期,当时日本正处于经济高速增长的鼎盛时期,这种"高积累,非民主"、"重经济、轻民生"的财政支出结构也引发了种种社会问题,日本民众自发成立了各种社会团体,并发起要求保障民众生活权利的社会运动。由此,日本政府推出了社会开发的综合发展目标,政策逐渐向发展民生方面倾斜,发展社区福利服务成为其中的一项重要内容。进入70年代,日本经济受到世界石油危机的巨大冲击,"高福利、高负担"的全民保障型福利模式造成国家负担过重,日本政府提出了"日本型社会福利"的构想,把福利保障责任转嫁给地方政府和地域社会,"福利社区化"正是其中的发展方向。到80年代,人口老龄化的急速发展带来了老年人口的增加以及老年人福利费用的急剧膨胀,这再次加重了财政的压力。社区福利服务建设从社会开发逐步转向社会照顾,强调个人的自立和自助是基本的原则,家庭和社区之间的互助建立在这一基础之上,政府的责任是对上述的自助和互助提供必要的援助和创造发展的环境。进入90年代之后,日本社会各界又开始对政府在社会保障问题上一味推卸责任的做法展开批评,强调政府应正视国民在社会保障需求上高标准、多样化的发展趋向。日本社会保障审议会也认为,国家有责任考虑建立相应的社会福利服务体系,为弱势群体中出现的生活困难人员和贫困人口提供保障。2000年,日本政府颁布了《护理保险法》,确立了以提供居家养老、社区照顾为主要目的的社区福利发展方向。该法规定,市、町、村地方自治体既是护理保险的保险者,又是护理服务的提供者。地方自治体自行决定护理保险金的投保金额、服务项目等,还承担养老服务项目的权限和义务的具体运作。该法律还设置了福利经纪人制度和家庭护理员制度,设立了社会福利情报管理中心,提升了社区福利服务的专业化、职业化和制度化水平。

2. 制度安排

日本社区福利服务的对象主要是老年人、残疾人、妇女和儿童,以及老年人家庭、残疾人家庭、单亲家庭和低收入家庭等。福利社区化是指以社区为基本社会单位,以社区为活动范围,注重社区住宅和公共服务,社区规划应考虑不同人群的不同需要,最终目标是消除居民之间的差异,提高生活质量。具体是通过建立町内会、地区社会福利协议会、社会福利服务中心等多元化的组织形式,形成校区制的新型管理体制,确立了自我努力、相互协作、依靠地方政府以及各种社会组织和社会团体、扩大志愿者组织参与的原则。按照服务群体类别,日本的社区福利服务可以分为老年人福利服务、残疾人福利服务和儿童福利服务等。按照服务方式,又可以分为家庭服务体系和社区设施服务体系。① 家庭福利服务是通过社区内的生活援助中心,为那些有福利服务需求但不能或者不愿入住福利机构并接受服务的个人和家

---

① 参见沈洁:《日本社会保障制度的发展》,中国劳动社会保障出版社2004年版,第174—176页。

庭,提供有针对性的居家福利服务。家庭福利服务以社区内的非营利机构为主体,政府的责任主要在于通过业务委托或公设民营的形式对其进行经济支持和政策指导。社区福利服务体系的另一部分是设施福利服务体系,又可以分为收养居住和分散利用两种类型。收养居住型设施的服务比较规范,特别是社区内的小型居住型设施具有浓郁的家庭生活气氛,非常适合那些居住条件紧张、家庭护理困难的老人、重度残疾人和精神病患者。分散利用型设施是根据居民个人的需求,自由选择利用服务设施的形式,它所提供的服务项目大多带有预防性功能。

(四)经验借鉴

由于国家的政治体制、社会文化、历史传统不同,在社区福利服务的发展模式、发展程度、覆盖范围、保障水平等方面存在着诸多不同之处。但是撇开这些差异性,各国的社区福利服务在发展过程中也表现出许多相似性之处。这些相似之处和不同之处都有值得我们借鉴的内容,可以概括为以下几个方面:

1. 形成以政府主导、以非营利性组织为主体、全社会广泛参与的社区福利服务运行模式

政府通常不直接参与社区福利服务的日常管理和经营,而是通过签订合约或者委托经营的方式,把直接服务的职能交由非营利组织来承办。政府的职责主要是制定社区福利服务的政策法规,编制社区福利服务发展和资金投入规划,设定社区服务机构的人员资格、硬件设施、日常管理方面的基本条件,同时制定服务标准和指标评价体系,加强对服务运行机构的监管。西方国家的非营利组织比较发达,通常由它们直接为社区居民提供福利服务。非营利组织的成员一般都来自社区,直接接触社区居民,所以能充分了解服务对象的需求,也能根据社区本身的特点,提供多样化的社区福利服务。此外,社区互助组织、社区志愿者和社区居民自身都积极投入到社区福利服务中,利用社会的力量来减轻政府的负担。

2. 完善以财政投入为主、以市场化运作为辅、以社会捐助为补充的社区福利服务资金保障机制

长期以来,西方发达国家就有较强的福利国家传统,政府对社区福利服

务资金的投入是主要来源之一,一般占社区福利服务总资金的50%以上。过重的财政负担、更高的福利需求,使得西方福利国家不堪重负,只好另辟蹊径,寻求他法。通过提供低偿和有偿服务的市场化运作,既获得了社区福利服务的发展资金,又增强了社区自身的维持和发展能力。西方国家又普遍具有社会捐赠、互助互惠的意识,社会捐赠也就成为社区福利服务资金的主要来源之一。

3. 造就一支职业化、专业化的社区工作者队伍

社区福利服务水平的提高通常是与社区工作人员的职业化、专业化程度联系在一起的,工作人员的职业化、专业化程度越高,社区福利服务水平相应也就会有较大提升。比如英国的社区照顾本质上具有社会工作的性质,属于社会工作范畴,从事社区照顾的人员或多或少接受过社会工作的专业培训和资格考核。

4. 构建以人为本、关注民生、内容丰富的社区福利服务体系

西方国家的福利服务体系强调以人为本,也就是根据社区居民的特点和个人需求来设置服务设施,提供不同类型的服务。这种服务通常覆盖到社区内的不同群体,而且针对每一种特殊群体的服务都会丰富多样、特点突出,最大可能地满足社区每一位居民的福利服务需求。

5. 建立内容完整、保障有力、专业化程度较高的制度支撑体系

法律制度是发展社区福利服务的根本保证。西方发达国家在发展社区福利服务时,正是通过制度支撑的方式推进相关工作,并通过法律法规的形式将发展成果巩固下来。这些法律法规不仅包含一般的社会福利立法,而且涉及老年人、残疾人、儿童、智力残障者等弱势群体在社区福利服务方面的具体要求和相关制度,使社区福利服务有法可依,保障有力。

五、加强社区福利服务建设的基本思路

随着社会主义市场经济的不断完善,社区福利服务的内涵和外延不断深化和扩展,服务对象也由传统的特殊困难群体向全体居民延伸。这就需要进一步认识新形势下加强社区福利服务建设的重要性,并根据经济社会

发展的新要求和人民群众的新期待,针对社区福利服务建设中存在的突出矛盾和问题,进一步厘清社区福利服务建设的工作思路,加大资金投入,完善政策措施,不断推动社区福利服务事业又好又快地发展。

(一)充分认识加强社区福利服务建设的必要性

随着我国经济社会的不断发展和人民生活水平的逐步提高,人民群众对社区福利服务的需求越来越迫切,社区福利服务的作用越来越突出,新形势下加强社区福利服务建设具有十分重要的意义。第一,加强社区福利服务建设是履行"立党为公,执政为民"宗旨的具体体现,是党和政府的重要职责。社区福利服务与人民群众切身利益密切相关、紧密相联,党和政府的各项惠民政策多是通过社区惠及广大人民群众。重视和加强社区福利服务建设,正确反映和兼顾不同方面群众的利益,是我们党"为人民服务"宗旨的具体体现,也是"立党为公、执政为民"的基本要求。第二,加强社区福利服务建设是维护社会公平正义的重要基础,是建设社会主义和谐社会的有力保障。社区是社会的基本单位。只有实现社区和谐,才能为达到社会和谐提供牢固基础和可靠保证。加强社区福利服务建设,逐步提高社区居民的公共福利水平,对于提高人民群众的生活质量、缩小收入差距、化解社会矛盾、维护社会稳定、实现社会公平、促进社会和谐稳定,都具有十分重要的意义。第三,加强社区福利服务建设是不断满足人民群众福利服务需要的基本条件,是提升民生幸福指数的客观要求。随着经济社会的发展,人民群众对于社区福利服务的需求越来越高。要努力满足人民群众不断提高并日趋多样化的福利需求,提升人民群众的幸福指数,就必须加快发展社区各类福利服务,逐步扩大福利服务覆盖面,探索发展面向社区全体居民的福利服务,让越来越多的社会成员共享改革发展的成果。第四,加强社区福利服务建设是保障孤老残幼等特殊困难群体生活权益的主要途径,是全面建设小康社会的重要内容。社区福利服务是全面建设小康社会总体目标的有机构成部分,是社会可持续发展的重要基础。当前,我国已进入老龄社会,老年人口已达到1.43亿人,另有6000万名残疾人,57万名孤儿。数量如此庞大的孤老残幼这一特殊群体将对全面建设小康社会构成巨大挑战。加强社区福利服务建设,有效满足孤老残幼等特殊困难群体的福利服务需求,是有效应对挑战、完成全面建设小康社会战略任务的重要保障。

(二)加强社区福利服务建设的指导思想和基本原则

根据经济社会发展水平和人民群众实际需要,在当前和今后一个时期,我国加强社区福利服务建设的指导思想是:以邓小平理论和"三个代表"重要思想为指导,以科学发展观为统领,以不断满足社区居民福利服务需要为出发点,以老年人、孤儿、残疾人、重点优抚对象等特殊群体为重点服务对象,以社会救助、扶老助残、家政服务、生活照料、医疗教育、文化体育、环境卫生、心理咨询等为主要服务内容,充分发挥政府、社区居委会、社会组织、驻社区单位、企业及居民个人在社区福利服务中的作用,整合社区资源,健全服务网络,拓宽服务领域,优化服务结构,创新服务方式,强化服务功能,提高服务质量,加快发展步伐,逐步形成覆盖社区全体居民、服务主体多元、服务功能完善、服务质量和管理水平较高的新型社区福利服务,在提高社区居民生活质量、促进社会公平、化解社会矛盾、维护社会和谐稳定等方面发挥重要作用。加强社区福利服务建设应当遵循的基本原则是:

1. 以人为本、协调发展

要以社区全体居民尤其是孤老残幼等特殊困难群体的实际需要为出发点和落脚点,着眼于社区居民最关心、最直接、最现实的福利服务,统筹考虑社区各类公共资源,整合资源、合理规划、科学配置,大力推进不同层次、不同性质、不同类型的社区福利服务机构和福利服务项目的协调发展,逐步满足社区居民多样化、多层次的福利服务需求。

2. 立足国情、量力而行

根据国家和本地区经济社会发展水平和财力状况,科学规划社区福利服务发展的速度、规模和层次。既不能不顾有限的财力、物力,提出一些不切实际的目标和任务;也不能借口财力不足,推卸发展社区福利服务的责任和义务。

3. 主体多元、共同参与

政府、市场与社会是推动社区福利服务发展不可或缺的重要因素,其中政府是主导,市场是动力,社会是依托。政府是发展社区福利服务的责任主体,应在推进社区福利服务发展中发挥主导作用;市场是促进社区福利服务发展的动力,通过引入市场机制,提高社区福利服务的专业化水平,增强社区福利服务的发展活力;社会是推进社区福利服务发展的平台,各项社区福利服务应根据社区居民实际需求来确定,并依托社会力量来推动。

4. 突出重点、全面推进

社区福利服务点多、面广、线长,既要从实际出发,根据经济发展水平、自然条件和居民需求,着力解决薄弱环节、重点项目和关键问题,又要兼顾一般和可能,整体推进,全面发展;既要坚持广受居民欢迎的传统服务方式,又要善于运用现代科学技术手段,不断提高社区福利服务的整体水平和发展能力。

5. 成果共享、责任共担

为国家、驻社区单位、社会组织和居民个人开辟投资渠道,以多种所有制形式发展社区福利服务业,形成国家、驻社区单位、社会组织和居民个人共同承担发展社区福利服务责任的格局,增加福利服务产品供给,使社区居民都能享受社区福利服务事业的发展成果。

(三)加强社区福利服务建设的主要任务

根据社区福利服务建设进展情况,当前和今后一个时期,加强社区福利服务建设还需要在以下方面加大努力:

1. 进一步健全社区为老服务体系

加快社区养老服务机构和设施建设,鼓励社会力量参与养老机构的建设与运营。创建老年人宜居社区,依托社区服务中心,重点发展面向社区老年人尤其是"空巢"老人、高龄老年人和生活不能自理老年人及其家庭的商品递送、日常生活照料、生理心理健康、文化娱乐和再学习以及家庭婚姻等服务。

2. 积极发展便民利民服务

优化社区商业结构布局,完善社区便民利民服务网络,大力实施以"便利消费进社区、便民服务进家庭"为主题的社区商业"双进"工程,鼓励购物、餐饮、家政服务和再生资源回收等与居民生活密切相关的企业,以连锁经营方式进入社区,引导企业提供质优价廉的家庭服务,逐步形成方便快捷的社区生活服务圈。利用闲置资源,兴办社区服务,积极推动企事业单位后勤服务社会化。大力推行物业管理服务,加强政府对物业管理机构的监管,提高物业服务质量。

3. 切实提高社区救助和互助服务水平

加强对社区失业人员、低收入人员和最低生活保障对象的动态管理,切实做到应保尽保。加大对因自然灾害或其他原因导致生活困难者的物质帮助力度。拓展儿童生活照顾服务,重点对困难家庭儿童提供支持性服务和对不完整家庭儿童提供保护性服务、补充性服务和替代性服务。提高社区内革命烈士遗属、军人家属、革命伤残军人以及军队离退休干部的优抚优待服务水平。大力发展社区慈善事业,鼓励社会各方面的力量开展社会救助和互助服务。

4. 不断完善社区医疗卫生服务

坚持政府主导、社会力量参与、优化资源结构,加快部分卫生资源向社区转移,建立健全城乡社区卫生和计划生育服务网络,开展健康教育、疾病预防、保健、康复、计划生育技术服务和一般常见病、多发病的诊疗服务,重点关注和加强针对社区老人、残疾人、儿童、妇女等弱势群体的健康服务。利用多种方式开展社区卫生健康和计划生育宣传,增强居民自我保健的意识和能力。

5. 稳步推进社区公共安全服务

建立健全社区公共安全网络,加快社区警务室(站)建设,大力加强以社区居委会等基层组织为依托的群防群治队伍的建设,加强社区巡逻、守护,积极推广运用物防、技防等现代科技手段和措施,全面提升社区公共安全水平。健全社区居民内部矛盾排查调处机制,建立畅通的民情沟通渠道,做好人民调解工作,建立社区矫正、社区戒毒管理服务机制,保障社区的和谐稳定。

6. 大力发展社区文化、教育和体育

逐步建设社区文化广场、社区公园、社区学校、棋牌室等方便社区居民开展文化活动的场所,积极开展群众喜闻乐见的休闲娱乐、社会交往等社区文化活动。统筹各类教育资源,鼓励创设多种社区教育实体。继续推进全民健身设施建设,发展面向青少年和老年人的社区体育设施。鼓励企事业单位和学校的体育场馆向社区居民开放,实现体育设施的资源共享,推动社区体育活动深入开展。

7. 积极开展社区就业和养老保险咨询服务

在社区服务中心和服务站逐步开设专门的就业服务窗口,提供困难人员就业援助等服务。探索通过政府拨款、优惠政策、特许经营等方式,开发公益性服务岗位,重点开发面向社区居民的社区治安、市场管理、绿化保洁、交通管理、车辆看管等便民利民服务岗位和面向社会福利对象的福利服务岗位。积极推进退休人员社会化管理,配合社会保险经办机构做好养老金发放和领取资格认证工作,为离退休人员提供社会保险政策咨询和各项查询服务。

8. 努力营造社区良好的生活环境

搞好社区绿化、美化、亮化、净化,建设和维护社区道路与绿地,消除裸露空地,减少扬尘,加强对社区噪音、污水、垃圾和有害气体的防范、监督和处理,营造宜居环境。加强社区环境保护宣传,增强居民环保意识。

9. 着力培育发展社区福利服务组织

积极培育形式多样的社区慈善组织、文体组织、学习型组织,扶持为老年人、残疾人、困难群众提供生活服务的非营利性机构,大力发展社区互助协会、老年协会、体育协会和法律援助协会等,鼓励和支持社区社会组织通过开展社区救助、老年服务、社会捐助、文体健身、科普宣传、就业服务等服务活动,开发能够吸引居民参与的、生动活泼的社区志愿服务项目。

(四)加强社区福利服务建设的保障措施

加强社区福利服务建设的任务已经明确,关键是抓落实。根据当前社区福利服务建设实际,加快社区福利服务建设进度的保障措施包括:

1. 加大公共财政对社区福利服务的支持力度,适度扩大社区福利服务总量供给

社区福利服务建设是社会福利事业的主要组成部分,是社会保障体系

建设的重要基础。各级政府应当把加强社区福利服务建设纳入经济社会发展规划,加大公共财政投入,逐步增加社区福利服务产品的供给总量。中央政府应建立社区福利服务专项资金,加大对各地特别是经济欠发达地区和贫困地区社区福利服务的财政支持力度。适时调整和完善公共财政支出结构,提高各级公共财政中社区福利服务支出预算的比重,建立起社区福利服务发展经费随着经济和社会发展同步增长机制,努力使政府对社区福利服务的投入与经济社会发展水平相适应。同时,努力拓宽社会化筹资渠道,引导社会组织、企业和个人资助社区福利服务,形成有利于社区福利服务事业发展的多途径资金保障机制。

2. 以社区福利服务中心或社区服务站为依托,构建社区福利服务网络

坚持因地制宜、合理布局、综合利用,根据社区居民的实际需求和规模效益,通过新建、改扩建、购置、合并调整等多种形式,在社区层面,建设综合性、多功能的社区服务站;在乡镇(街道)层面,建设以"一站式"服务为特点的社区服务中心;在区(市)层面,有选择地建设以规模化和特色服务为主的社区服务中心;同时与党员活动室、就业保障网络、社区卫生服务站、文化活动室、图书室、"爱心超市"、社区捐助接收站点、警务站(室)、老年活动室、未成年人文化活动场所等统筹规划建设,逐步建立起社区、乡镇(街道)和区(县、市)分工协作的社区福利服务网点。此外,结合区域经济社会发展差异,社区福利服务设施建设在东、中、西部地区应有所区别。东部地区重点建设和完善综合性服务设施,中部地区重点选择薄弱环节和群众急需的领域改善设施条件,西部地区重点整合资源,优先保证社区居(村)委会的办公条件和必要的社区活动场所。在城市新区建设和旧城改造中,须将社区福利服务设施纳入规划,做到与小区建设同步设计、同步建设、同步使用,及时为社区居民提供福利服务。

3. 以提高社区福利服务效率和水平为目标,推进社区福利服务信息化

推进社区福利服务信息化,是有效提高社区福利服务效率和服务水平的重要途径。社区福利服务信息化建设应当以居民需求为导向,按照统筹规划、实用高效的原则,采取热线电话、互联网网站、社区呼叫系统、有线电视网络等多种形式,构建社区福利服务信息网络,推动形成"资源共享、协

同服务、便民利民、安全可控"的社区福利服务信息化发展格局。可依托政府门户网站、市民电子邮件系统、有线电视网络、电话系统等技术手段,逐步建设覆盖社区的综合性信息服务网络,为社区居民提供法律、气象、医疗、教育培训、旅游、家政、娱乐等方面的服务。推动各级政府电子政务、网上办事和社会公共服务进入社区,形成社保、医疗、就业指导和生活救助等专项网络服务平台。在有条件的地区,建立社区"一键通"、"一号通"等呼叫系统,加快推进社区安保电子监控系统、电子阅览室、信息亭、信息服务自助终端、多功能金融服务终端等设施建设。规范社区信息服务网络的建设标准和应用体系,建立信息及时更新机制。

4. 加强政策法规建设,进一步规范社区福利服务

及时总结社区福利服务规范发展的好经验、好做法,并把它们及时提升到政策层面,在条件成熟的情况下稳妥推进社区福利服务的立法工作,以逐步建立起发展社区福利服务的法律法规体系。当前,应尽快制定和完善社区各类福利服务机构的规划建设标准、设计规范、从业人员职业资格认定办法、服务流程和标准等政策法规,以较为完备的社区福利服务政策体系,提高社区福利服务的管理与服务水平,确保社区福利服务的持续、快速、健康发展。

5. 以体制改革和机制创新为动力,建立健全社区福利服务组织体系

推进社区福利服务体制改革和机制创新,是提升社区福利服务水平的重要保障。各级政府和有关部门应切实强化社会管理和公共服务职能,改进工作方式,将政府公共服务延伸到社区,依托社区服务中心,贯彻落实各级政府支持社区福利服务事业发展的各项政策;指导、组织和监督街道、社区两级服务中心(站)开展社区服务,综合运用经济、法律以及必要的行政手段监督、管理社区福利服务,建立健全反映社区服务设施、服务管理、居民需求及满意程度等有关信息的采集及工作评估体系。按"权随责走、费随事转"的原则,将一些福利服务项目委托给社区社会组织承担,并为其提供必要的办公场所、办公设备和工作经费。积极探索通过政府购买服务、项目管理等多种形式,调动社会组织参与社区服务的积极性,促进公共服务社会化。按照互惠互利、资源共享原则,积极引导社区内或周边单位内部的科

教、卫生、文体和生活服务设施等向社区居民开放。根据社区社会组织的性质实行分类指导、加强管理,使其在政府和社区居委会的指导、监督下有序开展福利服务。推进社区志愿服务活动制度化,逐步建立社区志愿服务的注册制度、培训制度和激励机制,不断创新服务形式,提高服务水平。

本章主要参考文献

1. 侯岩主编:《中国城市社区服务体系建设研究报告》,中国经济出版社 2009 年版。

2. 民政部社会福利司:《全国社区服务经验交流会议文件汇编》(内部资料),1995 年。

3. 时正新主编:《中国社会福利与社会进步报告(1998)》,社会科学文献出版社 1998 年版。

4. 沈洁:《日本社会保障制度的发展》,中国劳动社会保障出版社 2004 年版。

5. 王健:《社区服务社会化体系建设研究》,四川出版集团巴蜀书社 2008 年版。

6. 汪立华、沈洁等:《中国城市社区福利》,社会科学文献出版社 2008 年版。

7. 吴新叶主编:《社区管理学》,北京大学出版社 2008 年版。

8. 夏学銮主编:《社区照顾的理论、政策与实践》,北京大学出版社 1996 年版。

9. 徐永祥:《社区发展论》,华东理工大学出版社 2000 年版。

10. 杨团:《社区公共服务论析》,华夏出版社 2002 年版。

11. 张德江主编:《社区服务工作文集》,中国社会出版社 1991 年版。

12. 关信平、张丹:《论我国社区服务的福利性极其资源调动途径》,《中国社会工作》1997 年第 6 期。

13. 沈洁:《城市社区福利服务体系与运作机制探讨》,《社会福利》

2002 年第 12 期。

　　14. 唐钧:《关于城市社区服务的理论思考》,《中国社会科学》1992 年第 4 期。

第六章　优抚对象福利服务建设研究

优抚工作是我国军民在长期革命和建设实践中逐步形成并发展起来的一项传统工作,它通过对优抚对象实行物质照顾和精神抚慰,直接服务于军队和国防建设,是我国一项特殊的社会福利工作。改革开放以来,优抚工作紧紧围绕国家和军队建设的需要,认真贯彻落实党中央、国务院、中央军委的重要指示精神,把切实维护军人和优抚对象合法权益、促进军队和国防现代化建设作为职责和使命,在继承中发展,在改革中前进,在创新中完善,在不断探索过程中走出了一条符合形势和任务需要的道路。在加快完善社会主义市场经济体制、构建社会主义和谐社会的新形势下,如何进一步健全优抚对象福利服务体系,确保优抚对象充分分享改革发展新成果,是一项迫切需要研究解决的重大课题。

一、优抚对象福利服务的特点与功能

优抚对象福利服务制度既与国家军事制度紧密相连,又是国家社会保障制度的重要组成部分,是一项特殊的社会保障制度。研究优抚对象福利服务制度,首先要研究它在当代中国特定时空条件下呈现出的个体特征和社会功能,进而通过考察其历史变迁过程,总结经验,探寻规律,谋划未来。

(一)优抚对象福利服务的内涵

优抚对象福利服务是国家因军人职业的特殊性,专为优待抚恤对象提供保障性福利服务的一项制度安排。优抚对象福利服务制度的根本目的在于保障优抚对象的生活安全,体现权利与义务相统一的公平原则。之所以要为优抚对象制定专门的福利服务制度,主要原因有三:其一,军人职业的高风险性。由于军人时刻面临战争、灾害或其他急难险重任务,他们的职业风险和失去生活来源的可能性要远远高于其他社会成员,需要国家给予特殊的保障。其二,履行义务的不平衡性。虽然从军服役是公民应尽的义务,但由于我国人口众多,并不是所有的役龄青年都能到军营去尽义务。根据民政部优抚安置局的测算,役龄青年中每年只有约2‰的人能应征入伍履行义务。因此,国家只有为到军营去服役的少数役龄青年提供特殊的社会保障,才能体现社会公平。其三,职业技能的独特性。军队是专门为战争做准备的特殊集团,军人在军队中学习的技能,大都与维持生活的普通职业无关。同其他未参军的青年相比,军人耽误了学业,丧失了学习相关社会职业技能的机会,收入也会相应减少,退役后无疑处于社会竞争的不利地位。没有国家的支持,单靠个人力量,相当一部分人将无法使其家庭达到社会平均生活标准。军人福利服务制度不仅能够保障退役军人及其家庭保持相应的生活水平,而且能够确保退役军人在较短时间内实现身份和角色的转变,顺利完成社会化过程。

国家是优抚对象福利服务制度实施的责任主体。《中华人民共和国宪法》第二十九条明确规定:"中华人民共和国的武装力量属于人民。它的任务是巩固国防,抵抗侵略,保卫祖国,保卫人民的和平劳动,参加国家建设事业,努力为人民服务。"可见,军队作为一个执行特殊任务的武装集团,属于中国共产党领导下的全体中国人民,不专属任何一个组织或单位。那么,与军队和国防建设密切相关的优抚对象福利服务的法定义务也就只能由政府代表国家来承担。其实,古今中外,军队的职责就是保国卫民,为现政权及国民提供安全保障服务,受益的是全体民众。因此,优抚对象的福利服务也就应该由民众的代理人——政府来提供相应的支持。优抚对象福利服务制度的对象主要包括:中国人民解放军现役军人、服现役或者退出现役的残疾军人以及复员军人、退伍军人、烈士遗属、因公牺牲军人遗属、病故军人遗属、现役军人家属。从总体上讲,优抚对象福利服务形式主要包括优待、抚恤、安置。优待是指按照国家规定对优抚对象从政治、经济等方面给予优厚待遇;抚恤是指国家对伤残人员和牺牲、病故人员遗属所采取的物质抚慰形式,分伤残抚恤和死亡抚恤两类;安置通常是指对特定对象(复员退伍军人、军队离退休干部及随军家属、无军籍退休退职职工)的扶持、帮助或安排就业、提供货币补贴、提供退休保障等,以保障其生活安全,使其回归社会生活。

(二)优抚对象福利服务的特征

社会福利服务的水平、构成和分配既取决于国家的政治权利模式,也取决于经济的再分配模式和社会中的意识形态。社会制度不同,福利服务体制也不尽相同。在同一社会制度中,福利服务对象不同、领域不同,其特点也不尽一致。优抚对象福利服务作为一项具有特定对象的特殊制度安排,既具有一般社会福利服务的共性,又具有自身的特点。作为社会福利服务体系中的一项特殊的福利服务制度,优抚对象福利服务具有以下三个特征:

1. 服务性质的政治性

由于军队是一种国家机器,与军人密切相关的优抚对象福利服务是一种与政治有关的行为,因此,优抚对象福利服务制度具有明显的政治性特征。在马克思主义看来,政治就是一种特定的社会关系,人们的政治关系同人们在其中相处的一切关系一样,自然也是社会的、公共的关系。优抚对象福利服务制度实质上反映的就是退役前后军人及其家属特定的社会关系的变化。但无论这种特定的社会关系如何变化,其核心都是政治性行为,属于国家政治行为的一部分。从制度设计目标看,优抚对象福利服务制度通过对优抚对象妥善安置和照料,使军人及其家属与军队、国家、其他社会成员之间形成一种和谐互动、利益均衡的特定关系,在维护军队稳定的同时达到维护整个社会稳定的目的,进而确保国家机器的正常运转,具有强烈的、直接的政治目的。从实施主体看,国家和各级政府在优抚对象福利服务的实施过程中发挥主导作用,各项具体福利服务制度都是国家采取的、由政府"埋单"的保障措施。服务的项目、标准、资源的筹集及分配都是政府行为。尽管不排除公民个人和社会力量的参与,但优抚对象福利服务制度规定的主要还是政府在优抚对象福利服务过程中的责任和义务。另外,优抚对象福利服务制度不只是停留在经济保障层面,还包括必要的政治待遇的保障,这在军官的退役安置和军休干部移交地方政府安置方面表现得特别明显。与政治性特征相关联,优抚对象福利服务制度还具有强烈的政策性色彩,它始终与当时国家的基本国策和大政方针保持高度一致,并根据国情、世情的变化随时作出调整。

2. 服务对象的特殊性

优抚对象福利服务面对的不是社会全体,也不是一般意义上的弱势群体。他们大都当过兵、服过役,有的还打过仗,在革命、建设和改革各个时期,为党和人民建立了卓越功勋、作出了巨大贡献。他们是人民子弟兵,是国家独立富强的钢铁长城,长期战斗在祖国的万里边防和辽阔海疆,时刻捍卫着国家的主权、安全和领土完整,为国家繁荣发展提供了可靠的安全保障。他们是保护人民生命财产安全的中流砥柱,在抢险救灾、处置重大突发事件中义无反顾、冲锋在前,不畏艰难险阻、不怕流血牺牲。《军人抚恤优待条例》规定,中国人民解放军现役军人、服现役或者退出现役的残疾军人以及复员军人、退伍军人、烈士遗属、因公牺牲军人遗属、病故军人遗属、现役军人家属,是抚恤优待对象,享受条例规定的抚恤优待。此外,退休并移交地方政府的军官也是优抚对象福利服务制度体系保障的对象。优抚对象是为国家作出牺牲和贡献的特殊群体,是国家和社会的有功之臣。国家和社会对优抚对象实施特殊的福利服务保障,是对他们所作贡献的补偿和褒扬。

3. 福利服务的优待性

优抚对象福利服务制度的根本目的不在于维持保障对象的最低生活水平,而是为了补偿其为国家作出的贡献,是为了维持其生活水平不低于或略高于社会总体平均水平。除了普通公民享受的福利服务之外,优抚对象在教育、住房、交通、医疗等方面还享受特别社会优待。比如,在教育方面,义务兵和初级士官退出现役后,报考国家公务员、高等学校和中等职业学校的,在与其他考生同等条件下优先录取;残疾军人、烈士子女、因公牺牲军人子女、一至四级残疾军人子女,驻边疆国境的县(市)沙漠区、国家确定的边远地区中的三类地区和军队确定的特、一、二类岛屿部队现役军人子女,报考普通高中、中等职业学校、高等学校的,在与其他考生同等条件下优先录取;接受学历教育的,在同等条件下优先享受国家规定的各项助学政策。现役军人子女的入学、入托,在同等条件下优先接收等。在住房方面,残疾军人等重点优抚对象承租、购买住房的,依照有关规定享受优先、优惠待遇;居住农村的抚恤优待对象住房困难的,由地方人民政府帮助解决。在交通方面,现役军人凭有效证件、残疾军人凭《中华人民共和国残疾军人证》,优先购票乘坐境内运行的火车、轮船、长途公共汽车以及民航班机;残疾军人享受减收正常票价50%的优待;现役军人凭有效证件乘坐市内公共汽车、电车和轨道交通工具享受优待,残疾军人则免费乘坐市内公共汽车、电车和轨道交通工具。在医疗方面,国家对一至六级残疾军人的医疗费用按规定予以保障,由所在医疗保险统筹地区社会保险经办机构单独列账管理;残疾军人、复员军人、带病回乡退伍军人以及烈士遗属、因公牺牲军人遗属、病故军人遗属享受医疗优惠待遇,等等。

(三)优抚对象福利服务的功能

制度是指政府和社会团体等按照一定目的和程序有意识创造的,要求大家共同遵守的办事规程或行为准则。可见,任何制度设计都带有特定目的、发挥特定功能的。一般来讲,制度具有导向功能、规范功能、保护功能和激励功能。在不同的历史阶段,在不同的指导方针下,人们会强调或突出制度的某种功能。优抚对象福利服务既是社会保障体系的重要组成部分,也直接关系到国防和军队现代化建设的成效,这一制度安排充分体现了党和政府对军人抚恤优待工作的高度重视和对广大优抚对象的亲切关怀。从历史和发展的角度看,优抚对象福利服务制度的作用和功能可归纳为以下四个方面:

1. 激发官兵习武热情,维护国家政权及社会稳定

国无防不立,防无军不稳。强大的军队不仅能壮国威、显实力、稳民心,而且可以从根本上赋予国家政权和人民生活以极大的安全感。

优抚对象福利服务制度对于军队建设和国防建设具有非常重要的意义,属于国家军事制度的重要组成部分。首先,妥善照料优抚对象可以稳定

军心。对于一名军人来说,除了军事训练和政治学习外,他们还会考虑退役后的出路及归宿、服役期间家庭成员的生活状态等问题。当看到战友们退役后得到妥善安置、家庭成员得到优待时,就会解除其后顾之忧,全身心地投入到国防建设中;反之就很难安心在军队服役。其次,为优抚对象提供良好的福利服务还可以起到示范作用,坚定适龄青年从军服役的决心。虽然我国实行的是义务兵役制,但由于适龄人数众多,每年只能允许一部分符合条件的公民应征入伍。优抚对象的妥善照料在一定程度上能吸引一大批能力强、素质高的青年报名从军,从而确保兵员数量、改善兵员结构、建设强大国防。再次,有利于推进现代军事制度变革。一方面,军人从军期间与军方建立了密不可分的关系。大量事实证明,当军人退役生活无着时,首先想到的就是回"娘家"寻求帮助,甚至长期滞留部队不愿离去,这种情况显然不利于部队建设,也有损于部队凝聚力的增强和战斗力的提升;反之,则能够促进兵员的有序更替和渐次流动,促进部队战斗力的提高。另一方面,军队离退休干部长期由部队供养,对部队的有限资源也是一个极大损耗,移交地方政府安置后,部队则可以轻装上阵,并不断完善现代军事制度。

优抚对象本身也为建立和巩固国家政权、推进经济社会发展作出了突出贡献。优抚对象分布在社会各个阶层、分散在社会各个领域,在战争年代,军人抚恤优待工作始终是夺取战争胜利、建立和维护国家政权的重要保证。广大优抚对象有的直接在枪林弹雨中冲锋陷阵,有的把家庭重担独自挑在肩上,有的还把独生子女送上前线,可以说,没有他们的奉献,就没有伟大革命的胜利。在长期的社会主义建设中,他们始终甘于奉献、满怀激情,有的曾长期驻守边海防、大漠高原等艰苦地区;有的曾承担抢险救灾、支援地方建设等急难险重任务;有的退伍不褪色,带领群众致富奔小康,等等。没有他们的支持,就不会有改革的顺利进行;没有他们的小康,就不会有全社会的小康;没有他们的安居,就不会有全社会的稳定。因此,优抚对象福利服务制度在稳定军队的同时,也就稳定了社会,稳定了国家政权。可以说,优抚对象福利服务制度是一项稳定政权统治、巩固政治秩序的基础性制度。

2. 弘扬革命优良传统,增强民族凝聚力

民族精神是一个民族在适应环境、发展生产、形成自己特有语言及习俗和人文传统的长期发展历程中,表现出来的富有生命力的优秀思想、高尚品格和坚定志向。一个民族、一个国家,如果没有自己的精神支柱,就等于没有灵魂,就会失去凝聚力和生命力。有没有高昂的民族精神,是衡量一个国家综合国力强弱的一个重要尺度。综合国力既包括经济实力、技术实力,这种物质力量是基础,但也离不开民族精神、民族凝聚力,精神力量也是综合国力的重要组成部分。爱国主义是民族精神的永恒主题。中华民族在5000多年的历史长河中,形成了以爱国主义为核心的团结统一、爱好和平、勤劳勇敢、自强不息的民族精神。世界其他民族也同样视爱国主义为最崇高的民族精神。所谓爱国主义,是指一个国家的人民对自己祖国极其深厚的忠诚和热爱之情,是凝聚民族精神的强大精神力量。当一个国家面对外敌入侵、主权受到威胁时,爱国主义就会在人民维护民族尊严、保持国家主权和领土完整的抗争中表现得淋漓尽致。"苟利国家生死以,岂因祸福避趋之",正是表达了这样的情怀。军队作为国家武装力量的主体,始终站在保卫国家主权安全的最前线。我国历朝历代的热血青年,无不把投笔从戎、献身国防当成实践爱国主义理想的最佳方式。

民族精神绝非内部自然生成,也并非外部简单植入,而是民族共同体在长期的历史变迁过程中共同引导、培育、弘扬的结果。尽管以爱国主义为核心的民族精神在不同的历史时期呈现出不同的内涵和外延,但是其发育、形成的过程是相同的:既离不开精神上的鼓励和引导,也离不开制度上的弘扬和褒奖。换句话说,把爱国主义培养成为民族精神,不能仅仅停留在口号的宣传上,而必须以制度作保障,让民众既感受到爱国奉献的光荣,又能享受到相应的利益。特别是在市场经济条件下,奉献的多少虽不能全部以金钱来衡量,但与物质利益有着密切的关系。参军入伍也同样不能只讲奉献不求回报。国家从制度上保障优抚对象的合法权益,给予其相应待遇,就会使军人更深刻地感受到从军的价值,使民众从中体会到保家卫国、实现爱国主义理想的光荣。

优抚对象福利服务制度为优抚对象的生活提供制度化保障,不仅体现

了国家对军人为国奉献的回报和褒奖,而且体现了全社会对军人奉献青春、抵抗外倭、保卫家园的爱国主义情操的尊敬,这对于以国家统一、团结一致、自强不息为主旨的民族精神的形成是极其重要的。而且,优抚对象本身是精神文明建设的教科书,承担优抚工作的单位本身是精神文明建设的重要基地,烈士褒扬内容是精神文明建设的宝贵资源,做好优抚对象福利服务工作,充分利用"红色资源"的重要作用,有利于引导人民群众特别是广大青少年树立正确的世界观、人生观、价值观,弘扬爱国主义精神。

3. 优化人力资源配置,激发经济社会活力

在人类所拥有的一切资源中,人力资源是第一宝贵的。当代社会,在人力资源上赢得的优势才是真正的优势,以人力资源为支撑的发展才是最具价值的发展。人力资源的优化配置,不仅是当前发展经济、提高市场竞争力的需要,也是一个国家、一个民族、一个地区、一个单位长期兴旺发达的重要保证。虽然不排除交叉现象,但军事领域和非军事领域对人力资源需求的差异是显而易见的。军队的核心任务是作战,因此,军事领域需要的一切人力资源都必须围绕着"为战争做准备"这个终极目标;非军事领域则不同,选择人才的标准是促进经济发展和社会进步,对人力资源的需求也是多元化的。就军事领域与非军事领域人力资源的现状而言,都存在着合理流动、优化配置的问题。一方面,军事领域及非军事领域各自内部的人力资源需要不时地进行流动、更替;另一方面,军事领域与非军事领域之间的人力资源也需要进行不间断的流动和沟通。只有这样,才能保证各自领域的人力资源配置达到最优。

军人退役安置是优抚对象福利服务制度的重要内容,是确保军事领域与非军事领域的人力资源实现正常流动的一项制度安排。对一名普通军人来说,刚入伍时是从非军事领域流入军事领域;经过军队的培养,逐步掌握了从军所需技能,适应了军事领域的要求,从而使这个领域的人力资源配置达到最优;随着年龄的增长,军人从体能、理解能力到心理素质等各个方面,都开始偏离军队的要求,这时就需要流出军事领域,实现军事领域人力资源的更新换代。退役安置是军人由军事领域流入非军事领域的一个过程。这时,他们在军队掌握的技能有些能用上,有些则用不上。通过培训、学习之

后,他们在非军事领域重新找到最适合自己的工作岗位,从而使得非军事领域的人力资源配置更趋合理。另外,通过发挥军人退役安置制度的宏观调控作用,国家还可以及时校正人力资源在产业布局和区域布局上的不合理性。这里最典型的例子当属中国历史上的屯兵戍边。通过在边境地区的化兵为民、就地安置政策,使人力资源的区域分布更为合理,从而促进了当地经济社会的发展。今天,国家同样可以通过军人退役安置制度,引导、调节退役军人的从业流向和区域流向。

军人退役安置制度在保障军事领域和非军事领域之间人力资源优化配置的同时,也对这两个领域的社会财富分配起到了很好的调节作用。无论是就业安置、自谋职业安置还是货币安置,其实质或说其核心都在于对社会财富进行重新调整和分配,这对于确保社会公平、巩固和完善国防建设都发挥了积极作用,也在一定意义上促进了经济社会发展。

二、优抚对象福利服务制度的形成与现状

作为一项特殊的社会福利产品,优抚对象福利服务制度无疑是历史进步的产物。在我国数千年的文明发展史中,优抚对象福利服务制度的内容、形式和规则都经历了多次变化,努力适应着经济基础和社会形势的变迁,积淀了丰富而厚重的历史内涵。当代优抚对象福利服务制度是古代、近代优抚对象福利服务制度不断演变的结果,它们之间不可避免地在文化痕迹和发展惯性上存在着千丝万缕的关系。新中国成立以后到改革开放前,优抚对象福利服务各项制度逐步建立,它的形成历史和发展历程,体现了对古、近代优抚思想和制度的继承,也是与我国经济社会发展逐步适应的过程,是新中国建立和经济社会建设探索的一个缩影。

(一)优抚对象福利服务制度的历史变迁

我国的优抚对象福利服务制度可谓源远流长。在封建社会,由于军队本身在夺取和巩固政权中所处的重要地位,历代统治者都将优抚工作视为激励军人忠勇作战的一项国策加以推行。秦国在商鞅变法期间,将"军功

授爵"原则列入了变法的主要内容,凡在作战中杀敌方甲士一人并取回首级者,赐爵一级。西汉时期,明确规定"有功劳行田宅",依据军功大小,给予相应的土地和房屋,并将优抚对象的范围从有功军人扩展到家属,同时开始为战亡者修筑纪念设施,成为我国最早的烈士褒扬活动。这些重要的优抚思想,奠定了优抚工作的发展基础。宋朝建立后,随着兵农合一的府兵制被募兵制所取代,军人成为一种职业,与之相适应的优抚制度得到了发展。比如,曾有如下规定:军士经战至废折者,给衣粮之半,终其身;诸阵亡军士父母无妻、子、孙依倚者,人日给米二升,终其身。这一规定,涵盖了抚恤、供养等多个方面,使优抚工作的内容有了新扩展,标志着我国古代优抚制度进入了一个新的历史阶段。元、明两代进一步继承和完善了有关法律制度。清朝更加注重优抚安置工作,并逐步形成了一整套法律体系。宣统二年,清政府颁布的《恤荫恩赏章程》,可以说是我国历代军队优抚工作发展史上的一个里程碑,是迄今为止我们所见到的一部最完整的封建制度下的优抚条例。从本质上来说,历史上统治阶级倡导和制定的这些优抚办法,目的都在于缓和社会矛盾、驱使军人为其献身效力,维护和巩固其统治地位。

1912 年 1 月 1 日,孙中山就任中华民国临时大总统,宣告中华民国成立。民国伊始,为慰英魂,在内务部承政厅下设民治局,分 4 科,其中第 3 科专管抚恤事项。孙中山先生十分重视优抚事业,他认为"民国建国,为数十年来志士之血所沃成","对于开国一役,调查应赏应恤之人,分别应赏应恤之等,详定应赏应恤之条"。对烈士遗孤,他提出应"幼者育之,长者教之,俾后长成,擅一技之艺,足以自立,同享共和之幸福"。在中华民国时期,政府同时也制定了一些抚恤优待的军事法规和部门规章,如 1934 年国民政府颁布《陆军平战时抚恤暂行条例》,1936 年军政部颁布《陆军士兵退伍归休实施暂行规则》,1947 年国防部颁布《军人抚恤手册》等,对阵亡军人遗属、归休士兵的抚恤优待作出了规定,并在管理、抚恤优待的范围和界定等方面较清代以前有了新进步。民国时期的优抚制度,继承了"死则善葬,伤则医抚"的优良传统,摒弃了封建社会优抚制度中的种种恶习,汲取了西方国家的有益经验,使我国的优抚事业向近代化迈进了一步。但是,由于受阶级条件的限制,没能充分认识到优抚工作的社会性,再加上当时经济条件的限制和政府经费的拮据,许多优抚制度并没有得到很好的贯彻落实,被历史束之高阁。

进入20世纪20年代,中国共产党在创建人民军队、建立中华苏维埃政权和进行艰苦卓绝的人民战争中,创立了与历代统治阶级有着本质区别的兵役制度和抚恤优待制度,掀开了优抚对象福利服务工作新篇章。新型抚恤优待制度的建立,为人民军队建设和我国抚恤优待事业的发展打下了坚实基础。

中共中央与苏维埃政权从建军伊始就十分重视红军战士的优待、抚恤及退役安置工作。1928年,中共六大在通过的《政治决议案》中,正式列入了"兵士应当得到土地和工作"、"改良兵士的生活和待遇"等内容。在中央苏区形成以前,各革命根据地也都分别开始着手红军战士的优待抚恤工作。比如,1929年,鄂西苏区政府颁布了《优待红军家属及抚恤伤亡实施条例》;1930年,闽西苏区政府颁布了《优待红军士兵条例》;1931年,鄂豫皖特区政府颁布了《红军战士伤亡抚恤条例》,等等。1931年11月,第一次全国苏维埃代表大会宣告中华苏维埃共和国中央政府成立,并颁布了《中国工农红军优待条例》,这是第一个在全国各根据地统一实行的优待条例。1933年的《中华苏维埃共和国地方苏维埃暂行组织法》(草案)对红军抚恤优待的组织机构及其职权作出明确规定,中央革命军事委员会设立了专门的抚恤委员会,加强了对优抚工作的组织领导。中央委员会、中华苏维埃政府又先后颁布了包括对伤亡将士的抚恤、对红军及其家属的优待、褒扬阵亡将士等为主要内容的《红军优待条例》、《红军抚恤条例》、《优待红军家属条例》等法规或规范性文件,军人优抚安置制度的项目基本具备,中央苏区红军优抚安置制度也基本建立起来。

抗日战争和解放战争时期,各革命根据地的民主政府,先后颁布了一些抚恤优待军人的地方性政府规章。如:晋察冀边区政府的《优待抗日军人家属暂行办法》,苏南行政区的《优待抗属暂行条例》,晋冀豫区的《优待抗战军人家属条例》,陕甘宁边区的《优待革命军人、烈士家属条例》、《抗日军人优待条例》、《抚恤暂行办法》等。这些制度的建立,为保障抗日战争和解放战争的胜利发挥了重要作用。这一时期抚恤优待法律制度由于受战争环境的影响,虽然未能形成全国统一的法典,但经过不断完善,逐步形成了包括拥军支前、土地代耕、伤亡抚恤、褒扬优待等为主要内容的全新抚恤优待制度。

新中国的成立,标志着我国由民主革命阶段进入和平建设时期,优抚对象福利服务制度也随着国家整个法制建设的发展和军队任务的转变而不断健全和完善。同时,在中央人民政府的统一领导下,抚恤优待工作成为一项常规性工作。

建国初期,我国优抚对象福利服务制度建设在继承历史优良传统的基础上,制定了一系列法律规范,初步形成了统一的法律体系。1949 年的《中国人民政治协商会议共同纲领》规定:"革命烈士家属和革命军人家属,其生活困难者应受国家和社会的优待。参加革命战争的残废军人和退伍军人,应由人民政府给以适当安置,使能谋生立业。"根据这一规定,1950 年,政务院批准颁布了《革命烈士家属革命军人家属优待暂行条例》、《革命残废军人优待抚恤暂行条例》、《革命军人牺牲病故褒恤暂行条例》,使我国在全国范围内有了统一的优抚法规基本体系,规范了烈士条件、军人家属的优待办法、军人评残等级和抚恤标准以及优抚证件,妥善解决了战争遗留的大量优抚问题。在 1954 年颁布的第一部《中华人民共和国宪法》(以下简称《宪法》)中,对抚恤优待烈士遗属、保障残废军人的生活和优待军人家属作出原则规定。1955 年颁布的《中华人民共和国兵役法》(以下简称《兵役法》),特别强调了现役军人、革命残废军人、退出现役军人、革命烈士遗属、现役军人家属,应当受到社会的尊重,受到国家和人民的优待,从而使我国的抚恤优待在全国范围内有了统一的法律规范。应当说,建国后的第一部《宪法》和《兵役法》关于军人抚恤优待的规定,以及国务院颁布的一系列相关的行政法规,是新中国优抚对象福利服务制度法制化进程中的第一个里程碑。

"文化大革命"期间,优抚对象福利服务工作受到严重破坏和干扰。许多烈士遗属、退伍红军老战士、老伤残军人、老复员军人和成千上万的优抚对象受到不公正待遇,有的被撤销荣誉称号,有的甚至被迫害致死,造成许多冤假错案。由于 1969 年内务部被撤销,没有专门机构(优抚工作的部分业务暂由财政部代管)和干部进行管理,相关政策得不到落实,造成优抚对象生活困难,积累了大量问题。尽管如此,对优抚对象的优待抚恤、春节及"八一"等节日期间的拥军优属活动仍坚持进行。

(二)优抚对象福利服务制度的基本原则

优抚对象福利服务制度属于纯公共产品,其效用不可分割地影响整个公众。公共产品最好的例子是国防。一国保卫其自由和生活方式时,它保卫的是所有居民,无论他们是否愿意接受或者是否为这种保卫支付了费用。优抚对象福利服务项目的设置,主要依据三个原则:一是优抚安置对象必须是为国防事业或公共利益作出贡献并受到损失;二是优抚安置的补偿按贡献大小进行;三是优抚安置补偿更主要的是按损失大小进行。

1. 公共利益原则

公共利益是一种公众利益,受益主体具有普遍性或不特定性的显著特点,通常要遵循公共性、合理性、正当性、公平性等基本标准。这种利益的实现主要依赖以政府为代表的公共选择机制,一般难以通过市场等私人选择机制来实现。由于一种公共利益的实现经常是以其他公共利益和私人利益的减损作为代价的,因此,要对受损的私人利益给予得失相当的公平补偿和合理补偿。公共产品性是军队和国防的基本属性。在不同的历史阶段,我军历史使命具有不同的表述,但始终贯穿一条主线:以国家安全和发展利益为根本着眼点,用强大的军事能力有效执行党和人民的根本意志。国家利益是党和人民根本利益的外显形式,维护国家战略利益就是维护党和人民的根本利益,我军历史使命体现了党的利益、人民的利益和国家的利益的高度一致性。这充分表明军队本身不存在自己的利益。如果军队利用权力或军事装备牟利,纳税人将拒绝承担公共产品的成本;如果脱离政治体系而成为独立的利益主体,军队的合法性必然丧失。这一原则要求军人必须是在为维护或实现公共利益受到损失时才有权得到补偿。优抚对象必须是为国防事业或公共利益作出贡献并受到损失时,才能得到相应补偿,享受相应的福利服务。

2. 贡献原则

贡献一般指有利于国家或公众的行为、事情。贡献原则就是按照贡献大小给予补偿和褒扬。以死亡抚恤为例,现役军人死亡,根据死亡性质分为革命烈士、因公牺牲军人和病故军人,其抚恤标准分别为 80、40、20 个月的工资,并且获得荣誉称号或者立功的烈士、因公牺牲军人、病故军人,其遗属在享受一次性抚恤金的基础上,由县级人民政府分别按比例增发一次性抚恤金。军人英勇牺牲的行为虽然不能用金钱来衡量,但作为补偿的贡献原则,可以发挥鼓励与弘扬的作用,引领正确的价值取向,同时也体现了社会交换与经济交换的重要区别——社会交换含有内在的文化社会意义。贡献原则还表现在退伍安置的区别对待、伤残抚恤因战因公的不同标准等方面。

3. 损失原则

这里的损失,是指在为国家和社会作出贡献的过程中遭受的利益损害。损失原则就是要按照损失大小给予补偿。这里讲的补偿是国家的一种例外责任,意在为因公共利益而遭受特别损失的公民、法人或其他组织提供补救,以体现公平负担的精神。这种补偿责任多数表现为支付一定数额的金钱。优抚福利服务对象在维护和实现公共利益的过程中,遭受的损失不同,得到的补偿也会有所差别。比如,伤残等级不同,表明损失不同,抚恤金也不同。死亡抚恤是以死者生前的工资收入为标准的,各自的工资收入不同,可计算的损失各有不同。抚恤金的发放与其工资收入是密切相关的。

(三)优抚对象福利服务制度的基本内容

任何一项制度安排都是具体的、历史的,是与当时的政治经济社会发展状况相适应的。在不同的历史时期,优抚对象福利服务工作所具有的政治基础不同,所表现出来的具体制度安排、所制定的具体标准也不尽一致。但由于服务对象的特定性,其制度安排的总体框架却有相似之处。总体上讲,优抚对象福利服务制度的基本内容主要包括抚恤、优待、安置和双拥等。

1. 抚恤

即对于符合条件的军人及家属给予死亡抚恤或伤残抚恤的待遇。死亡抚恤是国家对烈士遗属、因公牺牲军人遗属、病故军人遗属采取的一种精神抚慰和物质照顾形式,分为一次性抚恤和定期抚恤两种。死亡抚恤是随着人民军队的建立和发展而逐步形成并完善的,先后经历了从帮耕帮种、实物补助到发放抚恤粮抚慰遗属等形式。随着国民经济的发展和人民生活水平的提高,抚恤粮逐步被抚恤金所代替,其标准也不断提高。死亡抚恤根据死亡性质(烈士、因公牺牲、病故)不同,发放不同标准的一次性抚恤金。对无劳动能力或者无固定收入不能维持生活的烈士遗属、因公牺牲军人遗属、病故军人遗属,由政府定期发给抚恤金。

伤残抚恤是国家和社会对残疾军人采取的具有生活保障性质的抚慰形式,体现了党和国家对残疾军人政治上的褒扬和物质上的关怀。现役军人残疾被认定为因战致残(对敌作战负伤致残)、因公致残(在执行公务中致残)或者因病致残的,享受伤残抚恤。现役军人根据不同残疾性质,享受标准不同的残疾抚恤金,因战高于因公,因公高于因病,由残疾性质决定抚恤金的差异。现役军人因战、因公致残,未及时评定残疾等级,退出现役后或者医疗终结满3年后,本人(精神病患者由其利害关系人)申请补办评定残疾等级,有档案记载或者有原始医疗证明的,可以评定残疾等级。现役军人被评定残疾等级后,在服役期间或者退出现役后残疾情况发生严重恶化,原定残疾等级与残疾情况明显不符,本人(精神病患者由其利害关系人)申请调整残疾等级的,可以重新评定残疾等级。残疾抚恤金是对残疾军人具有生活保障性质的一种补偿费用,标准参照全国职工平均工资水平确定。

2. 优待

即对符合条件的军人及家属给予物质、精神上的照顾和帮助,是国家、社会对优抚对象在政治上、经济上给予优先优厚待遇的制度。顾名思义,优待就是给予好的待遇。优待工作是我国优抚工作的优良传统,也是我国优抚工作的重要特色。优待的主要形式有三项:一是生产上优先扶持。在整个革命战争年代及建国初期,优待的形式是代耕;公社化以后改为优待劳动日;现阶段,对优抚对象的生产主要从资金、物资、技术等方面进行综合扶持,突出智力扶持和优待,多途径地为扶持对象送技术、送信息、送知识,扶持优抚对象和扶持贫困户相结合,在扶贫中重点扶优,以扶优带动扶贫。二是生活上优先照顾。主要包括医疗优待、教育优待、住房优待、交通优待、参观游览优待等方面。比如，义务兵服现役期间，其家庭由当地人民政府发给优待金或者提供其他优待，优待标准不低于当地平均生活水平；义务兵从部队发出的平信，免费邮递；国家对一至六级残疾军人的医疗费用按照规定予以保障；等等。三是社会上予以褒扬。褒扬具有激励当世、垂之史册、昭示后人的作用。早在土地革命战争时期，苏维埃政府就制定了褒扬红军战士革命事迹的规定，对于战争中牺牲的，如无家属的，由军委会制定金制奖章，陈列在博物馆，以旌其革命历史；并且还要求汇集战士的功绩，设纪念碑，广泛宣传英勇事迹。这一传统做法一直延续至今，主要以修建烈士纪念设施、挂光荣牌、宣传英雄事迹、节日祭奠、红色旅游等形式进行。

此外，兴办优抚事业单位也是优待工作中的一个重要项目。土地革命时期有残废院和红军战士残废休养教育院；延安时期有残废教导院和八路军残废休养所；中华人民共和国成立初期，根据当时的工作需要，举办过革命残废军人学校、康复医院、烈士子弟学校等。优抚事业单位有：为特等、一等残废军人康复、医疗和休养服务的革命残废军人康复医院；为带病回乡的复员军人治疗、休养服务的复员军人慢性病疗养院；为复员、退伍军人中精神病患者治疗服务的复员退伍军人精神病院；为孤老优抚对象和烈士遗孤服务的光荣院，以及在敬老院、社会福利院中设立的光荣间等。

3. 安置

即对符合条件的士兵（军官）给予退伍（转业）安置、退休养老的待遇，是国家为确保军人退出现役后能够较快地适应社会生活，并维持一定生活水准而制定的一系列协助或促进退役军人就业，以及保障其基本生活的法律、法规、政策、实施办法及其相关规定，同时也包括一些非正式规则，即传统做法。军人退役安置制度的服务对象当然是军人。那么，什么是军人呢？一般而言，军人是指国家的武装力量，但需要明确的是，并非所有的武装力量都是军人。在我国，服兵役是公民应尽的义务。《宪法》第五十五条第二款规定："依照法律服兵役和参加民兵组织是中华人民共和国公民的光荣义务。"正是因为是尽义务，所以就是短期的，从而造成了军人这个特殊群体的流动性特征。因此，就不能把服兵役当成一般职业来看待，它属于一种特殊的职业。有些武装力量，如人民警察，其主要任务是维护社会治安，是社会分工的不同,属于普通职业分类中的一种,就不能算成军人,当然也就不存在安置问题。民兵也是如此。根据我国兵役制度改革的现状,当前接受军人退役安置制度服务的对象可分为三类:一是普通士兵,包括义务兵和士官。其中义务兵是指服役两年后退役的士兵,现役期间领取生活津贴;士官是指服役两年以上的士兵,分为初级士官、中级士官和高级士官,现役期间领取工资,具有职业军人的特点。二是现役军官,指未到退休年龄的少尉军衔以上的军人。三是退休军官,指在军队时就已经达到退休年龄并且已经办理退休手续的军官。

我国军人退役安置制度设计的安置模式主要有四类:第一类是从事原业。主要指从农村入伍的义务兵及服务不满十年的士官,退役后仍回原居住地从事农业生产,这部分人在服役期间仍然保留按国家政策分配的自留地和承包地等。第二类是安排就业。入伍前户籍在城镇的义务兵和服役满十年的士官可以享受由政府提供首次就业机会的服务。军官退出现役亦可以选择这项服务。第三类是经济补偿。指满足第二类条件的退伍义务兵、士官或军官,自愿放弃政府提供的就业机会,选择自主择业的方式时,政府给予其一次性经济补偿或者定期发给退役金,以保障其基本生活。第四类是退休安置。指在服役期间已经办完离休或退休手续的军队离退休干部,按规定移交地方政府安置管理后,由地方政府为其提供住房、医疗及其他生活上的保障,保证其相应的生活水准。

4. 双拥

即地方拥军优属、军队拥政爱民,是指在中国共产党领导下,为保障党、国家和军队履行使命而调节军政军民关系实践活动的总和。这一概念至少包括四层含义:第一,双拥工作是党的政治工作的重要组成部分,是党的群众路线的具体体现。第二,双拥工作的主体包括党、政、军、民,企(事)业单位、人民团体中的全体军民及其组织。第三,双拥工作的目的是保障党、国家和军队履行使命。第四,双拥工作调节的军政军民关系包括政治关系、经济关系、社会关系等诸种关系。其实质是,巩固和加强军政军民团结,保障党、国家和军队履行使命,完成中心任务,实现全体军民利益的最大化。

双拥工作是一项集政治性、全局性于一身,涉及各领域,遍布各阶层,惠及各群体,在构建社会主义和谐社会中具有举足轻重地位的一项系统工程。从人民军队诞生之日起,中央苏区和工农红军就开展了拥军活动和爱民活动。抗日战争时期,在党中央和毛泽东同志的倡导下,延安和陕甘宁边区以及各根据地先后掀起了大规模的双拥运动。从此,双拥工作作为我们党、政府和军队政治思想工作的重要组成部分,伴随着中国革命、建设和改革事业的前进步伐,走过了60多年的光辉历程。实践证明,双拥活动是我党我军的一个伟大创举,是巩固和加强军政军民团结的重要途径,是夺取革命胜利的重要保证,也是服务经济建设和社会建设的有效载体。

双拥的主要形式有:一是重大节日走访慰问。这始终是我党坚持的传统做法,在重大节日(元旦、春节、"八一"建军节等)期间,军队和地方相互开展走访慰问和联欢活动,军民的鱼水之情更加深厚,军政军民的血肉关系更加紧密。二是开展经常性拥军优属活动。主要以城乡基层的乡镇街道、居民委员会、村民委员会或行业、单位组织为依托,建立群众性的拥军优属服务组,帮助优抚对象解决实际困难,进一步融洽军民关系,不断提高人民群众的国防观念,营造爱国拥军的良好氛围。三是开展军民共建活动。军队和地方共同开展经济、社会、政治、文化建设,共同培育军地两用人才,如建立文明村、文明街、文明店、两用人才培训基地;广泛创建和谐城市、和谐社区、和谐村镇,深入开展行业拥军、社区拥军、科技拥军、智力拥军、"两新组织"拥军;组织开展"爱心献功臣"、"图书进军营"、"双三好"、"三光荣"、"双服务"、"双奉献"、"双支"等活动,广大军民在经济建设主战场上通力合作,在战胜各种严重自然灾害中风雨同舟,在维护国家稳定和民族团结中同心同德,实现优势互补、资源共享、创建共赢,进一步增强了双拥实践的吸引力和感召力,军政军民团结的大好局面得到进一步巩固和发展。

三、优抚对象福利服务体系建设的创新与发展

改革开放掀开了中国历史发展的新篇章。这场根本性的变革,使我国包括优抚工作在内的各项事业进入了崭新的发展阶段。1978年以来,党和政府更加重视优抚对象福利服务工作,十分关心优抚对象,站在国家长治久

安、民族兴旺发达的高度,把切实维护军人和优抚对象合法权益、促进军队和国防现代化建设作为一项事关全局的政治任务。可以说,改革开放加快了优抚对象福利服务制度建设的步伐,拉开了优抚对象福利服务体系建设的大幕。

体系是指若干有关事物或某些意识相互联系而构成的一个整体。任何一个事物可以看做是一个整体,是由若干要素组成的体系。在发展中,我们强调科学统筹、协调发展,就是要从系统和体系建设上下工夫,更加注重整体性原则、综合性原则、开放性原则、协调性原则、最优化原则等,从而给科学和实践带来巨大效益。改革开放后,优抚对象福利服务工作从探索实践上升到政策法规,更加注重法制建设,在不断创新中建立起适应改革开放新形势的优抚对象福利服务模式;更加注重体制机制建设,在不断发展中初步建立具有中国特色的社会主义优抚对象福利服务体系。

(一)优抚对象福利服务体系建设的改革与发展

改革开放 30 多年来,优抚对象福利服务工作紧紧围绕构建与市场经济相衔接、与国防建设相适应、与法律规范相协调、与优良传统相承接的政策法规体系,加快推进法制化进程,逐步提高各项补助标准,不断完善服务项目,初步形成了服务网络化、内容系列化、工作制度化的福利服务体系。

1. 优抚对象福利服务工作的恢复建立

1978 年 3 月 5 日,第五届全国人民代表大会第一次会议通过决议,成立中华人民共和国民政部,优抚局作为四个职能业务司局之一,主要负责优待抚恤、退伍安置、烈士褒扬、拥军优属等项业务。民政部的成立和各级民政机构的相继充实,使优抚对象福利服务工作得到逐步恢复和加强。同年召开的第七次全国民政工作会议,审视历史,总结经验,提出了"政治挂帅,安排生产,群众优待,国家抚恤"的优抚工作方针,特别是会议决定在全国范围内对 5000 万名优抚对象开展普查登记。通过普查,摸清了优抚对象的基数,了解了优抚对象的总体状况,对其中的 9 万起冤假错案进行了平反。这标志着新时期优抚对象福利服务工作开始起航。

1980 年,国务院颁布了《革命烈士褒扬条例》,具体规定革命烈士的范围、条件和审批机关,加强和改进了烈士褒扬工作。对战争中伤残的军人作出妥善安排,并及时配备假肢,拥军优属的传统得到了恢复和弘扬。到20世纪80年代中期,逐步确立了定期定量补助的政策体系,国家先后对在乡退伍红军老战士、在乡西路军红军老战士和红军失散人员确立了定期生活补助政策,将烈属、因公牺牲军人遗属和病故军人遗属的定期定量补助改为定期抚恤,实现了一次性抚恤金由过去的固定标准改为与死者生前工资挂钩,进一步体现了国家的保障责任。1983年、1988年召开的第八、第九次全国民政工作会议,把优抚工作方针调整为"思想教育,扶持生产,群众优待,国家抚恤",并且调整了各项优待抚恤标准,对部分在乡老复员军人扩大了定期定量补助覆盖面,落实了群众优待,初步形成了国家、社会、群众三结合的优待抚恤制度。

1988年8月,国务院公布施行《军人抚恤优待条例》。这是新中国成立以来第一部较为完整的综合性优抚基本法规,为维护和保障优抚对象的权益提供了重要的法律依据,是我国优抚工作发展史上的重要里程碑。此后,民政部门又相继制定并公布了《关于贯彻〈军人优抚优待条例〉若干具体问题的解释》《革命伤残军人评定伤残等级的条件》等一系列与之配套的规范性文件,确立了"思想教育、扶持生产、社会优待、国家抚恤、依法保障"的优抚工作方针,初步形成了与社会主义市场经济体制相适应的优抚政策法规体系,优抚对象福利服务水平明显提高,优抚对象福利服务工作体系化建设初露端倪。

2. 优抚对象福利服务内容的调整改革

到20世纪90年代中期,随着社会主义市场经济体制的逐步建立,优抚对象福利服务工作在保障机制、保障内容、保障标准等方面面临许多困难和挑战。1996年5月,国务院总理办公会议专门听取民政部汇报,要求进一步加强和改进优抚工作。1998年,经国务院领导同意,国务院办公厅发布《关于加强优抚工作的通知》,围绕建立和完善优抚保障制度,加大中央和地方财政投入,确保优抚对象生活水平达到或略高于当地群众平均生活水平,实行优待金社会统筹和建立拥军优属保障基金,对医疗、住房、用工制度改革中实行优先优惠和减免社会负担等内容,对政策进行了重大调整和完善。为贯彻文件精神,国务院召开全国拥军优抚安置工作会议,明确提出了当前和今后一个时期拥军优抚工作的大政方针,充分反映了部队官兵和优抚对象的愿望要求,对加强国防和军队建设、保持社会稳定、增强军政军民团结产生了重要影响。同年,中共中央办公厅、国务院办公厅还发出《关于做好抗洪抢险部队返回驻地和深入开展拥军优属工作的通知》,对弘扬抗洪精神,在全国开展形式多样、扎实有效的拥军优属活动提出了明确要求,拥军优属活动蓬勃开展,形成了军爱民、民拥军的良好社会氛围。

为了适应经济社会发展的快速变革,国家进一步加大了优抚法制建设的力度。1997 年,国务院在《关于在全国建立城市居民最低生活保障制度的通知》中,明确规定优抚对象的抚恤补助不计入家庭收入,使生活困难的优抚对象享受双重保障,有力地保障了他们的基本生活。为做好新形势下人民警察的批烈、评残和抚恤工作,民政部与公安部先后下发《关于加强人民警察伤亡抚恤工作的通知》《关于公安边防、消防部队和警卫系统伤亡抚恤优待工作有关问题的通知》;与最高人民法院、检察院联合发布《人民法院、人民检察院司法警察抚恤办法》;与财政部联合下发《关于调整一次性抚恤金发放办法的通知》,对机关工作人员的死亡抚恤政策作出了重大调整,将一次性抚恤金的发放由民政部门改为所在单位。可以说,到 21 世纪初,与市场经济相衔接、与社会发展相协调、与法律规范相一致的新型优抚对象福利服务的各项政策法规框架基本建立,保障了优抚对象的基本生活。

随着改革开放的深入发展,人民群众生活水平提高较快,而国家用于抚恤补助专项经费投入的增长相对较慢,致使部分优抚对象尤其是重点优抚对象不同程度地存在生活、住房、医疗等方面的问题。面对"三难"现实,国家又不可能在短期内拿出大量经费用于满足优抚对象的需求。因此,各地积极探索依靠社会力量发展优抚事业的新途径,这既是对国家主渠道的补充,又是今后一个时期优抚工作发展的方向。1998 年,全国双拥工作领导小组和民政部发起开展"爱心献功臣行动"。这项活动在广大军民中产生了强烈反响,从农村到城市,从厂矿到学校,出现了"千厂万店献爱心,千村万户为功臣"的动人景象,广大人民群众怀着对革命功臣的崇敬之情,积极参与,有钱出钱、有物出物、有力出力,"爱功臣、学功臣、助功臣"蔚然成风,形成了以政府为主导、社会各界和广大人民群众踊跃参与、人人"助功臣办实事"、"献爱心动真情"的良好社会氛围。实践证明,"爱心献功臣"是一次以政府为主导、以社会为依托、以人民群众广泛参与为基础的优抚社会化大行动,是新形势下优抚对象福利服务工作的一次成功实践。

截至 2004 年,优抚对象福利服务工作紧紧围绕服务改革发展稳定大局,着眼促进国防和军队建设,立足维护优抚对象根本利益,在狠抓落实上下工夫,取得了很大成绩。一是优抚对象权益得到保障。中央和地方财政累计投入 448 亿元,统筹发放优待金 310 亿元,连续以每年 15% 左右的幅度提高抚恤补助标准,有效地保障了 468 万名重点优抚对象的基本生活。各地坚持因地制宜、因时制宜、因人制宜,建立纳入相应医疗体系、实行医疗机构优惠优待、建立定额门诊医疗补助、实施重大疾病医疗救助等多种类、多层次的保障模式,较好地缓解了优抚对象就医难问题。群众性拥军优属活动逐步走向服务网络化、内容系列化、工作制度化。二是政策法规体系更加完善。中央先后制定出台了适应形势发展要求、涵盖军人抚恤优待各个方面的《军人抚恤优待条例》和其他综合性政策法规 20 多个,各地结合实际制定实施了地方性配套政策措施 2000 多个,初步形成了与社会主义市场经济体制相适应的优抚政策法规体系。全国 70% 的县(市)建立了重点优抚对象抚恤补助标准自然增长机制。这些政策法规对拥军优属、国家抚恤、社会优待、烈士褒扬等工作做了进一步规范和完善,把优抚工作的基本原则和经济社会发展实际紧密结合,为维护优抚对象的权益提供了可靠保证。三是各项优抚事业蓬勃发展。各地在继承传统的基础上,坚持解放思想,实事求是,与时俱进,积极探索发展优抚事业的新途径、新措施、新办法。结合国家财政支出结构调整,争取加大各项优抚事业投入,提高优抚工作整体水平;抓住农村税费改革机遇,将义务兵家属优待金由群众统筹转为财政列支,创新优待保障体制;顺应科学管理的时代要求,开展优抚工作数据普查,建立信息管理系统,实行经费据实核算,提高优抚事业经费的使用效率;适应户籍管理制度改革需求,改变二元传统模式,推进城乡优抚保障一体化;吸收现代服务管理理念,强化自身建设,扩大对外影响,优抚事业单位的基础规模不断扩充,发展环境不断优化,竞争能力不断增强,成为优抚工作的前沿阵地和基层民政工作的有效载体。

3. 优抚对象福利服务体系初步建成

进入新世纪以来,尤其是 2004 年以来,民政部先后召开全国优抚工作会议,总结了 1998 年以来优抚工作的重大成绩、基本经验、形势任务;召开了全国军休干部安置工作会议,总结了 23 年来军队离退休干部安置工作的经验,分析了存在的问题及原因,提出了改革办法,对军休安置工作七个方面的政策作出调整;召开全国双拥模范城县命名表彰大会,总结了 12 年来双拥工作的基本经验,分析了双拥工作面临的形势任务,提出了下一步的发展思路。这标志着优抚对象福利服务体系建设进入了加速发展的快车道。

(1)政策法规体系建设更加完善。2004 年 10 月,国务院、中央军委公布施行的新的《军人抚恤优待条例》,反映了与时俱进的时代特征,贯穿了以人为本的基本内涵,融合了依法行政的基本理念,涵盖了军人抚恤优待的各个方面,成为新时期优抚工作的基本法律依据。随后,民政部会同军地有关部门制定发布了《军人残疾等级评定标准》、《新旧伤残等级套改办法》、《一至六级残疾军人医疗保障办法》、《优抚对象及其子女教育优待暂行办法》等一系列配套政策。2007 年 5 月,民政部与人事部、财政部联合出台了《国家机关工作人员及离退休人员死亡一次性抚恤发放办法》,解决了从 2004 年 10 月 1 日以来,国家机关工作人员死亡抚恤长期不落实的问题,全国 800 万国家机关在职工作人员和 700 万离退休人员将从中受益;2007 年 8 月,根据中央统一决策部署,民政部会同财政部、劳动保障部、卫生部出台了《优抚对象医疗保障办法》,实现了优抚医疗保障制度与国家医疗保障体系的衔接并轨,确立了"基本医疗、政府补助与优惠减免"三位一体的新模式,为解决优抚对象医疗难奠定了制度保证。

(2)福利服务工作难点问题不断突破。一是基本生活得到有效保障。国家逐年加大投入,不断提高优抚对象的抚恤补助标准,普遍建立优抚对象抚恤补助标准与人民群众生活水平同步提高的自然增长机制。据统计,2007 年,中央财政列入年度预算的抚恤补助专项经费达 126.5 亿元,地方各级财政用于抚恤补助专项经费达 84.3 亿元。中央和地方各级财政投入总和由 1978 年的 3.1 亿元增加到 2007 年的 210.8 亿元,提高了 68 倍(见

图6-1）。二是住房难得到有效改善。为解决重点优抚对象特别是在乡老复员军人的住房困难，各级财政加大投入，社会踊跃捐资，群众结对帮扶，共筹集资金近23亿元，全国98％的农村"三老"优抚对象已基本解决了住房难。在城镇，各地及时出台了优抚对象以成本价购买公有住房，对优抚对象实行租金减免以及向优抚对象优先提供廉租房的政策，帮助城镇烈属、伤残军人等优抚对象改善了住房条件。三是医疗难得到有效缓解。各级民政部门积极探索推进优抚对象医疗保障工作的新路子，有关优惠政策在国务院《关于建立城镇职工基本医疗保险制度的决定》、《军人抚恤优待条例》和《一至六级残疾军人医疗保障办法》中得到体现。各地不断加大优抚对象医疗经费投入，近年来共投入医疗补助资金33.4亿多元，中央财政自2004年起每年投入1亿元专项资金用于优抚对象医疗补助；2006年又将医疗补助资金提高到15.3亿元。为顺应国家医疗卫生体制改革的大方向，从制度层面对优抚对象医疗保障进行规划设计，在总结各地试点经验的基础上，民政部会同财政部、劳动和社会保障部、卫生部出台了《优抚对象医疗保障办法》（民发［2007］101号），在全国规划建立新型优抚医疗保障制度。这种新型优抚医疗保障制度采取政府补助和个人负担相结合、普通保障与重点保障相结合、优抚特殊医疗保障与社会医疗保障相结合、政策照顾和大病救助相结合等措施，帮助优抚对象优先进入城镇职工（居民）基本医疗保险或农村新型合作医疗体系及医疗救助体系，并在大病起付标准、最高支付限额和住院报销比例等方面，给予适当的优惠。同时依托政府举办的非营利性医疗卫生机构和城镇社区及乡卫生院、村卫生服务站，建立了特困优抚对象医疗临时救助机制。对于农村的优抚对象，各地也通过农村合作医疗提供救助服务和便利，充分体现了对他们的优待和照顾。全国优抚医疗保障制度建设工作正在稳步推进。

（3）福利服务社会化快速推进。优抚对象福利服务工作实行国家和社会相结合的制度，既是政府工作的重要内容，同时具有鲜明的社会性，有着广泛的社会基础。2007年"八一"节前夕，为纪念建军80周年，根据中发［2007］6号文件精神，全国双拥办、民政部、财政部等11个部门联合下发《关于开展"关爱功臣活动"的通知》（国拥办［2007］1号），部署开展政府主

单位：亿元

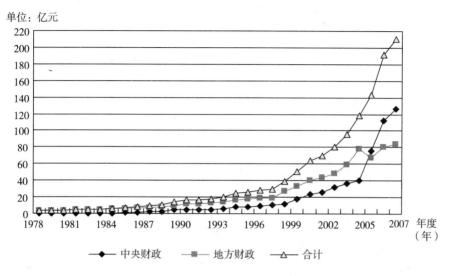

图6-1　30年来中央和地方抚恤经费投入

导、部门配合、社会参与的"关爱功臣活动"。这项活动得到了各级领导的
高度重视和各界群众的热烈响应,各地积极筹措资金,通过多种形式宣传表
彰爱国拥军模范人物,开展了形式多样的"关爱功臣活动",营造了浓厚的
关爱功臣的社会氛围。据不完全统计,在"关爱功臣活动"中,各地共筹措
和发放资金近3亿元,用于解决优抚对象的生活难、医疗难、住房难等问题;
新增财政拨款1.6亿元,用于优抚医院、光荣院、烈士陵园等优抚事业单位
建设;赠送慰问金、慰问品达2.7亿元。近几年来,全国城乡基层群众性拥
军优属服务活动蓬勃开展,初步形成服务网络化、内容系列化、工作制度化
的发展格局。据四川省、山东省、山西省、辽宁省、江苏省、上海市等地不完
全统计,各地组建的"优抚小组"、"军人家庭服务中心"、"包户小组"、"优
抚对象服务中心"、"智力拥军优属小组"、"一条龙服务网"、"拥军优属工
作站"等民间组织多达90余万个,全国类似的基层服务组织达到280多万
个,这些组织帮助军人及其他优抚对象解决了包括住房、就业、入学、调整工
种班次等大量实际问题。此外,全国各地还广泛开展智力拥军,积极帮助军
队培养军地两用人才;开展智力优属,帮助优抚对象掌握科技知识,发展生
产,脱贫致富。一些地方开展了"双向教育,双向服务"活动,对干部群众进

行国防教育,开展拥军优属活动;对优抚对象进行艰苦奋斗教育,开展建功立业活动。不少地区还积极探索建立基层优抚保障网络,在城镇,把日常性的拥军优属活动同社区服务、志愿者服务相结合,同建立城市最低生活保障制度相结合;在农村,把保障优抚对象的生活纳入农村社会保障体系。这些新时期拥军优属的活动形式,为优抚工作的发展增添了活力,丰富了内涵,有力地推进了优抚对象福利服务工作的社会化。

(二)优抚对象福利服务体系建设的创新

优抚对象福利服务是一个具有层次性和多样性的复杂系统。30 多年来,我国政府始终发挥主体性作用,始终坚持开放性的发展方向,注重发挥国家在社会力量之间的调节作用,充分调动各方面积极性和主动性,基本实现了政府、社会、个人的良性互动和政策制度之间的有效衔接,大幅提升了优抚对象福利服务的整体效能,实现了创新发展。

1. 实现了主体多元化

福利供给多元化是世界各国社会福利模式的通行做法和发展趋势,也是当代公共管理改革发展的重要特征。优抚对象福利服务在与时俱进中发展,在探索创新中拓展,从封闭走向开放,从单一转向多元。在政策层面,集中体现在福利服务供给由国家包办转向政府、集体、个人、社会多元化分担;在制度安排上,基本实现政府责任与社会责任的有机统一。首先是在优抚对象福利服务的投入上,实现了中央财政、省级财政和属地财政分级负担的体制;其次是在满足福利服务需求增长的机制上,改变了靠政府临时性补助的做法,实现了优抚对象福利服务经费补助与当地财政收入同步增长;三是解决了优抚对象福利服务老大难问题,开辟了政府拨款、部门挂钩、社会筹资等多渠道提供资金的新路。优抚对象福利服务主体多元化的实现,推进了优抚对象福利服务制度的创新发展,加快了优抚对象福利服务体系建设的进程。

2. 实现了手段多样化

随着经济社会的快速发展,优抚对象福利服务在社会转型中不断注入新的活力,利用社会发展与进步的新成果,引入社会服务的创新经验,丰富优抚对象福利服务的内容,强化服务手段,提升服务质量。特别是在优抚对象福利服务改革中,大胆引进社会工作经验,推行社会化服务,促成了优抚对象福利服务手段的转变;积极适应市场经济变化,把政府手段与市场手段相结合,使优抚对象福利服务更加适应社会的新发展;充分利用社会资源,把单位、企业与民间组织力量有机结合起来,提高了优抚对象福利服务的水平。

3. 实现了服务网络化

推进服务网络化,建立健全社会化的基层优抚服务网络,是新时期优抚对象福利服务的着力点。通过完善拥军优属制度,建立健全社会化的优抚安置服务网络;通过依托基层群众自治组织,建立面向社区的优抚对象福利服务网络;针对优抚对象福利服务需求,建立专项帮扶服务网络。全国各地建立的"优抚小组"、"军人家庭服务中心"、"包户小组"、"优抚对象服务中心"、"智力拥军小组"、"拥军优属工作站"等各类优抚服务组织,基本形成了"纵向到底、横向到边、无缝覆盖"的基层优抚服务网络体系。

4. 实现了工作制度化

优抚对象福利服务制度建设是社会政策的重要内容,是社会保障制度的重要组成部分。进入新世纪以来,在推进民政工作法制化的进程中,优抚对象福利服务工作制度不断完善,在全国法规层面,形成了以优抚法规为主体、政策规章为辅助的制度体系;在地方法规层面,围绕优抚对象的生活、医疗、住房及军转干部安置和退役士兵安置等方面,制定了一系列具体政策和实施办法,初步形成了与地方经济社会发展水平相适应的拥军优抚安置政策法规体系,各项工作进入制度化、规范化轨道。

四、完善优抚对象福利服务体系建设的思路与原则

任何事物的发展都表现为一个丰富的实践创新过程。创新活动的本质就在于改变过去的实践,发展新的实践。历史已经证明,优抚对象福利服务工作不断发展、实现跨越的过程,也是一个注重实践、不断探索创新的过程。目前,我国正处在社会加速转型期,经济快速发展,利益主体更趋多元,改善

民生的呼声越来越强烈,尤其是在城乡差距、区域差距、收入差距拉大趋势短期内难以根本扭转的形势下,维护社会公平的难度不断增大,社会失范现象有所增加,迫切需要加快完善包括优抚对象福利服务制度在内的各项社会保障制度,以维护社会稳定、促进社会公平、推动科学发展。在推动科学发展、构建和谐社会的新形势下,为民服务的宗旨凝聚人心,以人为本的理念催人奋进。我们必须直面挑战,创新思路,加快完善优抚对象福利服务体系建设的进程。

(一)优抚对象福利服务工作面临的挑战

1. 优抚对象福利服务改革难以与国家、军队有关改革同步进行

这是由国家和军队管理体制决定的。当前,我国市场经济体制进一步完善,各项改革全面深化,特别是与优抚安置工作密切相关的住房制度、医疗保障、税费调整、户籍制度以及军队后勤保障社会化等方面的改革进程明显加快。而优抚安置工作显著的政治性、特殊性、相关性,决定了其计划管理与市场调节相结合的工作模式难以彻底改变,每项改革都涉及军队和地方的多个职能部门,推进难度很大,必须在国家、军队的主体改革基本到位后才能实施,这样形成的"时间差"效应在一定程度上会影响优抚安置对象更好更快地享受改革发展带来的成果。

2. 优抚对象福利服务保障标准落后于国家经济发展水平

总的讲,我国对优抚安置对象的保障水平不高,尽管近年来中央和地方各级财政连续加大对优抚安置事业的投入,但保障标准仍未达到法律法规明确的标准。再加上由于国家采取渐进式改革,为降低改革成本,往往绕开矛盾焦点,并让包括优抚安置对象在内的部分群体承担了改革成本,使得应当给予他们的特殊优待和重点保障难以充分实现。在地方,有的经费应由财政列支而没有列项,有的经费标准低于政策规定的标准,有的经费应由国家承担保障主体责任的体现不够明确,部分重点优抚对象的实际生活水平还没有达到当地人民群众的平均生活水平。

3. 社会上的国防观念淡化给优抚对象福利服务工作落实增加了难度

由于受长期和平环境的影响和市场经济的冲击,人们片面追求经济利益的思想日益凸显,包括制定政策者在内的全社会成员的国防和拥军意识有所淡化,使得人们对拥军优抚安置工作的重要性认识不足,个别领域和层面程度不同地存在着"说起来重要、做起来次要、忙起来不要"的现象。其直接表现是:为国防建设服务的思想没那么牢了,对优抚安置对象的感情没那么深了,解决优抚安置工作难题的力度没那么大了,为部队办实事的作风没那么实了,最后结果是拥军优抚安置方面的各项政策制定难、出台难、落实难。

(二)优抚对象福利服务工作面临的机遇

1. 党政军领导的高度重视为优抚对象福利服务工作发展提供了有力保证

近年来,党中央、国务院、中央军委非常重视拥军优抚安置工作,胡锦涛等中央领导同志就双拥共建、退役士兵和军休人员安置、烈士褒扬等方面工作多次作出重要批示。人大、政协的"两会"提案连续多年对拥军优抚安置工作给予高度关注。地方各级党委、政府也明显加大了对拥军优抚安置工作的组织领导力度。这些都为拥军优抚安置工作发展提供了有力保证。

2. 和谐社会建设为优抚对象福利服务工作发展创造了良好环境

从一定意义上讲,和谐社会是社会各阶层和睦相处、全体社会成员既各尽其能又各得其所的社会。体现在具体的政策指向上,就是要求国家维持社会的公平、公正,通过对经济社会资源的优化配置,使各阶层能分享改革开放和社会进步的成果。这对于优抚对象福利服务工作来说,无疑是难得的发展良机。

3. 综合国力的增强为优抚对象福利服务工作发展提供了物质保障

优抚对象福利服务工作是一项特殊的社会保障,其保障水平有赖于生产力的发展,有赖于综合国力的增强。"十一五"时期,我国经济将保持持续快速发展的态势,国内生产总值预计年均增长 7.5% ,到 2010 年时将比 2000 年翻一番。综合国力的空前增长和人民生活水平的日益提高,将为保障优抚福利服务对象基本权益奠定坚实的物质基础。

（三）优抚对象福利服务体系建设的思路

在新的历史阶段,优抚对象福利服务工作应坚持以邓小平理论和"三个代表"重要思想为指导,用坚持科学发展观和构建和谐社会统领全局,以服务于军事斗争准备为牵引,以调整完善政策法规体系为重点,以建立健全拥军优抚安置服务保障体系为基础,以构建高效顺畅的管理体制为支撑,以人为本、与时俱进、开拓创新、求真务实,努力实现"优待优惠原则得以充分体现、保障水平与经济社会发展协调推进"的新格局,更好地为优抚安置对象服务,为军队履行新使命服务,为改革发展稳定大局服务。

1. 完善与市场经济相衔接、与国防建设相适应的优抚对象福利服务政策法规体系

加快制定《军人优待抚恤法》、《退役士兵安置法》;研究出台《双拥工作条例》、《军休干部和无军籍职工安置条例》、《军供工作条例》;修改完善《革命烈士褒扬条例》、《双拥模范城(县)评比办法》;出台相关配套政策措施,形成完整的法规政策体系,加快依法拥军、依法优抚、依法安置的进程。

2. 健全以国家保障为主体、国家引导和社会参与相结合的优抚对象福利服务保障体系

按照"服从国家经济建设大局、服务国防和军队建设、服务优抚安置对象"的要求,加强优抚对象福利服务保障体系建设。退伍安置工作要逐步建立以扶持就业为主体,发放退役金、安排工作、退休、供养等多种方式相结合的城乡一体化安置新制度;军休工作要扎实推进以落实"两个待遇"为中心、以实现"六老"要求为目标的军休安置服务管理模式;优抚工作要不断完善抚恤补助、生活待遇、医疗补助标准自然增长机制,采取政府补助和个人负担相结合的原则,优先优惠将重点优抚对象纳入社会保障体系,确保对重点对象的实际保障水平高于当地居民平均生活水平;优抚事业单位管理工作要逐步构建集社会效益与经济效益、自我发展与借助外援、褒扬功能与教育功能于一体的优抚事业单位运行机制。

3. 构建与军队履行"三个提供、一个发挥"新使命要求相吻合的拥军服务体系

围绕推进中国特色军事变革和做好军事斗争准备的需要,坚持平战结

合的原则,以军事需求为牵引,构建军地一体、深度拥军、权威高效的支前领导机构;围绕帮助部队解决难题的要求,切实为部队减压卸负、排忧解难,进一步改进军队离退休人员和伤病残人员交接安置办法,深化退役士兵安置改革,建立快速高效、运转顺畅、形式多样的接收安置工作机制;围绕部队完成战备训练、野营拉练、处理突发事件等任务,加强军供站建设,努力形成制度完备、功能齐全、布局合理、保障有力的军供保障新格局。

4. 构建与优良传统相承接、与形势任务相适应的军政军民关系协调体系

在发挥传统优势的基础上,根据形势任务的变化,按照双拥工作新要求,突出抓好"四项子体系"建设:着力应对突发事件的需要,构建集预警、保障、处置于一体的军地应急调处体系;着力配合重大军事活动和重大科研试验的需要,构建支持军队完成任务的各项服务保障体系;着力扩大双拥工作群众基础的需要,构建经济利益与拥军优属互相支撑、相互促进的"两新组织"拥军体系;着力调动创建双拥模范城(县)积极性的需要,构建双拥模范城(县)综合评估体系。

(四)优抚对象福利服务体系建设的基本遵循

完善优抚对象福利服务体系不是一个独立的政府行为,也不是一个简单的社会集合。它牵扯到各个层面,需要有序高效的组织架构、协调有力的运行机制、与时俱进的制度规范,是政府与社会、市场与民间互动的系统工程。同时,合理的福利服务体系是培养和激发人力资源的重要途径。构建和完善中国特色优抚对象福利服务体系,应坚持创新理念,以科学的方法推进。

1. 要遵循规律,稳步推进优抚对象福利服务体系建设

所谓遵循规律,就是要遵循优抚对象福利服务制度的发展规律,坚持以下基本原则:一是坚持渐进性原则。优抚对象福利服务的各项制度建设直接关系到广大优抚对象的切身利益,关系到社会稳定与和谐。必须把长期的可持续发展的战略思想作为核心理念,不断完善现有制度,稳步推进改革创新,保证新老制度的有效衔接。二是坚持适度性原则。优抚对象福利服

务保障作为社会分配制度的组成部分,属于生产关系范畴。生产关系一定
要适应生产力状况客观规律,要求优抚保障工作必须与当地生产力发展和
群众生活水平相适应,超前或滞后都会破坏它的功能,引发社会问题。三是
坚持"国家、社会、群众、家庭(个人)"有机结合的原则。新时期的优抚对象
福利服务保障既不可能由国家大包大揽,也不可能由社会或群众全部负担。
我国目前重点优抚对象多数在农村,家庭保障仍是占主导地位的保障方式,
在健全优抚对象福利服务保障制度的过程中应重视和强化家庭保障功能。
四是坚持资金保障与服务保障相结合的原则。资金保障和服务保障是社会
保障制度中互为条件的两大系统,我国现行的优抚对象福利服务保障制度
存在着资金保障"硬"、服务保障"软"的缺陷。抚恤补助金标准明确,资金
来源有保证,比较容易量化和落实;而服务保障则责任模糊,难以操作和考
核监督。五是坚持物质保障与抚慰教育相结合的原则。要通过各种渠道,
采取多种形式广泛宣传优抚对象的历史功绩,提高其政治地位和社会地位,
对其进行权利和义务、形势和政策等方面的教育,扭转目前优抚工作中重物
质保障,轻抚慰教育的倾向。

2. 坚持改革创新,以创新的精神引领优抚对象福利服务体系建设

创新是一种创造性活动,是一种革命性的扬弃,包含实践创新和理论创
新两个方面。理论创新是实践创新的先导,任何一种新运动的兴起,任何一
种新制度的诞生,任何一项新事业的推进,都离不开理论创新的导航与支
撑。同时,实践是理论创新的源头和目的,也是检验理论创新的根本标准,
创新活动的根本目的就在于改变已有的实践,发展新的实践。因此,事物的
创新发展都表现为一个丰富的实践过程。创新是事物发展的根本动力,推
动创新是完善优抚对象福利服务体系的必然要求。一是创新工作理念。必
须紧紧围绕适应经济社会发展的要求和军队履行新使命的需要,解放思想、
与时俱进。要牢固树立立保障水平与经济社会发展同步增长的理念、国家
保障责任主体化与服务方式社会化相结合的理念、以情优抚安置和依法优
抚安置相结合的理念、用发展和改革的办法解决工作推进中遇到问题的理
念,逐步实现从保障基本生活向提高生活质量转变,从自我封闭、自成体系
向开放式管理、多元化保障转变。二是深化调整改革。以深化退役士兵安

置改革为突破口,解决制约优抚对象福利服务工作特别是安置工作发展的难题。推动《退役士兵安置改革方案》的实施,积极参与修改《兵役法》工作,争取在退役士兵安置体制改革上取得实质性突破;针对重点优抚对象医疗难的问题,继续按照政府补助与个人负担相结合、普遍保障与重点保障相结合、优抚医疗保障与社会医疗保障相结合、政策照顾与大病救助相结合的总体思路,促使各级政府加大财政投入,逐步建立充分体现优待优惠政策的优抚医疗保障制度;继续推行抚恤补助资金发放方式改革,提高资金使用效益;针对军休干部住房、医疗改革滞后的问题,加强与军地有关部门协商沟通,广泛征求各方面意见,积极稳妥推进改革。三是完善运行机制。突出中央财政保障投入的主体责任,减轻区县财政压力,争取中央和地方经费分担的合理比例,逐步形成经费投入渠道顺畅、与经济社会发展水平相适应的优抚安置事业经费增长机制;明确军地、部门、上下级之间的责任分工,健全政府主导、军地合作、部门配合的工作运行机制;以社会化发放抚恤经费为突破口,规范优抚安置对象的统计机制和资金管理发放机制;以创建"星级优抚安置事业单位"为抓手,开展评比表彰活动,激发内在活力,建立优抚安置事业单位竞争激励机制;动员利用拥军优属基金、社会化成果资源、对口捐助帮扶、中介服务组织等社会力量,健全社会参与发展机制。

3. 坚持统筹兼顾,在更高层次上追求优抚对象福利服务体系的整体效能

科学统筹是科学发展观蕴涵的重要方法论原则。推进优抚对象福利服务工作科学发展,在更高层次上发挥整体效能,需要走统筹整合之路。这里的统筹是指在研究问题、制定法规、出台政策、部署工作时,对有关方面进行统一分析、统一规划,通过分类指导,促进共同发展。这里的整合是指在不同的优抚对象福利服务内容及其相关资源之间,建立起一种相互促进、协同配合的机制。只有统筹发展,整体推进,才能充分发挥优抚对象福利服务工作在和谐社会建设中的基础作用。当前要重点在以下三个方面下工夫:一是在国家保障标准与扶持、优待等措施之间的有机配合上下工夫。国家向法定优抚对象提供的既有褒扬意义、又有社会补偿性质的抚恤补助金,是他们为国家作出牺牲和贡献后理应得到的回报。然而,统一的抚恤补助标准

很难使处于千差万别地域经济和家庭条件下的保障对象全部达到保障目标,这就需要通过扶持、优待、服务等项措施与之有机配合。二是在打造三位一体的保障模式上下工夫。从我国目前情况来看,比较理想的优抚保障模式应以国家抚恤、社会优待和群众服务并辅以精神抚慰和思想教育来促使家庭保障功能的充分发挥。国家抚恤保障主要是通过立法形式制定政策制度、采取行政手段实现的保障,国家和政府是保障的责任主体;社会优待保障和群众服务保障是实施具体政策制度的载体;家庭(个人)自我保障则是最基础、占主导地位的保障。三是在提升政策制度的整体效能上下工夫。坚持纳入城乡社会保障体系,并与之协调发展的原则。优抚对象福利服务保障包含于社会保障之中,它的建立和发展受到社会保障制度的制约和影响,只能随社会保障制度的逐步建立和完善而健全。在建立和完善社会保障制度的过程中,要抓紧优待抚恤方面的立法,结合新形势下出现的新问题,进一步明确各类保障对象及其各自的权利、义务和保障标准,进一步明确中央政府、地方各级政府、所在单位、当地社会群众及家庭各自的保障责任,与内外相关政策制度紧密衔接,在运行中建立有效的执行监督机构和信息反馈系统,从中央到地方形成一个上下配套、左右衔接、责任明确、运行规范、多层次、一体化、不断适应形势变化、充满生机活力的优抚对象福利服务保障体系。

总之,建立健全新时期优抚保障制度对于国家的改革、发展、稳定来说是一项重要的配套工程,对于产生于战争年代的老优抚对象来说是一项抢救性工作。只要我们坚持实事求是、一切从实际出发,认真在实践中总结探索,具有中国特色的新时期优抚对象福利服务体系一定会随着我国社会保障制度的建立和健全而更加完善。

本章主要参考文献

1.《马克思恩格斯选集》第 1 卷,人民出版社 1995 年版。

2. 孙中山:《孙中山全集》第 2 卷,中华书局出版社 1982 年版。

3. 中共中央政策研究室：《江泽民论社会主义精神文明建设》，中央文献出版社 1999 年版。

4. 罗平飞：《做好双拥工作,促进社会和谐》，《求是》2006 年第 7 期。

5. 罗平飞：《简析当代中国军人退役安置制度面临的矛盾》，《理论前沿》2005 年第 24 期。

6. 罗平飞：《建国前中国共产党军人抚恤优待及安置政策研究》，《中共党史研究》2005 年第 6 期。

7. 罗平飞：《试论中国军人退役安置制度的历史变迁》，《中国军事科学》2005 年第 5 期。

8. 孙绍骋：《"十五"期间拥军优抚安置工作调研报告》，2006 年 4 月。

9. 孙绍骋：《努力做好新形势下的拥军优抚安置工作》，《求是》2007 年第 18 期。

10. 顾磊：《优抚工作 30 年发展总结》(调研报告)，2008 年 6 月。

11. 袁寅生：《社会补偿:优抚安置的一种理论阐释》，《中国民政》2001 年第 4 期。

12. 梁志青：《对健全优抚保障制度的思考》，《山西财税》2000 年第 5 期。

13. 吴红英、赵玉洁：《中央苏区红军优抚安置政策回溯》，《中国人才》2008 年第 22 期。

14. 余翔：《试论建国初期的社会优抚安置制度》，《华南师范大学学报》(社会科学版)2001 年第 1 期。

15. 姜秀元：《谈我国军人抚恤优待的法制化进程》，《中国军法》2004 年第 5 期。

第七章　慈善事业与社会福利专题研究

一、慈善的基本理论概述

（一）社会福利

社会福利是国家和社会通过社会化的福利设施、福利资助和福利服务，以满足社会成员的基本生活需要并促进其生活质量不断改善的社会政策和制度安排。该含义具有以下内涵：一是社会福利的实施主体包括政府性质的国家和民间性质的社会两部分；二是社会福利的目标不仅是保障社会成员的基本生活，而且要促进社会成员生活质量的改善。

党的十六届六中全会通过的《中共中央关于构建社会主义和谐社会若干重大问题的决定》已经明确规定："发展以扶老、助残、救孤、济困为重点的社会福利。"以"扶老、助残、救孤、济困"作为社会福利的重点，是迄今为止对我国现阶段的社会福利事业作出的最权威的定义，这符合社会主义初级阶段基本国情，适用于到 21 世纪中叶前全面建设小康社会的发展阶段。扶老针对广大的老年人，助残针对广大的残疾人，救孤针对孤儿，济困是针对突发灾情（或事件）下的生活困难群体。因此，从覆盖对象来说，社会福利面向老年人、残疾人、孤残儿童这样的特殊群体，形成了我国发展中的儿童福利事业、老年人福利事业、残疾人福利事业；社会福利面向突发灾情（特别是特大自然灾害）下的生活困难群体，形成了我国基本保障性的国民福利事业。从覆盖内容来说，社会福利不仅包括基本生活福利，而且包括教育福利（与儿童福利事业高度关联）、医疗福利（与老年人福利事业、残疾人福利事业高度关联）等。

（二）慈善事业

慈善事业主要是指个人、群体和各类社会组织以自愿捐赠款物或无偿提供服务的形式，帮助困难群体解决实际问题、促进社会福利公益事业发展的社会互助行为和社会助推活动，具有民间性、自愿性、救助性和福利公益性等特征。现代慈善事业的显著特点是由政府倡导、社会监督、民间组织运作。现代社会福利制度起源于非政府的慈善事业，逐步发展成为以现代政府财政为主导的国民福利制度，其价值预设也就体现了从慈善救济的人道主义到现代社会公民权利的转变。在人类社会漫长的历史中，福利等同于慈善、救济、施舍的观念曾经长时间地占据着统治地位；近代以来，市民社会的理论和实践开始赋予福利以平等权利的内容。然而，20 世纪 80 年代以来，随着经济增长的放慢、经济滞胀以及老龄化问题的日益严重，西方福利国家的社会问题逐渐暴露出来，并陷入日益严重的福利危机困境之中。为此，各国学者对社会福利问题进行了新的探索和解释，主张社会福利服务的提供者逐步由国家转向社会，实施社会福利多元化和市场化，社会福利理论开始朝着多样化方向发展，社会福利社会化的思潮成为其中的主流，直接导致各发达国家对福利政策的调整，慈善事业再次回到前台。

（三）社会福利和慈善事业相衔接

社会福利和慈善事业相衔接是党和政府积极推动的制度安排。党的十六届四中全会作出的《中共中央关于加强党的执政能力建设的决定》明确提出，"健全社会保障、社会救助、社会福利和慈善事业相衔接的社会保障体系"。以"扶老、助残、救孤、济困"为重点的中国社会福利制度作为社会保障制度的重要组成部分，符合中国具体国情和发展阶段的制度设计。同样，慈善事业成为社会保障制度的重要组成部分，并兼具社会救助和社会福利的功能，成为缓解政府压力、促进社会福利事业发展的重要手段。一方面，慈善事业通过其对医疗、教育、文化等公共事业的支持，提高国民整体福利水平；另一方面，作为政府救助的补充，慈善事业能帮助部分困难群体摆脱困境，缓解政府财政压力。慈善事业兼具社会救助和社会福利的功能，反映了广大人民群众对于发展慈善事业以推进国民福祉提升的期待和需求。

由于现阶段慈善事业发展的基本定位是动员社会资源参与社会保障体系建设,慈善事业与社会救助和社会福利的联系同样密切。因此,在当前深化社会救助体系建设的关键时期,以及新型社会福利体系建设的初创阶段,社会福利仍具有一定的救助性质,社会福利和社会救助的对象也多有重叠,但随着社会保障整体水平的进一步提高,城乡居民福利需求的不断增长,在政府的合理引导下,鼓励各种社会力量通过多种形式尤其是慈善形式为社会福利事业发展作出贡献,社会福利社会化将推动适度普惠型福利事业的加速发展。社会福利和慈善事业相衔接,将日益凸显社会转型时期慈善事业对我国社会保障体系建设和社会福利事业发展的促进作用:一方面,它拓展了社会保障与社会福利事业发展的社会资源。随着社会需求的多样化通过慈善组织对物质资源、人力资源和组织资源的开发,大力发展作为社会保障体系配套工程的慈善事业,将极大提升国家公益事业的资源开发力度,对国家社会保障体系的系统完善和各项社会福利事业的补充支持将发挥巨大作用。另一方面,它促成了社会保障与社会福利事业中政府、企业和公民之间合作机制的建立。发展慈善事业为社会要素参与社会保障体系和社会福利事业的建设提供了空间和通道:它为政府提升自身能力拓展了空间,也为政府的职能转化提供了契机;企业等经济组织的道德伦理责任在慈善事业中得到了弘扬,发挥了应有的作用;公民作为慈善事业的重要参与者,通过捐款、捐物、志愿者活动等形式有效地参与到和谐社会的各项建设活动之中。

(四)社会福利和慈善事业相衔接的主要领域

社会需求是慈善事业发展的最大动力。除基本生活福利领域外,世界各国在慈善实践中普遍将医疗福利、教育福利和社会福利服务作为主要活动领域,区别只是在具体构成比例上有所不同,比如英国和日本以教育福利为主,美国和德国以医疗福利为主,法国和意大利以社会福利服务为主。在医疗福利方面,医疗卫生涉及个人的生存权,属于基本人权。同时,医疗卫生又涉及家庭的物质生活和精神生活的基础条件,因病致贫和因贫致病二者之间经常互为因果关系,大病患者及其家庭大多属于困难人员,已成为社会保障体系、社会福利事业及慈善事业的主要资助对象。在教育福利方面，教育关系到个人及其家庭的发展权，同样属于人的基本权利范畴。按照国外慈善事业面向教育的固有取向和中国重视教育的文化传统，中国慈善事业在教育领域的发展有极大的拓展空间。在社会福利服务方面，社会福利服务主要针对特殊人群，包括老年人、残疾人和孤残儿童。国家最低生活保障制度可以提供这些特殊群体的基本生活福利，但是无法解决他们因为年老（幼）体弱、身体残疾或其他不利因素而无力照顾自己的具体困难，需要社会提供各类相应的生活服务，慈善事业在动员社会资源来弥补这些社会福利服务的缺口方面就有了很大的作用空间。所以在中国，医疗福利、教育福利和社会福利服务也成为社会福利和慈善事业相衔接的主要活动领域。

（五）社会福利和慈善事业的双向互动关系

根据民政部副部长窦玉沛的阐释，社会福利和慈善事业的相互关系具有以下特征：

第一，社会福利和慈善事业服务的对象具有同一性。我国目前的社会福利主要是为保障孤寡老人、残疾人和孤残儿童等特殊困难人群的基本生活权益提供生活救助和照料服务，属补缺型福利，不同于西方发达国家实行的普惠型福利。社会福利服务的对象历来也是慈善事业投入的主要对象。慈善事业与政府社会救助相辅相成，为孤寡老人、残疾人和孤残儿童等特殊困难群体提供了多种形式的帮助，并将在构建社会主义和谐社会中发挥更多更好的作用。我国已经进入老龄社会，老年人口基数大，增长快，而且随着家庭小型化的发展，社会化养老的需求将迅速增长。同时，广大残疾人和孤残儿童对康复、养护的需求也在日益增长。社会福利事业服务对象的公众化，与转变政府职能、发挥慈善事业重要作用的要求相吻合。社会福利和慈善事业的发展，必将更好地使广大老年人、残疾人和孤残儿童分享我国经济社会发展的成果。

第二，慈善事业发展对实现社会福利社会化具有重要推动作用。我国社会福利事业存在着资金不足、福利机构少、服务水平较低等问题。要解决这些问题,满足人民群众对福利服务日益增长的需要,就必须广泛动员和依靠社会力量,大力推进社会福利社会化。慈善事业在推动社会福利社会化的进程中,可以发挥三个方面的作用:一是通过动员社会力量,弘扬慈善意识,为老年人、残疾人和孤残儿童创造更加和谐的社会生活环境,为发展社会福利事业营造更加有利的舆论环境和投资环境。二是通过慈善资金的直接投入,实现社会福利事业投资主体多元化。慈善资金既可以直接用于投资兴办社会福利机构,也可以用于对公办福利机构进行改制、托管;既可以用于对各类所有制的社会福利机构给予资助,帮助它们改善设施条件,更新设备,为发展社会福利事业提供增量资源,也可以用于为生活困难的老年人、残疾人、孤残儿童提供资金支持,使他们得到较好的福利服务。三是热爱慈善事业的志愿者队伍,是一笔宝贵的人力资源,对社会福利事业发展可以起到积极的促进作用。志愿者可以利用其专业知识,培训福利机构的工作人员和管理人员,提高其服务和管理水平;也可以为老年人、残疾人和孤残儿童提供法律、医疗等方面的咨询服务,帮助他们解决生活中的难题;更重要的,大量志愿者的义务服务是形成以居家为基础、以社区为依托、以社会福利机构为骨干的供养方式的重要保证力量。

第三,推进社会福利社会化就是支持慈善事业发展。我国慈善事业刚刚起步,距现代意义的慈善事业还有相当大的差距,还存在着法律法规体系不健全、动员社会资源能力差、慈善机构数量少、慈善意识普及率低等突出问题。社会福利事业的发展,社会福利社会化进程的深入,既需要慈善力量的介入,也会对慈善事业的发展起到有力的促进作用。近年来,在推动社会福利社会化进程中,国家制定了相关的优惠政策,如国务院办公厅转发民政部等部门《关于加快实现社会福利社会化意见的通知》规定,对单位和个人捐赠支持社会福利事业的,国家给予税收优惠政策;财政部、国家税务总局《关于对老年服务机构有关税收政策问题的通知》规定,对企事业单位、社会团体和个人等社会力量,通过非营利的社会团体和政府部门向福利性、非营利性的老年服务机构的捐赠,在缴纳企业所得税和个人所得税前准予全额扣除。这些政策,既推动了社会福利社会化的进程,也鼓励和支持了慈善事业的发展。各级民政部门和一些社会团体精心设计、组织实施了一些引起社会强烈关注的福利项目,吸引了社会力量的投入,提升了全社会的慈善意识,促进了慈善事业的发展。

　　通过发展慈善事业推进社会福利,重点的工作领域就是加强慈善组织的能力建设。发展慈善事业需要社会广泛参与,它是由社会募捐、项目实施、志愿服务等组成的慈善活动体系。慈善组织是指以财物捐赠和人力动员为基础的公益性社会组织,慈善组织作为慈善活动的主体和慈善运作的载体,是实现社会福利和慈善事业成功衔接的关键;慈善组织的培育、创新以及慈善组织的制度建设和能力建设,成为开发、提供和运用社会福利资源的基础条件。在中国现有法律框架内,慈善组织的存在形式主要有三类:社会团体、民办非企业单位和基金会。(1)社会团体。国务院于 1998 年 10 月 25 日发布的《社会团体登记管理条例》规定:"社会团体是由公民自愿组成,为实现会员共同意愿,按照其章程开展活动的非营利性社会组织。"社会团体的组织形式主要包括慈善会、协会、联合会等。(2)民办非企业单位。1998 年国务院于 10 月 25 日发布的《民办非企业单位登记管理暂行条例》第二条规定:"民办非企业单位,是指企业事业单位、社会团体和其他社会力量以及公民个人利用非国有资产举办的,从事非营利性社会服务活动的社会组织。"民办非企业单位主要包括各种民办学校、民办医院、民办福利院、民办社区服务中心(站)等。(3)基金会。2004 年 6 月 1 日起实行的《基金会管理条例》规定:"基金会是指利用自然人、法人或者其他组织捐赠的财产,以从事公益事业为目的,按照规定成立的非营利性法人。"基金会又分公募基金会和非公募基金会。基金会的活动宗旨是通过资金资助推动社会福利、医疗卫生、教科文等公益事业的发展。另外,还有城乡各类非政府、非营利性的、基层群众的社区公益组织或志愿者组织。除基金会外,以上其他组织可归为慈善服务组织(或慈善运作组织)。一般基金会是专门筹集慈善资金的机构,不直接提供服务;其他组织主要定位于提供慈善服务(专业性服务和志愿者服务),或负责从筹集慈善资金到资助慈善服务的各项运作。

二、慈善事业的探索与发展

(一)发展概况

改革开放以来特别是近年来,我国慈善事业加快发展,取得了令人瞩目的成绩,为促进社会和谐发展和社会文明进步作出了重要贡献。我国先后公布施行了《中华人民共和国公益事业捐赠法》、《基金会管理条例》和《民办非企业单位登记管理暂行条例》等法律法规,修订了《中华人民共和国企业所得税法》、完善了公益捐赠税收优惠政策,为慈善事业发展提供了法律保障;建立健全了"政府推动、民间运作、社会参与、各方协作"的慈善事业发展机制,促进了各类慈善组织、捐赠站(点)的发展,初步形成了覆盖全国的慈善服务网络;广泛开展了各类经常性的社会捐赠活动,涌现出一大批有影响的慈善品牌和慈善项目,越来越多的人加入到志愿者和义工行列,为老年人、孤儿、残疾人默默地奉献着自己的劳动和汗水,关心困难群众、踊跃开展慈善捐赠日益成为社会公众的自觉行动,全社会的慈善意识不断增强。

1. 慈善事业对基本保障性国民福利事业的强力支持

根据《2008 年度中国慈善捐助报告》,中国在这一年遭受的巨大的自然灾难引发海内外空前的慈善高潮,慈善捐助刷新历史纪录。年初南方大部分地区发生的低温雨雪冰冻灾害,5 月 12 日四川汶川发生的 8.0 级特大地震,造成受灾地区人民生命和财产的严重损失。然而,两次大灾引发了两场慈善捐助高潮,充分体现了面对突发灾情(特别是特大自然灾害),为保障城乡受灾困难群体的基本生活,全民参与的慈善捐赠对我国基本保障性国民福利事业的有力支持。

(1)社会捐赠款物总额达 1070 亿元,自然灾害所募款物占 70% 以上。2008 年的重大事件和巨大灾害直接引发了慈善捐赠的"井喷"。初步统计,2008 年度,全国接收各类捐赠款物总额达 1070.492 亿元,占 GDP 总量的 0.356% ,年增长率达 246% 。2008 年各类机构接收捐赠情况如下:

1)全国各级民政(含慈善会)系统接收社会捐赠共计 536.05 亿元,其中捐赠资金 470.7 亿元,捐赠物资折价 65.35 亿元。

2）全国各级红十字会系统共接收社会捐赠约214.4亿元,其中接收抗震救灾捐赠190.52亿元,接收日常捐赠及北京奥运会相关捐赠约21.4亿元,接收冰雪灾害捐赠2.47亿元。

3）中共中央组织部及其系统接收全国党员为汶川地震灾区捐赠"特殊党费"97.3亿元。

4）其他各级职能部门、人民团体接收捐赠款物共计108.28亿元,其中抗震救灾捐赠款物共计79.5114亿元;各省转交同级民政部门(含慈善会)其他日常性款物捐赠共计28.769亿元(含捐款19.5947亿元,捐赠物资折价2.99亿元,转交衣被总数6187万件)。

5）全国各基金会筹集款物总额达78.6亿元,其中新增162家基金会筹款约10亿元,18家全国性基金会为汶川地震灾区紧急救援和灾后重建筹集款物约13.5亿元。

另外,与北京奥运会相关的捐赠、"春风行动"等其他不经过民政部门和社会组织的非汶川地震捐赠,共计36.36亿元。

据统计,2008年2月份,社会各界支援抗击冰雪灾害的日捐赠量达到6000万元,截至2008年2月29日,社会各界针对冰雪灾害捐赠款物总计22.75亿元。2008年5月份,全国抗震救灾的日捐赠量超过20亿元。从2008年5月14日至11月底,全国抗震救灾捐赠款物共计751.97亿元。两次自然灾害所募款物,占2008年全年捐赠总量的72.3%。

（2）国内个人捐款约458亿元,首次超过企业。2008年慈善捐赠市场最大的亮点,是汶川地震唤醒了中国的个人捐赠意识。根据北京市、上海市、成都市、重庆市、西安市等城市的社情调查,90%以上的被访问者均表示向灾区捐过款物。据统计,2008年中国大陆地区公民个人捐款达458亿元,占捐款总额的54%,远高于大陆地区的企业捐款388亿元;在个人捐款458亿元中,因汶川地震(含特殊党费)的捐款就达408亿元。2008年,中国内地个人人均捐款34.66元,是2007年人均捐款额(2.5元)的近14倍,完全改变了此前国内个人捐赠不超过捐款总额20%的格局。

（3）全国接收境外捐赠款物135.4亿元。2008年,中国接收来自境外的捐赠款物达135.39亿元,占接收国内外各类社会捐赠款物总额的

13.4%。2008 年的境外捐赠较 2007 年增加 57.27%。汶川地震发生后, 170 多个国家和地区向汶川地震灾区捐赠了救灾资金和物资,海外华人华侨和港澳台同胞也纷纷捐出巨额款物。据不完全统计,截至 2008 年 10 月 10 日,来自境外的抗震救灾款物捐赠达 103 亿元,其中 168 个国家和 22 个国际组织、政府间组织通过外交部捐款 19.61 亿元;港澳台同胞和海外华人华侨通过中联办、国台办等转交捐赠 19.58 亿元;港澳红十字会、台湾红十字会及红十字国际联合会、有关国家红十字会通过中国红十字会捐赠款物 26.1 亿元;另据商务部通报,跨国公司、外资企业和港澳台企业捐赠 37.76 亿元。

(4)捐赠资源高度集中。目前,中国慈善募捐主体包括各级红十字会、慈善会、各类基金会以及其他慈善组织。在救灾捐赠活动中,县级以上民政部门及其委托的社会捐助接收机构也可以接收捐赠。由于 2008 年灾害频发,捐赠资源更是高度集中于各级民政部门、红十字会、慈善会。统计显示, 2008 年上述"三位一体"的募捐主体直接、间接接收款物捐赠共计 955.5 亿元,占全国接收捐赠总额的 89.26%。另外,北京奥运会组织委员会、国家体育总局和各级地方政府接收非救灾捐赠约 16 亿元,这意味着政府部门和带有官方、半官方色彩的红十字会、慈善会等组织占据了 90% 以上的捐赠资源,其他各类公募基金会、学校、社会组织接收捐赠不足 100 亿元。

(5)全国志愿者人数增加 1472 万人。党的十七大报告提出:要完善社会志愿服务体系。在此背景下,青年志愿者、社区志愿者、红十字志愿者、巾帼志愿者、消防志愿者等各类志愿者队伍建设取得了明显成效。据统计, 2008 年全国志愿者队伍的规模已接近 1 亿人。其中,仅共青团、民政、红十字会三大系统,2008 年共增加志愿者 1472 万人,年增长率达 31.8%。

1)据共青团中央统计,截至 2008 年 12 月,中国青年志愿者协会的注册志愿者人数达到 2946 万名。15 年来,累计已有 3.82 亿多人次为社会提供了超过 78 亿小时的志愿服务。2008 年度有 1.14 亿人次的注册志愿者提供了 17 亿小时的志愿服务。其中,仅参加汶川地震抗震救灾和灾后重建,全国各地的共青团系统就组织了超过 506 万名志愿者。另外,参与北京奥运会志愿服务的各类志愿者共 170 多万人,提供志愿服务 2 亿小时。

2）据中国红十字会统计,2008 年全国共有 150 多万名红十字志愿者,与 2007 年年底全国红十字会志愿者人数 113.2 万相比,增加了近 37 万人。

3）据民政部公布的数据,截至 2008 年 12 月 4 日,全国社区志愿者组织数量已达到 43 万个,比 2007 年增加 16 万个,增幅达 59.3%;参与志愿服务人数达 3000 多万人,比 2007 年的社区志愿者 2000 多万人增加 1000 万人。

（6）全国慈善款物受益人口达到 4766 万人。据统计,全国 2008 年接收的 1070 亿元慈善捐赠中,已支出 828.62 亿元,支出率 77%;这些善款的受益人口达 4766 万人次。具体支出情况如下:

1）截至 2008 年 11 月底,汶川地震捐赠用于灾民救济、物资储备和调运、基础设施抢修等方面的支出 231.76 亿元,转入灾后恢复重建结存款物合计 409.15 亿元（其中资金 402.36 亿元,物资 6.79 亿元）。

2）中共中央组织部已从“特殊党费”专户向灾区拨付 12 亿元,其余部分将用于支援 5 个灾区省（直辖市）抗震救灾和灾后恢复重建工作。

3）其他慈善捐赠支出约 270 亿元,其中用于抗击冰雪灾害等其他方面的支出约 37 亿元。另外,用于教育（含教育设施建设、助学等内容）的支出为 116.56 亿元;用于扶贫救济、救助孤残等方面的支出为 54.56 亿元;用于北京奥运会和体育、文化事业的支出为 42.16 亿元;用于医疗事业和医疗救助的支出达 14.88 亿元;用于环保的支出为 4.96 亿元。

2. 慈善事业对现阶段中国社会福利事业发展的持续支持

近年来,慈善事业对儿童福利、老年人福利、残疾人福利提供了常态的持续支持。前述已知,以“扶老、助残、救孤、济困”为重点的现阶段中国社会福利事业,不仅包括基本生活福利,而且包括教育福利（与儿童福利事业高度关联）和医疗福利（与老人福利事业、残疾人福利事业高度关联）等。根据统计,2007 年,全国用于助学（教育福利）、扶贫济困和救灾（基本生活福利）这三个领域的慈善捐赠占捐助总额的 58%。2008 年,除去冰雪灾害、抗震救灾外,日常捐赠总量达到 309.7 亿元,其中 47% 用于教育领域（教育福利）,22% 用于扶贫济困等综合慈善领域（基本生活福利）;另外,18% 用于北京奥运会及发展体育事业,6% 用于发展文化艺术事业和医疗卫生事业。

同时,根据《2009 年民政事业发展统计公报》,在 2008 年慈善捐赠出现"井喷"后,我国社会慈善事业继续保持着常态的可持续发展。2009 年,城乡慈善组织增加,慈善活动活跃,慈善事业稳步发展,目前全国已建立 3.1 万个经常性捐助工作站(点)和"慈善超市",初步形成了覆盖面广泛的社会捐助网络,全年各级民政部门共接收捐赠款 40.7 亿元,接收捐赠衣被 1.6 亿件,其他物资折款 1.3 亿元,共有 997 万人次受益。同时,社会福利事业也有新的突破。截至 2009 年年底,全国共有收养类福利单位 3.9 万个,拥有床位 275.4 万张,比上年同期增加 16.9%,收养老年人、残疾人、孤儿等各类服务对象 208.8 万人,比上年同期增长 10.4%。与慈善事业与社会福利衔接相关的事业继续发展。城乡社区服务体系进一步健全。截至 2009 年年底,全国拥有社区服务设施 14.0 万处,区县级社区服务中心 1942 个,乡镇、街道社区服务中心 7784 个,居委会社区服务站 24569 个,其他社区服务设施 105544 个。社会组织自我管理与服务社会的能力进一步增强。截至 2009 年年底,全国登记注册的社会组织将近 42.5 万个,其中社会团体 23.5 万个,比上年同期增长 6.8%;民办非企业单位 18.8 万个,比上年同期增长 5.6%;基金会 1780 个,比上年同期增加 390 个。另外,截至 2005 年,我国由社会力量兴办的为老年人、残疾人、孤儿和弃婴提供养护、康复、托管等服务项目的福利服务机构已经发展到 1400 多所,打破了传统福利事业单纯以养护为主要内容的惯例,覆盖人群和服务质量明显提升,社会福利服务社会化程度不断拓展。

围绕促进慈善事业和发展社会福利事业的政府双重目标,2008 年,民政部根据国务院确定的"三定"方案进行机构改革,成立了社会福利和慈善事业促进司,明确了政府对慈善事业的管理职能和办事机构。该司负责拟定慈善事业发展规划,指导社会捐助工作,使慈善事业有了专门的政府指导部门,慈善事业协调指导机制的建构取得重大突破。另外,在鼓励捐赠的税收优惠制度上,2008 年 1 月 1 日正式实施的新《中华人民共和国企业所得税法》,将企业捐赠免税额度由原来的 3% 提高至 12%;汶川地震发生后,国务院《关于支持汶川地震灾后恢复重建政策措施的意见》中,对企业、个人通过公益性社会团体、县级以上人民政府及其部门向受灾地区的捐赠,允许在当年企业所得税前和当年个人所得税前全额扣除;2008 年 12 月 31 日,财政部、国家税务总局和民政部联合发布《关于公益性捐赠税前扣除有关问题的通知》,明确了公益性社会组织捐赠税前扣除资格的认定权限和程序等问题。目前,我国与慈善事业相关的法律法规和政策措施正进一步完善,慈善事业中的激励机制也在不断发挥作用。

(二)加强慈善事业探索实践,推进社会福利事业发展

近几年,全国各地积极建立和健全"政府推动、民间运作、社会参与、各方协作"的慈善事业工作机制,不断加强慈善事业的探索实践,通过改革创新持续推进各地社会福利事业的快速、健康发展。其中,浙江省和广东省深圳市的探索实践和特色经验值得借鉴。

资料一　浙江省的实践探索:开发慈善资源,推动社会福利事业发展

浙江省是慈善事业发展较早并推进较快的省份。作为我国慈善事业最发达的地区之一,通过多年的实践探索,浙江省在开发慈善资源、推动社会福利事业发展方面取得了许多有益的经验。

1. 浙江省慈善事业所取得的成绩

根据 1995 年到 2005 年的统计资料,在 10 年的发展中,浙江省慈善事业所取得的成绩可以概括为:

(1)组织机构发展壮大。截至 2005 年年底,浙江省 11 个市中已有 10 个建立慈善会,全省 90 个县(市、区)中已有 81 个建立慈善会(分会),全省已经建立慈善组织的县级以上的行政区占总数的 80%。全省社区慈善组织的发展也取得成效,慈善组织的规范化建设得到加强,相对稳定的志愿者队伍逐步形成,一张覆盖城乡的慈善工作网络初步形成。

(2)善款筹募成效显著。在各级政府的高度重视和积极推动下,浙江省各级慈善组织积极筹募"创始基金"、"项目基金"、"企业冠名基金"、"企业留本冠名基金",开展"一日捐"、"结对援助"等活动,通过义演、义拍、义卖等各种形式筹募善款,取得了较好的成效。截至 2005 年 12 月底,浙江省慈善机构历年累计募捐基金总额达 258227 万元,其中各类慈善基金占

50％以上,具体为:慈善(创始)基金 94646.7 万元,占总额的 36.65％;专项基金 30509.5 万元,占总额的 11.81％;专项冠名基金 18894.4 万元,占总额的 7.32％;一般捐赠 114176 万元,占总额的 44.22％。

(3)"扶老、助残、救孤、济困"成效显著。浙江省各级慈善组织从实际出发,在不断扩大援助覆盖面的同时,积极探索慈善援助的实现形式,提高了援助效率,积累了不少好经验:用定向援助来解决某一特困群体的困难,如"复明行动"、"微笑列车"等;开展结对援助建立稳定的援助关系,如"爱心助孤"、"结对助学"等;与企业建立伙伴,用大额冠名基金开展济困援助,如"忠福慈善基金"、"万向慈善基金"等。据不完全统计,10 年来,浙江省慈善组织用于援助的资金已超过 3 亿元,物资价值达 1 亿元,有 30 多万名特困人员及其家庭受益。根据统计,到 2005 年年底,浙江省慈善援助资金使用情况如下:总额累计 81823.1 万元。其中:赈灾 7761.85 万元,占总援助资金的 9.49％(基本生活福利);助残 1700.8 万元,占总援助资金的 2.08％(残疾人福利);助老 3066.98 万元,占总援助资金的 3.75％(老年人福利);助困 19603.1 万元,占总援助资金的 23.96％(基本生活福利);助医 10694.4 万元,占总援助资金的 13.07％(医疗福利);助孤 955.8 万元,占总援助资金的 1.17％(儿童福利);助学 13241.9 万元,占总援助资金的 16.18％(教育福利);资助非营利服务机构 17730.6 万元,占总援助资金的 21.67％(综合性社会福利);其他 7067.7 万元,占总援助资金的 8.64％。

(4)慈善实体建设稳步推进。全省各级慈善组织重视抓好慈善实体建设,发挥优势,整合资源,艰苦创业,为慈善事业的发展奠定了初步的物质基础。在市政府的倡导和资助下,宁波市慈善总会创办的老人公寓"颐乐园"占地 102 亿亩,总建筑面积 6.3 万平方米,总床位数达 1350 张,是一所规模大、设施较为完善的社会化养老机构。温州市慈善总会投资 150 万元办起了两所"慈善老人院";宁波市鄞州区慈善总会办起了"鄞州慈善康复中心";浙江省慈善总会与浙江国泰经济发展公司的合作项目——浙江国泰慈善医院筹建工作也已经启动。

(5)加大对非营利福利服务机构的资助。10 年来,浙江省慈善组织用于援助慈善医院、敬老院、精神病院、儿童福利院、麻风病院、抗癌协会、"慈善超市"等非营利福利服务机构的资金达到 1.77 亿元,有效地缓解了这些服务机构的财务困境,改善了这些机构的工作和生活条件。

2. 浙江省慈善事业的劝募机制

通过多年的实践探索,浙江省确定的基金筹募机制运行的基本思路是:以经济文化生活和市场环境为资源平台,从市场经济发展中把握机会,拓展筹款的领域和渠道;与企业建立"伙伴关系",推动企业文化和社会公益有机结合,促进商业利益与慈善事业良性互动,共谋双赢;鼓励和支持企业伙伴的合理要求,使慈善"投资者"得到"精神回报"。以基金为依托的劝募机制,其本质是一种准市场化的筹款策略,目的是开发挖掘慈善资源,形成相对稳定的善款来源,实现慈善筹款效益的最大化。基金筹款主要有三种形式:一是筹募"创始基金"。在慈善机构成立初期,物色经济效益较好并有慈善认捐意向的民营企业作为主要对象,商定具体认捐额为参考标准,以授予荣誉作为"回报",进行集中劝募。到 2005 年年底,全省已筹募"创始基金"9.46 亿元,占全部筹款的 36.65%。二是筹募"项目基金"。以救助项目作为筹款平台,面向企业开展筹募专项慈善基金活动。基金既可以由企业冠名单列,也可以集约式设定;基金本金可以一次性捐赠,也可以分年到账;救助项目由双方协商确定。到 2005 年,全省专项冠名救助基金达 1.8 亿元。三是筹募"留本冠名基金"。以援助项目为载体,以慈善机构与企业签订项目合作协议(合同)的方式明确双方的权利和义务关系,企业不向慈善机构捐本金,只在企业内设定基金并由企业投资运作,收益捐给慈善机构定向用于慈善救助项目。到 2005 年年底,全省的"留本冠名基金"协议本金总额已超过 15 亿元。建构基金筹募机制的要点是:1)慈善机构学习运用市场经济运行的理念和法则,采取灵活方式进行筹款的实践与探索,满足捐赠者不同的"公益消费需求"。2)对基金本金的收益进行事先约定,并实行动态管理。对基金项目的运作实行成本制,确保项目实施的稳定性与连续性。3)筹募基金的关键在于培育慈善家队伍,形成相对稳定的捐赠群体,提高慈善组织的可持续发展能力,在劝募市场竞争中占据有利位置。

3. 浙江省慈善事业的推进抓手

通过多年的实践探索,浙江省确定了"冠名慈善基金"、乡镇慈善网络以及慈善医院建设作为慈善事业的推进抓手和有效途径。

（1）"冠名慈善基金"。就是企业向慈善会认捐一定数额的善款作为基金的本金,此慈善基金以捐款企业的名称命名。在基金运行的具体操作中,基金的本金仍留在捐款的企业内部并归企业所有,企业根据与慈善会签订的协议要求,每年以商定的增值率向慈善总会提供资助金,由慈善总会代表企业开展定向慈善资助活动。

（2）乡镇慈善网络。自1997年浙江省第一个乡级慈善组织——禹陵乡慈善会在绍兴市成立以来,目前在浙江省的许多乡镇已经形成了慈善救助网络。基层社会救助工作都由慈善分会牵头,在市民中渐渐形成了要捐款找慈善会、有困难找慈善会的社会认知和良好慈善氛围。

（3）慈善医院。贫困家庭成员和残疾人的医疗困难是社会的一个老大难问题。据一项调查表明:浙江省的困难群体最需要的就是大病医疗救助,在农村地区更为突出。目前,浙江省针对贫困群体实施医疗救助的慈善医院正在发挥着越来越重要的作用。由宁波市慈善总会主办的宁波市华慈医院,是一所高水平纯公益性的非营利医疗机构,主要针对拥有政府有关部门和慈善总会下发的慈善医疗卡、低保卡、特困证、残疾证等困难人群实施"三免两优惠"的医疗服务。在开办两年时间内,这家医院诊疗门诊就医病人达到9万多人,被百姓称为是真正为困难群体服务的"平民医院"。

另外,志愿者协会、义工协会等慈善公益类民间组织也逐步发展起来,成为发展慈善事业新的推动力量。

4. 浙江省慈善事业的项目载体

通过多年的实践探索,浙江省把项目援助作为慈善事业的主要载体。慈善援助项目主要表现为五种形式:一是基金项目。基金项目以慈善机构与捐赠企业签订项目合作协议(合同)的方式进行规范和运作,基金投资收益用于中、长期援助项目。浙江省慈善总会这些年推出的"万向慈善基金"的"四个一百工程"、"忠福慈善基金"援孤项目、"虞康慈善基金"助学项目、"胜华慈善基金"助学项目等都属于这一类型。二是以专项援助为目的的募款援助。因其援助目标明确,个人捐赠者更乐于参与。最具代表性的是近年来广泛开展的"一对一"、"一日捐"等助学助医项目,如宁波市慈善总会已连续 6 年组织开展的"一日捐"项目,累计募款 1.1 亿元,用于专项医疗救助,有力地支持了"复明行动"、"精神康复行动"和"慈善助医卡"等项目的实施,为 1 万余名老年白内障患者、精神病患者和因病致贫的家庭提供了慈善救助。三是大额捐赠援助项目。这类捐赠一般都是指定项目,由捐助方按年度捐款。浙江省慈善总会筹募的"王宽诚助学金"、"青春宝助学金"已累计捐款 200 多万元,一批贫困学子因此得以完成学业。四是实物援助项目。近年来,浙江省各级民政部门和慈善机构学习借鉴国内外实物救助的先进方法,积极创办"慈善超市"、"慈善义卖潮",为缓解贫困群众的生活困难起到了积极的作用。目前浙江省创办的"慈善超市"已达 160多家。五是义工服务项目。浙江省的慈善组织学习辽宁省大连市的经验,组织义工在善款援助、社会服务和紧急救援三个方面,开展了 10 多个服务项目,形成了相对稳定的志愿者队伍,为慈善事业发展奠定了一定的社会基础。

项目案例一:"万向慈善基金"的"四个一百工程"项目

"万向慈善基金"由杭州万向集团公司董事局主席鲁冠球先生倡导建立。基金 1000 万元,在企业内部建账设立。2001 年 2 月 6 日,浙江省慈善总会与万向集团公司签署了合作协议,决定建立浙江省慈善总会"万向慈善基金",实施"四个一百工程"。这也是浙江省最早建立的"大额留本冠名基金"。按照协议,"万向慈善基金"本金由万向集团公司运营,增值部分全部用于"四个一百工程",即援助 100 个残疾人,100 个贫困学生,100 个孤寡老人和 100 个孤儿。残疾人、贫困生和孤儿的资助年限至高中毕业。受助地分布在省内 6 个县区,年度资助总额为 60 万。实施 5 年多来,成效显著,受助规模现已扩大到 700 多人,年资助额增至 100 多万元,累计资助额超过 400 万元。"四个一百工程"项目为发展当地的儿童福利、老人福利、残疾人福利以及教育福利提供了有力的支持。

项目案例二:浙江省慈善总会的"爱心助孤工程"项目

"爱心助孤工程"是浙江省慈善总会于 1998 年 5 月推出的一个结对援助项目。最初通过媒体宣传,以"爱心助孤大行动"的活动形式推向社会,首批 100 名孤儿经媒体报道、公示后,引起社会热烈反响,助孤计划很快结对完成。捐助者大部分为个人。第二年,"爱心助孤大行动"正式命名为 "爱心助孤工程"并推向全省,捐赠者也由个人为主转向由民营企业出资提 供成批的长期捐助。如浙江广厦集团公司捐助的 300 名孤儿,资助标准为 小学生每年 1800 元,其中生活费 1000 元;中学生每年 2200 元,其中生活费 1200 元。资助年限从 2003 年起至高中毕业。7 年来,"爱心助孤工程"使 全省 9240 多名孤贫儿童获得救助,有的已进入高等院校学习。"爱心助孤 工程"项目成功运作的启示在于:一是要充分尊重捐赠人的意愿,根据他们 的捐赠愿望,给予他们自由选择空间;二是捐赠方式要灵活多样,以适应不 同的经济收入、企业状况和捐赠能力;三是要积极为捐助者和受助者之间的 沟通做好服务工作,并为他们创造便利的条件;四是善款发放要做到便捷高 效,对使用情况要加强监督、及时反馈;五是签订资助协议(合同),确保各 方利益不受损害,使项目运作通畅。"爱心助孤工程"项目对儿童福利以及 教育福利提供了有力的支持。

5. 浙江省慈善事业的队伍建设

通过多年的实践探索,浙江省确定了以慈善协会组织体系为主的队伍 建设基本思路。其主要经验可以概括为:

(1)加强组织管理:建立以会员团体为纽带的互动机制。组织管理互 动机制的基本思路是:省、市、县三级慈善机构作为独立的社团法人,相互之 间是指导关系而非领导关系;上级机构对下级机构资源不具有支配权;协商 处理工作中的关系和矛盾。慈善组织的具体管理,省级以下慈善组织着眼 于调动下级组织的工作积极性和提高办事效率。一是设区的市建立慈善总 会,市辖区设立分会,总会对慈善工作统筹安排,分会负责落实和资源共享, 如宁波市慈善总会即采取这种方式。二是县(及不设区的市)建立慈善总 会,各乡镇、街道建立慈善会,两级慈善组织都是独立社团法人,上下之间无 直接隶属关系,但县级慈善总会负有工作指导、资金使用监督的职责,并推 动社区慈善工作的开展。三是县(市、区)建立慈善总会,在乡镇、街道建立 慈善工作站(点),聘请联络员;县级慈善总会对慈善工作进行统一部署和 资源配置,联络员负责所在地的社会联络、筹募善款和实施项目。浙江省慈 善总会建构组织管理互动机制的要点包括以下三项:1)打造系统优势,通过共同策划组织重要的慈善活动,形成品牌效应,扩大慈善机构的影响力。2)在发生重大灾害时,各级慈善组织快速反应,协作互动,构建起"一方有难,八方支援"的工作平台,扩大慈善组织在各级党委、政府及社会各界中的影响。3)慈善机构开展学习交流,分享彼此的工作经验,增强组织凝聚力,提高管理水平。

(2)加强监督管理:完善以强化自律为主的管理机制。监督管理自律机制的基本思路是:慈善机构自律机制的基础在于完善制度,加强对慈善工作各个环节的规范制约,形成科学合理的运行机制;慈善机构建立自律机制的动力在于不断提高运作的公开性和透明度,建立职业信用;慈善机构自律机制有效运行的保障在于切实有效的社会监督,包括法律监督、行政监督、舆论监督和捐赠者监督。强化慈善机构和组织的自律建设尤显重要。近年来,浙江省慈善总会从三方面进行了探索:一是民主决策制度。会员代表大会一般每 5 年召开一次,亦可根据需要临时召集,主要内容是研究决定重要人事安排和工作规划;理事会每年召开一次,主要内容是审议决定年度工作计划和预案安排;会长办公会议一般每季度召开一次,主要内容是研商阶段工作安排和重要慈善活动,落实任务;秘书处业务碰头会每周一次,主要内容是沟通信息,安排日常工作,为领导决策当好参谋。上述四个层次的规范运作,比较有效地保证了决策的民主化。二是规范运作制度。省慈善总会的实务运作制度分三类:一类是日常工作制度,包括《省慈善总会会议制度》、《省慈善总会资金使用审批制度》、《省慈善总会捐赠物品保管领用办法》等 8 个制度;二类是员工保障制度,包括《医药费报销制度》、《省慈善总会职工值班与请假制度》等 4 个制度;三类是协议范本,包括《项目管理办法范本》、《捐赠合同范本》等。三是严格监督制度。包括民政部门年检年审制度,财政部门捐赠票据核发管理,审计机构的年度财务审计等。浙江省慈善总会建构自律机制的要点包括以下三项:1)强化自律是为了树立机构品牌形象,提高公信力,扩大影响力,为开发资源创建社会环境。自律的真正动力来自强烈的发展愿望。2)自律并不是捆住慈善的手脚,而是激活发展的动力。再好的制度也是要人去做的。外因通过内因而起作用。要运用综合措施来推动制度的落实。3)制度创新是慈善事业发展的内在要求。

应加强创新管理,开展绩效考评,落实奖惩制度。慈善机构只有不断推进创新、严格行业自律、积极发挥社会社会功能,才能促进自身的不断完善。

综上所述,从浙江省慈善事业在劝募机制、推进抓手、项目载体和队伍建设等方面的经验可知,浙江省通过全面开发慈善资源(资金资源、人力资源和组织资源),以有效的项目活动为载体,不断改革创新,实现了促进当地各项社会福利事业发展的目标。

资料二　深圳市的实践探索:推进全民慈善,促进社会福利发展

深圳市的慈善事业在发展水平上处于全国前列。深圳市居民广泛开展志愿服务活动,民间组织积极参与,实现了规范管理、对接服务、有效服务。深圳市的实践探索为全国提供了很多经验,其中推进全民慈善、促进社会福利发展是最为重要的一条。深圳市民政部门认为:慈善最重要的不是筹集资金而是群众性的广泛参与。因此,这需要有良好的社会氛围、众多的社会组织和完善的政策法规等,所有这些都需要依托制度性安排来进行。多年来,深圳市民政部门致力于营造慈善氛围,完善慈善机制,整合慈善资源,以全民慈善促进社会福利的全面发展。

1. 营造慈善氛围

(1)全民动员。深圳市每年进行两次声势浩大的全民慈善总动员:一是开展“关爱行动”。由市委书记和市长任组委会正、副主任,市文明委、市民政局和各区政府等数十个成员单位结合自身实际,开展各种公益慈善活动,形成“多点联发”的态势;二是开展“慈善月”活动。深圳市将11月定为慈善月,将11月1日定为慈善日,市主要领导带头捐款,并号召社会各界积极参与慈善活动。在这个过程中,深圳市多家媒体都深度介入,不仅积极宣传,甚至直接组织各种活动,形成强有力的慈善动员机制。

(2)开展慈善教育。深圳市颁布了《关于加快我市慈善事业发展的意见》,明确要求“树立慈善教育从少年儿童抓起的理念”,“进一步完善‘慈善教育计划’和‘慈善教育基地’”。为此,深圳市民政局设立了5个慈善教育基地并安排15个慈善项目,组织学生到贫困山区看望孤寡老人、与孤残儿童联欢,开展“学生一元捐”等活动,让孩子们在生动活泼的活动中,甚至是

在游戏中接受慈善教育,培养慈善精神。

2. 完善慈善机制

(1)加强政策法规建设。近年来,深圳市连续颁布了一系列促进慈善事业发展的政策法规,如《深圳经济特区公民无偿献血及血液管理条例》、《深圳经济特区义工服务条例》、《关于加快我市慈善事业发展的意见》、《关于加强社会工作人才队伍建设推进社会工作发展的意见》及7个配套文件、《关于进一步发展和规范我市社会组织的意见》等。这些政策法规,不仅完善了慈善事业的政策环境,还采取了许多激励措施,如设立"鹏城慈善奖"、"义工服务市长奖"等,激发社会各界参与慈善的热情。

(2)发展草根慈善组织。《关于进一步发展和规范我市社会组织的意见》明确规定,深圳市公益慈善类和社会福利类等社会组织由民政部门直接登记,对社区社会组织实行登记和备案双轨制,解决了草根慈善组织因为找不到业务主管单位而无法登记的问题。草根慈善组织源于民间,具有很强的生命力,深圳市自闭症研究会就是一个很好的例子。一群自闭症儿童的家长从自救到互助,进而登记注册,成为深圳市最重要的一个专门为自闭症儿童服务的社会组织,被"壹基金"评为典范工程,并获其资助100万元。

(3)构建慈善组织网络。深圳市已形成以民政为主体的多元慈善组织网络:一是民政慈善网络。深圳市各级民政部门均已成立慈善会,为汶川地震灾区募集善款10.7亿元,占全市抗震募集资金总额的78%;为台湾"莫拉克"台风灾区募集善款2295万元,占全市善款总额的93.2%,奠定了民政部门作为社会募捐主渠道的地位。二是群团慈善网络。如共青团的义工联共有各种义工组织1525个,妇联的"阳光妈妈服务中心"、残联的社区康复站和红十字会等都已构建多层级的组织网络。三是基层慈善网络。如依托社区建立了634个捐赠物资接收点和630多个老年人协会,福田区8个街道全部设立"爱心超市",宝安区新安街道22个社区全部登记注册成立慈善帮扶协会,均已实现全覆盖。由于捐赠者和受赠者都同处一个街道或社区,既能准确快捷地救助最需要的人,又有助于形成基层慈善文化。四是市场慈善网络。深圳市慈善会分别与民润农产品配送连锁公司和全市邮政企业合作,借助其营销网点,实现慈善服务网络的低成本扩张,营造慈善就在身边的氛围。五是 QQ 慈善网络。深圳"爱满鹏城"QQ 群先后举办了以救助流浪儿童和抗震救灾等为主题的各种慈善晚会,共筹集善款 6560 万元。深圳现有 4 万多个 QQ 群,这是一股不容忽视的慈善力量。

3. 整合慈善资源

(1)以社工提升慈善服务。深圳市民政局积极推进社会组织配置社工的做法,已有 813 名社工服务于各种社会组织,促进了慈善事业向职业化和专业化发展。如深圳市慈善会有 8 名社工,其中,3 名社工被派往甘肃省陇南地区设立社工站。一年半以来,社工们在抚慰灾民心灵、加强心理重建、化解社会矛盾等方面发挥了作用,同时,社工通过广泛收集信息,协助慈善会在灾区实施"学生救助"、"学校重建"和"家园重建援助"等计划。

(2)培育品牌慈善项目。深圳市民政部门培育了一大批品牌慈善项目,如"雏鹰展翅计划"为低保家庭大学生提供学费资助,"劳务工关爱基金"为非深圳户籍劳务工及其子女提供重大疾病救助,"临终关怀计划"资助临终人士购买身体护理和心理慰藉服务,"募师支教计划"招募教师到贫困山区支教,"居家养老计划"资助高龄老人和特困老人购买居家养老服务,"老有所乐计划"资助老人组织开展文化体育活动,"老有所学计划"资助老人学习知识等。深圳市民政局还通过向社会组织公开征集公益慈善项目和举办公益创意项目电视选拔赛等方式,建立公益慈善项目库。此外,深圳市的义工组织和无偿献血都久负盛名,慈善已成为深圳市民的一种生活方式和自觉行为。

(3)实施"慈善倍增计划"。深圳市民政局每年都用福利彩票公益金设立向社会组织购买服务的专项基金,累计安排 3736 万元,现已投入 1012 万元,资助社会组织开展"市民情感护理"、"流动儿童救助"等慈善服务。与此同时,相关社会组织还通过其他途径筹集资金,形成"官民互动"的良好局面,最大限度地实现"慈善倍增"的目的。

(4)利用社会闲置资源。深圳市慈善会积极挖掘和利用社会闲置的资源,如利用唐码之光广告公司和海王广告公司等捐赠的闲置公共汽车车身媒体和路牌广告,用于慈善宣传;利用《深圳商报》提供的 100 个广告版面,用广告收入设立"深圳商报慈善基金"等,实现捐赠者与慈善事业的双赢。

深圳市以"全民慈善"为慈善事业的推进模式,不仅促进了深圳市儿童福利、老人福利、残疾人福利等事业的发展,而且促进了深圳市教育福利、医疗福利及基本保障性国民福利等事业的发展,形成以全民慈善促进社会福利全面发展的宝贵经验。现在,深圳市民政部门作为深圳慈善文化的传播者,慈善事业的策划者、组织者和引导者,又满怀激情地把发展全民慈善作为自己的奋斗目标,迈开新的探索步伐。

(三)发挥慈善组织功能作用,推进社会福利事业发展

慈善组织(社会团体、民办非企业单位和基金会)与社会福利之间具有内在的亲和关系,是社会福利供给的重要主体。在福利供给中,慈善组织扮演着福利资源筹集者、福利服务提供者、福利活动组织者等角色,发挥着募集慈善资源、实施慈善援助、搭建慈善桥梁等作用。其中,中华慈善总会(全国性社会团体)和中国残疾人福利基金会(全国性公募基金会)在发挥慈善组织功能作用、推进社会福利事业方面的探索实践具有一定的代表性。

资料一　中华慈善总会的探索实践

慈善事业的"旗舰"　助推中国社会福利事业的发展

中华慈善总会于1994年宣告成立,从此掀开了中国现代慈善历史上崭新的一页。这是新中国成立后第一个旗帜鲜明地以"慈善"二字命名的全国性慈善机构。总会创立之初,就十分重视确保其民间性和相对独立性,并通过建章立制为中华慈善总会发展奠定制度基础。总会在组织机构建立的同时,就本着高效、廉洁的原则建立了相应的规章制度,先后制定了《中华慈善总会章程》、《中华慈善总会创始基金章程》、《中华慈善总会创始人章程》、《中华慈善总会会员章程》、《中华慈善总会团体会员章程》、《中华慈善总会专项基金章程》;制定了《财务管理制度》、《人事管理制度》、《会议制度》和其他相应的内部管理制度。中华慈善总会在致力于自身发展的同时,也积极通过举办各类培训,开展项目合作、指导等方式,提升地方慈善机构的业务能力和理论水平,推动地方慈善事业的发展。随着总会自身的发展,各地各级慈善组织如雨后春笋般不断涌现,一个覆盖城乡的慈善网络正

逐步形成。中华慈善总会作为中国慈善事业的"旗舰",积极推动着我国各项社会福利事业的不断发展。

1. 加强慈善募捐,为困难群体筹集慈善资源,推进了我国基本保障性国民福利事业的发展

中华慈善总会在以往筹募的基础上,创造性地开展了多种形式的筹募活动,年度筹募额度不断创造历史新高。截至 2009 年,中华慈善总会成立15 年来,累计筹集款物近 100 亿元人民币,使数以千万计的困难群众得到救助。

做好突发灾难时的紧急募捐。每次突发灾难来临时,中华慈善总会总是走在民间援助的前列,通过各种方式积极筹集救灾款物,支持灾后重建。在 2003 年抗击"非典"的斗争中,共筹集款物 9000 多万元,为抗击"非典"斗争取得最后的胜利提供了物质和精神援助。在 2005 年对印度洋海啸灾区的援助中,在近 3 个月的时间里,中华慈善总会共接受捐赠 2.56 亿元,为11 个海啸受灾国提供了紧急援助,援建了 5 个友谊村,共修建 1000 多幢灾民新居和大量公共设施。2008 年汶川大地震发生后,中华慈善总会迅速召开紧急会议,制定应急方案,并号召全体会员单位积极行动起来,共同做好抗震救灾筹募工作。截至 2009 年 4 月 30 日,中华慈善总会接受抗震救灾捐赠款物共计 10.882 亿多元,其中资金 9.272 亿元,物资折款 1.61 亿元。

以成熟的慈善项目募捐。经过多年的发展,中华慈善总会培育出一批具有社会影响力的慈善项目,例如"格列卫"(医疗福利)、"微笑列车"(医疗福利)、"慈爱孤儿工程"(儿童福利)、"慈善医疗阳光救助工程"(医疗福利)等。中华慈善总会充分利用这些项目的知名度和品牌效应,开展持续性募捐。在开展以成熟慈善项目募捐的同时,又有一些近两年新开创的慈善项目逐渐成长为新的成熟项目,成为新的持续募捐增长点。

举办大型慈善活动募捐。中华慈善总会还通过举办慈善晚会、慈善晚宴、慈善拍卖晚宴、明星慈善赛车活动、明星慈善夜等各类慈善活动,为儿童、老年人、残疾人等需要社会关爱的特殊群体筹得数亿元善款,充分调动了各层面社会群体参与慈善的积极性。

开展经常性小额募捐。中华慈善总会以"慈善一元捐"为基础,设计了

"中华慈善贺卡项目"、企业每销售一个产品捐赠一元善款项目等,为企业和公众提供了一条条奉献爱心的便捷通道。

以"冠名基金"建立捐助长效机制。中华慈善总会在传统项目稳健发展的同时,还创立了"IDO 儿童基金"、"周大福慈善基金"、"朱树豪慈爱孤儿基金"、"李春平慈善基金"、"金六福 99 爱心基金"等冠名基金,建立起慈善捐助的长效机制。

开展海外募捐。中华慈善总会通过进一步扩大对外宣传,加强与国际民间组织、跨国公司的交往,增强了合作,使海外捐款额度逐步增加。仅 2008 年一年,中华慈善总会就获得了瑞士诺华制药有限公司捐赠的价值人民币 17.7 亿元的格列卫药品;德国拜耳公司捐赠的价值人民币 3.6 亿余元的多吉美药品。

2. 开展慈善项目,为困难群体提供多种形式的慈善救助,推进了我国儿童福利、老年人福利和残疾人福利等事业的发展

中华慈善总会历来重视慈善项目的开展,积极推进以"扶老、助残、救孤、济困"为重点的中国社会福利事业的发展。经过中华慈善总会的不懈努力,慈善项目从少到多,覆盖范围从小到大,出现了一批以"微笑列车"(医疗福利)、"雨水积蓄工程"(基本生活福利)、"慈爱孤儿工程"(儿童福利)、"烛光工程"(教育福利)等为代表的救助效果显著、社会反响良好的慈善项目。中华慈善总会很多自主设立的慈善项目,由于立意好、效果明显,赢得了国外及中国港台地区慈善机构、跨国企业的信赖,他们与中华慈善总会共同建立起长效合作机制,为慈善项目规模化、体系化发展提供了经济基础和管理经验。不少慈善项目在实施过程中,还得到了全国各地团体会员和慈善机构的积极响应和配合,为慈善项目的规模化、体系化发展提供了组织条件。中华慈善总会坚持以人为本、以贫困地区和贫困群体为资助对象,优先选择困难群众急需并且能够可持续发展的慈善项目作为直接援助目标,在尊重捐赠者意愿的前提下,全力拓展慈善救助范围。中华慈善总会目前在全国拥有 273 个会员单位,已开展的几十个慈善项目涉及救灾、扶贫、安老、助孤、支教、助学、扶残、助医八大方面(基本生活福利、医疗福利、教育福利等),覆盖了除中国香港、中国澳门、中国台湾外的所有内地省份,数

以千万计的困难群众得到了不同形式的救助,很多项目还在社会上引起了较大的反响。中华慈善总会对于所有的项目都实施规范化管理,在慈善项目的立项、实施、评估、审计、公示等各个方面都有严格的规定,从制度上提高慈善项目的运作水平。中华慈善总会还从各地的具体情况出发,因地制宜地探索出了符合不同地区特点的项目实施方案,千方百计地使受助者获得最大的救助效益,为捐赠者提供了最好的奉献爱心的平台。

案例:天津市慈善协会的"有爱,不再孤单"慈善助孤项目(儿童福利)

天津市慈善协会是中华慈善总会的团体会员,也是本地区慈善事业的"旗舰"。本研究以天津市慈善协会"有爱,不再孤单"慈善助孤项目为例,来展示中华慈善总会团体会员的基层实践。

(1)慈善助孤项目的设计。

捐助对象:全市生活困难的散居孤儿。

资金来源:1)发动单位、个人与受助孤儿结对子,开展一人帮一人,一人帮多人,多人帮一人的资助。捐助者向结对子的孤儿,每个人每年提供不低于人民币500元的资助(金额视实际情况确定)。2)发动社会捐赠,建立"慈善助孤专项基金"。3)森氏精密仪器有限公司三年捐助100万元建立的"森氏慈善助孤基金"。

救助方式:由市或区县慈善协会组织捐助者与受助孤儿见面或以其他方式落实资助。

实施期限:2004年开始启动,每年5—6月执行。

(2)慈善助孤项目的组织。

1)市慈善协会负责事项:根据受助条件对孤儿情况进行审核;接收社会捐赠;联合有关单位,开展以奥运为主题的系列活动。

2)各区县慈善协会负责事项:调查散居孤儿生活困难状况,向受助孤儿发放资助金;结合本区县实际,开展助孤见面活动。

3)《今晚》报社、天津人民广播电台新闻广播、天津慈善网站负责事项:向社会公布孤儿情况、捐赠情况、与资助人结对子情况等,发动社会积极参与慈善助孤活动,并对相关活动进行组织和宣传报道。

(3)慈善助孤项目的实施(2009)。

2009 年的实施情况是:于 5 月 12 日启动,至 6 月 2 日结束。此次活动得到社会各界广泛支持和参与,许多市民和爱心单位慷慨解囊,奉献爱心。截至 2009 年 5 月 31 日,天津市慈善协会接到社会各界捐款 124300 元,意向捐款 12 万元,全市 475 名散居孤儿中的 342 人与 254 名个人、5 个单位结成了"爱心对子",其余没有结成对子的孤儿由"慈善助孤专项基金"资助,每人资助 600 元;没有亲属监护的孤儿、监护人家庭享受政府低保金的孤儿、高中或职专在学的孤儿,每人资助 800 元。天津市慈善协会通过各区县慈善协会将 309000 元助孤款发放到孤儿的手中。事例摘录如:著名医生曹先生捐款 6000 元,资助 10 名孤儿;一位李先生,从 2004 年开始用他不多的工资收入,资助了 3 名孤儿,第二年又增至 6 名,2007 年至 2009 年捐助 10 名孤儿,累计捐款大约 2 万余元;台湾爱心人士马先生捐款 6000 元,连续 4 年在西青区定向资助 10 名孤儿;天津阳光义工爱心社在社长张女士的带领下,2008 年资助 43 名孤儿,2009 年再次参加助孤活动,捐款 27600 元定向资助了 46 名孤儿,其中张女士自己就捐助了 20 名孤儿,另有 21 名社员捐助了 26 名孤儿,1 名结为手拉手助学。另外,天津丰田汽车有限公司的 49 名日籍员工,从 2005 开始自发地资助了 49 名孤儿,今年,这个企业的日籍员工,又一次将爱献给了异国的孤儿,目前,已有 153 人与 153 名孤儿结成一助一"爱心对子",另有三个子公司的 60 余名日籍员工也在积极认捐确定帮扶对象。

目前,天津市慈善协会开展的"有爱,不再孤单"慈善助孤项目,已成为推进当地儿童福利事业发展的一项反响很好、影响很大的善举。

资料二　中国残疾人福利基金会的探索实践

"世界一流基金会"　助推中国残疾人福利事业的发展

中国残疾人福利基金会是经国务院批准于 1984 年成立的全国性公募基金会。其宗旨是弘扬人道,奉献爱心,全心全意为残疾人服务。在党和政府的亲切关怀下,在社会各界的大力支持下,累计筹集款物总价值 40 亿元人民币(包括募集和地方配套),改善了残疾人康复、教育、就业等状况,为广大残疾人带来了实惠,弘扬了人道主义精神。

基金会的主要职能是:从社会募集慈善资金,并向福利服务项目提供慈善资金,基金会本身并不直接实施这些福利服务项目。通过对基金会数据资料的分析得知,2006 年,中国残疾人福利基金会累计接受社会捐赠 1.54亿元人民币,公益事业支出为 6594 万元人民币,有 429 万名残疾人及时得到资助。中国残疾人福利基金会通过积极倡导扶残助困的良好社会风尚,为新时期残疾人事业的创建和发展,为推动社会文明进步作出了重要贡献。以下运用 2006 年度相关资料,具体分析中国残疾人福利基金会募集社会慈善资金和资助福利服务项目的基本情况和主要成效。

1. "爱心永恒·启明行动"与贫困盲人复明项目

2006 年 6 月 5 日,中国残疾人福利基金会提出"五年内基本消除全国因贫困产生的白内障致盲现象",即对全国贫困白内障盲人免费实施复明手术。香港环球轮船有限公司董事长、中国残疾人福利基金会理事包陪庆女士作为启明行动的第一位捐赠者,向四川省捐赠 1000 万元人民币;其后,上海侨富置业有限公司向宁夏回族自治区捐赠 300 万元人民币,帮助当地正式实施"启明行动";其后,深圳总商会捐赠 200 万元人民币,为重庆市万州区全部贫困白内障盲人免费实施复明手术。"启明行动"实施以来,基金会已先后向国内 500 强等众多爱心企业寄发了 400 多封劝募信,得到积极反馈。香港环球轮船有限公司、上海侨富置业有限公司、国家电网公司等爱心企业先后为"启明行动"慷慨募捐;国家开发银行、中国联通、中运集团、宝钢、中船、中石化以及众多的民营企业与基金会达成了捐赠意向,以包省、包市、包县的方式支持"启明行动"的实施。届时基金会已收到为"启明行动"捐款 8002 万元人民币。

2. 人工耳蜗捐赠与听力残疾儿童康复项目

台塑集团董事长王永庆先生捐赠了市场价 9000 余万元人民币、报关价 4000 余万元人民币的人工耳蜗 394 台,为聋儿进行人工耳蜗植入手术,帮助我国重度和极重度听力残疾儿童恢复语言能力。中国残联和卫生部联合确定了 10 家定点手术医院和 40 余家聋儿康复机构。通过接受人工耳蜗植入手术,这些重度和极重度聋儿将得到系统的康复训练,重获听力语言能力,这有助于他们接受正常教育,平等参与社会生活。

3. "集善嘉年华·北京 2006" 与孤独症儿童康复项目

2006 年 12 月 1 日,由中国残疾人联合会、中国残疾人福利基金会主办的"集善嘉年华·北京 2006"大型公益活动共募集善款 738 万元,用于孤独症儿童康复事业。

4. "8899" 短信平台与贫困残疾儿童康复项目

基金会与中国移动通讯公司合作,推出公众通过手机短信进行捐助的方式,创立"8899"短信捐赠平台。通过"8899"平台,接受数万人捐款,累计金额达到 50 余万元。此款项将用于贫困白内障盲人复明、帮助贫困残疾儿童入学、聋儿康复、脑瘫儿童功能训练等方面。

5. "爱心永恒" 邮品义购认捐活动

中国残疾人联合会、中国残疾人福利基金会联合倡议在全国发起"爱心永恒"邮品义购认捐活动,募集捐款近 500 万元人民币,帮助地方残疾人福利基金会募集捐款 1.1 亿元人民币。

6. 为老区残疾人献爱心活动

为纪念红军长征胜利 70 周年,基金会与中央电视台共同举办了为老区残疾人献爱心项目活动,共筹集 400 万元人民币的资金和物资,资助江西省瑞金市残疾人开展危房改造、佩戴助听器、安装假肢和救助贫困残疾儿童入学等活动。

7. 扶残助学春雨行动

2006 年,基金会以每名残疾学龄儿童 1500 元的标准,为重庆市、云南省等六省市拨款 100 万元,资助近 700 名学生,使他们能够进入特教学校,接受义务教育。

8. 支持民间残疾人服务机构

江西省赣州市天籁聋儿语言康复训练中心是一家由聋儿家长组成的服务机构。他们在缺乏康复设备的条件下,通过对自己孩子的康复训练,摸索出一套行之有效的聋儿语言康复方法,取得显著成绩。有相当比例的聋儿经过培训后进入普通小学,与正常儿童一样接受教育。基金会向天籁聋儿语言康复训练中心资助 19 万元人民币,用于购买语言康复训练教学设备。

9. 与世界轮椅基金会、美国使命轮椅基金会合作项目

基金会分别与世界轮椅基金会、美国使命轮椅基金会合作,为我国中、西部地区贫困肢残人士免费提供 27750 辆轮椅。同时,基金会与世界轮椅基金会合作,开展"贫困农村饮用水安全保障项目",世界轮椅基金会捐赠了价值 150 万元人民币的净化水设备。山西省山阴县是全国典型的饮水性氟砷中毒地区之一,水质差,直接导致肝癌、肺癌、食道癌等疾病的发生,中国残疾人福利基金会选择山阴县作为该项目的示范地点。

通过对以上 2006 年度资料数据的分析可以看出:基金会的主要捐赠来源既有国内外的企业、富人,也有城乡广大群众;基金会的主要资助项目主要是残疾人福利领域,特别是医疗福利方面。中国残疾人福利基金会邓朴方会长曾提出:中国残疾人福利基金会要不断创新,努力建设成为公开、透明、高效率和高公信力的"世界一流基金会"。目前,中国残疾人福利基金会正通过不断改革创新,努力开拓筹资新渠道,加大资助各项残疾人福利事业的力度,不断提升实力和形象,以"世界一流基金会"的目标和标准,来建立国内助推社会福利事业特别是残疾人福利事业发展的"旗舰"基金会,争取为我国社会福利事业和残疾人福利事业的发展作出更大贡献。

(四)加强志愿者队伍建设,推进我国老年人福利事业发展

养老服务是老年人福利服务的主要内容。由于我国人口老龄化具有老年人口快速老龄化、高龄化、家庭小型化和未富先老等特点,满足有需要的老年人的养老服务需求,不仅是完善老年人社会保障体系的必然要求,也是使老年人共享改革发展成果的具体体现。近年来,民政部门立足我国的基本国情,积极探索既能适应我国经济社会发展,又能满足社会养老需求的养老服务体系。经过不懈的努力和长期的实践,我国已经初步形成了以居家养老为基础、以社区照料为依托、以机构供养为补充的中国特色养老服务体系。具体表现为:民政部门在推进养老服务事业加速发展的同时,通过倡议、发动、引导志愿活动和建立"劳务储蓄"等方式,动员各类人群参与社区为老服务,鼓励低龄和健康老人为高龄老人服务,提倡邻里互助,推动志愿者为老服务的普遍开展。根据民政部 2010 年汇总资料可知:近几年,各地

在加强志愿者队伍建设、推进我国老年人福利方面进行了积极的探索和实践,取得了许多有价值的经验和方法。

1. 各地的探索和实践

——北京市房山区发动老年人之间开展互动活动,由离退休党员牵头组建空巢老人爱心联谊活动;发动有劳动能力的低保人员与老年人互助,组织有劳动能力的低保对象与空巢老人结成帮扶对子,开展变"空巢"为"暖巢"的助老服务活动;动员社会各界与老年人的互动,组建社区志愿者服务组织,为空巢老人建立"爱心联系卡"并提供免费送货和其他服务。顺义区义工联合会联合学校、企事业单位、社会各界人士加入,定期为老年人提供无偿服务。北京市广大社区志愿者与2780位居家老人鉴定了帮扶协议,开展"一帮一"、"多帮一"结对服务;青年志愿者还与孤寡老人、空巢老人开展"认亲助老"活动,通过签订认亲协议,使助老服务制度化。

——天津市南开区积极组织开展养老志愿者服务活动,扩大志愿者队伍,为志愿者和需求照顾的老年人牵线搭桥"结对子",使志愿者找到奉献爱心的舞台,老年人得到实实在在的关爱。

——河北省秦皇岛市海港区组织各类志愿者,向那些行动不便、生活困难、无力雇请保姆的老人提供定期或不定期上门义务服务,免费为老人提供家务、陪护等服务。河北省鹿泉市发挥社区志愿者队伍的作用,全市14个志愿者服务队伍常年活跃在各个社区,通过"1+1结对"方式为社区老年人提供相对稳定的服务。

——山西省太原市杏花岭区活跃的志愿者服务队伍有:居家养老服务队、党员志愿者服务队、红领巾志愿者服务队等。

——内蒙古自治区包头市青山区通过社区志愿者服务队,组织参加志愿服务的老人设立一个"时间银行",为每位志愿者建立一个"爱心储蓄卡"。志愿者向他人提供的无偿服务所花费的时间将被记录在储蓄卡上,当志愿者本人年老体弱、需要其他人服务时,便可以免费获得相同时间的免费服务。包头市昆都仑区社区组建了由党员、青年、团员组成的,拥有法律、医疗、文体、家政等专业特长的志愿者队伍;组建了对特困老年人服务的包户志愿者队伍;由志趣相同的老年人组成了互助志愿者队伍。

——吉林省长春市绿园区将社团和协会组织引进社区,在驻区企、事业单位招聘义工组成了 5000 多人的为老服务志愿者队伍,通过街道、社区组织定期或不定期上门为老人提供生活照料、医疗咨询、精神慰藉、法律援助等服务,实现了志愿服务经常化、制度化。长春市养老服务志愿者已达到 10000 多人,有效地充实了社区养老服务力量,提高了养老服务社会化参与程度,形成了年轻人与老年人相扶持、低龄老人与高龄老人相照顾、健康人与病患者相关心的互帮、互助、互爱的和谐养老氛围。

——黑龙江省大庆市让胡路区的社区志愿者达 11210 人,在为老助老服务体系建设中发挥着重要的作用。哈尔滨市道里区除了发动驻区各大院校的学生组成青年志愿者助老服务队外,102 个社区居委会全部建立了金色夕阳志愿者服务队,他们根据老年人的不同需要,定期为社区孤寡、残疾、特困老年人开展生活料理、出门陪侍、精神慰藉、互助帮扶、居家保洁等各类服务,在为老年人排忧解难方面取得了明显成效。

——上海市普陀区公务员义工引领招募社区助老义工有 6616 人,成为关怀老年人不可缺少的一个优质群体。

——江苏省无锡市滨湖区以"时间银行"储蓄劳动时间的形式,让低龄健康老人为高龄老人提供义工服务;由党团员志愿者组成志愿者服务队伍,与老人结对,定期上门为老人整理家务,陪老人聊天;组织社区部分居民开展"邻里相望"结对互助活动,与住在同一幢楼里需要照顾的老人结成帮扶对子,形成邻里之间相互关心、守望相助的和谐氛围。无锡市在城乡广泛开展了"志愿者与独居老人结对关爱活动"。

——浙江省杭州市已建立了区、街道、社区和楼道四级志愿者队伍网络,共招募注册志愿者 10 万余名。宁波市已组建了以下岗失业人员为主的900 人左右的专职居家养老服务队伍。

——江西省南昌市东湖区发展壮大志愿者队伍,在已建立医疗保健法律维权、文体健身、老年群体、红领巾等五支志愿者服务队伍和志愿者达2000 余人的基础上,再建立亲情陪伴、青年群体、低保义工服务队等志愿者服务队伍,又建立了精神慰藉、科普卫生、护理照料等志愿者服务队伍。目前志愿者增加到 2500 余人。

——山东省威海市环翠区2006年成立了威海市第一个义工服务组织——环翠区环翠楼街道义工协会，立足社区，将助老活动列为重点服务项目，800多名义工先后在社区举办主题助老活动30多场次，共为5000多名居家老人提供了志愿服务。

——贵州省贵阳市南明区在每个社区组建了一支3至5人的为老服务志愿者队伍，搭建为老服务平台，为老年人提供家政、护理、医疗咨询、法律咨询、精神慰藉、文化娱乐等全方位的服务。

——陕西省西安市未央区广泛吸纳以志愿者队伍为主的社会力量参与，运用社会力量推进养老福利事业，已登记的志愿者达1000人；志愿者组织49个，服务对象也由原来的8位老人扩大到现在的4000多位老人。目前，全区志愿者已由最早的1个社区10多人发展到现在的57个社区1000多人，在此基础上，社区志愿者还联合社区内个体工商户成立的"商户志愿者助老便民"志愿者队伍，免费上门为老人提供送餐、收洗衣物、理发等特色服务。另外，西安市雁塔区充分利用高校云集、大学生多的优势，先后组建了8支大、中专院校专业青年志愿者服务队伍，72支青年志愿者服务小分队。

——甘肃省兰州市城关区成立了以各社区为中心，以街道为依托，由辖区单位、大中专院校、居民群众参与的志愿者服务队伍。城关区出台了《志愿者管理办法》、《志愿者章程》、《志愿者服务手册》，设计制作了志愿者胸章、志愿者登记表及申请表，由街道、社区对志愿者进行统一登记和管理。

——宁夏回族自治区目前有各类为老服务志愿者组织971个，志愿者3.4万名，为老年人提供医疗、康复、购物等生活方面的服务。

——新疆维吾尔自治区克拉玛依市克拉玛依区发展居家养老义工服务队伍，依托义工服务三级组织网络，在众多义工中挑选出有专业技能、有为老服务经验的人员，组成各种居家养老服务小分队，按照社区老年人需求开展各类专项服务。

——湖北省由社区党员干部、居民小组长、门栋长、低保人员和热心人士组成为老服务志愿者队伍。目前，全省社区志愿者已达50余万人。

2. 各地的经验和方法

各地在养老服务社会化工作中，都把传承和弘扬中华民族的传统美德作为养老敬老服务的动力和源泉,大力弘扬中华民族"百善孝为先"的传统美德,将传统的孝道精髓与时代精神相结合,大力倡导养老服务志愿精神,充分发挥社区作用,以"立足社区、面向老人、真诚服务、共建和谐"的服务宗旨和"奉献、友爱、互助、进步"的志愿精神,组织社区党员、干部、民警、医务工作者、低保对象等人员组成志愿助老工作队,按照"尽己所能、服务老人、不计报酬、奉献爱心"的服务承诺和"热心、爱心、细心、贴心、耐心、恒心"的"六心"标准,积极开展形式多样的社区志愿助老活动,深受社区老人及家属欢迎,达到了"帮助一人,温暖一家,影响一片"的社会效果。

各地养老服务项目日益丰富,比较普遍的包括:一是结对服务。由社区按照老人的需要,组织安排相关志愿者与老人结成服务对子,志愿者定期到老人家中陪同聊天、帮助做饭、打扫卫生、外出购物等,重点为独居老人、孤残老人、空巢老人解决生活困难。二是参与社区助老活动。志愿者在社区老年活动室、星光之家陪同老人聊天、下棋,消除老人的寂寞。三是参与社区组织的助老集体活动。志愿者响应社区号召,参与"每日一敲门"、"爱心门铃"及帮助老人集体外出等志愿服务。

为确保志愿者工作的长期开展和志愿服务队伍的扩大,使"人人为我,我为人人"的互助精神得以发扬光大,各地政府部门按照"积极引导、适当扶持、规范组织、稳步发展"的工作思路,提供扶持激励资金,强化社区平台,引导推进志愿助老活动的开展。一是建立志愿者服务档案,实行规范化管理,定期组织开展专业技能培训,不断提高社区志愿者的服务水平。二是建立"助老绿色银行"。由社区将志愿者服务时间记录在案并"贮存"起来,确保在志愿者以后需要服务时,可以免费享受政府的送时服务或其他志愿者提供的免费服务。三是政府出资对工作成绩突出的志愿者给予适当奖励或在生活、就业等方面的政策扶持,把志愿者工作与推动下岗职工再就业结合起来,促进各项社会福利事业的全面发展。各地也不断探索和完善各项制度性措施,把社会关怀与发挥专业队伍的作用结合起来,努力建立社会化与专业化相结合的服务队伍。

综上所述,我国城乡志愿者服务队伍的建立,为实现养老服务社会化由补缺型向普惠型转变提供了广泛的人力支持,推进了我国老年人福利事业

的加快发展,使广大城乡老年人充分享受到经济社会发展的成果,逐步实现
"人人享有基本养老服务"的社会福利目标。

三、慈善事业发展中的问题与分析

(一)福利事业与慈善事业的衔接薄弱

目前,我国社会福利存在的主要问题是社会福利的供给严重不足,而社
会福利供给严重不足的一个重要原因是社会福利社会化程度较低。然而,
正当我国社会福利事业急需慈善事业发展的大力支持之际,总体来说我国
目前慈善资源开发水平还很低,慈善事业的作用没有得到完全发挥,福利事
业与慈善事业的衔接力度和持续能力都很弱。

1. 我国社会福利目前存在的问题:社会福利的供给严重不足

我国社会福利的供给严重不足,远远不能满足社会发展的需要。随着
经济发展和社会进步,特别是人口老龄化、家庭小型化、农村城市化进程的
加快,人民群众急剧增长的对社会福利服务的需求与现有的福利供给严重
不足之间的矛盾日益加剧。而国家对福利保障和福利服务的资源投入增加
少、比重轻,福利服务的增长赶不上社会需求的增长。国家对福利保障和福
利服务的资源投入增加少、比重轻,社会福利事业单位数量少,且设施、设备
普遍比较陈旧落后,服务水平较低。截至 2009 年年底,我国 60 岁及以上老
年人口已达 1.67 亿,占总人口的 12.5%。据民政部门抽样调查数据显示,
有 11% 多的老年人要求进入福利机构养老,按此计算全国约有 1600 万名
老年人愿意接受机构养老,而各类福利机构中提供的老年人床位只有
112.9 万张,即我国福利机构床位数仅能满足 7% 的老年人的机构养老需
求,供需差距很大,远远不能满足社会需求。据此推算,我国平均每千名 60
岁以上老年人只拥有床位 7.1 张,占老龄人口总数的 0.80%,与发达国家
8% 和一些发展中国家 5% 的供养比例相比,差距巨大。尽管近年来社区福
利服务得到了长足发展,但由于覆盖面小、服务内容单一、服务水平低,始终
无法满足老年人的基本需求。随着我国人口老龄化进程的加快,社会文明
程度的提高,这一矛盾将日益凸显出来。同时,社会福利事业在城乡之间、

东部与中西部地区之间发展的不平衡性加剧,供需矛盾更加严重。

2. 社会福利供给严重不足的原因:社会福利社会化程度较低

总体来说,大多数地区社会福利社会化程度仍很低,尚未完全摆脱计划经济下的管理体制。在全国的社会福利事业单位中,由国家和集体兴办的占绝大多数,真正由社会兴办的福利机构比例很小,而且多数社会办的福利机构在地理位置、规模设施、服务水平等方面都很不尽如人意,有些则商业化色彩较浓,尚无法占据主导地位。从福利机构所有制构成来看,据2004年数据,全国福利机构共有床位数146.8万张,其中民办福利单位拥有床位10.1万张,只占总数的6.9%。以海南省为例,到民政部门登记的社会办福利机构仅1家,占全省社会福利机构总数的0.53%;收养63人,占全省的2.6%,这表明我国社会福利社会化程度处在一个较低的水平。同时,各地社会福利志愿者队伍还处于自发和起步阶段,社会福利队伍整体素质不高,不但人数少,而且缺乏相关服务技能,绝大多数地区志愿者的服务在制度化、经常化、规范化方面还很欠缺。

3. 我国慈善资源开发水平低的结果:慈善事业支持社会福利事业的功能作用没有得到充分发挥

社会福利社会化程度较低,在慈善事业领域表现为我国慈善资源(财力、物力和人力)的开发水平较低。据2004年数据,中国慈善机构获得捐助总额约为50亿元人民币,仅相当于中国2004年GDP的0.05%,而美国同类数字为2.17%,英国为0.88%,加拿大为0.77%。2007年,我国慈善捐赠总额为309亿元,只占GDP的0.13%,而同年美国的比例为1.85%左右。2008年,我国发生了南方冰雪灾害和汶川特大地震,引发了全民捐赠高潮,全年捐赠总量接近1000亿元,但也只占国内生产总值的0.4%左右,与西方发达国家慈善捐赠一般能占到当年本国GDP的1%左右的比例差距明显。中国的慈善事业在很大程度上仍旧依赖海外捐赠,2008中华慈善总会公布的数据表明,在该会每年收到的捐赠中,大约75%来自境外,15%来自中国的富人阶层,10%来自普通民众。在美国慈善捐赠总额中,10%来自企业,5%来自大型基金会,85%来自全国民众;美国平均每年有75%的家庭为慈善事业捐款,有30%的慈善捐款直接从工资中划出,每个家庭平均捐出年收入的 3%—4%。全美国 70% 以上的家庭都对慈善事业有某种程度的捐赠,平均每年每个家庭捐赠 900 美元,占家庭总收入的 2.2%。整体而言,美国的平均个人捐赠占个人收入总额的 1.8%。中华慈善总会的统计数字还显示,在中国,占有社会财富 80% 的富豪们,对社会的慈善捐赠却远远不到 20%。一份慈善公益组织的调查则显示,国内登记在册的企业超过 1000 万家,有过捐赠纪录的不超过 10 万家,即 99% 的企业从来没有参与过捐赠。除捐赠数量不高外,还缺乏像义工、志愿者等以精神关怀为主的多元性服务队伍,我国在志愿者服务方面的参与率仅为全国人口的 3%,大约是美国的 1/15。我国慈善资源开发和运用的水平较低,反映了目前我国慈善事业发展仍处于起步阶段,现代慈善事业支持国家社会福利事业发展的应有作用和功能远没有得到有效发挥。

(二)我国慈善资源开发不足和慈善事业发育不良的主要原因

——从工作主体角度来分析,主要原因在于我国慈善组织建设和志愿者队伍发育程度较低,慈善组织的潜能还没有得到充分释放和激发。总体来说,我国慈善组织数量少,募集能力普遍较弱,动员社会资源的能力较差。据 2004 年数据显示,全国大约有 395 家慈善(总、协)会,慈善组织与人口相比,大约是 325 万人中有 1 家慈善组织。截至 2010 年年底,我国共有各类基金会 2200 家,注册慈善组织 32 万个,真正具有影响力的慈善基金会、慈善组织很少。而在美国,同期注册的慈善组织和基金会数量已达 120 万家。我国人口总数是美国的 4.4 倍,然而注册的基金会和慈善组织数量仅为美国的 1/4。我国主要的 100 多家慈善公益组织(即慈善筹款机构)所掌握的资金总计仅占 GDP 的 0.1%。一方面,中国公众与慈善组织接触面少、接触频率低,在日常生活中基本上感受不到慈善组织的影响,形成不了广泛的社会动员;另一方面,中国目前很多慈善组织的账目基本上是不对外公开的。财务制度不透明,会导致资金运用效率不高,再加上监督制约机制缺失、善款使用随意性大,使得慈善组织缺乏良好的社会公信力。同时,慈善组织之间的协同能力也比较差。比如,在募捐环节,会出现多头募捐的问题,加重了企业的负担,造成全社会慈善资源的不合理配置,也影响了慈善组织的社会形象。另外,目前我国城乡志愿者队伍力量还很弱小。以养老福利服务为例,目前志愿者队伍发挥的作用还比较小:一是总量不足,真正参与到居家养老福利服务中的志愿者远不能填补巨大的需求缺口;二是志愿者参与渠道不畅,很多有服务意愿的人缺乏相应的路径参与到居家养老福利服务工作中来;三是专业性较差,有的志愿者提供的服务不能满足居家养老福利服务的要求。

——从社会环境角度来分析,主要原因在于我国全民参与度较低、慈善对行政依赖的氛围较重。我国慈善文化仍不普及,普通老百姓的慈善意识比较淡薄,慈善理念和慈善行动还没有深入人们的日常生活。大多数企业的社会责任感薄弱,富豪群体捐赠积极性还不高。中国社科院设计的问卷调查表明,超过半数以上的被调查者误认为慈善事业属于政府的救济行为;绝大部分被调查者虽然参加过捐款捐物活动,但主要是通过工作单位、学校、居住街道被动地参与,经常性主动性捐赠的人数很少。在中国,慈善的"官办"色彩浓厚,行政劝募仍然是主导形式,主要通过单位对口扶助、赈灾捐赠等指令性、突击性的劝募来进行慈善筹款,募捐的志愿性和社会化程度并不高,变相的摊派往往造成公众的反感和冷漠。在慈善事业的初创时期,根据我国的国情,依靠行政力量推动筹款,有其合理性和可行性;但长此以往,就不符合慈善捐赠的志愿性质和慈善事业的发展规律,容易使人们产生逆反心理和捐赠恐惧症,对于形成有利于慈善捐赠事业长期良性发展的社会环境和氛围十分不利。

——从制度环境角度来分析,主要原因在于我国目前相关法律法规政策与慈善事业的发展还不完全适应。一是慈善事业法制化建设还处于起步阶段。当前,我国慈善方面的政策法规,主要是全国人大颁布实施的《中华人民共和国公益事业捐赠法》,国务院发布的《社会团体管理条例》、《民办非企业单位登记管理暂行条例》、《基金会管理条例》,以及财政部、民政部、国家税务总局、海关总署等部门制定的有关规章,专业的慈善方面的法律法规较少。就总体而言,目前我国慈善事业的法制化建设尚处在初级阶段,关于慈善事业的进入、评估、监管、公益产权界定与转让、融投资、退出等方面完整法律框架尚未形成,"依法行善"的环境还不够理想,现有的法规没有可供参照的实施细则,法规比较粗放,操作性不强。就《中华人民共和国公益事业捐赠法》而言,法律原则性较强,内容宽泛,基本上是一个指导性、纲领性法律,并没有涉及慈善组织、慈善捐赠、慈善义工、慈善项目的评估、实施及慈善事业相关方面的监督管理等重要内容。目前,促进慈善事业发展的总体制度安排的缺失,阻碍了地方政府根据本地情况制定相关政策的步伐,也直接影响了慈善组织的发育和慈善事业的发展。二是支持慈善公益事业的减免税政策力度仍不够。新《中华人民共和国企业所得税法》统一了内、外资企业所得税关于公益性捐赠扣除标准的规定。企业发生的向民政、教科文卫、环保、社会公共和福利事业等进行的公益性捐赠支出,在合计年度利润总额12%以内的部分,在计算应纳税所得额时允许税前扣除。个人向慈善公益组织的捐赠,在应纳税额30%以内的部分允许税前扣除。这次免税额度的提高对全民慈善捐赠是一个促进,然而在捐赠的免税优惠政策中仍有一定的条件限制,例如,只有向指定的机构例如慈善总会、红十字会或者国家机关捐赠才能享受免征额度的政策优惠;实物捐赠目前仍未获得税收优惠等。另外,尽管我国已经有较为明确的捐赠税收优惠政策,但是在实际生活中,很多人捐款之后还是没有申请税收减免优惠,主要因申请相关政策的手续烦琐、太费时费力而放弃。三是慈善公益事业的监管体系不完善。目前我国对民间组织实行双重管理体制,包括慈善组织(基金会等)。如果一个企业家要设立基金会,就必须在去民政部门登记前,先找到一个主管单位,如果找不到就办不成基金会,这在客观上不利于民间慈善组织的发展壮大,不利于对慈善公益资源的开发利用。另外,当业务主管部门由于各种原因对所属民间组织疏于管理造成捐款走向失控时,民政部门作为政府的社团登记审批机关,法律并没有赋予它对社会捐赠的监管职能,结果造成政府监管在实际上的缺位。

四、发展慈善事业的思路与对策

(一)推进慈善事业以促进社会福利发展的现实意义

当前,我国正处于改革发展的关键时期,在经济体制改革、社会结构变动、利益格局调整、思想观念变化的新形势下,推进慈善事业以促进社会福利发展具有重要的现实意义。首先,推进慈善事业以促进社会福利发展是改善民生的重要方面,是社会保障体系建设的重要补充。目前,我国还有8300多万名残疾人、2200多万名城市低保对象、3800多万名农村低保人员,每年因灾需要救济的群众将近8000万人,农村和老少边穷地区还有不少人处于贫困状态;2009年调整扶贫标准后,我国扶贫对象由1479万人增加到4007万人,他们都需要政府和社会的救助和帮扶。截至2009年年底,我国60岁及以上老年人口已达1.67亿,占总人口的12.5%,80岁及以上的高龄老人1899万,占老年人口的11.4%。为应对我国目前严重的人口老龄化趋势,满足人民日益增长的养老社会服务需求,政府和社会必须及时提供多样化的养老福利服务。当前,政府的社会保障体系还没有完全形成多层次、宽领域的目标,在保障内容、保障范围、保障措施等方面都存在着不足。在当前社会保障体系并不完善的情况下,通过社会的捐助发展慈善事业,运用民间的力量解决一些社会问题,可以缓解政府财政的压力,弥补政府在社会保障上拨款的不足,使需要救助的社会成员得到及时的救助,有利于实现基本保障性国民福利事业的发展目标。慈善事业能够动员民间的资源,在扶老、助残、救孤、济困、救灾、助学、助医等社会福利领域发挥重要的作用;能够汇集社会资源,调动社会力量,帮助困难群众改善生活状况,扩大社会保障的范围,实现他们追求幸福生活的美好期盼。同时,推进慈善事业以促进社会福利发展也是维护社会公平正义的重要内容,是构建社会主义和谐社会的重要途径。建设和谐社会,一个重要方面就是要协调好各方利益关系。发展慈善事业,能够完善社会再分配机制,调节不同利益群体、不同阶层之间的利益关系,促进社会融合和社会公平;有利于培养社会成员的爱心、责任感和奉献精神,增强社会凝聚力和向心力,形成"我为人人,人人为我"的人际关系和平等友爱、融洽和睦的人际环境,促进社会和谐。慈善事业利国家、利民族、利社会、利他人,是社会文明进步的重要标志,是应当大力发展的崇高事业。总之,推进慈善事业以促进我国各项社会福利事业的快速、可持续发展,成为中国政府努力改善民生、提高国民福祉、构建和谐社会的一项重要的制度设计和路径选择。

（二）推进慈善事业以促进社会福利发展的工作思路

慈善事业与社会福利的目标衔接。我国福利事业的基本发展趋势可概括为："一个转变,三个结合"。"一个转变"就是推进我国社会福利由补缺型向适度普惠型转变,以此来加快我国的社会福利事业发展。"三个结合"主要包括:第一个结合是居家、社区和福利机构相结合。居家是基础,社区是依托,机构是补充。通过三位一体的结合构成较为完整的福利服务体系。第二个结合就是政府主导和社会参与相结合,走社会化的路子,这是发展我国社会福利事业的必然选择。第三个结合就是法制化、专业化和标准化相结合。对应这一趋势,慈善事业将与社会福利社会化发展方向直接衔接,慈善资源增量增效将与福利服务体系建设直接衔接,慈善组织将与规范化管理(法制化、专业化和标准化)直接衔接。为实现慈善事业与社会福利的衔接目标,在新形势下应进一步加大改革创新力度,着力在以下几个方面有所突破:

1. 加强社会慈善组织的自身建设,提升慈善公益组织的公信力

慈善组织的自身建设主要包括能力建设、规范化建设和专业化建设。培养职业精神和增强专业能力是慈善组织成员能力建设的关键。职业精神包括服务社会、追求公益的宗旨,应对竞争、注重质量、追求投入/产出高效益的理念;专业能力包括募捐等社会动员技能、指导义工等社会组织能力以及开展大型活动、策划服务项目等技能。与加强组织成员的能力建设相比,加强组织的规范化建设和公信力提升在当前显得更为重要和紧迫。一是要突出社会慈善组织的规范化建设。规范化即制度化、行业自律化。健全各项规章制度是慈善组织规范化建设的主体内容,主要包括建立规范、公开的财务管理制度、信息披露制度和行业评估制度,建立良好的组织运行机制、有效的内部监督机制以及项目资金的追踪问效和反馈机制等。其中,财务管理、监管评估和专业运作是最主要的行业规则。慈善组织不仅要定期向政府部门报告工作,而且还要向社会公开自己的财务状况和审计结果,并且随时接受社会公众的查询和质证。同时,慈善组织间的开放和交流,也可以产生业内普遍认可的较为科学、实用和可操作的慈善组织工作效率与社会效益的指标体系和等级评估体系。通过行业内外开放体系的运作,可以向

社会捐赠者提供受评慈善组织的真实信息,可以培育和推进捐赠者的理性捐赠,可以不断推动慈善组织提高自身管理水平。通过慈善组织的自律和互律,不断健全慈善组织内部的管理运营、监督反馈和激励倡导机制,逐步完善制度化、网络化、透明化以及低成本运行的、规范有序、高效灵活的慈善组织运行系统。通过规范化建设全面推进自身建设,从而提高组织成员素质,增强组织功能,创新募捐方式,提高劝募能力,不断提高慈善组织的整体素质与工作水平。二是要突出社会慈善组织公信力的提升。社会慈善公益组织的公信力是一个有实际影响力的指标,关系到公益组织吸引公众的筹款能力。公信力的提升既要通过行业自律来实现,更要依靠透明的"阳光工程"来检验。要取信于民,取信于社会,首先,要不断加强财务制度建设。建立严格的内部管理制度和监督机制,坚持对外公开,认真接受社会监督。其次,要充分尊重捐助者意愿。按照捐助者的意愿向贫弱者提供救助,这是慈善机构的基本职责,也是检验慈善机构公信力的窗口。

2. 加快慈善事业的立法步伐,完善慈善事业发展的法律法规

制度建设是促进社会慈善事业发展的根本保障。现代社会是法治社会,现代慈善事业健康发展最终需要完善的法制保障。要通过制定和完善有关政策、法律与制度,建立健全慈善事业发展的政策体系,从而形成有法可依、有章可循、保障有力、促进慈善事业发展的完整的法律法规体系。一是培育和发展社会慈善公益组织的法规体系。主要是对慈善组织在法律地位、准入条件、组织权责、资源来源、从业资格等方面从法律上作出清晰和明确的规定,以此规范政府对慈善组织的管理和慈善组织自身的运作。要处理好发展与规范的关系,建立由法律监管、行政监管、行业自律、法人治理和社会监督共同组成的监管体系,建成有利于慈善组织健康发展的制度构架。近期要尽快改革慈善事业的准入制度,健全公益财产管理制度、慈善机构分类分级监管制度、行业评估制度和信息统计制度,从而保障慈善行业组织能够在法规框架内独立发展和自主运行。在慈善法人组织内部要加强制度、规章建设,从而加强法人的自为、自觉和自律,实现对慈善机构和慈善事业的法律保护、法律监督和法律指导。二是促进和发展社会慈善事业的优惠税收政策。我国发展慈善事业和慈善捐赠还缺乏稳定有效的税率支持,国

家应该在税收及财政政策上对慈善事业有所倾斜,利用税收杠杆,通过对慈善公益捐赠减免税收,实现对公益事业参与者的税收照顾和优惠,从而鼓励人们积极参与慈善事业。积极推进建立各种形式的基金会,如公募基金会、私人基金会、公司基金会、社区基金会和运作型基金会,拓展我国慈善事业的资金来源。针对不同的基金会应采取不同的税收政策和其他相关政策,从而使各类基金会得到良性而有序的发展。应降低基金会的进入门槛,鼓励企业、私人等非公募基金会的更多加入和合法运作。可以说,社会慈善事业取决于慈善资源,慈善资源将主要取决于慈善基金会的总体规模和发展速度。

3. 履行政府部门的职能作用,促进社会福利和慈善事业的进一步发展

2008 年,民政部成立社会福利和慈善事业促进司,作为促进社会福利和慈善事业的专门的政府指导机构。在新形势下,民政部门应认真履行促进社会福利和慈善事业的职能作用,同时与推进社区建设、民间组织管理等职能任务相衔接和整合,不断创新工作方式和工作机制,进一步促进社会福利和慈善事业的快速发展。一是以社区建设为平台,推进社会慈善事业的发展。社会慈善事业的本质属性是社会的、自愿的、广泛参与的,这同社区建设的属性有天然的联系。在以科学发展观为指导建设和谐社会的形势下,社区建设已成为推动公民广泛参与的主要抓手。社区慈善行为,如"慈善一日捐"、"慈善万人行"、"慈善义演、义展、义卖",特别是正在兴起的"慈善超市",以及社区志愿者活动等成为最广泛的群众性参与活动。社区慈善活动扎根于基层社区,形成广泛的自我动员、自我行动、自我管理等组织形式,带来慈心善举,促进道德升华,促进了社会的和谐和基层的稳定。社区建设推进社会慈善事业最大的优势是群众参与度高。通过社区建设的深入发展,慈善必然成为广大社区居民的自觉意识和自觉行为,社区群众参与度有望不断攀升。同时,开展社会慈善活动不仅激发社区的道德回归,也将促进社区服务,推进社区建设,把社区建成人心向善、充满归属感的温馨社区。二是以民间组织为合作方,共同推进社会慈善事业的发展。要与转变政府职能相结合,加快培育发展民间组织特别是社会公益组织和慈善机构,发挥它们的作用,把它们的工作纳入民政事业发展的总体规划中;要制

定相应的政策,支持和保护积极参与慈善公益事业发展的社会力量,使他们的合法活动得到扶持,合法权益得到保障。通过依法行政来建立政府与民间组织的互动合作机制,在加强规范化管理的同时,应更加重视发挥社会公益慈善组织的主体作用。民政部门应学习借鉴其他部门和组织推进的慈善活动和慈善项目,如共青团组织的"希望工程",全国妇联的"幸福工程",全国总工会的"送温暖活动"等,进一步开展生动活泼、形式多样的慈善活动。各级民政部门要高举慈善大旗,宣传慈善理念,通过开办"捐助网络"、表彰"爱心捐助"、发布"公益广告"、举办"公益论坛"、聘请"慈善大使"等活动,开展各种形式的社会捐助活动,创出各种品牌的慈善项目,建立和推广"慈善超市"。同时,各级民政部门要积极建立部门间慈善工作的协调机制,完善与慈善组织的信息交流与协调工作机制。通过民政部门的职能履行和职能整合,进一步激发城乡基层社区广大人民群众和社会组织的善心善举,有利于政府与社会形成巨大合力,共同推进社会慈善事业和社会福利事业的蓬勃发展。

本章主要参考文献

1. 民政部:《中国慈善事业发展指导纲要(2006—2010年)》,北京,2005年。

2. 民政部:《"民政论坛"论文集》(内部交流),北京,2005、2006、2007、2008、2009年。

3. 民政办公厅、民政部政策研究中心:《民政部政策理论研究优秀论文集》,北京,中国社会出版社2005、2006、2007、2008、2009年版。

4. 民政部委托上海市民政局组织专家组:《中国慈善事业发展研究报告》(《中华人民共和国慈善事业促进法》立法论证材料第三卷)(内部交流),北京,2006年。

5. 民政部社会福利和慈善事业促进司、中民慈善捐助信息中心:《2008年度中国慈善捐助报告》,http://gongyi.sina.com.cn/gyzx/2009-03-11/

10027611. html。

　　6. 浙江省民政厅课题组:《慈善事业发展机制研究报告》(2005 年民政部委托课题),北京,2006 年。

　　7. 湖南省民政厅课题组:《我国社会福利社会化政策研究》(2005 年民政部委托课题),北京,2006 年。

　　8. 深圳市民政局:《营造慈善氛围推进全民慈善》,北京,2010 年,http://mzzt. mca. gov. cn/article/mzzt2010/jyjl/201001/20100100052572. shtml。

　　9. 范宝俊:《开拓创新,锐意进取,为发展中华慈善事业而奋斗》,北京,2009 年;http://cszh. mca. gov. cn/article/zhjb/200907/20090700033193. shtml。

　　10. 江上舟:《中国残疾人福利基金会理事会 2006 年度工作报告》,北京,2007 年;http://www. cwfh. org. cn/wxzl/gzbg-06. html。

　　11. 民政部社会福利和慈善事业促进司:《2009 年部分省市养老服务经验做法汇总》,http://www. mca. gov. cn/article/zwgk/dxjy/200907/200907000-33707. shtml。

第八章　福利彩票和福利事业专题研究

一、中国福利彩票的产生与发展

（一）彩票的起源

关于彩票的起源众说纷纭，没有统一的观点。有人认为，彩票发源于2000多年前的古罗马时期，也有人认为彩票是2000多年前周朝衰落时期在中国发明的。根据学者的研究，真正现代意义上的彩票是在16世纪以后的欧洲产生，并迅速发展壮大起来的。据史料记载，1530年，意大利佛罗伦萨诞生了全球第一个公开发行彩票的机构。1566年，当时的英国女王伊丽莎白一世，曾批准发行彩票以筹款修建港口和弥补其他公用经费的不足。

随着欧洲工业革命的兴起，大规模的社会建设随之而来，欧美国家政府逐渐认识到彩票在筹集国家公用事业发展资金方面的作用。各国纷纷开始允许个人或公众机构通过彩票来集资，并将这种活动合法化。彩票所筹集的资金主要用于公共基础设施建设、教育、社会保障制度等公益事业。18世纪，丹麦、荷兰、西班牙、葡萄牙、奥地利等国政府都把发行彩票作为一种新的收入来源。美国在1776年建国后，国会也曾批准发行4种彩票来筹集资金，用于社会公共事业发展，如资助建立了哈佛、耶鲁等几所后来成为美国名片的大学。在彩票事业发展初期，政府并不直接主导彩票发行，而是批准私人企业主来经营彩票业务，其目的是为了弥补私人企业主的利润缺额。这些私人企业主多为追求商业目的而发行彩票，这种私人发行的非公益目标指向造成了彩票市场的发行泛滥和管理混乱，彩票的弊端不断显露出来，矛盾逐渐激化。因此，各国政府开始对私人发行彩票进行限制：大多数国家彩票业经营需由相关执法机关颁发许可证,规定开彩日期并对经营者进行审查。20世纪后,欧洲大部分国家都废止了私人经营彩票,仅保留国家对彩票的经营。

拉丁美洲的彩票事业起步较晚。墨西哥的国家彩票自1769年开始发行。波多黎各、尼加拉瓜、哥斯达黎加、阿根廷和洪都拉斯等国的彩票业从19世纪开始为政府所接受。委内瑞拉的彩票直到1926年才开始发行。拉美各国以传统型彩票为主,其中大部分是即开型彩票,发行方式以街头零售为主。现今大部分彩票已经拥有得到计算机系统支持的现代化网络发行渠道。各国彩票的收益绝大部分用于发展医疗卫生、儿童福利、教育事业、科研项目和慈善事业。

亚洲彩票业在20世纪开始遍地开花。泰国最早于1936年成立政府彩票办公室。日本在1945年成立住友银行彩票部,开始了现代彩票的发行。韩国、马来西亚和新加坡等国的彩票是从60年代末期才开始发展起来的。

到了20世纪末,已有150多个国家和地区发行彩票。无论是在发达国家,还是在发展中国家,彩票已成为各国政府筹集资金的重要手段之一。

现代彩票业的发展与社会的发展以及人们认识的进步密切相关。世界各国都曾有过关于彩票是否属于赌博的辩论,都经历过"发展—停滞—再发展"的路程,但最终都以立法形式确立了彩票的合法地位,其根本原因在于发展彩票业不仅可以重新分配社会闲散资金、缓解政府财政压力,还能促进社会公益事业发展、缓和社会矛盾。只要政府制定完善的监督制度,坚持公平的原则和科学的管理,就能使彩票利国利民的积极作用得到充分发挥。

(二)中国彩票的产生

彩票活动在我国由来已久,早在19世纪70年代,菲律宾政府为筹集公益资金而在中国发行吕宋票,催生了中国本土彩票的萌芽。最初,吕宋票作为"迹近赌博"之物遭到晚清政府的严厉禁止。但晚清的义赈人士从中受到启发,开始发行超越传统募捐手段的"义赈彩票"。这种为筹集赈灾款项而发行的彩票不仅未受到地方政府的干预,而且得到民众踊跃购买的回应和当时社会舆论的支持。从"义赈彩票"到各种"助赈彩票",大量彩票的涌现却带来了戏剧性的转变:其在发行策略、开彩方式、兑红规定等方面都逐渐与吕宋票趋于一致。如此一来,晚清彩票在"助赈"的名义下完成了从舶来品到本土化的转变。

清末,我国工商业长期为外商所垄断,彩票业也不例外,成为外商在中国敛财的手段之一。清政府的腐败无能导致国家银钱大量外流。据记载,仅西班牙一国每年在中国通过发行彩票就获利近100多万两白银。更为严重的是,此时的外患和内忧共存。清后期的国内彩票逐渐由赈灾变成了清政府搜刮百姓的手段,这样赤裸裸的腐败,严重破坏了彩票的公信力。有学者指出:清末,彩票是一种吸引社会资金的有效手段,不需要投资仅借助其赌博性就能刺激社会公众狂热参与,从而在短时间内筹集到大量资金。但这不是一种正常的集资方式。这是国家缺乏吸引民间资本以扩大财源的正常渠道的无能表现,也反映了吏治腐败、官员肆意搜刮百姓的不良之风。晚清彩票的风靡全国,不是政策的开明,而是清政府权力衰微不能对社会实行有效控制的一种表征,是法律无力监管人们行为的必然结果。追根溯源,则是国家的政治腐败。

到民国初年,在《中华民国临时约法》中曾明令禁止发行彩票,彩票发行进入缄默期。但1918年后,由于军阀混战,各自为政,各省督军为筹集军饷、扩充势力,发行"善后"、"济实"、"慈善"等名目众多的彩票。如国民党中央政府于1933年5月发行过"航空铁路建设奖券",之后又发行了"黄河彩票"等。此时的彩票发行成了国民党政府、各地军阀和资本家大肆敛财的手段和工具,加之管理缺失、彩票滥行及官办摊派,彩票俨然成为了一项扰民苛政,在社会上留下了恶劣的影响。

(三)新中国福利彩票的发行

新中国的彩票业,在一定程度上可以说是改革开放的产物。20世纪80年代,随着改革开放的深入,市场竞争越来越激烈,老年人、残疾人和低收入人群等弱势群体面临的社会问题越来越突出,国家包办社会福利的传统方式已难以适应社会和经济发展的需要。

据1985年民政部门统计资料显示:我国的优抚、救济对象人数达1.5

亿人以上,残疾人口近 5000 万人;全国还有约 1500 个县级单位没有福利院,而全国城乡各种福利院床位数总计仅有 49.1 万张;全国福利企业只有 1.5 万个,大多数残疾人就业问题无法解决;全国没有一个社区服务设施;全国已有的社会福利院、光荣院、荣军院等福利事业单位不仅数量上远远难以满足需要,而且约有 50% 属于急需改造的危旧房;各类福利设施中约 30% 没有常规医疗设备和专业医生。此外,逐年增多的弃婴收养、在灾害中被毁坏的福利设施重建、流浪儿童收容机构建设、伤残军人救济机构设置等社会问题也越来越突出。这些问题,仅仅依靠政府财政拨款难以应对,必须对原有的社会福利由政府包办的状况进行改革,实行社会福利社会化,广泛开辟社会资金筹集渠道。这样的改革思路,使得福利彩票发行事务被重新提上了议程。

1986 年 6 月 18 日,民政部向国务院正式报送《关于开展社会福利有奖募捐活动的请示》。1986 年 12 月 20 日,经国务院第 128 次常务会议讨论同意,由民政部组织成立一个社会福利有奖募捐委员会,在全国范围内开展有奖募捐活动。

1987 年 2 月 5 日,中央书记处十二届第 323 次会议讨论并原则同意民政部的报告,明确指出:"除民政部门开展社会福利有奖募捐活动外,其他单位和个人一律不准搞类似有奖募捐活动"。中央书记处的意见报中央政治局各位常委一致同意后,中共中央统战部和全国政协于 3 月 13 日联合召开了关于社会福利有奖募捐活动问题的座谈会,经过与会的 27 个来自民主党派和群众团体负责人民主党派充分讨论,最后达成一致意见,同意开展这项工作。1987 年 6 月 3 日,中国社会福利有奖募捐委员会(以下简称中募委)在北京成立,同时召开了第一次全体委员会议,通过了《中国社会福利有奖募捐委员会章程》。中募委明确提出以"团结各界热心社会福利事业的人士,发扬社会主义人道主义精神,筹集社会福利资金,兴办残疾人、老年人、孤儿福利事业和帮助有困难的人",即"扶老、助残、济困、救孤"作活动为活动宗旨。随后设立了中国福利彩票发行中心作为发行机构。7 月 27 日,新中国第一批 800 万张"中国社会福利有奖募捐券"(面值 1 元)彩票发行,第一张彩票在河北省石家庄市的第一工人文化宫广场售出,中国的彩票历史从此掀开了崭新的一页。参加第一批试点的 10 个省市陆续开卖。

中国福利彩票自 1987 年面市以来,在国家民政部门直接领导下,经全国福利彩票系统的共同努力,以及各级民政部门的高度重视和有关部门的通力协作,福利彩票发行事业一直保持稳步增长、逐年上升的发展趋势。通过福利彩票发行所筹集的社会福利基金已成为我国社会福利事业发展的重要经济支柱。相对国外福利彩票而言,我国福利彩票起步较晚;但作为国家筹集社会公共资金,资助体育、福利、教育等社会公益事业发展的重要途径,福利彩票在短短的十几年内飞速发展的成效是有目共睹的,福利彩票在经济和社会发展中所发挥的巨大作用也是毋庸置疑的。近年来,国内彩票市场蓬勃发展,各地相继推出各种新型福利彩票,彩票发行额也连创新高。

福利彩票发行 20 多年来,始终努力做到:坚持为发展福利事业筹集资金的目的不动摇;坚持"扶老、助残、救孤、济困"的宗旨不动摇;坚持健康有序、安全运行、稳定发展的方针不动摇;对社会负责,对人民负责;坚持在福利彩票玩法设计和销售运作中自觉防止和消除社会负面影响的道德准则不动摇;坚持"公开、透明、参与"和接受社会监督的原则不动摇;不参与恶性竞争,不搞误导群众的宣传,坚持公益性、伦理性、群众性和娱乐性的舆论导向不动摇。福利彩票的发展与社会福利事业、社会公益事业的发展紧密地联系在一起,是对传统的慈善性募捐在新形势下的继承和发展,体现了"来自社会,服务社会,取之于民,用之于民"的精神。

(四)福利彩票的类型

随着社会的发展进步和消费者的需求变化,福利彩票的类型经历了一个不断推陈出新的变化过程。中国的福利彩票虽然只有短短十几年的发展历史,但彩票的种类繁多,已发展为五大类型,几十个品种。总体来说,福利彩票分为五个主要类型:传统型、即开型、即开传统结合型、电脑型以及赈灾型。

传统型福利彩票是指事先确定好中奖号码并把号码印刷到彩票上,等彩票销售结束以后统一开奖的彩票。传统型福利彩票的发行量、奖金额度、中奖等级、中奖面等都是事先确定好的,在预定的发行量销售完毕后,集中开一次奖,也可按期(比如半个月或一个月)开奖,中奖者持中奖彩票到指定的地点兑奖。我国最早发行的传统型福利彩票,面值有0.5元和1元两种。国家于1987年发行的传统型福利彩票,第一年取得了1739.50万元的销售额,第二年取得了14446.35万元的销售额,增长率达到了700%以上。不容否认的是,传统型的福利彩票在管理上有诸多不便之处,于是单纯的传统型的福利彩票经过9年的发展后,于1995年正式被取消。

即开型福利彩票是指消费者在一个销售点购买彩票以后可以立即刮开涂层或撕开票面得知结果。即开型福利彩票的这一特点极大地迎合了福利彩民的胃口,同时也适应了现代人快节奏的要求,深受消费者的欢迎和喜爱。与此同时,即开型福利彩票设奖灵活,可根据不同地区的实际情况设计出适应当地经济条件的奖组、奖级和奖金额度。即开型福利彩票方法简便,易于操作,保密性好,很难作弊,保护了购买者的合法权益。1988年,国家开始发行即开型福利彩票,在第一年取得了23181.41万元的销售额,到传统型彩票单独存在的最后一年(1995年),即开型福利彩票取得了546150.53万元的销售额,增长了200多倍,实现了数量上的飞跃。

即开传统结合型福利彩票是在即开型福利彩票出现后,将即开型的快速开奖性与传统型的操作简便性相结合,充分总结前期福利彩票的发行经验,经过反复论证后推出的福利彩票新形式。即开传统结合型福利彩票是采两家之长,适应广大福利彩民要求的产物。因此,即开传统结合型彩票一经投放社会,就引起市场的强烈反响,受到广大彩民的欢迎。

1995年,我国首次出现了电脑型福利彩票。电脑型福利彩票是对乐透型彩票即“六合彩”的又一称谓,是指采用先进的计算机技术,在规则允许范围内,由彩民自选号码输入计算机,通过计算机网络传送到数据中心进行数字处理,在电视台公开摇奖,彩民直接在投注站通过电脑兑奖。这种借用计算机发行的彩票就叫电脑型福利彩票。电脑型福利彩票可分为三种:非热线型、准热线型和全热线型。电脑型福利彩票在投入市场第一年取得了25385.93万元的销售额,到了2000年,电脑型福利彩票的销售额首次超过即开型福利彩票,达到505845.35万元。从此,电脑型福利彩票的市场份额高于其他类型彩票,已然成为中国彩票市场的“领跑者”,在推进社会福利保障和社会公益事业中发挥着日益重要的积极作用。

　　1998 年,中国南方遭受特大洪水灾害,中国首次发行抗洪赈灾彩票。虽然当时福利彩票全年市场份额不过 60 亿元,却承担起了发行 50 亿元赈灾彩票的任务。2008 年,汶川地震发生后,发行"5·12"赈灾彩票成为广大彩民的共同呼声。在一项问卷调查中,97.07% 的被调查者表示愿意在赈灾彩票发行时购买。很多被调查者反映,作为一个彩民,作为一个有社会责任感的人,购买赈灾彩票,为灾区的灾后重建贡献一份力量是自己的义务。对此,中国社会科学院文化研究中心副主任张晓明认为:"赈灾彩票可以很好地体现彩票'取之于民,用之于民'的原则,能够唤起全社会的公德心和爱心,是一件很有意义的事。国家发行赈灾彩票可以为灾区募得资金,更好地支援灾区。"全国 18 万个福利彩票投注点成为彩民"家门口的救灾行动站",赈灾彩票将全国两亿彩民的爱心汇集起来,为灾区重建家园的工作起到了雪中之炭的作用。

二、中国福利彩票的管理体制概况

　　自 1987 年福利彩票发行以来,福利彩票事业在积极探索和改革创新中不断发展壮大,成为多方筹集社会福利事业和公益事业发展资金的有效途径之一,也是社会各界奉献爱心的桥梁,并成为人们经济活动和社会生活当中一个不可或缺的组成部分。

(一)中国福利彩票管理体制的历史回顾

中国福利彩票管理体制的演化可以分为三个阶段:

　　第一个阶段为 1987 年至 1994 年,有奖募捐活动无论是彩票发行还是资金使用,其管理职能分别由民政部及其下属的中募委行使。1987 年 5 月 18 日,民政部批复成立中国社会福利有奖募捐券发行中心,确定其为事业单位,实行企业化管理,受即将成立的中募委的领导。1987 年 6 月,中募委正式成立,其性质依照章程定为全国性的社会福利团体,受民政部领导,下设中国社会福利有奖募捐券发行中心。

鉴于发行中心既具备全民所有制企业的基本属性,又有区别于一般企业的代表政府经营和专卖的特殊属性,为更好地实现对中心的领导职能并贯彻政企分开的原则,根据1989年3月民政部部长办公会议的决定,中国社会福利有奖募捐券发行中心更名为中国社会福利奖券发行中心,是独立核算、自负盈亏的企业。据此精神,1989年10月,中募委主任办公会明确对发行中心和办事机构的职能划分,发行中心负责奖券的印制、发行、资金回收;办公厅负责中募委的日常行政事务和福利资金的管理和使用。两者同属中募委领导下的平行机构,各司其职、互不隶属、互不干涉。1987年之后,地方各级政府比照中募委组织形式成立了相应的机构,行使相应权力。各地募捐委员会一般由分管民政工作的政府领导担任主任,办公室设在民政部门。

第二个阶段为1994年至1999年。1994年,国务院批准国家体委发行体育彩票并授权中国人民银行行使金融主管权,民政部及中募委从此在彩票问题上不能自行决定。经过国务院的调整和中国人民银行的规范,这一阶段彩票发行工作呈现如下特点:

(1)明确了国务院彩票工作的主管机关为中国人民银行,统一了政府的彩票行政管理权,福利彩票和体育彩票发行所采用的游戏规则及发行销售方式,都必须报经中国人民银行批准。

(2)发行彩票所筹集的公益金,分别归两个彩票发行部门所有,即福利彩票和体育彩票实际上成为民政部门和体育部门筹集资金的工具。

(3)彩票市场被福利和体育两大彩票机构所分割垄断,各自实行不同的发行销售、财务和公益金管理制度,但全国统一的彩票市场仍未形成。

1999年10月,民政部发出《关于中国福利彩票管理工作有关问题的通知》(民发[1999]73号),决定不再保留中国社会福利有奖募捐委员会及其办事机构,同时明确了福利彩票的管理体制:中国福利彩票的发行工作由国务院领导,由民政部主管,由中国福利彩票发行中心具体组织实施。中国福利彩票发行中心作为民政部直属单位,由民政部直接领导和管理,各地也比照执行。

第三个阶段为2000年至今。经过6年的管理实践和彩票业的不断发展进步,中国人民银行逐步认识到彩票是政府调节社会收入分配结构的一种政策性工具,与《中华人民共和国中国人民银行法》赋予的职责没有直接关系。基于此,中国人民银行于1999年5月向国务院提交的申请得到批准,于同年12月完成财政部与中国人民银行之间彩票主管职能的移交工作。在财政部接手彩票主管职能后,首先是确定了现行彩票管理体制和机构设置,将福利和体育两个彩票机构从其所属的行政部门分离出来,改制成企业性质的专业化彩票发行机构。其次是建立和完善了彩票管理制度,加强了彩票机构和彩票市场的管理和监督。再次是改进了彩票发行销售方式,丰富了彩票品种,并于2001年在全国所有县市都建立起了专用电脑网络销售系统。最后是改变了彩票销售所得即公益金的分配政策,在保证民政部门和体育部门既得利益的基础上,由国家财政在更广泛的社会公益领域中分配彩票公益金。从此,我国彩票业进入了一个高速增长的推广期。

经过20多年的发展,中国福利彩票现行管理体制和运行机制主要包括以下几项具体内容:

第一,彩票发行的审批权集中在国务院,其他任何地方政府和部门均无权批准发行彩票。

第二,财政部负责起草、制定国家有关彩票管理的法规、政策;监管彩票市场,监督彩票的发行和销售活动;会同民政部研究制定福利彩票资金使用的政策,监督福利彩票资金的解缴、分配和使用。

第三,民政部根据国家有关法规、政策和制度,分别研究制定福利彩票的发行、销售和资金管理的具体办法并组织实施;负责研究制定本系统福利彩票发展规划;确保及时足额向财政专户解缴福利彩票公益金;加强对福利彩票发行与销售机构的管理,努力降低销售成本,扩大发行规模。

第四,按照"收支两条线"的原则,对福利彩票发行收入实行专户管理。彩票公益金和发行费用必须纳入财政专户,支出应符合福利彩票发行与销售机构财务管理制度和福利彩票公益金管理制度。国家审计机关要加强对彩票发行以及彩票公益金筹集、分配和使用情况的审计,年度审计结果向社会公布。

(二)中国福利彩票公益金管理和使用概况

福利彩票公益金是指国家按规定比例从福利彩票销售额中提取的,专门用于支付特定社会公益事业的资金。从国家层面上来说,福利彩票公益金的来源即为从全国福利彩票的销售额中按比例抽取的份额;从地方层面上来说,福利彩票公益金的来源包括按规定比例从彩票销售收入中提取的彩票公益金留归地方使用部分、上级财政拨入的彩票公益金、按规定应纳入彩票公益金管理的其他资金。彩票公益金是用于社会福利、体育等社会公益事业的专项资金,在使用管理上按政府性基金管理办法纳入预算,专款专用,结余结转下年继续使用,不得用于平衡一般预算。当然,不管是中央还是地方,福利彩票公益金的多少主要取决于在社会上销售的福利彩票的数量。因此,要提高福利彩票公益金的数额,必须不断地创造新的玩法以迎合消费者的喜好、开辟新的销售渠道以扩大消费者的接触面、改善管理体制以降低自身运营的成本。

2001 年以前,彩票公益金的提取比例为 30%,2002 年提高到 35%。国务院在《关于进一步规范彩票管理的通知》中规定:"彩票公益金不得用于平衡预算,发行费用结余不得用于补充民政、体育部门的行政经费"。2005年,财政部在《关于调整彩票公益金分配政策的通知》中,对彩票公益金的分配作出进一步调整,规定彩票公益金在中央与地方之间,按 50∶50 的比例分配;中央集中的彩票公益金,在社会保障基金、专项公益金、民政部和国家体育总局之间,按 60%、30%、5% 和 5% 的比例分配。一般来说,上缴中央财政的彩票公益金,由财政部驻各地的财政监察专员办事处就地征收,实时统计。

福利彩票公益金的分配政策具体到地方是各不相同的。各省留用的彩票公益金在各地、各部门的分配比例,由省财政厅报省政府批准后确立。市及市级以下彩票公益金的分配,由各市自行讨论确定,原则上市级以下分配比例不得低于 50%。比如山西省福利彩票公益金的分配办法是:省级民政部门占 15%,省级财政部门配额占 6%,各市及其以下占 29%;陕西省福利彩票公益金在省级和市级之间,按 43∶57 的比例分配;河南省对本省的福利彩票公益金的分配办法为:福利彩票公益金纳入省民政厅部门预算的占

40%,返还省辖市的占45%(省直管县、市单独返还),实行省级统筹的占15%。返还到省辖市的彩票公益金,由省财政厅按规定比例分配并拨付到各省辖市;省辖市本级和所属县(市)之间按1:1的比例分配。

　　福利彩票公益金的筹集是福利事业发展的经济支柱之一,福利彩票公益金筹集的多少直接影响着福利事业的发展情况。截至2007年年底,全国福利彩票共发行2760.6亿元,筹集公益金924.65亿元,可使用福利彩票公益金共计512亿元,民政系统实际用于全国社会福利和公益事业的福利彩票公益金支出达364.8亿元。从2002年开始,福利彩票公益金上缴中央财政的专项数额已超过300亿元。各地方的福利彩票公益金筹集情况也非常好,比如海南省2007年筹集公益金8114万元,其中上缴中央财政4057万元,省级财政留成2214万元,市县财政分成1843万元。而到了2008年,海南省福利彩票销售额达了4.73亿元,筹集公益金共计1.9亿元。

　　福利彩票公益金的使用主要是为了促进社会福利事业发展,帮扶弱势群体解决生活困难、提高生活和居住水平。用福利彩票公益金来促进社会福利事业健康发展,是国家为应对市场经济体制改革后社会福利事业出现的保障资金不足的问题而采取的一项及时有力的措施,是政府"以人为本"理念的体现,是依法保障社会特殊困难群体合法权益而提出的一种制度性主张,是保障社会福利事业资金可持续供应的一项特殊政策。

　　各级民政部门坚持"扶老、助残、救孤、济困"的宗旨,坚持福利彩票公益金"取之于民、用之于民"的原则,坚持促进福利事业发展的大方向,实事求是,突出重点,不断创新,科学合理地编制项目方案,安排资助项目计划,从而最大限度地发挥了福利彩票的积极社会效用。福利彩票公益金所资助的项目,基本上可以分为设施类项目和非设施类项目两大类型。设施类项目主要包括全国城乡社会福利设施、优抚医院设施、救助管理机构设施、烈士陵园设施、社区福利服务设施、殡仪馆设施、"三峡库区"社会福利机构搬迁项目、残疾人活动场所设施、少年儿童活动场所设施等方面的建设和改造等基础性建设受资助项目。据统计,受资助项目总数已超过10万个。非设施类项目是指用于孤残儿童手术康复、生活困难家庭残疾儿童手术、康复残疾儿童特殊教育、艾滋孤儿救助安置、伤残军人更换假肢、"非典"疫情救助、捐资助学、养老服务社会化示范活动、农村特困救助、福利企业技改贴息、社会救助、扶贫救灾等受助项目。这些项目的运行,采用地方福利彩票公益金以及地方财政配套资金多方为共同项目按比例投入的模式。截至2007年年底,民政部门共向受资助单位和受益对象支付非使用设施类项目资金117584.92万元,受益对象达到30万人。[①]

三、中国福利彩票市场的发展概况

(一)彩票销售快速增长,彩票市场雏形初步形成

自1987年发行以来,中国福利彩票培育了双色球、3D玩法等品牌游戏,逐步形成了多种类型共同发展、比较完善的福利彩票玩法和销售体系,及全国联网、区域联合的市场格局。"十五"期间的发行销售达到1145亿元,与"九五"期间发行的358.65亿元相比,净增额高达786亿元,增长率为219%。福利彩票的年销售量由2000年的89亿元跃升至2005年的411亿元,年平均递增40%,创造了5年翻两番的辉煌业绩。2010年,中国福利彩票共发行968.02亿元,同比增加211.97亿元,增长28.04%,筹集公益金近300亿元。福彩发行呈现出增幅显著、多票种全面增长的良好局面。截至2010年12月31日,中国福利彩票累计发行总额约5088亿元,筹集公益资金约1669亿元。

(二)稳定市场管理,创新营销战略

从2000年到现在,随着市场实践的深入,我国彩票管理政策逐步完善,销售技术不断进步,游戏品种日益丰富,销售成本总体上从20%下降到15%。归纳起来,主要有以下两个方面的突破:

(1)实现发行方式的转变。2001年10月19日,随着西藏电脑型福利彩票销售系统的开通,电脑型福利彩票系统在全国除港、澳、台以外的其他31个省、市、自治区全部开通,并获得巨大成功。电脑型福利彩票采用网点

---

① 参见张齐安:《回眸福利彩票公益金的21年》,《社会福利》2008年第9期。

分散销售、分级管理,发行运作方式全面市场化的做法。各省(自治区、直辖市)先后引进了一大批专业技术人员和高级营销业务人员,造就了一支高素质的福利彩票发行队伍,为福利彩票事业的长远发展奠定了坚实的基础。随着 2003 年、2004 年福利彩票全国联销双色球、3D 玩法的先后上市,福利彩票终于实现了从较落后的即开型人工管理到先进的计算机管理发行方式的战略转变,福彩的销售系统率先在全国同行中完成了整体的热线改造。2004 年,福利彩票发行在"扶老、助残、济困、救孤"的旗帜下,取得了较大突破,全年共实现销售额 226 亿元,筹集公益金 79.23 亿元,上缴国家财政资金 42.95 亿元,占 2004 年公益金筹集量的 54%,上缴比例和上缴数额均居历年之最。

(2)联合销售形成品牌。"十五"期间,中国福利彩票发行管理中心加快了对全国福利彩票主干网络的建设步伐,形成了福利彩票发行销售的规模效应,先后推出了联合销售的双色球和 3D 玩法两大全国性品牌彩票游戏。其间,福利彩票形成了横向有民政部门、财政部门和发行机构组成的三个管理系统,纵向有中央、省、地(市)三个管理层次的"九宫格"结构管理体制;建立健全了以福彩为中心的统一福利彩票发行销售管理、由省级中心承销、以地(市)级机构为基础的销售网络;建立了一支将近 15 万人的专业销售队伍,以及完善的福利彩票游戏开发和业务培训体系。

(三)福利彩票消费者构成现状

经统计研究表明,无论是从彩票购买群体的绝对数量来看,还是从彩票支出占彩票购买者全部收入的比例来看,在福利彩票的消费群体构成中,低收入群体远远超过了高收入群体。从日常生活经验出发,只要注意观察,我们不难发现,彩票的购买者和中奖者以农民工、下岗工人等低收入群体为主。低收入人群将更多的可支配资金用于购买彩票,而彩票的购买者除了少数幸运者之外,多数人是付出大于收益。剖析彩票销售的环节,从彩票发行者的角度来看,发行者也有其自身的利益动机,其目的就是要尽快地售出尽可能多的彩票。由于低收入和低文化的群体对购买彩票有潜在的高偏好,因此彩票的发行者常常更倾向于向这些群体推销彩票。比如,现在越来越多的福利彩票发行点正从大城市的中心广场地带向城郊结合部或小城镇转移。彩票发行者发现,在这些地方销售彩票虽然发行成本会有所上升,但销售量和销售速度都大大增加了。①

发行彩票的初衷都是为了公益事业,在中国,彩票盈利还特别定位于帮助社会弱势群体。但综观彩票发行的过程和结果来看,很多学者都认为,彩票在一定程度上是对社会低收入群体的利益侵占,因为彩票的购买主体是低收入群体。我国学者郭昕炜认为,彩票的本质可以视为一次财富的转移分配过程。而根据庇古的福利经济学理论,只有当财富的转出方与财富的转入方之间存在着可比较的差异时,这样的财富转移才能创造出社会福利。换言之,购买彩票群体的平均每一元钱支出所产生的效用必须小于受捐赠群体的平均每一元钱的效用,通俗地来说即只有富人买彩票而使穷人受捐助时,才能有"福利"。如果彩票的购买者大都是低收入群体,那么彩票带来的社会影响不是增加"福利"而是减少"福利"。我们应该时刻警觉:社会福利事业本身应是"富人帮穷人",而非"穷人帮穷人"。因此,国家在大力发展彩票事业、提高彩票发行量的同时,也要注意彩票消费者的结构,积极树立正确的消费观念,发挥福利彩票的"福利"效应。

四、福利彩票的社会经济意义

(一)福利彩票的社会功能

(1)满足个人心理需求。心理学家马斯洛认为,人们的需求是分层次的,在较低层次的生理、安全等需求得到满足后,人们就会追求较高层次的爱、尊重、自我实现等心理需求。福利彩票的产生和存在不是偶然的,一方面满足了人们的娱乐、投机心理;另一方面彩票的公益性作为其合法存在的道德基础,使得人们在彩票消费过程中不仅获得了利益的需求,也获得了一定的非利益性需求,即心理的满足。在人们解决温饱问题、收入达到一定水平之后,这种非利益性的心理需求如慈善心理等将逐渐增加,福利彩票成为

---

① 参见郭昕炜:《福利彩票是否"福利"》,《经济学家》2001 年第 1 期。

满足这种心理需求的渠道之一。购买彩票可以使人们通过资助困难阶层和其他公益事业的行为得到心理宽慰,从而满足已产生的心理需求。可以说,正是彩票所带来的利益需求与非利益需求两者的共存和有机结合,才使彩票活动得以发展并更具特色,有着强大的生命力。①

(2)促进社会公益事业的发展。伴随着改革开放的深入,市场竞争越来越激烈,人与人之间交往的利益指向逐渐被强化,由此产生的社会不和谐因素不断涌现。普遍存在的围绕老年人、残疾人和低收入者等群体的社会问题越来越突出,对环境、交通、教育、卫生、体育等公共事业的投入也使政府在社会公共领域承担了更多的负担,国家包办社会福利的传统方式已难以满足人们对改善社会公共福利的需求,难以适应社会发展的需要。因此,发展福利彩票事业是政府满足社会公益福利需要的一条切实可行的政策选择。

(3)促进社会和谐。当前,我国正处于经济体制转型、社会体制转轨的时期,社会竞争日益激烈,社会成员之间的收入差距、贫富差距、阶层差距等矛盾不断加大。但就社会贫富差距而言,由它的不断扩大而产生的阶层隔阂必然导致社会不稳定因素的增加。彩票事业的迅猛发展带动了印刷制造业、媒体宣传、计算机技术等诸多产业的发展,为大量的农村剩余劳动力、下岗职工以及残疾人提供了更多的就业机会;同时,政府将发行彩票所筹集的公益资金用于改善贫困阶层在教育、医疗卫生以及体育等方面的实际困难,促进了社会公益事业的发展,在一定程度上有助于减缓社会矛盾和冲突,对社会的稳定和经济的发展起到了"稳压器"和"减震阀"的作用。

(二)福利彩票的经济功能

(1)增加国家税收。国外有人将购买彩票形象地称为"微笑纳税"、"无痛税收"。事实上,彩票业不仅仅具有"无痛税收"的社会形象,同时实实在在地为国家增加了税收。以 2000 年为例,我国福利彩票的销售额为 201.1 亿元,返奖率为 55%。这一方面相当于筹集了约 90 亿元的建设和发展基

---

① 参见马建波:《我国彩票法律问题研究》,湖南大学硕士论文,2007 年。

金,另一方面相当于向市场投放了110亿元的消费资金,即为商业企业提供
了110亿元的商品销售额(若按17%的税率计算,相当于向国家上缴18.7
亿元的增值税)。同时,在福利彩票销售中,个人中奖额超过1万元者,还
要按规定以20%的税率向国家缴纳个人所得税,全年这项税收达到7.5亿
元。以上两项合计,每年可为国家增加税收约26.2亿元,这个数字相当于
几个大型国家骨干企业的年纳税总额。看似不起眼的一张小彩票,其年销
售额总量已经达到甚至超过了某些产业的年总产值。随着彩票经济的不断
发展,其在组织税收方面也将发挥越来越大的作用。

　　(2)带动劳动力就业。彩票业是一个劳动密集型产业,因其点多、面
广,可创造出数量可观的就业机会。中国福利彩票发行中心在全国各地从
省、地、市直到县,均设有福彩发行机构和专职在编的管理人员,目前我国的
福彩行业就业人数超过30万人,在一定程度上缓解了社会就业压力。各级
福利彩票发行中心还积极开展各种形式的业务培训,提高了从业人员的专
业素质和服务水平,形成了专业化的销售队伍,增强了市场开拓能力,实现
了销售收入的快速增加。同时,民政部门还积极利用这一产业推动残疾人
就业。仅在2008年,北京市拓展福利彩票发放点范围,设置了500个残疾
人福利彩票销售点,一方面解决了残疾人的就业困难,另一方面也帮助他们
自强自立。彩票业较低的从业门槛,为下岗失业人员、残疾人等弱势群体提
供了一个再就业的机会,促进了社会的和谐稳定与持续发展。

　　(3)拉动相关产业的发展。福利彩票的发行带动了相关行业的发展。
首先,即开型彩票的印制发行推动了印刷业的发展。2005年,全国共发行
即开型彩票9.01亿元,彩票的20%是发行成本,其中很大一部分是纸张和
印刷费用。其次,电脑型福利彩票的发行,对福利彩票电脑发行系统、信息
管理系统、信息发布系统等一系列技术提出了相应的要求,促进了数码技术
产业的进步,催生了彩票计算机系统的产生。从发行角度来看,彩票发行时
大量的宣传推广活动促进了广告、媒体、策划等产业的发展。同时,彩票市
场的高人气,使得一些与彩票相关的特殊产品和行业也一起"借船出海",
赚得金银满钵。彩票市场的热闹非凡不仅给厂家、商家带来了滚滚商机,而
且还在整个销售期间连锁带动交通、餐饮、公园、书店、娱乐、商场、卫生、集

藏等相关行业的间接效益。呈现出"一业兴百业旺"的发展趋势。

(4)福利彩票发行对刺激需求、拉动消费、促进经济增长也有巨大作用。在电脑彩票推广之前,我国彩票发行通常采用"即开即兑型",实行实物兑奖,因而当时的轿车、彩电、冰箱、洗衣机等大宗消费品成为彩票市场上抢手的"香饽饽",彩票市场实际上成为耐用消费品销售的一个新渠道。电脑型福利彩票普及之后,实行"货币兑奖"形式,中奖者在拿到奖金之后,可以从更多的渠道拉动内需,推动消费。彩票奖金部分转化为个人消费基金,成为扩大内需、促进经济发展的积极因素。按彩票发行通告的规定,彩票奖金的返还比例不得低于55%,这就意味着其中将有一笔相当可观的资金直接转化为个人消费基金。据调查,在中奖之后,有75%的获奖者会将部分奖金用于购物消费,或投资、创业,或用于子女教育;另外,彩票销售款和部分彩票奖金转化为银行的存款,又间接扩大了银行的可支配资金。随着彩票的发行额度不断扩大、彩票品种的不断增多,彩票在扩大内需、刺激消费等方面的作用将日益彰显,必将有力地促进我国经济社会的健康发展。

五、福利彩票的直接贡献

(一)改善老年人晚年生活环境,提高晚年生活质量

截至2000年,我国60岁以上的老年人占总人口的比例已超过10%,标志着我国已经进入老龄化社会。截至2010年,我国65岁以上的老年人总数达到1.69亿人,占总人口的12%。据预测,到21世纪中叶,我国60岁以上的老年人总数将达到4亿人,占全世界老年人口总数的1/4。届时,我国老年人口在全国总人口中的比重将高达30%。①

一方面是老年人口规模的日益膨胀,另一方面是中国老年人的生活质量普遍较低。赵玉萍在2005年对山东省济南市老年人生活状况所作的抽样调查显示,31.7%的城市老年人感到不幸福,57.4%的城市老年人表示自

---

① 参见曾毅等:《21世纪中国人口与经济发展》,社会科学文献出版社2006年版,第25页。

己对生活的满意度一般,而感到幸福的老年人仅有 13.9%。① 调查还发现,影响老年人生活满意度评价的原因主要包括以下几个方面:首先是低收入的状况直接影响到老年人生活水平的提高。老年人自身抵御风险能力的下降,对各种不可控风险的恐惧,严重影响了老年人的生活满意度;其次是针对老年人的生活娱乐设施的不完善,使得老年人参与社会活动的机会和频率较其他年龄层社会成员而言相对较低,与社会一定程度上的脱离使得一部分老年人在心理上产生隔离感,对于自我存在价值逐渐模糊;再次是老年人身体、年龄等生理性的因素,决定了老年人很难像其他社会成员那样组织和参与大规模的集体活动,因此老年人之间的互动和交流较少,情感慰藉的渠道也较少,直接影响老年人心理健康的水平。

综上所述,我国老龄事业发展主要面临着两个方面的挑战:一是不断膨胀的老年人口规模;二是老年人生活质量止步不前。从全国来看,与老年人扶助相关项目的资源主要受地区经济发展水平的影响,这些资源在地区之间、城乡之间分布极不均衡。因此,仅仅依靠政府的财政力量很难弥补资源分布的不平衡,需要各种社会性资源的共同参与。而福利彩票事业正是通过彩票发行,将社会的闲散资源集中起来,为政府的扶老事业提供资金上的支持。公益金的使用渠道主要包括以下几个方面:

首先,加强扶老的基础设施建设,完善养老服务机构建设。从 2001 年开始,民政部决定实施"星光计划",到 2004 年 6 月的 3 年间,前后共投入资金 134.86 亿元,在全国不同城市分 3 批次建成了 32000 多个"星光老年之家";同时以"星光老年之家"为载体,把文明健康的老年活动引进社区,广泛开展歌唱、舞蹈、书画、健身、秧歌等项目,提高了老年人参与社区生活的积极性,减少了老年人对社会的自我隔离。"星光计划"的开展,在改善老年人的生活娱乐条件、改善社区气氛、美化社区环境、提高城市社区居民尤其是城市老年人的生活质量等方面发挥了重要作用。

民政部在 2007 年提出要求,在"十一五"期间,各级民政部门充分利用

① 参见赵玉萍:《济南市区老年人心理健康状况以及生活质量的调查研究》,山东大学 2005 年硕士论文,中国优秀硕士学位论文全文数据库。

发行福利彩票所筹集的彩票公益金,在全国范围内开展加强农村五保供养服务设施建设的"霞光计划",建设一批面向农村五保供养对象的养老服务设施,让农村五保供养对象基本上实现集中供养。该项目对于改善农村五保供养对象的居住条件,提高农村五保供养对象的救助水平,具有重要的现实意义。

其次,增加资金和物质投入,提高养老扶老救助水平。物价水平的升高和收入水平的降低也是影响老年人晚年生活质量的重要因素。因此,各级福利彩票机构非常重视对老年人的物质和现金救助。2008 年,福建省加大了福利彩票公益金对贫困老年人口的救助力度,72.8 万名退休工人的基本养老金实现了足额按时发放,百岁老人的长寿营养补贴标准由原来的 100元上升到 200 元,同时老年人参与新型农村合作医疗的补助金额也从 50 元上调到 80 元。而在上海市、太原市、青岛市、乌鲁木齐市等地,福利彩票机构纷纷开展"爱心敬老活动",在节假日期间向生活困难的老年人发放临时生活救助金,同时与爱心企业合作,为老年人配发助听器等辅助仪器。这些措施都有效地提高了老年人的生活水平,保障了老年人生活的稳定。

再次,加强老年医疗救助支出,增强老年人身体素质。针对老年人抵抗力下降,器官功能退化等实际问题,山东省福利彩票机构增加了对老年人医疗资金补助的力度;资助老年人定期进行体检,同时提高对老年人的医疗救助水平。此外,还下拨资金用于患白内障老年人的健康普查行动,并对经济困难的老年人进行免费的手术治疗。这对于老年人积极参与社会生活、提高其生活质量意义重大。

彩票公益金作为扶老事业发展资金的重要来源,在完善老年服务机构设置、保障老龄人口的生活水平、提高老年人身体素质等方面都发挥了重要作用,并在一定程度上缓解了扶老资源分布不均衡的状况。

(二)促进残疾人康复,解决生存发展问题

发展残疾人事业一直都是我国的一项重要社会工作,长期以来,在国家的高度重视下,残疾人扶助事业取得了较快的发展。《2008 年中国残疾人事业发展统计公告》显示:我国在残疾人康复、教育、就业、扶贫开发、维权

工作等多方面都取得了较快的发展。然而,从长期来看,我国发展残疾人事业方面仍存在许多不足:

首先,残疾人口总数庞大,在总人口中所占比例较大。相关部门在2006年的全国范围抽样调查数据显示:截至2006年4月,我国残疾人口达8296万人,占人口总数的6.34%。① 与1987年的第一次全国残疾人抽样调查相比,残疾人总数有较大增加(1987年为5164万人)、在总人口中的比例上升(1987年为4.9%)。数量庞大的残疾人群体给我国残疾人事业的发展带来了巨大压力。

其次,残疾人生活水平较低,与全国平均生活水平仍有较大差距。2008年,我国残疾人家庭的人均可支配收入仅占全国居民人均可支配收入的58.7%,并且残疾人家庭在通讯、出行等方面的支出也远远低于全国的平均水平,残疾人家庭的平均恩格尔系数达到50.4%。根据联合国粮农组织提出的标准,恩格尔系数在50%—59%的为温饱水平。由此可见,我国大多数残疾人家庭的生活水平仅仅处在温饱水平。②

再次,残疾人需求呈多样性,工作压力大。按照残疾原因,可以将残疾人分为生理缺失的残疾人和智力缺失的残疾人两类;从年龄构成来看,儿童、青少年、中年人、老年人各占一定的比例;从劳动能力来看,不同的残疾人就业能力具有显著的差异。残疾人群的多样性和多层次性使得有针对性的救助工作的开展更加困难。

残疾人事业作为党和政府常抓不懈的一项重要工作,需要全社会的共同努力。作为集中社会闲散资金的重要渠道,福利彩票公益金在残疾人事业的发展过程中发挥了重要作用:

首先,扩大了资金支持力度,推进了残疾人康复工作。为推进残疾人事业发展,自2005年始,中央财政每年从彩票公益金中拨付一定比例的金额用于残疾人的康复工作。救助的具体内容包括为贫困残疾人配发助视器等

---

① 参见http://www.cdpf.org.cn/sytj/content/2008-04/07/content_84239.html。

② 参见汝信、陆学艺、李培林:《社会蓝皮书:2009年中国形势分析与预测》,社会科学文献出版社2008年版。

用品用具；为贫困聋儿购置配发助听器、电池，制作耳模，并补贴康复训练经费；为贫困精神病患者提供心理干预等医疗救助；为肢体残疾儿童和麻风畸残者实施矫治手术，并配置辅助器具、进行康复训练。到 2008 年年底，共计 37 万名残疾人从康复项目中获益；当年共完成白内障复明手术 88.8 万例；对 20122 名聋儿进行了听力康复训练；对 444.3 万名重性精神病患者进行综合防治康复治疗，监护率达 86.38%；对 1027 名孤独症儿童进行了心理康复训练；全年为麻风畸残者实施矫治手术共 1034 例；有 6000 名贫困聋儿受到资助，为贫困聋儿佩戴助听器 12000 台。彩票公益金在残疾人康复事业的发展中，发挥着日益重要的作用。

其次，增大了资金投入，保障了残疾人平等受教育的权利。为保障残疾人尤其是残疾儿童不因贫困而失去受教育机会，从 2004 年起，中央财政专门从国家彩票公益金中拨款 7500 万元，实施"国家专项彩票公益金"助学项目，帮助贫困家庭的残疾儿童完成学业。

在对贫困残疾儿童进行直接补贴的同时，彩票公益金还被作为特殊教育学校的建设资金。到 2010 年，全国为盲、聋、智残少年儿童兴办的特殊教育学校发展到 1705 所，义务教育普通学校附设特教班共计 2775 个，在校的盲、聋、智残学生 51.9 万人。

再次，提高了生活救助水平，改善了残疾人生活质量。从 2005 年起，国家加大了对贫困残疾人口的生活救助力度，一方面将贫困残疾人全部纳入最低生活保障人群范围之内，另一方面根据残疾人的实际情况，分类实施医疗救助、养老救助、专项救助以及其他临时性救助，保障了残疾人同等享受社会进步所带来的福利的权利。此外，国家还投入大量资金用于改善残疾人的居住条件。2010 年，完成 11.8 万户农村贫困残疾人危房改造，投入危房资金 9.7 亿元，受益残疾人 14.5 万人。彩票公益金的救助范围覆盖了残疾人日常生活、医疗、住房、教育等多个方面。

此外，投入了大量资金，加强了残疾人综合服务设施建设。

截至 2010 年年底，全国已竣工并投入使用的各级残疾人综合服务设施共计 2544 个，在建项目共计 428 个，筹建项目共计 223 个。其中，省级行政单位已竣工并投入使用的残疾人综合服务设施 70 个，总占地面积 101.6 万平方米,总建设规模66.5万平方米,总投资23.1亿元;地级行政单位已竣工并投入使用的残疾人综合服务设施308个,占地级行政单位总数的92.5%,总占地面积155.6万平方米,总建设规模116.2万平方米,总投资38.9亿元;县级行政单位已竣工并投入使用的残疾人综合服务设施2166个,占县级行政单位总数的75.8%,总占地面积304.0万平方米,总建设规模305.0万平方米,总投资169.0亿元。残疾人综合服务设施建设的加强,为基层残疾人工作的开展提供了基础条件。

作为社会群体的一个组成部分,残疾人群体应该平等地享有实现自我发展的机会,平等地享受社会进步所带来的社会福利。福利彩票公益金通过在与残疾人事业相关的康复、培训等方面进行投资,有力地促进了残疾人事业的发展。

(三)救济贫困人口,促进贫困人口脱贫

1. 我国贫困人口的主要特点

贫困问题是世界各国共同面临的一个发展中的问题,也是我国长期以来一直致力于解决的社会问题之一。当前,我国的贫困问题主要呈现以下几个特点:

首先,贫困人口数量众多,绝对贫困人口比例大。按照贫困的程度,我们可以将贫困分为绝对贫困和相对贫困。绝对贫困指个人或家庭所获得的生活物品难以满足基本的生存需要而产生的贫困;相对贫困是指在满足基本生存需要的基础上,与其他社会成员相比较,生活状况处于较低水平的贫困。从目前的状况来看,我国贫困人口众多,且绝对贫困人口所占的比例较大。据民政部《2010年民政事业发展统计公报》显示,截至2010年年底,我国城市享受最低生活保障的人数已达2310.5万人,农村享受最低生活保障的人数达到5214万人,再加上农村中享受"五保"供养对象556.3万人,中国的绝对贫困人口达近8000万。

其次,致贫原因复杂多样,贫困人口异质性强。我国贫困人口数量众多,分布范围广泛,且导致贫困的原因各不相同。根据贫困的原因不同,我国的贫困人口可以分为以下几大类:城市下岗失业工人;农村失地农民;丧

失劳动能力的残疾人;孤残儿童以及"五保"人员;由于其他原因(子女教育、婚姻、医疗、住房等)致贫的人口。这些贫困人口在年龄、劳动能力等方面都存在较大差别。贫困人口的异质性和致贫原因的复杂性进一步增加了贫困救助工作的难度。

再次,贫困人口与贫困救助资源呈现非对称性分布,地区之间、城乡之间的差距明显。从地区分布来看,我国贫困人口主要分布在中部和西部地区,且这些地区的贫困人口绝大多数是生活水平尚未得到保障的绝对贫困人口;而东部沿海省份的贫困人口数量相对较少,且以相对贫困为主。从城乡分布来看,不论是在绝对数量上还是绝对贫困人口在贫困人口总数中所占的比例上,农村贫困人口都远远高于城市。然而,与此形成强烈反差的是贫困救助资源分布的不均衡。东部地区由于较为雄厚的经济实力,能够有效地组织人力、物力、财力开展扶贫工作;而作为贫困人口主要分布地区的中、西部各省,由于受落后的经济发展水平的限制,政府实施扶贫救助的能力有限。与此同时,城市作为一定区域内社会经济发展的中心,具有优先享有各种救助资源的权利,广大的农村贫困人口则只能被动地等待救助。贫困人口与救助资源的非对称性分布,使得贫困人口在相应的资源利用方面存在巨大差距,这给扶贫工作的开展带来了巨大的困难。

2. 彩票公益金在扶贫方面的主要作用

为有效地解决贫困问题,近些年来,国家不断整合各种社会资源,积极调整相关扶贫政策,不断完善社会救助体系,因而广大贫困人口的生活水平得到了一定程度的改善。其中,通过发行福利彩票而筹集的彩票公益金更是为救助贫困人口提供了强有力的资金支持。彩票公益金在贫困人口扶助方面发挥的作用主要体现在以下几方面:

首先,为贫困人口提供医疗资金支持,抑制返贫现象的发生。在中国医疗体制改革的大背景下,医疗费用的增长却是难以回避的事实。大量的社会成员尤其是贫困人口由于无力承担高额的医疗费用,自身疾病难以得到及时有效的治疗;另外还有一部分已经脱贫的人口,由于巨额的医疗费用而重新"返贫"。医疗费用过高,已经严重影响到广大贫困人口身体素质的改善和生活水平的提高。针对这一现象,各级福利彩票机构投入了大量资金,为身患重病的贫困人口提供充足的医疗资金,为使其得到及时有效的治疗提供了保障。仅在2009年3月至4月期间,淄博市、青岛市、深圳市、温州市四地就有十几位身患重病的贫困人口得到了当地福利彩票机构的救助,彩票,公益金在帮助贫困人口实施积极的医疗救助方面发挥了强有力的支持作用。

其次,为贫困人口提供教育资金支持,保障社会成员平等受教育的权利。提高贫困人口尤其是贫困儿童和青少年的受教育水平和文化水平对于贫困人口实现脱贫具有重要意义。长期以来,各级福利彩票工作机构向各类教育基金会捐款累计高达2000万元,这些资金主要用于"希望小学"的建设。"希望小学"的建立,有效地缓解了教育资源分配的不平等;各项贫困生救助资金的设立,使得大量的因贫困而失学的儿童重新得到上学的机会。

再次,为贫困人口提供生活补助金,弥补政府社会救助的空白。在我国,贫困人口绝对数量大,且绝对贫困人口的比例高,这对于我国社会救助体系的建设与完善是一大严峻的考验。而目前,社会救助资金的主要来源是政府的财政支出,相对于数量庞大的贫困人口而言,政府的现有救助能力更多的是一种对基本生活的保障。而各级福利彩票发行机构将发行彩票所提取的彩票公益金按照一定比例用于对贫困人口的救助工作,以及除政府常规性的社会救助之外,在节假日期间对贫困人口进行临时性救助,同时对于贫困人口中的特殊群体进行专门性救助,这些都有效地弥补了政府救助的不足和空缺。如山西省、陕西省、山东省等省份的福利彩票发行中心,在节假日期间对贫困人口进行资金和物质补贴,同时分别拨付专款对贫困母亲、劳动模范以及流浪人员等进行针对性的救助,大大提高了社会救助的范围和水平。

除此之外,各级福利彩票机构还采取多种措施、多种形式,促进贫困人口再就业。贫困人口再就业的实现是完成贫困人口脱贫目标最有效的途径,同时对于减轻国家和社会负担、缓和社会矛盾也具有重要意义。近些年来,各级福利彩票发行机构充分利用自身的优势,采取多种措施,开展多种形式的活动,积极促进贫困人口再就业。一是设立各种再就业培训机构,免费或优惠为贫困人口提供职业技能培训,提高贫困人口自身的劳动技能;二是为创业资金短缺的贫困人口提供前期资金支持;三是安排贫困人口进入福利彩票行业,扩充基层网点覆盖面;四是直接利用彩票公益金购买一定数量的工作岗位,增加贫困人口的就业岗位数量。通过为贫困人口提供各种技术和资金方面的支持,彩票公益金切实有效地增强了贫困人口的自我发展能力,福利彩票"济困"的宗旨得到了较高层次的实现。

通过对彩票公益金合理配置和有效使用,各级福利彩票发行机构在保障贫困人口基本生活水平的基础之上,更加注重贫困人口自我发展能力的提高,对于国家扶贫目标的实现发挥了强有力的推动作用。

(四)加强"救孤"工作,促进孤儿全面发展

2006年,民政部与北京师范大学合作编撰的《中国孤儿的现状和面临的问题》的报告显示:到2005年年底,全国18岁以下以及事实上无人抚养的未成年人共计57.3万人,占全国总人口的0.0443%,其中大约20万人没有得到经常性的制度性救助,而生活在福利机构中的孤儿仅为6.9万人,需要救助的孤儿占孤儿总数的55%。从世界范围来看,我国孤儿的绝对数量也是非常庞大的。

从目前对孤儿的救助情况来看,我国的孤儿专项救助工作水平较低且地域性差异明显。从福利机构的设置来看,专业性的儿童福利机构很少,大部分孤儿只能与老人共同生活在社会福利院或是养老院中,所提供的救助仅仅能够满足孤儿最基本的生活需要。从救助的标准来看,2005年,东部地区的城市孤儿享受的年补助标准为3000—4000元,与此相对的中、西部一些省份的补助标准则只有1000元左右,农村孤儿的平均补助标准为1192元,湖南省、广西壮族自治区等省份的农村孤儿年补助标准仅为600元左右。专业性机构的短缺,城乡之间、地区之间在救助标准方面的巨大差异,严重影响了孤儿救助工作的开展及其作用的发挥。

从救助工作的参与主体来看,救助工作主要由各级民政部门负责。由于财政支出的有限性,国家对孤儿的实际救助工作通常表现为在节假日进行临时性的物资或现金资助。由于缺乏深入的调查,孤儿救助工作缺少针

对性,千篇一律的救助行动成效有限。

针对当前我国孤儿的现状以及救助工作开展的实际情况,各级福利彩票管理发行机构不断加大资金使用力度,通过以下几方面的努力,积极推进"救孤"工作的全面开展:

首先,加大资金投入力度,大量兴建儿童福利机构。针对儿童福利事业发展相对落后的现实情况,民政部决定在"十一五"期间实施"儿童福利机构建设蓝天计划"(以下简称"蓝天计划")。从2006年起,民政部每年从部级福利彩票公益金中安排2亿元对这一计划进行资助,地方民政部门留成的福利彩票公益金也将"蓝天计划"作为重点项目进行资助,再加上地方财政的支出,力争在5年内,在全国大中城市建成集养护、教育、康复、特殊教育于一体的儿童福利机构。在彩票公益金所提供的强有力的资金支持下,截至2008年,全国共建成儿童福利院290个,大约有4万名儿童得到了全面有效的救助。此外,各级福利彩票发行中心还经常深入到各个儿童福利机构中,对受助儿童进行慰问和救助,并在每年的"六一"儿童节开展大型欢庆活动。

其次,设立专项基金,保障孤儿平等受教育的权利。儿童在失去监护人以后,教育费用通常难以得到保证,因此孤儿成为辍学儿童(尤其是农村辍学儿童)的主要组成部分,大量的儿童逐渐成为社会流浪人员。为防止这些儿童因经济原因而辍学,各级福利彩票发行中心每年都从提取的彩票公益金中按照一定比例捐赠给各类儿童基金会,资助儿童的教育救助工作,同时设立专项的奖(助)学金,对这些儿童进行直接的资助。为让更多儿童从中受益,救助机构和工作人员还通过深入调查,对已经辍学的儿童进行劝导和救助,帮助其重返校园。

再次,增加医疗救助资金,促进残疾孤儿的康复工作。2004年,民政部实施"残疾孤儿手术康复明天计划"(以下简称"明天计划"),福利彩票公益金作为"明天计划"最主要的资金来源,在促进残疾孤儿康复、促进残疾孤儿回归家庭和回归社会方面发挥了重大作用。截至2010年年底,各级福利彩票机构筹措资金近8亿多元,为大约4.7万名残疾孤儿实施了及时有效的矫治和康复手术。除为帮助残疾儿童康复提供医疗资金之外,各级福利彩票发行机构还为残疾孤儿提供各种康复辅助性工具和矫形工具,让更多儿童得以进行不间断的康复训练。

此外,丰富孤儿救助内容,提高孤儿救助水平。

仅仅通过儿童福利院或是将孤儿纳入最低生活保障体系,只能够解决孤儿的基本生存问题,不能保证孤儿的健康发展权利。因此,各级福利彩票发行机构在作出以上努力的同时,在实践中不断探索新的救助形式。例如湖北省黄石市,为给年满18周岁的孤儿提供一个良好的社会环境,在就业中对孤儿进行优先安排;在住房方面,规定年满18岁的孤儿可从福利彩票公益金中一次性得到3万元安家费或是由福利彩票公益金负责支付其两年的廉租房租金及日用消费品费用。湖北省荆州市监利县对孤儿实行分散供养为主、集中供养为辅的救助方式,将农村孤儿的年救助金提高到1200元/人,城镇孤儿的年救助金提升到1800元/人,同时将孤儿纳入春节救助范围之内,并帮助农村孤儿积极参加新型农村合作医疗,全方位地为孤儿提供救助和保障。

(五)积极参加和组织社会公益活动

社会公益指组织或个人向社会捐赠财物、服务和知识等活动的总称,其本质是社会财富的再分配。社会公益事业对于社会资源的优化配置,社会生活的健康运行都具有重要意义。我国的社会公益事业具有以下几方面的特征:

首先,社会公益事业主要集中于民政福利事业,针对社会大众的、具有普遍性影响的社会福利项目较少。目前我国绝大多数公益项目都围绕弱势群体展开,如老年人的活动设施、残疾人的康复工程、贫困儿童的教育救助等,社会公益金的使用呈现出集中化趋势。其他社会公益事业发展较为缓慢,社会福利难以惠及所有处境困难、急需救助的社会成员。

其次,政府作为社会公益事业的主要发起者和承担者,在社会公益活动中发挥着主体作用。从目前情况来看,虽然企业、个人等参与社会公益活动的比例都有所增加,但作为社会公益资金最主要的提供者,国家对于社会公益事业的发展起着决定性的作用,并且由国家组织实施的公益事业对于社会的推动作用更为巨大。"希望工程"、"春蕾计划"等在整个社会内的实施,对于推动贫困儿童教育事业的发展发挥了不可替代的作用。

福利彩票公益金作为聚集社会分散财富、重新配置社会资源的重要渠道,一方面为国家民政福利事业提供了大量资金,另一方面在社会参与性相对较弱的情况下,对其他公益事业的发展也具有重要影响。在福利彩票公益金推动下发展起来的其他社会公益事业还包括以下几方面:

首先,大量筹集社会资金,推动公共体育事业发展。1995年6月,国务院颁布了《全民健身计划纲要》以及《奥运争光计划》,抽取彩票公益金的一部分作资助和修建公共体育设施之用,这一举措弥补了大型体育活动的经费不足,同时为全民性健身活动的开展提供了经费支持。

其次,加强青少年校外活动场所的建设,丰富了青少年的课余活动。根据民政部和国家体育总局公布的数字,据不完全统计,有超过9000万人次的学生到过新建校外活动场所活动。中央和地方返还的彩票公益金中的一部分支持了中、西部地区1476个校外活动场所的建设,覆盖了90%的中部县城和80%的西部县城,惠及365个国家级贫困县。这些校外活动场所的建设,彻底改变了广大中、西部贫困地区长期以来没有未成年人校外活动场所的尴尬状况。

再次,集中力量进行救灾工作,帮助受灾群众渡过难关。在"5.12"汶川地震发生之后,中央财政向中国红十字会紧急下拨4000万元彩票公益金,各省级、地市级彩票发行机构亦纷纷组织员工捐款,多数彩票发行机构还启动了省市本级彩票公益金。相关统计数据显示,在1个月的时间里,全国彩票行业捐款累计达8200多万元,其中,彩票发行机构捐赠金额达4000余万元,占全国彩票行业捐赠金额的48.7%,起到了爱心赈灾"排头兵"的作用。从2008年7月1日起,全国开展"彩票赈灾公益金"专项募集活动,该活动将持续发行两年半时间,中央筹集的该项彩票公益金将全部用于灾区重建。在救灾过程中,安徽省、广东省等地福利彩票中心还组织员工义务献血,在紧急关头向地震灾区伸出援助之手。彩票发行机构为抗震救灾工作的开展提供了有力的资金保障和行动支持。

此外,各级福利彩票机构还在其他社会领域开展了多种形式的公益活动。如山东省青岛市福彩发行机构为患有乳腺癌的贫困妇女提供专项救助资金;广东省肇庆市福彩发行中心开展"学雷锋、献爱心"志愿活动,以他们的实际行动支持社会公益事业;广东省汕头市福彩中心实施了"爱心康复计划",每年划拨彩票公益金的 20% 用于贫困精神病人的康复治疗。这些公益行动在帮助社会成员度过危机,提高自身发展能力方面,正发挥着重要作用。

六、中国福利彩票行业存在的问题

(一)产品相对单一,宣传力度小

2010 年,我国福利彩票销售总额为 968 亿元,居世界第二,但人均销量却很低,并且分布非常不均衡。从地域来看,目前我国彩票份额主要集中在沿海经济发达的省市。从彩民比重来看,经常购买彩票的人仅占全国总人口的 6%。而这方面的数据,美国是 85%,英国是 70%,法国是 64%。不难看出,我国彩票市场尚未饱和,仍有巨大发展空间。综观全球 150 多个国家和地区彩票业的发展趋势,一个显著的特征就是彩票游戏种类多样化和更新速度快。例如法国销售的即开型彩票有"无比勇"、"棒哥"、"百万富翁"、"二十一点"、"五张牌"、"星座"、"孤独者"和"拉斯维加斯"等十几个不同种类。此外根据法国国家游戏集团的"阿格拉"计划,该集团又设计出几种新的彩票,随时可以投放市场。① 事实证明,只有不断开发新产品才能扩大彩票市场,满足不同人群的彩票消费需求。中国的福利彩票经过二十多年的发展,已经从以传统型彩票为主发展到传统型、即开型和乐透型等多种彩票并存的新格局。但是彩票的价格结构、资金结构和游戏规则仍然比较单一,新游戏的设计开发推出速度慢、耗时长,这些因素都影响了福利彩票市场容量的扩大。

2010 年,我国电脑型福利彩票年销量 726.1 亿元,同比增长 12.2%,占

---

① 参见杨银海:《我国彩票业的现状、问题及对策》,《南京经济学院学报》2003 年第 1 期。

福利彩票总销量的75%。可以看到,如今即开型彩票所占比例非常低,但即开型彩票的优势是各等奖奖级、奖金以及中奖标准都是预先设定的,规则简单,程序明了,投注者瞬间即可得知自己是否中奖,即开即兑的销售模式和节奏满足了现代人快节奏生活方式的需要。并且即开型彩票往往具有一个明确的主题,设计、印制精美,具有很高的收藏价值。在美国,即开型彩票占到彩票总销量的50%,在欧洲也有近20%的比例。因此,我国需要进一步合理配置彩票结构,可以通过提高即开型彩票的发行比例,扩大彩票市场总量。

在彩票的宣传上,媒体十分重视大奖的中出、彩票玩法的介绍,而在推进公益事业、引导彩民观念等方面的相关报道却十分缺乏。如作为赈灾彩票的即开票,目前已逐步崛起,但总体来看仍存在着宣传力度不够、赈灾主题的表达不充分、相关政策支持力度不够等问题。

(二)发行模式效率较低

中国彩票行业的现状是:财政部门负责宏观调控,民政、体育部门负责业务管理,发行部门负责日常销售。中国福利彩票中心和中国体育彩票发行中心两大发行主体分别垄断福利彩票和体育彩票的发行权,并且分别按各级行政区划在全国范围内垂直设置两套管理机构,构成双寡头垄断竞争的局面。在发行机构、网点建设、设备投入等方面,都是平行的两个机构各自负责经营管理和业务运行,造成了从管理到人力物力上的重复投入、重复建设,资源配置严重浪费。福利彩票与体育彩票虽然名称不同,游戏规则各异,彩票设置形式基本可以分成即开型彩票、数字型彩票、乐透型彩票和足球竞猜彩票。表面上看来,两大彩票系列之间游戏规则不完全相同,但事实上却是大同小异,同质竞争。①

彩票业是一个特殊行业,它不创造价值和财富,只是对社会资源进行再分配(被称为"第三次分配"),即通过把社会消费基金的一小部分再集中起

---

① 参见王利刚:《中国彩票业的实证分析及相关建议》,《现代经济探讨》2003年第8期。

来,兴办各种社会福利事业。特定时期的社会消费基金是一个定量,如果允许竞争,那么就会驱使经营者为增大销售量,提高返奖率,并为提高销售者的积极性而增加销售者的提成率,从而增加了销售成本。这些行为都会导致筹资率的降低,这与国家开展彩票活动的宗旨是相违背的。综观全球各个国家和地区,彩票业都由政府专营,即彩票发行实行全国性或地区性垄断,这种完全垄断的产业组织模式可以避免过度竞争导致的内耗,提高彩票业的运行效率。结合我国实际情况,可以把福利彩票和体育彩票结合起来,用一套销售系统来进行两种彩票发行,既避免恶性竞争,又避免重复建设,节约社会资源。

(三)资金管理存在漏洞

在我国,彩票发行费用占彩票销售收入的 15% ,彩票公益金收入仅占彩票销售收入的 35% 。实践证明,我国福利彩票销售机构的财务管理、彩票公益金与发行费用的管理不尽完善。一部分福利彩票销售机构在资金的使用上存在着随意性,对彩票公益金和发行费用没有按规定实行"收支两条线"管理。一方面,彩票机构直接向受资助单位拨付公益金,公益金的使用缺少透明度和社会监督机制;另一方面,发行费用的支出标准不明确,存在较大的随意性和弹性空间,超范围支出费用的现象时有发生,最终导致发行费用超支,增加了彩票发行成本。

同时,一些彩票销售机构违反国家相关规定,变相更改游戏规则,存在明显的不正当竞争行为。部分福利彩票销售机构对外委托彩票销售,没有经过公开招投标和公平竞争择优选用的业务流程,而是根据上级主管部门的指定直接同委托单位签订销售协议,有的还擅自将应作公益金的弃奖奖金全部支付给协议方。这种销售协议的条款与国家有关规定是相抵触的,最终将造成应上缴财政专户的公益金流失,损害国家利益。另外,一些彩票销售机构在财务管理上违反财务会计制度,不正当地使用福利基金,甚至长期对外出借社会福利金,挤占挪用福利基金,把应纳入公益金管理的弃奖奖金用于发行费支出或挪作他用,严重影响了彩票资金社会效益的有效发挥。而且,彩票销售机构对中奖者捐赠款的支出存在随意性较大的情况,在没有经过严格的监督、审查的情况下，就将中奖者捐赠的款项任意支出，大大降低了福利彩票资金的福利效用。

发行彩票是一项社会福利事业，欧洲各国政府都采取了一系列措施来有效地避免诸如挪用、贪污等违法行为，严格规范彩票公益金的管理和使用。例如英国专门设有"国家彩票慈善委员会"，该机构具有相对独立的权力，并有一套严密的科学评审程序和制度，以确保社会公益资金在筹集、管理和使用方面的科学化、合理化和公平化。在此，建议财政部成立"国家彩票公益金管理中心"这样一个独立机构，专门负责各种彩票公益金的审批、管理和使用。彩票公益金的所有权归各发行主体，但要接受"国家彩票公益金管理中心"的审批把关和审计监督。

（四）法制建设不完善

由于彩票本身具有博彩的性质，如果没有政府的严格监管，彩票业的负面影响将日益显现。为了正确引导彩票业向支持国家公益事业的方向发展，各国政府都在不断探索完善相关法律制度的新途径，并通过授权经营等方式始终保持国家对彩票业的垄断地位。西方各国均有较为健全的彩票业相关法律和制度规定，在彩票业法治建设方面有许多值得我国借鉴的成功经验。很多国家在发行彩票之前，已经制定了发行规则。如英国在1993年先颁布了《国家彩票法案》，一年之后才正式发行彩票。《国家彩票法案》规定，英国国家彩票由英国议会批准发行，其目的在于为公益事业筹集资金。该法还规定了国家彩票销售所得的分配办法。英国国家彩票的发行采取公开招标的形式，并向中标公司颁发经营许可证。中标公司对国家监管机构负有以下义务：在进行许可证规定的任何活动时，必须征得彩票管理局的同意；必须在许可经营的范围内随时向监管者提供所要求得到的任何信息；应接受彩票管理局对任何文件的检查；向监管者提供存储在计算机中的可视的、合法的信息拷贝，或允许检查任何一台用于存储信息的计算机、仪器或其他材料。英国国家彩票的监管原则是：从法律和道德两方面，确保彩票不卷入犯罪活动；彩票参与者能够知道预期结果，并相信有可能获得；保护儿童和弱势人群。英国国家彩票的监管机构主要是英国彩票管理局和国家彩票委员会,此外,英国金融服务局、地方法官、地方政府以及警察局都有辅助监管的义务。①

在法国,彩票被认定为依照国家专项法律筹集资金以补充国家财政资金不足的手段,是经国家授权垄断经营的特殊商品。对现代法国彩票业影响深远的法律是 1836 年颁布的《取缔随机游戏法》。在法国彩票业监管上,以保证彩票业的安全运作及透明度为宗旨。监管的原则是:铁的纪律、法律规定、诚实品德、严格管理。法国彩票业监管职责分明:监管职责只赋予政府,发行机构本身并不承担任何监管责任,并且发行机构在法律允许范围内享有充分的经营自主权。

中国彩票业已有 20 多年的发展历史,但至今彩票立法悬而未决,仅出台了一些部门规章制度,如民政部于 1994 年通过了《中国福利彩票管理办法》,1998 年发布了《中国福利彩票发行与销售管理办法》;国务院于 1995 年发布了《关于禁止滥发各种奖券的通知》;财政部于 2002 年发布了《彩票发行和销售管理暂行规定》;国家体育总局、财政部、中国人民银行联合下发了《体育彩票公益金管理暂行办法》。这些制度规定在我国彩票业发展初期对规范市场行为、加快发展速度起到了一定的积极作用。然而,由于相关条文过于分散、粗糙,约束力不强,并且存在较大漏洞,使得具体执行和操作的可行性不高,尤其对一些具体问题如资金分配和使用、财务管理公开和信息披露、中奖规则、从业人员资格要求等更是模棱两可。在彩票销售过程中,已经出现了彩民与彩票经营机构之间、彩民与彩票销售点之间、彩民与彩民之间的纠纷和案件。如 2007 年,安徽省进京务工人员汪亮由于错过了28 天的兑奖期限,所中的 500 万奖金被自动纳入彩票调节基金。汪亮将体彩中心告上法庭,决心讨回奖金但最终未果。2009 年 1 月,上海市福彩中心通过该市各大媒体苦寻"双色球"一等奖 566 万元得主,但中奖人杳无音信。最终,这成为该市首注 500 万元以上弃奖,全部奖金归入全国奖池。发生弃奖的主要原因是获奖者因主观或客观原因错过了有限的兑奖期限,而

---

① 参见赖怡芳:《从欧盟各国彩票业立法看我国彩票法律制度的完善》,《北方经济》2006 年第 10 期。

国外的兑奖期限一般都为半年至一年。这些案件在审理过程中均遇到了无法可依的问题,限制了彩票业的健康发展。与发达国家相比,我国彩票业立法方面仍存在许多问题:

第一,从立法层次上看,我国彩票业没有像欧美国家那样有效力、层次高的全国性法律,最具有权威性的多为行政部门的规章制度,其内容都没有对彩票的制作、发行、兑奖等具体程序作出详细全面的规范和说明,且应急性、暂时性特征明显,只注重解决眼前问题而缺乏长远发展眼光。

第二,从立法内容上看,我国彩票业的相关规定内容滞后,而欧美各国立法内容完备、细致,经过多年的探索与修改,在司法实践中可操作性强。我国彩票业的相关规定对于彩票合法化、彩票的概念和性质及特征、彩票合同、彩票公证等问题都没有进行明确的规定,以至于难以指导司法实践,无法可依。

第三,从配套立法上看,我国的刑法、经济法、民法等均没有专门的章节对彩票行业违法行为进行说明。欧美各国法律中的责任追究机制和彩民权益保护机制相当完备,相比较之下,我国相关法律条文可谓捉襟见肘。我国现行刑法对于金融诈骗类犯罪有所规定,但未专门针对奖券类犯罪进行规定,配套立法方面的缺陷不利于有效打击相关违法犯罪活动。

第四,从市场监管上看,我国目前仍未建立监管体制,在立法上也未能确定独立的监管机构,而欧美各国立法都非常注重彩票市场监管。我国彩票业的监管机构是国家财政部,彩票发行由国务院批准,由民政部和国家体育总局具体负责。但在实际操作中,由于受彩票发行利益的影响,监管机构不可能真正做到严格监管,这就造成了我国彩票业"自我监管"的不良局面。

(五)消费者存在投机心态

我国自1987年开始发行福利彩票,经过20多年的迅速发展,彩票事业产生了巨大的经济效益和社会效益。2010年,全国共销售福利彩票968亿元,筹集公益金近300亿元。彩民自愿掏钱、福利事业获益本是皆大欢喜的事情,但据调查显示,我国彩民中一半以上的人购买彩票的目的是中奖,并且中低层收入群体占整个购彩群体的90%以上。梦想"中奖发财"以及购彩人群的收入低端化,这两点都充分说明了我国彩票消费群体购彩心理的不成熟:受投机、暴富心理驱动,往往以超出自身资金承受能力的投入以期得到大奖回报,其中不乏一些为了中奖不惜铤而走险的人。如2007年8月9日,河北省邯郸市中级人民法院依法对中国农业银行邯郸分行金库管库员任晓峰、马向景等盗取金库巨款案进行了公开宣判。任晓峰、马向景被判处死刑,剥夺政治权利终身,并处没收个人全部财产。二人利用职务之便,共同窃取金库现金5095.605万元,用于购买彩票。这种犯罪行为危及了社会的安定、家庭的和谐,也违背了国家发行彩票"利国利民造福社会"的初衷,与彩票发行的最终目的大相径庭。

即便不是盗用或挪用公款,一次性巨额购买彩票也是应该明令禁止的,因为如果鼓励或者默许这种情况的发生,就会使得彩票的买卖变成一种赌博行为,这也是和彩票的公益初衷相违背的。实际上,现在无论是在彩票销售网点还是在网络上,这种为得大奖进行巨额彩票购买者大有人在。这些人每天生活的全部内容就是坐在家里研究中奖号码,甚至还有人组成了专门的彩票团体,大家共同出资,共同获益。一旦这种风气盛行,就等于默许了彩票的赌博性质,并为这一赌博行为提供了合法的便利,如此一来流入彩票销售基金的金钱就不是社会上的闲散资金,而是一群渴望一夜暴富者的全部积蓄。这样的资金流向公益事业,不是彩票销售的初衷,也不能达到彩票发行的目的。

七、促进我国福利彩票事业健康发展的建议

针对我国福利彩票行业发展过程中存在的问题,提出以下建议:

(一)丰富彩票种类,开发彩票市场

我国应积极研发并推出新的彩票品种,如教育发展彩票、西部开发彩票、低碳环保彩票、红十字会彩票、爱心助学彩票、救灾赈灾彩票、扶贫济困彩票、见义勇为彩票、医疗救助彩票等,实现彩票主题多元化,增加彩票购买

者的社会公益感和彩票的娱乐性。在保持电脑型福利彩票稳定发展的同时,可适当增加即开型彩票的比例,同时加强对即开型彩票的监督,避免承销商操纵开奖等暗箱操作,充分挖掘即开型彩票的市场潜力。

同时,福利彩票发行部门要树立公信力,取信于民,加强宣传推广营销力度,重视彩票品牌的建设。营销宣传是树立福利彩票品牌形象、提高核心竞争力、稳步扩大彩票市场份额、保证彩票事业持续发展的一项重要工作。在多元化彩票市场环境中,更应该强化福利彩票的市场营销。首先,不断挖掘彩票市场营销的新主题,推出更加大众化和通俗化的福利彩票品种。其次,确定彩票营销对象和范围,利用已经形成的彩票销售网络巩固现有彩民群体,同时根据各种彩票的特点开发彩票新市场。再次,确定彩票营销宣传形式。宣传形式要实现多样化,点面结合,因地制宜。

(二)规范彩票市场,加快彩票立法

随着彩票发行规模的逐步扩大、发行品种的不断丰富,彩票立法的必要性和迫切性也日益凸显。现在各省(自治区、直辖市)发行的彩票游戏玩法品种繁多,有的多达十几种。对那些符合法律规范的游戏规则应予以肯定和推广,而那些打政策的擦边球、不符合法律规范的游戏规则应予以明令禁止。我国即将出台的《彩票管理条例》,针对不同主体的彩票违法犯罪行为,明确规定了相应的法律责任。比如严禁向未成年人销售彩票,严禁对国内彩票业冲击较大的私彩等。对于这些行为,因为之前没有专门的法律约束,公检法部门不能对其进行依法追究,只能用经济、行政等手段进行干预,打击的力度不足以形成震慑。根据《彩票管理条例》规定,福利彩票的兑奖期限由开奖日次日起30天内变为开奖日起60天内。这些对于减少彩票市场的纠纷起到了积极的作用。

但是,《彩票管理条例》也只是作出了一些总体性和的原则性规定,对一些实际发行中的问题并未做详细说明,如主管部门如何切实做到宏观管住、微观放开,实现管少、管好、管活;监管部门如何合理规划彩票品种结构,严格控制彩票品种风险;有关部门如何依法查处非法彩票,维护彩票市场秩序;彩票发行销售机构如何建立决策权、执行权、监督权相互制衡,依法独立

自主地开展工作,承担法律责任的法人治理结构等。这些问题的解决需要在实践中继续解放思想,勇于改革创新,不断完善细化,通过法律和制度加以具体化和规范化。

为此,应尽早出台《中华人民共和国彩票法》,从法律角度对彩票概念的内涵外延、彩票性质、彩票合同性质、彩票发行、彩票监管、责任追究等作出全面而明确的界定。我国彩票市场的发展与完善最终都离不开《中华人民共和国彩票法》,只有这样,才能将彩票业的发展真正纳入法治化轨道。

(三)正确引导彩民,加强风险控制

彩票发行与管理部门要通过媒体等社会舆论引导彩民树立正确的彩票购买心态:买彩票是奉献爱心;在将手中的零花钱投入社会公益事业的同时,收获一份希望;彩票不是赌博。彩民一定要量力而行,充分认识彩票市场存在的风险,只有这样,才能充分享受购买彩票带来的乐趣。彩票发行要在保证公益金筹集的基础上,切实保护好彩民的利益,防止彩民盲目投注所带来的负面效应,打消彩民的投机心理,保证福利彩票的健康发展。

我国各类彩票管理机构虽然规定了销售限额,并且要求对可疑的大额投注予以特别关注并进行监督,但相关规定缺乏操作性和针对性,没有得到有效执行。对于彩票销售者而言,终端销售额越多,他们的收入也越多。给予彩票销售者基于销售额的经济回报本身无可厚非,但是如果对此不加以规范和约束,在松散的管理下,这种做法会催生彩票销售者唯利是图、见缝插针,使销售限额规定形同虚设的后果。自全国发行公益彩票以来,已发生多起盗用或者挪用公款购买彩票的案件。因此,要规范彩票销售机构,对某些不具备彩票销售资格和不符合资金管理要求的彩票销售机构予以取消,以保证国家有关政策在彩票销售和资金管理工作中得到落实,以促进福利彩票事业健康、快速发展。

(四)完善制度规定,强化资金管理

首先,要稳定资金分配比例。目前,由于彩票资金分割比例不断调整,留作地方彩票公益金的份额越来越低,严重影响了地方的彩票发行积极性。

同时,彩票公益金的使用范围过于狭窄,不利于扩大社会影响,也不利于提高民众参与的积极性。因此,彩票资金分割比例应以法规形式作出规定,并保持相对的稳定。在比例的确定过程中,要以促进彩票事业的发展为原则,充分考虑地方积极性,拓宽公益金的使用范围,扩大公益金使用的社会影响,积极调动各方面力量,开拓彩票市场,挖掘销售潜力。[①]

其次,要加强对捐赠款使用的管理。现行制度对中奖者捐赠款使用的管理规定不明确,彩票销售机构对此款项使用存在很大程度的随意性。有关部门应完善相应的管理规定和具体措施,加强对该项资金使用的监督力度,全面提高资金使用的透明度和合理性。

再次,要完善公益金资助项目评审制度。在公益金的使用环节,存在资助项目评审论证不充分、透明度低、随意性大等问题。为改变这种状况,评审程序和制度应明确规定,并吸取民政部门和财政部门之外的相关专家参与评审,确保评审的科学性、公正性、全面性,以进一步提高福利彩票公益金的经济效益和社会效益。

(五)加强部门合作,完善监督制约

按照现行的彩票结算制度,彩票销售额的50%用于返奖,35%作为公益金,15%用于发行成本。尽管财政、民政等部门对公益金的使用和管理都有明文规定,但在实施中,公益金的使用仍存在很多问题。归根结底,公益金管理的致命缺陷在于管理不透明。根据一些学者的调查,社会公众对彩票公益金的使用规范很关注,也很疑惑。对此,有关部门应当通过彩票结算制度对公益金予以规范,让彩票发行预算本身具有规范效力,尽量将预算规划做得细致,甚至在发行彩票之前就制定出合理的公益金支出的项目和预算。

社会福利彩票的发行费用和公益金的分配使用,要坚持公开、公正和透明的原则。各地民政部门要会同计划发展部门、财政部门,根据当地经济和

---

① 参见何祖军、殷明、李九领:《彩票公益金管理模式探讨》,《财税与会计》2003年第3期。

社会发展的实际情况和需要,制定出具有针对性的社会福利事业发展规划和资金使用预算,然后按计划投放和使用福利彩票资金。在执行过程中,要经常会同财政、审计部门定期或不定期地对执行情况进行专项检查,建立健全公益金使用方面的公开制度和检查监督制度。关于资助项目的评定,要制定可操作的项目评定标准,健全项目审查、评定、跟进机制,资助项目评审委员会评定项目要做到坚持标准、依据充分、严格把关。此外,公益金使用公示制度要严格执行,定期向社会公布资助项目的开展情况和资金使用情况,接受有关部门的行政监督和社会舆论监督、群众监督;要严格规范操作程序,建立资金使用的申报、评审制度;要明确公益金使用管理部门和人员的责任分工,严格执行岗位责任制,充分发挥民政部门对彩票发行机构的监督作用和公益金使用的行政主管作用;要建立案件查办制度、突发事件应急制度和行政责任追究制度,发现问题及时纠正、及时处理,对于违反规定的重大问题,要及时派出工作小组进行查办,将情况及时上报上级主管部门并向社会公开发布,情节严重的要依法追究法律责任。对问题涉及的单位和主要责任人要严肃追究领导责任,严格执行纪律和行政处罚措施。①

推进福利彩票事业的科学发展,不仅需要在发行销售机构、主管部门和监管部门等多方之间形成默契的合作伙伴关系,还需要在发行销售机构、主管部门和监管部门等部门与社会之间建立顺畅的联动机制,形成互信的公益伙伴关系。

本章主要参考文献

1. 曾毅等:《21世纪中国人口与经济发展》,社会科学文献出版社2001年版。

2. 郭昕炜:《福利彩票是否"福利"》,《经济学家》2001年第1期。

---

① 参见王薛红:《中国彩票业的发展与政策研究》,《财政研究》2006年第9期。

3. 曾毅等:《21 世纪中国人口与经济发展》,社会科学文献出版社 2006 年版。

4. 杨银海:《我国彩票业的现状、问题及对策》,《南京经济学院学报》2003 年第 1 期。

5. 王利刚:《中国彩票业的实证分析及相关建议》,《现代经济探讨》2003 年第 8 期。

6. 赖怡芳:《从欧盟各国彩票业立法看我国彩票法律制度的完善》,《北方经济》2006 年第 10 期。

7. 何祖军、殷明、李九领:《彩票公益金管理模式探讨》,《财税与会计》2003 年第 3 期。

8. 王默:《福利彩票公益金筹集效率及福利效果分析》,山东大学硕士论文,2010 年。

9. 郭宇光:《江苏福利彩票发展战略研究》,东南大学硕士论文,2004 年。

10. 王素英:《民政部着力加强福利彩票管理工作》,《社会福利》2010 年第 8 期。

11. 王薛红:《中国彩票业的发展与政策研究》,《财政研究》2006 年第 9 期。

12. 刘雅琳:《我国彩票的经济分析与管理体制研究》,天津大学硕士论文,2008 年。

13. 李刚:《中国彩票业现状的实证分析及未来发展对策的研究》,复旦大学博士论文,2006 年。

14. 郭一娟:《中国福利彩票的社会福利效果》,南开大学硕士论文,2009 年。

第九章　中外社会福利制度比较研究

一、社会福利概念比较

（一）国外对社会福利概念的界定

"福利"一词的英文单词是 welfare，它由 well 和 fare 两个词合成的，意思是"好的生活"。《牛津现代英汉双解词典》对该词的首条注解是："well-being，happiness；health and prosperity（of a person or acommunity etc.）"，即"（个人、集体或社会等的）安乐、幸福；健康和繁荣"。

对社会福利（social welfare）这一概念的界定，西方学术界有代表性的观点主要有以下几种：

在美国学者巴克尔主编的《社会工作词典》中，对社会福利（social welfare）的界定包括两个部分："第一，一种国家的项目、待遇和服务制度，它帮助人们满足社会的、经济的、教育的和医疗的需要，这些需要对维持一个社会来说是最基本的。第二，一个社会共同体的集体福祉的存在状态。"

美国社会工作协会 1999 年出版的《社会工作百科全书》中指出："社会福利是一个宽泛的和不准确的词，它最经常地被定义为旨在对被认识到的社会问题作出反应，或旨在改善弱势群体的状况的'有组织的活动'、'政府干预'、政策或项目"，"社会福利可能最好被理解为一种关于一个公正社会的理念，这个社会为工作和人类的价值提供机会，为其成员提供合理程度的安全，使他们免受匮乏和暴力，促进公正和基于个人价值的评价系统，这一社会在经济上是富于生产性的和稳定的。这种社会福利的理念基于这样的假设：通过组织和治理，人类社会可以生产和提供这些东西，而因为这一理念是可行的,社会有道德责任实现这样的理念。"

美国学者威廉姆·H.怀特科认为,"社会福利是指社区或社会的满意状况。在此基础上,社会福利是社会不断追求的结果,在这一追求过程中,人们对生活质量是什么、应该是什么进行了界定,并且努力把它实现","社会福利是指对一国的社区或社会的满意状况作出贡献的社会福利计划的总和"。怀特科还借鉴巴克尔的定义,指出社会福利"是一种对维持社会运转必不可少的社会需要、教育需要和健康需要的国民制度。"①怀特科据此对社会福利给出了如下定义:"社会福利的目的就是帮助人们在其社会环境中更有效地发挥作用,包含两层意思:①满足人们的基本生存需要;②满足人们必需的心理的、精神的社会交往需要……社会福利还应该包括以下内容:为使人们参与经济建设而提供充分的教育,提供咨询以认识并处理个人所遇到的困难,提供就业门路和其他社会活动。"②

日本著名学者一番ク濑康子将社会福利看做是一个动态的过程,她认为"福利不单单表现为心情等主观因素,而是作为一个人主动地追求人间幸福生活权力的基础、机会和条件,以及在日常生活中所做的各种必要的努力"。在她那里,现代社会的"福利"是每个人对自己生存与发展权利的追求。

从上述几种国外有代表性的社会福利概念界定上,我们可以看出社会福利至少包含了以下几方面的含义:一、它不仅仅是个体的幸福、满意、快乐的"福利"状态,而是作为一项社会制度和社会政策,具有广泛的社会性;二、社会福利是一个涵盖范围广泛的社会体系,包括社会福利计划、社会福利津贴、社会福利服务、社会福利设施及具体的措施等,还包含精神、心理方面的支持;三、社会福利或曰社会福利制度、社会福利政策,其作为社会系统中的一个子系统,在保障社会成员生活质量,维护社会公平正义、促进人类发展进步中发挥了重要的作用;四、社会福利既是一种静态的福利状态,也是一

---

① [美]威廉姆·H.怀特科、罗纳德·C.费德里科著,解俊杰译:《当今世界的社会福利》,法律出版社2003年版,第29—30页。

② [美]威廉姆·H.怀特科、罗纳德·C.费德里科著,解俊杰译:《当今世界的社会福利》,法律出版社2003年版,第29—30页。

种动态的过程,是人们为达到理想目标而坚持不懈的一种努力、一种追求。

(二)国内对社会福利概念的界定

在中国,"福利"一词最早见于《后汉书》(卷四九)。该文记载:"仲长统傅昌言理乱:是奸人擅无穷之福利,而善士挂不赦之罪辜。"其中的"福利"二字就是指幸福和利益之意。

周弘认为,福利是能给人带来幸福的因素,其中既包含物质的因素,也包含精神和心理的因素。福利就是能够让人类生活幸福的条件。

郑功成认为,社会福利是专指国家和社会通过社会化的福利设施和有关福利津贴,以满足社会成员的生活服务需要并促使其生活质量不断得到改善的一种社会政策,指出了作为责任主体的国家,其职责不单是保障社会成员的基本生活,还在于促使社会成员的生活质量不断得到改善和提高。

陈银娥将社会福利细分为狭义的社会福利和广义的社会福利,并指出:狭义的社会福利指为帮助特殊的社会群体、疗救社会病态而提供的服务;广义的社会福利强调社会福利制度在促进和实现人类共同福利中的作用。

范斌认为,广义的社会福利不仅旨在使全体社会成员达到社会的最低生活水平,而且也要使全体社会成员的生活质量有所提高;狭义的社会福利主要是指保障社会成员达到最低的生活标准,它涉及将广义和狭义统一归根为一般意义上的社会福利和社会救助。

钱宁认为,社会福利是假设不虞匮乏、充分就业、安全、健康、快乐、受教育、社会平等及有序地生活等有关人类幸福的事项的实现,是社会的正常状态。

田北海和李占乐分别对国内学术界和实务界所提出的社会福利概念及其内涵进行了梳理和归纳,按照一定的标准将社会福利相关观点进行了类型划分。

田北海将国内学者对社会福利概念的界定和讨论划分为以下四类①:

---

① 参见田北海:《社会福利概念辨析——兼论社会福利与社会保障的关系》,《学术界》2008年第2期。

剩余型狭义社会福利观,认为社会福利是"民政部门代表国家提供的针对弱势老人、残疾人、孤儿和优抚对象的收入和服务保障",是一种疗救社会病态、预防或矫治社会问题的制度或手段。

制度型狭义社会福利观,认为社会福利是指国家和社会为保障其成员的基本生活而采取的措施及服务,其福利对象是全体社会成员,但福利层次仅限于社会成员的基本生活。

发展型狭义社会福利观,认为社会福利是指在解决人们基本生存需要之后更好地生存或发展的一种状态,其福利对象是全体社会成员,其功能在于提高社会成员的生活质量。

广义社会福利观,认为社会福利是指国家和社会为提高社会成员的物质和精神生活水平而采取的种种制度或措施。

李占乐将我国学者对社会福利的不同理解划分为以下五类[①]:

第一种社会福利(狭义的)指为帮助特殊的社会群体、疗救社会病态而提供的服务,它的对象是所谓的弱势群体,即社会的边缘群体。它在社会生活中的作用是补缺性的。这是社会福利最狭窄的含义,在我国又被称为民政福利。因为不管是城镇"三无"对象的收养、农村"五保户"的供养,还是城乡的济贫救困,都属于民政部门的工作范围。我国在改革开放之前的社会福利就属于这种情形,如在城镇设立的社会福利院,其实就是孤老残幼等"三无"对象的收养院。

第二种社会福利是社会保障的最高层次,其对象是全体公民,目的是为了提高全社会成员的生活水平和生活质量。社会福利是指国家和社会为改善并不断提高社会成员的物质文化生活水平,而采取的各种具有经济福利色彩的社会政策措施的总称。随着一国经济的发展和人民生活水平的提高,在人们基本的生存需要得到满足之后,此种含义的社会福利就会愈来愈为人们所需要,并且随着实践的发展逐渐成为社会保障体系的主体内容。

第三种社会福利包含了剩余模式和制度模式。作为一种制度设置,社会福利的根本目的有两个方面的内容:一是帮助有困难的社会成员,维持其

---

① 参见李占乐:《福利"与"社会福利"的再认识》,《理论月刊》2004 年第 5 期。

起码的物质和精神文化生活;二是提高全体社会成员的生活水平和质量,增进全民的社会福扯。在经济迅速发展的国家,此种观点由于兼顾了弱势群体和全体人民的需要,因而更易得到大众的欢迎和接受。

第四种社会福利是一个包容甚广的概念,它与中国的社会保障概念的外延是基本相同的,都是指国家和社会为保障社会成员的基本生活而采取的措施及服务,包括社会救济、社会保险、社会服务等子系统。

第五种社会福利是指政府和社会为提高社会成员的物质和精神生活水平而采取的种种措施。这是对社会福利含义最宽泛的界定。

刘继同研究了中国精英群体与普通民众对社会福利的理解与认识,他将中国社会建构的社会福利观念与制度安排特征概括为六大基本类型:"一是将社会福利看做是国家的权威与仁慈,缺乏真实的公民社会权利;二是将社会福利等同于资本主义社会制度,将作为社会需要满足机制的社会福利与作为社会制度的社会福利混淆起来,有可能误导社会主义社会生产的根本目的;三是将社会福利等同于社会救助,狭义和消极理解社会福利的角色,而且将社会福利看做是社会保障的组成部分,而不是相反。这种社会理解恰恰与国际惯例背道而驰,严重影响社会福利观念与制度发展;四是将社会福利等同于工作单位的职业福利待遇和组织性福利,充分反映中国社会结构与社会经济生活的文化特色;五是将社会福利看做是城市市民独享的社会特权,实际上反映广大农民只拥有形式公民权,而无实质公民权,国家承担福利责任范围亟待扩大;六是将社会福利工作等同于民政工作,以偏概全,而且福利的政治性特征明显。社会福利的社会政策意识极为薄弱,说明经济政策与社会政策的良性互动关系并未确立起来。"[1]同时,他总结了中国精英群体与普通民众对社会福利的认识与理解,也即中国社会建构的社会福利观念"既有福利世界的普遍性特征,又充分反映中国福利文化的内涵外延与制度安排特征"。[2]

---

① 刘继同:《社会福利:中国社会的建构与制度安排特征》,《北京大学学报》2003 年第 6 期。
② 刘继同:《社会福利:中国社会的建构与制度安排特征》,《北京大学学报》2003 年第 6 期。

（三）国内外社会福利概念比较

从上面我们对国内外社会福利概念的汇总和梳理来看,社会福利是一个含义相当丰富和宽泛的概念,很难找到一个让多数研究者认可和赞同的说法。但是,我们可以从国内外众多的社会福利概念中总结出一定脉络和特点,即抛却社会福利概念界定时的广义与狭义、较高层次与较低层次等范畴上的大小高低之分,而从其本身的性质、含义、内容出发,可以说众多研究者探讨的社会福利概念涵盖了以下几方面的内容:

首先,研究者都明确认识到社会福利的社会性,而不单单将其看做是个体的幸福或"好日子";其次,从内容上,大多数研究成果都可看做是从不同角度和侧面对社会福利制度和社会福利状态的阐释,"社会福利制度"是为满足社会成员的需要,补救社会病态,实现幸福、美好、公正的生活目标而设置的一系列制度,"社会福利状态"既包括对现实社会福利状况和形态的认识和了解,也包括对未来理想状况的构想和憧憬,大多数的社会福利研究都没有脱离这两方面的内容,至少是从其中的一个方面来展开有关社会福利的论述的;再次,社会福利既是一种静态的福利状态,也是一种动态的过程,是人们为达到理想目标而坚持不懈的一种努力、一种追求;最后,大多数研究者都认可和赞同社会福利在维持整个社会良性运行和协调发展中的地位和作用。社会福利或曰社会福利制度、社会福利政策,其作为社会系统中的一个子系统,在保障社会成员生活质量、维护社会公平正义、促进人类发展进步中发挥了重要的作用。

相对而言,国外对社会福利概念的界定和认识较为一致,大多从广义的角度来理解社会福利。无论他们所倡导的社会福利是作为一种状态,一种制度,抑或是一种动态的过程,其目标都是指向广大社会成员(而非特殊群体)的美好、幸福、满意的生活状态以及整个社会的公正与不断进步。

国内对社会福利的理解和认识可谓众说纷纭,各方观点的根本分歧在于是从狭义还是从广义的角度来理解这一概念。长期以来,在我国盛行的都是一种狭义的社会福利观或剩余型福利观,认为社会福利是指向社会中那部分边缘群体或弱势群体的,目的是帮扶这些特殊群体达到正常的状态。

如城镇社会福利院对"三无人员"的收留、农村对"五保户"的供养等,都是这种狭义福利观的体现。改革开放尤其是进入新世纪以来,我国的经济发展水平已达到一个较高的阶段,财力和综合国力也与日俱增。一些专家学者纷纷呼吁应借鉴发达福利国家的制度模式,对社会福利作更为宽泛的理解和运用,建立与我国经济发展水平相适应的惠及全体社会成员的高层次、高水平的社会福利制度。此时的社会福利概念及其所提倡建立的社会福利制度更多地是从广义的角度来理解社会福利概念的。可见,与我国30年的社会转型过程相对应,有关社会福利及其制度实践的观点和认识也正经历着转变的过程。在此背景下,我们就不难理解为什么在当前学术界和实务界会出现众多版本的社会福利概念了。

在此,我们也可以看出,社会福利是一个不断发展演变的概念,它的定义和指向不是僵化不变的,而是随时代的发展,随客观情况的变化而不断丰富和发展的。因此,我们更应该从发展和变化的角度来理解和认识社会福利概念,这样才能更好地指导社会福利的实践,推进我国社会福利事业的发展和进步。

(四)社会福利与社会保障关系辨析

国内有关社会保障的研究可谓汗牛充栋,而对社会福利与社会保障二者关系的探讨和辩论也是异常激烈。本研究无意深究二者的关系到底如何,而是通过考察社会保障与社会福利之间的关系,更好地厘清和认识复杂多样的社会福利概念,因为在我国学术界之所以出现众多版本的社会福利概念,其中原因之一就是研究者容易混淆社会福利与社会保障二者之间的界限。在此,对二者关系进行总结和梳理,能够更好地认识各种社会福利研究的视角、各种社会福利概念界定的层次,从而对社会福利概念及我国的社会福利体制有更好的把握和理解(见表9-1)。

表 9-1　国内关于社会福利及其与社会保障关系的观点①

社会福利定义	主要观点	社会保障定义	二者关系
剩余型狭义福利观	社会福利是疗救社会病态、预防或矫正社会问题的一种制度或手段	1. 广义的社会保障是指各种具有经济福利性的、社会化的国民生活保障系统的总称。 2. 狭义的社会保障是指国家和社会为满足社会成员的基本生活需要而提供的一系列物质帮助或制度保障。	1. 社会福利 ∈ 社会保障 2. 社会福利 = 低层次社会保障
制度型狭义福利观	社会福利仅限于保障社会成员的基本生活		社会福利 = 狭义社会保障
发展型狭义福利观	社会福利是社会保障的最高层次		1. 社会福利 ∈ 广义社会保障 2. 社会福利 = 高层次社会保障
广义福利观	社会福利泛指一切为了满足人们日益增长的物质生活与精神生活需要而提供的社会服务与社会措施		1. 狭义社会保障 ∈ 社会福利 2. 狭义社会保障 = 低层次社会福利 3. 社会福利 = 广义社会保障

表 9-1 几乎囊括了国内关于社会保障与社会福利关系研究的所有观点,不同的立场、不同的视角,可以引申出众多的有关社会福利与社会保障关系的研究。但是在众多有关二者关系的观点中,我们可以发现,国内大多数研究者所主张和坚持的是"剩余型狭义福利观",即多数研究者把我国目前的社会福利视为社会保障大系统中的一个子系统,一个组成部分。如上文所述,与国外的"大福利"观及"大福利"制度相比,我国无论是政府官方话语和制度实践,还是学术研究,一直推行的是一种"小福利"观及"小福利"制度。社会保障长期处于一个较高层级而对社会福利形成一种制度压迫或体制压抑之势。"社会保障制度压抑社会福利制度的标志众多,反映在制度建设与政策框架设计的所有领域,一是社会保障概念的流行程度广,社会大众的知晓度高,尤其是政府法规和政策声明中经常使用的概念是社

① 参见田北海:《社会福利概念辨析——兼论社会福利与社会保障的关系》,《学术界》2008 年第 2 期。

会保障,政府对外公布的是中国的社会保障制度,而非中国的社会福利制度。二是政府的官方话语和学术界的主流话语所使用的都是社会保障制度,而非社会福利制度,有关社会保障的学术组织、会议、论文和研究比比皆是,社会福利则凤毛麟角、屈指可数。三是人大、政府、政协的组织机构设置与社会资源配置是按社会保障,而非社会福利概念,导致政府组织机构的职能主要停留在社会保障功能层次上,而不是社会福利的功能层次上。四是最关键的是,政府将公共服务、社会服务和福利服务的性质、目标、范围、内容、层次,将政府职能与责任都定位在社会保障概念框架之中,而不是更高、更广的社会福利概念之中。"①

二、国外社会福利制度及模式

(一)西方国家社会福利制度的发展、演变及其基本内容

在西方国家,福利制度有着悠久的历史,英国 1601 年颁布的《济贫法》可视为西方社会福利制度的滥觞,该法令旨在向因"圈地运动"而失地、落入贫困境地的大量农民提供救助。而后随着资本主义经济的快速发展,各国的社会福利制度逐步建立并完善起来。虽然西方各国的社会福利制度发展历程不尽相同,但"从大体上看,西方国家的社会福利制度经历了四个阶段,即 19 世纪 80 年代至 20 世纪初的萌芽时期,20 世纪初至 20 世纪 30 年代末的初步形成时期,第二次世界大战后至 20 世纪 80 年代的最终形成和广泛发展时期,20 世纪 80 年代至今的改革时期。"②这是研究者就社会福利制度发展阶段进行的时间上的划分,在这里我们需要特别指出,从 1601 年的《济贫法》颁布到如今,相关社会福利政策及福利改革已经延续了 400 多年,但是第二次世界大战以来的福利国家和以往的社会福利政策尤其是

①　刘继同:《社会保障向社会福利制度的战略升级与构建中国特色的福利社会》,《东岳论丛》2009 年第 1 期。
②　黄慧:《浅析西方国家福利制度及其对中国社会福利制度改革的启示》,《传承》2009 年第 6 期。

20 世纪前的社会福利政策有根本的差异。

另外,结合社会福利制度实施的主体、客体及福利内容,我们也可以将西方社会福利制度的总体发展和演变过程描述为:由早期的剩余型社会福利模式向制度型社会福利模式转变,再发展到今天的混合型社会福利模式。

从西方社会福利制度的内容来看,广义的社会福利制度既包括正式的社会福利制度,即国家的社会福利制度;也包括非正式的社会福利制度。西方发达福利国家的福利制度大体包括以下几部分[①]:

社会保险制度。社会保险是西方各国社会福利制度的主要组成部分,是社会福利的"第一大支柱"。绝大部分西方国家的社会保险是强制性的,即必须根据国家和各级政府的立法规定,由劳动者、企业或社区、国家三方共同筹资来开展社会保险。社会保险的种类包括老年保险、生育保险、疾病保险、伤残保险、失业保险及死亡保险等。社会保险的主要目的是为劳动者及其家属在遇到年老、伤病、失业、生育、死亡或丧偶等风险导致收入减少、中断或损失时,向其提供收入补充,以满足其基本生活需求。

社会救助制度。社会救助主要面向特殊困难群体,是解决现实贫困问题的重要措施。社会救济与社会救助在实际工作中并没有本质的区别,但社会救助的覆盖面比社会救济更广泛,不仅包括政府的救济,也包括社会的支持和帮助。享受社会救助不需要缴税,不论男女老幼,也不论就业与否,只要生活不能维持下去,都是社会救助的对象。社会救助的资金由国家财政支付,但领取救助的人需要经过严格的资格审查。

社会补助制度。社会补助与社会救助不同,前者强调针对性和个案性,后者则包含"普遍性"的意义。社会补助的项目很多,各国之间略有差异,但大致包括子女津贴、住房补贴、家庭补贴、病残补贴和最低收入补贴等。

社会服务制度。社会服务制度也是社会福利制度的重要组成部分。目前,美国的社会服务项目主要可以分成"政府提供"和"政府购买"两种形式。政府直接负责提供的社会服务项目主要包括收养服务、培训和教育项

---

① 以下几项福利制度及其基本内容参见周良才:《中国社会福利》,北京大学出版社 2008 年版,第 7—8 页。

目。政府负责购买的社会服务项目主要包括:个案管理服务、家政服务、社区整合服务、集体膳食服务、残疾人康复服务、面向儿童\家庭的支持性服务、监管性服务等。

社会融入计划制度。在西方,绝大部分国家有社会融入计划。虽不同国家社会融入计划的内容不同,目的也不同,但其功能基本相同,那就是为了解决其国内最为突出的社会问题。如德国作为高失业率国家,其社会融入计划的重点就是使长期失业的人重新融入社会,所以德国对失业者发放失业救济金。法国于1988年开始实行"社会融入最低收入"制度,其目的是为因失业等原因处于贫困状态的低收入家庭提供基本生活保障,并鼓励他们就业,从而缓解越来越严重的贫困化和社会排斥现象。

教育、培训、住房、医疗等福利制度。公共教育是一项比较重要的福利制度,西方国家一般都实行有年限规定的免费义务教育。而住房福利作为福利制度的基本内容之一,其目的是借助国家和社会力量来解决低收入居民的住房问题。医疗卫生福利制度同样十分重要,在大部分西方国家是作为医疗保险制度的重要补充而存在的。

(二)社会福利模式

"社会福利模式是对不同社会福利的内在规定性及主要运行原则的理论概括,反映了一国在特定历史时期内福利制度的战略方向。社会福利思潮的影响与福利制度、福利政策实施的叠加,形成了各国内容不同、特点各异的社会福利模式。"①当前,国内外学者依据不同标准对社会福利模式作出了不同的划分,在此,我们介绍在社会福利研究领域极具权威性并有广泛代表性的艾斯平·安德森及蒂特马斯两位学者的观点。之后,我们将论述有别于西方社会福利模式的包括日本、韩国、中国台湾、中国香港、新加坡在内的这些国家和地区的社会福利制度及福利模式。这些国家和地区与我国大陆地区无论是在文化传统上还是在经济发展路径及政治权威模式上都有许多相似之处,他们的福利模式实践经验对我国的社会福利制度改革与发

---

① 周沛:《社会福利体系研究》,中国劳动社会保障出版社2007年版,第169页。

展有一定的参考价值。

1. 考斯塔·艾斯平·安德森(Gosta Esping-Andersen)关于福利资本主义三个世界的划分

基于不同的标准,国外学者划分了众多社会福利模式。但丹麦学者艾斯平·安德森的研究最为著名,影响最为广泛。他关于西方社会福利制度划分的思想集中体现在他于1990年出版的《福利资本主义的三个世界》一书中。该书以"福利国家"为核心,立足于政治经济学传统,从"社会权利"这个基本概念出发,以"非商品化"为主要的分析维度,抽取了福利国家形成的根本因素,并以制度比较的范式对福利国家的不同模式进行了分类,在现实层面为各种福利国家提供了一个可分析的坐标。

作为其福利制度研究的主要分析比较维度,"非商品化"被安德森定义为"个人福利相对地既独立于其收入之外,又不受其购买力影响的保障程度。"同时,他将"社会权利"视为自己研究的起点和出发点,认为社会权利的扩展与非商品化程度呈正相关变化,即社会权利扩展程度越广,非商品化程度越高。在以上两个重要概念的基础上,安德森详尽阐述了他所划分的三种政治经济学传统以及相应的三种福利制度模式:自由主义、保守主义和社会民主主义。

(1)"自由主义"福利模式(盎格鲁—撒克逊模式)。自由主义福利模式的典型代表是美国、英国、加拿大、澳大利亚,即主要是盎格鲁—撒克逊国家。这些国家强调个人奋斗的精神和文化传统,强调市场竞争的开放性和充分性,而认为国家的介入愈少愈好。

在福利管理体系上,该福利模式强调私人保险与社会救治相结合,即基于"劣等处置"原则基础上的收入调查或家计调查式的社会救助与基于契约原则和保险精算原则基础上的社会保险方案相结合。

在福利对象上,该制度主要针对收入较低、依靠国家救助的工人阶层,以此"避免社会权利的无条件扩张,确保将非市场收入保留给那些没有任何能力参与市场的人"。① 在"自由主义"福利制度中,"社会底层的团体主

---

① 参见[丹麦]考斯塔·艾斯平·安德森著,郑秉文译:《福利资本主义的三个世界》,法律出版社2003年版,第42—45页。

要依赖于羞辱性的救助;中产阶级是社会保险的支配性主体;特权集团则有能力从市场中获得他们的主要福利"。①

这种体制以较高的就业率、较低的税收、较低的财政支出以及较高的工资差异与收入不平等为主要特征。该体制的非商品化效应最低,社会权利的扩张受到有力的抑制,建立的社会秩序属于分层化的类型。

(2)"保守主义"福利模式(欧洲大陆传统模式)。保守主义福利模式的典型代表是德国、法国和意大利。在这些国家,"合作主义"与"国家主义"思潮较为盛行,个人的利益应服从于公认的权威和主流制度。而在文化上,这些国家受教会塑造,保留着传统家庭模式。因此,该福利模式强调国家、家庭共同承担风险。

"保守主义"福利模式的特点是劳动与保险的紧密联系,社会成员的福利待遇状况取决于个人的工作年限和参保年限、过去的表现与现在的给付。因此,各劳动者的福利因其不同的就业状况和参保状况而有较大差异。

"保守主义"福利模式在内容上主要是各类社会保险计划,此类保险计划是以工作业绩为计算基础,以参与劳动市场和社保缴费记录为前提条件的。在该模式中,一方面,国家通过"合作主义"模式取代市场作为福利供应者;另一方面,由于合作主义与教会有着传统的渊源关系,传统的家庭在该福利模式中占有重要地位。国家同时赋予家庭承担与提供福利的责任,让家庭取代福利国家来提供各种服务。"只有在家庭服务能力耗尽时,国家才提供辅助性的福利与服务,即依赖并极大化家庭主义所扮演的福利服务功能。"②

该福利模式在国家的就业率水平、税率、财政支出规模水平及工资差异、收入不平等等各方面的程度,在安德森所划分的三种福利体制中都处于中间水平,其非商品化程度比较高,公民社会权利问题从未受到过挑战。

---

① 参见[丹麦]考斯塔·艾斯平·安德森著,郑秉文译:《福利资本主义的三个世界》,法律出版社2003年版,第41—61页。

② [丹麦]考斯塔·艾斯平·安德森著,郑秉文译:《福利资本主义的三个世界》,法律出版社2003年版,第30页。

（3）"社会民主主义"模式（斯堪的纳维亚模式）。与上述两种制度相比，属于"社会民主主义"这种类型的国家数量最少，只存在于斯堪的纳维亚半岛地区的几个国家之中。

"社会民主主义"模式试图建立最高平等标准的福利国家，力图克服国家与市场、工人阶级与中产阶级之间的二元分化状态。该福利模式遵循普救性原则，强调全面性、均等性和统一管理。

在福利对象上，社会福利待遇资格的确认几乎与个人需求程度或工作表现无关，而主要取决于公民资格或长期居住资格，因此该福利体制的社会政策对象是全体公民。

在福利内容上，他们不是像有些国家那样只满足于最低需求上的平等，而是能够满足相当水平的甚至能够满足新中产阶级品味的平等标准的服务和给付。

在社会福利责任主体上，该福利模式除了强调将市场排除在外，建立一种普遍而广泛的共享权利与共同责任，即在"去商品化"之外，还强调"去家庭化"，即"福利国家承担起了家庭的照顾责任，提供大量的社会服务以及与社会服务相适应的工作机会。这不仅满足了家庭的需要，而且鼓励了妇女走出家门就业而非在家操持家务，从而将家庭成本社会化"。[①]

该福利模式国家一般有较高的就业率、较高的女性劳动参与率、较高的税率以及大规模的财政支出。在这种福利模式中，非商品化程度是最高的，社会权利也扩展到最大的限度。

2. 蒂特马斯的社会福利理想类型

早在艾斯平·安德森之前，英国社会政策与国家福利研究专家蒂特马斯就对社会福利制度开展过相当丰富的研究。他提出的三种国家福利模型理想类型对后世研究者影响至深，在包括艾斯平·安德森在内的许多学者的研究中，我们都可以看到蒂特马斯著名的三分法的影子。

蒂特马斯将社会福利模式或制度划分为三种理想类型：剩余型福利模式

---

① ［丹麦］考斯塔·艾斯平·安德森著，郑秉文译：《福利资本主义的三个世界》，法律出版社2003年版，第31页。

（the residual welfare）、工业成就型福利模式（the industrial achievement-performance model）、制度再分配型福利模式（the institutional redistributive model）。三种模式的特征可通过表9-2来加以说明。

表9-2　蒂特马斯三种福利模式的比较①

考察角度	剩余型福利模式	工业成就型模式	制度再分配型模式
国家的作用	国家只对市场和家庭不能满足的需求进行干预	国家应该根据生产效率和工作表现满足需求	普遍主义国家管理服务,应该再分配收入和减少社会的不平等
优先考虑的事项	市场自由的价值占主导地位,私人的供给受到偏爱	首先关心的是经济的成功,但社会需求的满足也被看做是必要的	满足社会需求被给予优先权,超过对经济效率的关心
接受者地位	接受者被打上失败者的烙印	由于经济原因得到支持的潜在生产力资源	具有公民身份的所有成员都是接受者
政治立场	右	中	左

剩余型福利模式认为,个人需要可以从市场和家庭这两个渠道获得满足。只有当它崩溃时,社会福利机构才应该介入运作,并且这种介入只是暂时的。早期英国的《济贫法》就是这种模式的体现。

在工业成就型福利模式中,社会福利机构在满足社会价值需要、实现地位差异和工作表现、发展生产力方面具有显著的作用;应按照个人的优势、工作表现及工作业绩来满足社会需要。社会福利具有一定的功能,专家技术官僚发挥一定的辅助作用,通过社会保险,人们现有的社会地位状况和特权受到一定的保护。

在制度再分配型福利模式中,社会福利是主要统合制度,供给是根据需要的原则来提供一种普及性服务,其目标是平等、团结。这种模式排斥市场的作用,而强调通过提高全民的生活水平来加强社会福利,确保国家财富的平均分配,维护社会的公平正义。

蒂特马斯主张推行普遍的社会福利制度,反对通过市场而非再分配的

---

① 参见范斌:《福利社会学》,社会科学文献出版社2006年版,第109—110页。

方式提供福利私营化策略。他主张，"以更为普遍的财政福利和以工业成就为基础的制度性资源再分配，来实现分配的正义以及建立一个更为平等的社会"，"普及性社会福利制度不仅具有天赋人权和自然公正的理论基础，而且可以避免选择性福利制度给社会福利服务弱势群体所带来的'制度性屈辱化过程'"。①

3. 蒂特马斯与艾斯平·安德森二者的比较

在蒂特马斯和艾斯平·安德森这两位著名社会福利研究学者之间，他们的研究成果既存在着相当大的理论继承性与连续性，同时也存在着一些不同之处。"蒂特马斯更侧重于福利国家传统目标的研究，如保护收入损失、防止贫困和限制社会不平等；他划分的第一种福利模式的福利国家仅仅是一个社会保障体系，与其第二种模式中主要关心工人保障形成鲜明对比，而第三种模式所保护的是全体公民。艾斯平·安德森与蒂特马斯的明显区别在于，他研究的不是基于传统的福利国家保障功能，而是福利国家的社会政治关系和劳动力市场政策。"②

表9-3　蒂特马斯与艾斯平·安德森福利体制三分法的对比③

蒂特马斯的划分方法 艾斯平·安德森的方法	工业成就型 保守合作主义型	补救型 自由主义型	制度再分配型 社会民主主义型
地理位置	欧洲大陆	盎格鲁-撒克逊	斯堪地那维亚
思想与历史渊源	俾斯麦	贝弗里奇	贝弗里奇
社会目标	工人的收入扶持政策	贫困与失业的救助	所有人平等与公平的再分配
给付的基本原则	缴费型的原则	选择型的原则	普享型的原则
给付的技术原则	社会保险型的原则	目标定位型的原则	再分配型的原则

① 刘继同：《"蒂特马斯典范"与费边社会主义福利理论综介》，《人文杂志》2004年第1期。

② 参见郑秉文：《"福利模式"比较研究与福利改革实证分析——政治经济学的角度》，《学术界》2005年第3期

③ 同上。

续表

蒂特马斯的划分方法 艾斯平·安德森的方法	工业成就型 保守合作主义型	补救型 自由主义型	制度再分配型 社会民主主义型
给付结构	部分给付型	家计调查型	统一费率
可及性的方式	社会地位、工作环境	需求与贫困程度	公民地位、居住资格
融资机制	就业关联型的缴费	税收	税收
管理与控制决策	社会伙伴合作制	中央政府控制	国家与地方政府控制

4. 东亚社会福利模式

近年来,东亚国家的社会福利模式引起西方学者的关注。他们试图说明东亚社会福利模式的性质,并划分其类型。埃斯平·安德森将西方国家的社会福利体制划分为三种类型,即自由主义模式、保守主义模式、社会民主主义模式。在研究东亚社会福利模式中,他把日本划归为保守主义模式。但在后来的研究中,他又认为日本是这三种要素的混杂体,不属于三种模式中的任何一种。之后,埃斯平·安德森在《转变中的福利国家》中指出,包括日本、韩国、中国台湾等在内的东亚国家和地区的福利体制不同于西方,"既是全球独一无二的,同时也混合了现存福利国家的各种特点"。① 按照他的说法,东亚地区的福利体制是保守的家长制度和自由主义的混合体,市场仍处于主导地位,国家角色是剩余型福利模式。

琼斯(Jones)把韩国、日本、中国香港、新加坡、中国台湾 5 个国家和地区的社会福利体制与儒家文化联系起来进行分析,认为受儒家文化的影响,这些国家和地区注重区域共同体的建设,而这种共同体是以秩序、规律、忠诚、安定、集团自立作为基础维持下来的。这些国家和地区的社会福利政策是把家庭作为社会的中心单位,对邻居赋予与传统村落类似的功能,进而发展了与西方国家不同的社会福利模式。因而她把东亚的社会福利模式归类

---

① [丹麦]艾斯平·安德森著,周晓亮译:《转变中的福利国家》,重庆出版社 2003 年版,第 28 页。

为"儒家福利国家"。"儒家福利国家"具有没有劳动者参与的保守主义、没有平等的纽带关系、没有自由的自由放任等特点,是以家庭为中心的福利国家形态。

国内有学者从非商品化、阶层化和政府与市场关系这三个变量来衡量东亚福利体制,并将其总体特征概括为以下几个方面:"(1)经济成长优于福利分配的决策趋向;(2)家庭在福利提供中扮演重要的角色;(3)较低的政府福利角色;(4)在有限的、低的福利支出中,其福利分配又集中于某些特定的人口群体,包括与政权维护有关、受雇于政府部门的军队、公务员等,其次是与政权合法性有关的劳工,是福利提供的优先对象"。①

日本、韩国、中国台湾、中国香港、新加坡这些东亚国家和地区无论是在文化传统上还是在经济发展路径及政治权威模式上,都与中国大陆有许多相似之处。在文化传统上,中国是儒家文化的发源地,中华文化对东亚各国和地区产生了深远的影响;中国社会重伦理、重家庭,所谓"修身、齐家、治国、平天下"正是强调了家庭在维系社会稳定中的重要作用。在经济发展路径上,中国大陆与其他国家和地区一样,走的都是一条"后发赶超型"经济发展道路,经济发展与社会变革中遇到的社会问题也有共同之处。在政治权威上,东亚各国和地区都可以被看做是国家威权或国家中心主义模式,都有强势政府及政治控制力。因此,了解和考察日本、韩国、中国台湾、中国香港、新加坡这些与我国地缘接近,政治、文化、经济发展等方面均有相似、相同之处国家和地区社会福利制度的发展、演变过程,对于我国的社会福利体制改革、福利发展模式选择及制度建构都具有较高的参考和借鉴价值。②

日本的社会福利制度的建立与完善。日本是东亚地区最早走上资本主

---

① 林闽钢:《东亚福利体制与社会政策发展》,《浙江学刊》2008 年第 2 期。

② 以下关于日本、韩国、中国台湾、中国香港、新加坡这些国家和地区社会福利体制发展、演变过程的论述,均引自郑秉文、周弘等人的研究成果,具体可参见郑秉文、史寒冰:《试论东亚地区福利国家的"国家中心主义"特征》,《中国社会科学院研究生院学报》2002 年第 2期;周弘:《日本的社会福利制度》《东南亚三国的社会福利制度》,《国外社会福利制度》,中国社会出版社 2002 年版。

义道路的国家,亦是最早建立社会保障制度的国家。明治维新后,日本在一年的期间相继以天皇"恩给令"的方式确立了军人和官吏的退休保障。从1875年至1944年,随着工业化的发展,日本政府陆续建立了以受雇者为中心的养老、医疗保险制度,但此时的社会保障体系尚不完善,带有浓厚的安抚色彩,并非出于对劳工权利保障的考虑。第二次世界大战结束后,日本政府出于恢复经济、稳定社会、安定民心的需要,于1948年至1953年相继颁布了关于生活保障、儿童福利、残疾人福利、失业保险、工伤保险、职业安定等方面的保障法规。这一时期的社会保障措施实际上是美国军事占领当局参照美国的社会保障体系引人的、带有贫困救助性质的应急措施。但由于战后日本社会处于混乱状态,上述保障措施在社会生活中的作用微乎其微。日本经济自1955年开始进入高速增长时期,经济增长加快和产业结构变化扩大了社会收入差距,影响了国民生活的均衡。于是,通过增加国库支出来强化社会保障成为日本的基本社会政策,同时又是政府对经济实施宏观调控的重要手段。日本政府遵循经济增长与再分配并重的发展战略,于1957年至1961年开始推进并最终实现了"国民皆年金"的全民养老金制度和"国民皆保险"的全民健康保险计划,社会保障开支比重在财政支出中有所增加,对经济恢复和高速增长起到了极其重要的作用。

韩国从"增长第一"到与经济增长相适应的分配政策。在20世纪60年代以前,韩国经济落后、社会混乱,人民得不到任何社会保障。朴正熙上台后,立即着手推行旨在实现国家复兴的一系列改革措施,特别是制定了"先增长,后分配"的成长战略。虽然韩国政府在60年代初就将建设福利国家定为国家发展目标,制定了多项有关社会保障方面的法律,但受重增长、轻发展政策的影响,很少付诸实施。由于社会保障备受轻视,造成收入分配扭曲、贫富分化悬殊的社会恶果,形成了"有增长无发展"的局面,民众的不满情绪日益增长,最终酿成社会动荡。80年代后期,政府开始注重社会发展,放弃了"先增长、后分配"的政策,转而实行与经济发展水平相适应的分配政策。1987年,随着全民医疗保险、国民年金和最低工资制度三项社会保障措施付诸落实,"有增长无发展"的局面才逐步得到改观。1993年,金泳三政府上台执政后,社会保障方面的重点放在既有制度的落实上,并于当年制定了以预防失业、促进就业、改善雇佣结构和促进劳动者的能力开发为目标的《雇佣保险法》(1995 年 7 月实行)。至此,韩国的社会保障制度初成体系。

中国台湾地区的社会福利制度建立和完善过程与韩国的基本一致,都是在经济发展到较高程度后再建立相关再分配政策的社会保障和福利制度。20 世纪 80 年代以来,随着经济逐步走向成熟阶段和政治统治的松动,各类社会矛盾日益突出。受到来自社会各阶层日益增大压力的影响,台湾当局开始逐步完善和健全各项保险制度。时至今日,台湾地区基本形成了包括劳工权益保障、医疗健康保险和职业性保障在内的三大社会保障体系。其中,军公教人员所享受的保障待遇显然优先于劳工、农民和其他职业者。相比于劳工、农民保障体系的不健全,军公教人员除长年享受个人收入所得税减免待遇外,还受惠于以普遍保险为核心的基本保障体系。

新加坡的社会保障制度包括面向低收入者的住房、医疗、教育等社会福利政策和强制储蓄的中央公积金制度。其中,强制储蓄中央公积金制度在新加坡的社会保障制度中具有重要的地位。中央公积金制度建立于 1955 年,当时新加坡还是英国的殖民地,人民生活困苦,尤其是住房条件很差。为了改变这种状况,同时又避免政府承担财政责任,政府通过立法建立了这种自助性保障模式。独立后的新加坡政府继承了这一制度模式,并在覆盖范围和用途等方面有了进一步发展。这是一项强制性的、由雇主和雇员共同缴纳的预防性个人储蓄计划,要求新加坡公民和永久居民都必须缴纳公积金并存入个人账户,政府对中央公积金进行直接的全面管制。建立中央公积金的最初目的是为雇员退休后或不能继续工作时提供一定的经济保障,经过多年的发展,现已演变为向社会成员提供养老、医疗、住房等保障项目的社会保险制度,其覆盖范围也从公共和私人部门的雇员扩大到自雇者。中央公积金制度是政府将储蓄这种传统的个人保障方式上升为国家行为的产物,不具有收入再分配的性质,不属于社会福利的范畴。从资金来源上看,公积金不过是劳动者抑制现期需求以应付未来需求而节省下的血汗钱,而雇主为雇员缴纳的那部分公积金不过是雇员应得收入的转换形式。政府对中央公积金的支持只限于对缴付者的缴付资金免征个人收入所得税,以及对公积金会员的少量补助,从而最大限度地节省了政府的社会福利开支。据统计,1997 年的新加坡政府的福利支出仅占政府总支出预算的 1.8%（约占当年国民生产总值的 3%）。同时,新加坡政府通过中央公积金制度获得了巨额的强制储蓄基金,成为促进资本形成、推动经济增长的重要因素。

中国香港地区维护自由竞争的社会政策理念。英国殖民当局将自由放任的经济信条贯彻于社会福利领域,采取不干预主义的态度。这种状况到 20 世纪 60 年代中期以后才出现转折,逐步建立起向低收入者和弱势群体提供援助的社会福利计划。正是在这个特殊的政治历史条件下,香港社区保障制度的发展呈现一条与发达国家社会福利伴随经济发展同步增长这一经验曲线相逆的轨迹,高水平经济增长与低水准社会福利并存成为香港殖民化时期社会发展的显著特征。港英政府长期实行的自由主义的经济和社会政策,在香港社会留下了深刻的印记,香港居民对社会政治事务的低参与意识和对公共福利供给的低期望值,使得政府几乎没有遇到来自民间的福利需求压力。香港特别行政区政府成立后,其社会政策的主导思想仍是维护自由经济体制,力求减少政府责任,加大个人的自我保障。香港特别行政区政府在社会保障方面的一项重要举措是,自 2000 年 12 月 1 日起实施强制性养老公积金计划。这项计划虽然属于自我保障性的基金储存制度,但是包含有试图通过政府干预,有限度地强化收入再分配机制、保障劳工阶层权益等重要举措。

三、中国社会福利观念及制度的演变

（一）建国前我国福利思想及相关制度梳理

中国优秀的传统文化中蕴涵着丰富的社会福利思想,历代政府都从长治久安的角度出发,吸收传统文化中的福利思想,创设了诸多关注百姓民生的福利制度。在新时期我国社会福利模式的选择与建构中,既应借鉴西方发达国家社会福利实践的成功经验,也应注重从我国自身的传统文化与历代施政经验中挖掘宝贵的社会福利思想及制度资源。

1. 中国古代的福利思想及施政举措

早在西周时期，周公就提出了"敬德保民"的主张，其中还包含着"怜小民"、"行教化"的思想。春秋战国时，诸子百家提出了具有强烈民本色彩的社会福利思想。儒家思想强调"仁者爱人"和以"仁"释"礼"，既主张严格的等级秩序，又提倡某种"博爱"的人道主义意识。如孔子所提倡的"大同"和"小康"社会，既是他心目中德政的典范，也是他福利思想的集中体现，即："使老有所终，壮有所用，幼有所长，鳏寡孤独废疾者皆有所养"。孟子发展了孔子的"仁学"及"仁政"思想，对"仁政"做了更为具体的阐述，他认为君王应推行"仁政"，即"恻隐之心仁之端也"。"制民之产，必使仰足以事父母，俯足以蓄妻子，乐岁终身饱，凶年免于死亡。"墨家主张的"兼爱"、"互利"、"非攻"思想具有较强的民本意识，其中蕴涵着一定的福利思想。墨子主张"兼相爱、交相利"，指出："饥者不得食，寒者不得衣，劳者不得息"，是人民的三大巨患，由此而提倡"必使饥者得食，寒者得衣，劳者得息，乱则得治"，呼吁对于人民给予食物、衣服、休息的条件。连倡导无为而治的庄子也表达了"以衣食为主，蓄休息蓄藏，老弱孤寡为意，皆有以养，民之理也"的社会福利思想。

在这些民本、德政思想的影响下，历代政府都以赈灾济困为己任，并建立起当时历史条件下较为完善的社会保障体系。夏、商两代就对鳏寡孤独群体有了定期的救济举措，据《礼记·王制》的描述，夏、商两代对鳏寡孤独都是实施"常饩"，即政府定期发给的生活必需品。"周朝时的孤儿救济，汉代设常平仓平抑物价、荒赈恤，隋代'民间寄纳在官'的义仓则在政府监督下承担着地方的赈恤责任。以后，养济院、慈幼局、漏园等社会救济与抚恤机构纷纷成立。到宋代以后，慈善济困事业开始有了具体的组织，对济贫、恤老、养孤等都较为注意。自宋代以后，社会救济事业得到不断发展，虽然组织和机构的形式有所不同，但都以济贫、恤老、养孤为主旨。"①可以说，周公、孔子、孟子、墨子等古代思想家很早就为我们建构了福利社会的雏形，并不同程度地影响着我国历代的社会福利措施。尤其是大同思想对我国后来

---

① 李瑞：《建国前中国社会福利思想发展概述》，《天府新论》2009年第3期。

的社会福思想及实践有着极大的影响。

2. 近现代中国社会的福利思想及制度实践

中国自 1840 年"鸦片战争"之后被迫打开国门,开始了一段饱受战乱与灾难、饱含耻辱与泪水的近现代史,社会满目疮痍、民不聊生,这在某种意义上为中国近代福利事业的发展提供了现实的土壤。与此同时,中国近现代又是中国人"打开国门"、"睁眼看世界"的时代,西方社会的福利思想以及实践逐步传入,对中国社会的福利观念及福利举措产生了一定的影响。洪秀全领导的太平天国运动把"太平天国"作为农民的理想王国。他们的福利思想集中体现在《天朝田亩制度》中,主张"有田同耕,有饭同食,有衣同穿,有钱同使,无处不均匀,无人不温饱也","鳏寡孤独废疾免役,皆颁国库以养"。康有为在其变法思想中也提出了系统的社会福利主张,在《大同书》中,他在批判现实社会的基础上,指出中国传统宗族福利保障的狭隘性,认为只有建立"公养"、"公教"、"公恤"的福利保障制度,人类才能真正地走向大同。资产阶级革命派代表人物孙中山先生也提出了许多重民生的福利思想,并提出了政府在社会福利中应承担重要责任的观点。孙中山的社会福利思想集中体现在他所提倡的"大同世界"及"三民主义"中。他主张"天下为公",要使老者有所养,壮者有所营,幼者有所教";在三民主义中,集中阐释了"民生"的含义,构想了一个带有乌托邦色彩的福利保障社会的蓝图:在这一社会里,没有剥削,没有压迫,"家给人足,四海之内,无一夫不获其所"。他在《革命方略》中进一步主张以国家财力来办老人院、贫民院、麻风院、盲哑院、孤儿院等各项福利事业,强调国家在福利事业中的责任。

"民国时期人们对于弱势群体的帮助已经基本上摆脱了传统的"慈善"、"施恩"的怜民思想,而将社会救济视为政府应尽的责任,是社会发展赋予每个人的基本尊严。"①南京国民政府在其统治时期特别是抗战期间,根据现代先进的社会福利思想,以西方各国所建立的现代社会福利制度为参照并结合中国自身特点,初步制定了一套福利政策并在全国范围内逐步

---

① 李瑞:《建国前中国社会福利思想发展概述》,《天府新论》2009 年第 3 期。

实施,开建立中国现代社会福利制度之先河。有识之士认识到"救济儿童并不是设立机构收容孤贫儿童的问题,我们是要使全国的儿童如何获得合理的生长,如何享受合理的教育,如何保障儿童的权利,进一步还要保护胎儿降生;救济残老,并不在提供衣食,使有所终,就算尽了最大的义务,乃是如何使'残而不废'、'老有所安';救济灾荒巨变,不在事务救济,而着重社会保险,以作预防;对于失业的救济,不在于贷款或发放救济金,而在于推行劳工福利与职业介绍。"①根据这些福利思想实施的社会福利措施及制度,在解决民国时期的民生问题中发挥了重要作用,在一定程度上推进了中国现代社会福利事业的发展。

(二)计划经济时期我国福利制度的历史考察②

我国计划经济时代的社会福利体系创建于新中国建立之初,一直到改革开放之前的30年时间里,逐渐形成了一套以城乡"二元分割"为基础,以保障人民基本生活为主要内容,涵盖了劳动就业、住房、医疗卫生、教育、养老和伤残等领域的社会福利制度。该福利制度分为三个部分:一是由国家包揽、高水平的针对城市职工的单位福利,以本单位职工为服务对象,包括劳动保险、生活服务、文化娱乐和福利补贴等,其提供者是国家机关和企事业单位;二是救济型的、以城镇无经济收入和生活无人照料的老年人、残疾人和孤儿等特殊群体为服务对象的民政福利,包括生活供养、疾病康复和文化教育等,由各级政府和民政部门负责提供和管理;三是低水平的、项目残缺、救济型的农村社会福利,主要是面向农村"五保户"群体,以集体经济为基础,由农村集体组织统包统管。这是各自独立运行的三个部分,它们之间少有交叉。这样一种条块分割式的,存在着单位与非单位、城市与农村严重差异的社会福利制度,一直维系到改革开放之初,并且其广泛而深远的影响

---

①　秦孝仪:《革命文献》(第100辑),台北中央文物供应社1984年版,第19—20页。转引自李瑞:《建国前中国社会福利思想发展概述》,《天府新论》2009年第3期。

②　本部分参考了周沛、成海军等人的研究。具体见周沛:《社会福利体系研究》,中国劳动社会保障出版社2007年版,第20—24页;成海军:《计划经济时期中国社会福利制度的历史考察》,《当代中国史研究》2008年第5期。

一直到今天都未完全消除。

1. 由国家包揽、高水平的城市职工单位福利

单位福利由城镇机关、企事业单位负责组织实施,呈自我封闭状态。单位福利使在本单位就业的职工既获得了比较健全的劳动保险福利,也获得了以住房福利为代表的比较优惠的生活福利,甚至医疗、教育这些较高层次的福利需求也能得到满足,还能使其家属享受到相应的福利待遇,职工子女的就业问题也能得到安置。单位福利具有如下特点:一是单位福利设施的举办和福利项目、补贴的安排,由各单位在国家统一规定下自行操办,有一定的自主性,各单位之间由于性质和经济状况不同,福利待遇标准有较大差异;二是单位福利建立在职工与单位之间的这种依附关系的基础之上,只有本单位的职工才能享受到本单位的福利,脱离这种依附关系后,相应的福利也随之消失;三是单位的福利项目和设施只面向本单位内部人员,不管单位规模如何,都具有"小而全"、"大而全"的特征。总之,面向城镇机关、企事业单位职工的是一种由国家大包大揽、处于较高水平和层次的福利制度。

2. 救济型的、狭隘的民政福利

新中国社会福利制度的最初创立,就是致力于解决灾难救济和失业困难问题。当时旧社会遗留下来大量的难民、灾民、游民、乞丐、失业者,城市贫困问题极其突出,连年战争使农村的生产自救能力极弱。因此,社会救济和对困难人群的社会福利服务成为当时的一项常规性制度。但由于国家财力有限,城市贫困者等其他弱势群体被排除在福利救济范围之外。只有那些无依无靠、无家可归、无生活来源的"三无"孤寡老人、孤残儿童、残疾人和精神病人才能成为民政福利的服务对象,这些特殊人群的社会福利完全由国家包办。受资金有限性的影响,当时的服务机构数量少、规模小,服务质量亦较差,总体呈现低水平运行的状态。

3. 救济型的、低水平的农村社会福利

在以自然经济为基础的传统农村,针对农民的福利自古就是建立在家庭保障和自我保障的基础之上的。新中国成立初期,我国农村社会福利资源也主要来自家庭。农业合作化完成后,农村逐步建立了以集体经济为基础,集体保障、家庭保障和国家福利救济相结合的社会保障制度。具体表现

为:首先,集体所有制为农民提供了基本的就业保障和生活保障。在人民公社体制下,所有农村劳动力都是公社社员,他们的职业天生就是农民,工作就是种地,从事农业生产。在农村土地集体所有制的基础上,农民就不存在失业的说法,也很少有因失地、少地而带来的生活无着落之忧。其次,农村也存在一定层次的公共医疗卫生体系。以集体经济为基础,以赤脚医生为主体,以广大农民为对象的农村合作医疗制度,在一定时期内为减缓农民的小病小痛起到了很大的作用。第三,以农村"五保户"为主要救济对象的农村社会救济是改革开放前农村社会福利制度的最重要功能体现和主要构成内容。农村"五保"制度的建立,在为农村中的鳏寡孤独群体提供保吃、保穿、保住、保医、保葬等基本社会福利保障方面,起到了一定的历史作用。总体而言,与城市居民的社会福利体系相比,农村居民的福利保障是一种仅针对有限对象、只包含部分项目、带有显著救济色彩、仅保障基本生存的较低水平和较低层次的社会福利体系。

(三)改革开放以来我国社会福利制度的改革与发展

改革开放以来,特别是进入20世纪90年代后,我国确立了建立社会主义市场经济体制的发展目标,原来计划经济时期的福利体制明显不适应时代的要求,对原有福利制度进行改革,建立与社会主义市场经济体制相适应的社会福利制度逐渐被提上日程。

我国社会福利制度改革启动的标志性事件,是1984年在福建省漳州市召开的全国社会福利事业单位改革整顿工作经验交流会。会议的最大贡献在于,制定了社会福利事业要进一步向国家、集体、个人一起办的体制转变,进一步由救济型向福利型转变,由供养型向供养康复型转变,由封闭型向开放型转变的发展战略和改革方向,极大地推动了社会福利事业的改革步伐。1986年,民政部正式提出"社会福利社会办"的主张;1991年,民政部进一步提出"社会福利社会化"的概念。2000年,在全国社会福利社会化工作会议上,"社会福利社会化"得到系统的阐述并逐步落实到具体的实施层面,国务院办公厅转发了民政部等10部委联合制定的《关于加快实现社会福利社会化的意见》。此次会议及其后出台的文件指出,社会福利社会化不仅是必要的,而且是可能的,这是因为"新中国成立以后形成的国家、集体包办,投资渠道单一,民政部门直办、直属、直管,只面向'三无'人员和农村'五保'户的社会福利事业发展之路已经越走越窄,不能适应新形势、新要求;经济成分、利益主体、社会组织和社会生活方式的多样化发展趋势,对增加社会福利设施、拓宽福利服务领域、提高福利服务水平提出了要求,提供了机遇;我国老龄人口的迅速增加,尤其是高龄老人的迅速增长,对我们提出了多层次、多形式的福利服务需求,也开辟了发展社会福利事业的广阔市场;各项改革的不断深化,对推进社会福利社会化进程提出了要求,创造了环境"。① 该会议及其后出台的文件,在改革开放以来我国社会福利体制改革的进程中具有里程碑的意义,它详细阐述和论证了我国社会福利制度改革的必要性和可能性,明确了新形势下社会福利体制改革的目标,对我国社会福利制度的改革与发展起到了至关重要的推动作用。为适应构建和谐社会和建设中国特色福利社会的需要,在 2006 年召开的第十五次全国民政工作会议上,首次明确地提出"大力推进社会福利社会化,逐步发展适度普惠型社会福利"的政策设想,为实现社会保障制度向社会福利制度的转型的战略升级,为建立积极的福利政策体系迈出重要的一步。

改革开放以来,我国社会福利体制改革的目标逐渐明晰,那就是逐步推进社会福利事业社会化。周良才等人总结了 20 多年来我国社会福利体制改革及社会福利事业社会化所走过的道路及取得的进步。

"首先是国有事业单位的改革。对国有社会福利事业单位的改革,主要是改革管理体制、增加服务内容、提高服务质量、增强自我发展能力,使其完成从封闭型向开放型、从救济型向福利型、从单纯供养型向供养康复型的转变。具体而言,国有社会福利事业单位的发展出现了'五个改变',即改变了社会福利事业由国家包办的体制,出现了社会福利社会办的新局面;改变了单纯救济和恩赐的观点,确立了全心全意为收养人员服务的思想;改变

---

① 转引自周良才:《中国社会福利》,北京大学出版社 2008 年版,第 290—291 页。详细可参见《2000 年全国社会福利社会化工作会议》相关领导讲话及国务院文件《关于加快实现社会福利社会化的意见》(国办发[2000]19 号)的相关规定。

了只重社会效益、忽视经济效益的观念。开辟了自我积累、自我发展的新路子;改变了单纯供养的做法,实行供养与康复相结合;改变了封闭办院的模式,开展了社会化服务活动。

其次是鼓励社会力量兴办福利机构。从 1998 年开始,我国加大了对社会力量兴办福利机构的政策引导和资金扶持。2000 年出台的《关于加快实现社会福利社会化的意见》,制定了引导社会力量积极参与社会福利事业的优惠政策。截至 2005 年,我国由社会力量兴办的为老年人、残疾人、孤儿和弃婴提供养护、康复、托管等服务项目的福利机构已经发展到 1403 家,床位总数达 10 万余张。社会办福利机构的出现和发展,改变了传统福利事业投资主体和机构类型单一的局面,推动了社会福利社会化进程,并极大地促进了以居家为基础、以社区为依托、以福利机构为骨干的社会福利服务体系的建立和完善。

最后是开拓社区服务。社区服务是以社区为单位组织的区域性社会福利服务。民政部从 1987 年开始积极倡导开展社区服务,特别是 20 世纪 90 年代初社区建设概念提出后,社区服务的性质、任务和目标更加明确,发展速度进一步加快。传统的由基层政府和居委会独立提供服务的格局有所改变,社会企事业单位、驻区单位、社区民间组织、社区居民共同参与的局面正在形成。"①

四、中外社会福利制度比较

(一)中外社会福利制度模式比较

关于西方社会福利模式或体制研究的成果众多,有关福利模式类型划分的观点也多种多样,我们在上文所论述的艾斯平·安德森及蒂特马斯的福利模式分类思想,在西方社会福利研究领域是有广泛影响、极具代表性的研究成果。安德森在对西方 18 个国家进行研究后,基于"非商品化"原则及"社会权利"观点,提出了自由主义福利模式、保守主义福利模式和社会

---

① 　周良才:《中国社会福利》,北京大学出版社 2008 年版,第 291—292 页。

民主主义福利模式的分类模式,而蒂特马斯则在更早的时期提出了社会福利体制的三种理想类型:剩余福利模式、工业成就模式、制度性再分配模式。他们关于福利模式或福利体制的类型划分,既是对西方各国社会福利制度的内容、特征的归纳,也是对各国社会福利制度发展、演变及完善过程的提炼和总结,这对于我们认识和理解西方发达福利国家的福利思想及福利制度实践提供了重要的参考信息,也在研究维度与框架上为我们对中外社会福利制度进行比较借鉴提供了思路,奠定了基础。

总体而言,与西方发达福利国家的福利模式相比,我国现行的社会福利制度呈现出以下几个特点:

首先,在福利类型上,我国现行的福利制度可以看做是一种补救型社会福利。由于国家财力有限,只有那些无依无靠、无家可归、无生活来源的"三无"孤寡老人、孤残儿童、残疾人和精神病人才能成为民政福利的服务对象,这些特殊人群的社会福利完全由国家包办。城市贫困者等其他弱势群体被排除在福利救济范围之外。政府及社会所提倡和主张的是,社会成员个人的需要首先应通过市场和家庭这两个渠道获得满足。只有这两个渠道都无法正常发挥其功能时,政府及社会福利机构才应该介入运作。在此需特别指出的是,我国的家庭在社会保障和社会福利中发挥着至关重要的作用,其功能发挥的范围、强度是西方国家的家庭所难以比拟的。老、幼、病、残等特殊群体的保障任务和保障责任大多由家庭担负,我国政府所提供的补救型福利,其发挥的作用及范围都是很有限的。

其次,在福利责任承担主体上,与近年来西方福利国家改革中推行的合作主义、多元主义(或称混合主义)制度相比,我国仍是由政府主导的福利制度。多元主义或混合主义主张,国家在提供福利上的确扮演着重要角色,但绝不是对福利的垄断;福利是全社会的产物,市场、雇员、家庭和国家都要承担提供福利的责任,如果放弃市场和家庭的责任,让国家承担完全责任是错误的。因此,市场、国家和家庭都应该在福利提供上发挥自己应有的功能。三个部门应当联合起来,相互补充,扬长避短。如国家提供社会福利是为了纠正"市场失灵",由于非市场的"政府失灵",国家垄断福利的提供会招致批评;而国家和市场提供社会福利是为了纠正"家庭失灵",家庭和志愿组织提供福利是为了补偿"市场失灵"和"国家失灵"。有的多元主义者还主张充分发挥社会组织在提供福利中的作用,认为政府组织、市场组织和社会组织(即民间组织)等现代社会中的三大部门,家庭、政府、市场组织和非营利组织都应发挥各自的作用。

反观我国当前的社会福利制度,政府是社会福利的主导者和推行者。我国市场经济的高速发展带来了分配不均、贫富差距扩大等弊端,市场在社会福利中承担的责任还比较小,所扮演的角色也还不太成熟,因此弥补和纠正"市场失灵"的任务主要落在了政府和家庭身上。而对那些无家庭依托的群体,则只能由政府来承担救助的责任。总之,我国的市场力量及社会力量在社会福利中发挥的作用还比较小,尤其是公民社会中的非政府组织、社区组织、志愿者组织等,无论是在组织规模和服务内容上还是在专业化程度上都显得较为稚嫩,难以与西方发达国家的公民社会组织相媲美。

第三,与西方国家的"大福利"观相比,我国所推行的是一种"小福利"或"民政福利"。在西方发达福利国家,社会福利都是以全体社会成员为对象的,它几乎覆盖所有的社会成员。所有的社会成员都被纳入社会福利体系的保护范围,都能享受到社会福利中的某一项目。在内容上包括教育福利、就业(工作)福利、健康福利、养老福利和住房(居住)福利等多种形式和类型。

在我国,无论是在政府官方话语及制度设置上,还是在学术界的研究中,亦或是在普通民众的印象和概念里,主导的社会福利观念仍是一种"小福利"观,认为社会福利是国家和社会为主要包括老年人、儿童和残疾人在内的弱势群体提供的收入和服务保障,即西方学者所谓的"补救型福利"。在我国,这种福利一般是由民政部门代表国家提供的,因此,这种社会福利又常常被人们称为"民政福利",福利的主体仅仅被限定在政府的民政部门。同时,"小福利"的概念不仅仅体现在福利对象及福利提供主体的狭隘性上,这种社会福利所提供的内容和层次也比较少,只是以保障弱势群体的基本生活为主。

(二)中国与西方社会福利制度特点比较

具体到福利制度及其所呈现的特点,我们可以发现,在福利覆盖范围、福利受众群体、福利相关法规制度建设、福利财政投入、组织管理等方面,我国与西方发达福利国家相比均有不小的差距。①

第一,在覆盖范围上比较狭窄。欧洲福利国家不光提供慷慨的福利服务,而且其福利范围惠及所有公民。就西欧、北欧国家来说,其社会福利制度几乎覆盖到每个公民"从摇篮到坟墓"的一生,除建立退休保险、失业保险、医疗保险、工伤保险外,各国还纷纷设立各种救济,如住房补贴、孕妇补贴、儿童营养补助、单亲家庭补助、老年人医疗照顾计划等。在瑞士,普通丧偶者可以领取幸存者津贴。申请条件是:鳏夫或寡妇在其配偶去世之后有一个或几个孩子;没有孩子的寡妇,年满45岁,结婚5年以上;离婚的投保人如果符合一定条件,也可以认为其相当于前两者。津贴数额是重估的平均年收入相对应的老年人养老金的80%,每月最低为824瑞士法郎,最高为1648瑞士法郎。再如,儿童的父亲或母亲去世,可领取一份孤儿津贴,如果双亲都去世,则可以得到双份孤儿津贴。由于中国经济还不发达,经济剩余量不足,当前社会福利的覆盖范围主要限于城镇职工及其家属,农村及偏远地区存在大片空白。

第二,在社会福利对象上,受众群体的范围较窄。西方社会保险制度逐渐把保险范围由工资收入者的职工保险扩大到非工资收入者如农业经营者、手工业者、商人和自由职业者。而对于那些收入很低或者完全没有收入又无法参加保险的贫困者、失业者、伤残者来说,政府会通过设立社会救济和其他形式的社会福利补贴项目来保障其最低生活水平。因此,从这一角度来讲,其社会福利制度几乎覆盖社会上的所有人群。而中国的社会福利是一种"小福利",对象仅集中在需优抚安置的伤残军人、老年人、残疾人及孤残儿童等这些社会特殊人群上,绝大多数社会成员没有享受到福利补贴及福利服务。

第三,我国严重缺乏与社会福利相关的法律法规。就目前而言,当代资本主义经济发达国家,与失业保险、医疗保险、养老保险、工伤保险有关的方

① 在此参考了周峰、陈静、唐乐等人的研究,具体可参见周峰、陈静:《福利国家视角下的公共服务型政府》,《中共乌鲁木齐市委党校学报》2006年第4期;唐乐:《西方福利制度所面临的危机及对策》,《传承》2008年第9期。

面都已经立法,既建立了明确的法律规范,也确立了完善的运行机制。而我国社会福利方面的立法工作严重滞后,在社会保障、社会保险、社会救济、社会福利和优抚安置等领域至今都未出台一部国家法律。立法上的欠缺导致社会保障及社会福利工作在许多方面只能靠政策规定和行政手段推行,其效果及作用的有限性是可想而知的。

　　第四,在福利供给方面投入不足。根据国际劳工部的统计,中国在福利供给上的投入与发达国家相比有很大差距。例如,社会福利和社会服务是瑞典各级政府特别是地方政府的主要职能,社会福利保障资金和各类社会服务费用,除养老保险、失业保险由个人缴纳一定比例费用外,其他费用均由政府承担。此类费用支出基本上是各级政府财政特别是地方政府财政最大的支出项目,瑞典 GDP 的 36% 用于社会福利事业,地方政府的比例更高,以斯德哥尔摩市为例,该市每年年度财政预算中,2/3 用于教育、医疗和社会服务。我国在社会福利方面的投入甚至落后于某些发展中国家。

表 9-4　各国社会福利投入分类对比

国别	社会保障总支出占 GDP 的百分比		养老金占 GDP 的百分比		医疗卫生占 GDP 的百分比		社会保障总支出占公共支出百分比	
	1990 年	1996 年	1990 年	1996 年	1990 年	1996 年	1990 年	1996 年
中国	5.2	3.6	2.6	1.5	1.4	2.1	/	23.9
美国	14.1	16.5	6.6	7.2	5.6	7.6	40.6	48.8
英国	19.6	22.8	8.9	10.2	5.2	5.7	46.4	54.9
智利	16.2	11.3	6.0	5.9	2.0	2.3	/	45.6
塞浦路斯	8.1	10.3	4.5	6.4	1.9	2.0	24.7	30.2
毛里求斯	4.5	6.0	3.2	1.8	1.9	1.9	21.6	26.5

资料来源:张梦欣:《社会保障:新共识》,中国劳动社会保障出版社 2004 年版,第 105—108 页。

　　第五,在组织管理体制上,社会福利管理职能分散。比如我国的民政部、劳动和社会保障部、卫生部的职责都涉及社会福利内容。民政部的相关职责是:组织、指导拥军优属活动;研究提出各类优抚对象优待、抚恤、补助标准和国家机关工作人员伤亡抚恤标准;承担老年人、孤儿、"五保户"等特殊困难群体权益保护的行政管理工作,指导残疾人的权益保障工作,拟定有关方针、政策、法规、规章;拟定社会福利事业发展规划和各类福利设施标准;研究提出社会福利企业认定标准和扶持保护政策;研究提出福利彩票(中国社会福利有奖募捐券)发展规划、发行额度和管理办法,管理本级福利资金。劳动和社会保障部的相关职责是:拟定养老、失业、医疗、工伤、生育等方面社会保险的基本政策和基本标准并组织实施和监督检查;制定社会保险基金收缴、支付、管理、运营的政策;对社会保险基金预决算提出审核意见;对社会保险基金管理实施行政监督;制定社会保险经办机构的管理规则和基金运营机构的资格认定标准;制定社会保险服务体系建设规划并组织实施。卫生部的相关职责是:研究拟定妇幼保健与生殖健康、社区卫生、健康教育和健康促进及卫生科普等相关法律、法规和政策;制定并实施有关妇幼保健与生殖健康、提高出生人口素质、社区卫生、健康教育改革和发展目标、规划;依法对母婴保健工作进行管理、指导和监督。从中可以看出,我国的社会福利供给缺乏整合性。

五、新时期中国社会福利制度的选择与建构

(一)新时期我国社会福利制度建设的时代背景

经过30多年的改革开放,我国经济取得了巨大的发展,综合国力也得到较大提升;党和政府牢牢抓住发展这一执政兴国的第一要务,其组织动员能力不断得到锻炼和提升,执政的合法性基础也越来越牢固。在此大背景下,我国社会福利体制改革也取得了一定的成绩,积累了一定的经验。由此,新时期我国社会福利制度的进一步改革和发展具备良好的环境和诸多有利条件。景天魁、毕天云两位学者曾总结了当前我国社会福利制度从"小福利"向"大福利"迈进所具备的诸多有利条件,如我国经济上的雄厚财力,党执政历史进程中形成的丰富的思想理论基础以及实践中的经验与教训等。[①] 除此以外,我们认为,党和政府强大的组织动员能力、我国公民社会

---

　　① 参见景天魁、毕天云:《从小福利迈向大福利:中国特色福利制度的新阶段》,《理论前沿》2009年第11期。

组织的发育与成长、国外发达福利国家福利实践与改革中的经验与教训等，分别对新时期我国社会福利制度改革与发展有重要的推动作用和借鉴价值。

1. 经济高速发展奠定的雄厚财政基础

根据国家统计局发布的《2010年国民经济和社会发展统计公报》，2010年中国GDP总量达397983亿元人民币，而2010年年末全国总人口为13.4100亿人，按照2010年末汇率6.6227∶1美元计算，我国人均GDP已达到3258.5美元。国际经验表明，当一个国家的人均GDP超过4481美元，意味着一个国家的经济发展进入一个新阶段，也意味着一个国家发展社会福利的经济能力明显增强。另外，随着GDP的快速增长，我国的财政收入增幅显著，2010年的全国财政收入达到8.308万亿元，比2009年增长21.3%。在现代社会中，政府是社会福利供给主体中的主导力量，政府掌握的公共财政资源越多，保障和改善民生的能力就越强，利用再分配机制促进社会公平正义的条件越好。

2. 党执政的思想路线及强大的组织动员能力

中国共产党是为人民谋福利的政党，毛泽东倡导的"全心全意为人民服务"，邓小平提出的"共同富裕"，江泽民主张的"三个代表"重要思想，已为从"小福利"走向"大福利"提供了丰富的思想理论基础。特别是胡锦涛总书记提出的科学发展观，为"小福利"走向"大福利"提供了直接的指导思想。科学发展观的本质和核心是以人为本，就是要从人民群众的根本利益出发谋发展、促发展，在经济发展的基础上不断满足人民群众的基本福利需求，努力提高人民群众的物质文化生活水平。党的十七大明确提出，到2020年，我国将基本建立覆盖城乡居民的社会保障体系，人人享有基本生活保障。为了实现这一目标，要推进以民生为重点的社会建设，努力使全体人民学有所教、劳有所得、病有所医、老有所养、住有所居。社会建设的"五有"目标，直接对应于广大人民群众的五种基本福利需求，既是民生问题的基本层面，也是新时期我国福利制度框架中的基本内容。这一目标的提出，标志着中国特色福利制度建设进入一个崭新的历史阶段。

同时，中国共产党作为我国的执政党，具备了强大的组织动员能力，这种动员能力在建国后的"两弹"研制、卫星上天、一批重大工程实施中显示出来,在2003年抗击"非典"、在2008年年初应对南方多年不遇的冰雪灾害中也充分显示出来,在汶川地震抗震救灾及举办2008年北京奥运会上又集中表现出来。因此,在推进以民生为重点的社会建设中,党强大的组织动员能力为新时期我国福利制度的改革与完善提供了重要保障。

　　3. 我国社会福利体制改革的实践

　　改革开放30多年来,我国的社会保障体系不断丰富和完善,特别是近几年来,社会保障制度建设在城乡普遍推开,成效显著。目前已经建立起以下福利制度:一是就业保障制度,包括失业保险制度、工伤保险制度、城镇下岗职工再就业服务制度、农民工就业保护制度、大学毕业生就业促进制度;二是生活保障制度,包括城镇居民最低生活保障制度、农村居民最低生活保障制度、农村"五保户"供养制度、流浪人群生活保障制度和灾民生活救助制度;三是养老福利制度,包括城镇基本养老保险制度、农村社会养老保险制度和老年人福利服务制度;四是健康福利制度,包括城乡公共卫生服务制度、城镇职工基本医疗保险制度、城镇居民基本医疗保险制度、新型农村合作医疗制度和城乡大病医疗救助制度;五是教育福利制度,包括免费义务教育制度、职业教育补助制度、农民工子女教育制度和特殊教育制度;六是住房福利制度,包括经济适用房制度、廉租房制度、住房公积金制度和住房补助制度等。这些制度的建立与不断完善,为新时期我国社会福利制度的建设与完善奠定了良好的制度基础和实践基础。

　　4. 我国公民社会组织的发育与成长

　　20世纪80—90年代以来,由于资源匮乏、难以合法注册等不利因素的影响,代表公民社会发育和成长水平的民间组织一直处于弱势和边缘化的生存状态。整个公民社会的发育还比较弱小,并且具有政府性强、民间性弱、依附性强、自治性弱的特点。他们在社区工作、社会建设及社会福利事业发展中所起的作用尚不明显。进入21世纪以来,公民社会领域出现了一些新的现象和新的变化。伴随着民营经济的发展壮大以及民营企业、市场力量对公民社会领域的积极参与,各种类型的公民社会组织在全国蓬勃兴起,民间组织的数量迅速增加,民间组织的种类大大增多,民间组织的独立性明显提高,民间组织的合法性得到增强。截至2010年年底,全国经民政

部门登记在册的民间组织约 44 万家。截至"十一五"期末,全国社区服务
中心已达 11400 个,一般社区服务设施 18.0 万个。据不完全统计,全国已
有社区服务专职工作人员 30 多万人,兼职工作人员 50 多万人,社区志愿者
2900 多万人。我国民间组织队伍的不断壮大及公民社会发育程度的提高,
标志着除政府和市场两方力量之外的第三方社会力量逐渐崛起,并可以在
社会福利事业中发挥重要作用。因此,公民社会组织的发展,专业社区、社
会工作者队伍的壮大,为新时期我国社会福利制度的改革与完善注入了新
的活力,带来了新的发展契机。

5. 作为参照的国外经验和教训

西方国家建立了发达、完善的社会福利制度,社会福利制度曾一度覆盖
每个公民"从摇篮到坟墓"的一生。但是自 20 世纪 70 年代开始,西方发达
的社会福利制度开始显露出它的弊端,并逐渐陷入困境,如"西欧发生'福
利国家危机',美国出现'福利困境',日本惊呼 21 世纪年金制度将要'崩
溃',经济合作与发展组织发出了'福利国家在危机中'的警告。"①西方国
家的福利危机主要表现为:高福利带来的严重财政赤字;居高不下的失业
率;公平效率的失衡;"福利依赖症"的滋生等。由此,自 20 世纪 80 年代开
始,西方各国逐渐掀起了一轮福利改革浪潮,其大致内容包括:社会福利不
能由国家大包大揽,应走福利社会化的道路,广泛发动民间社会力量积极参
与,形成国家、民间组织、家庭、社区、志愿者等分别提供福利产品或福利服
务的格局。各国的福利改革大多呈现出以下几个特点:"一是由国家保障
走向自我保障,探求一种通过公助、自助、互助的方式来实现自我保障的模
式;二是由重视阶层利益向重视个人利益转化;三是突出社区福利。"②

西方发达福利国家所取得的成功经验,所出现的"福利危机"或"福利
困境"及近 30 年来进行的社会福利改革,为我国社会福利模式的选择及制
度建构提供了极具价值的经验和教训。

---

①　参见潘胜文、杨丽艳:《西方社会福利制度的改革与启示》,《武汉大学学报》(哲学社
会科学版)2005 年第 6 期。

②　周良才:《中国社会福利》,北京大学出版社 2008 年版,第 17 页。

(二)我国社会福利模式的选择及制度建构

新时期,我国经济的高速发展奠定了雄厚的财政基础;党和政府执政的合法性基础不断得到巩固,组织动员能力也不断得到加强;公民社会组织在我国处于发育和成长阶段,积极作用正日益显现;同时,我国社会福利制度建设与改革积累了丰富的思想理论和实践经验,加之国外发达福利国家给我们提供了正、反两方面的经验教训。可以说,我国新型社会福利模式的选择与制度建构具备了前所未有的发展机遇及各方面的良好条件。

西方发达福利国家先后走过了剩余补救型福利模式、制度型福利模式等福利发展道路,最近各国纷纷转向由国家和各福利部门共同承担责任的混合福利模式(mixed welfare)、合作主义福利模式(corporatist welfare)或福利多元主义模式(welfare pluralism)。这种福利模式转向虽然在福利产品及服务内容、福利覆盖范围等方面较之以前没有发生太大的调整与变化,各国仍坚持"大福利"的观念及实践,但社会福利的责任主体有较大的变化,政府、市场、家庭、民间组织及社区等多方力量共同承担起提供福利产品及服务的责任。发达福利国家所走过的福利发展道路给我们提供了很多宝贵经验,尤其是其走过的弯路要尽力避免。

有鉴于此,我们认为新时期我国新型福利模式选择及制度构建应遵循以下几点要求:第一,福利责任主体应遵循合作主义或多元主义的原则,而不应由政府和家庭承担过重的社会福利责任;第二,福利内容及福利对象范围均应适当扩大,实现由"小福利"向"大福利"的战略转型及升级;第三,福利制度建设应与生产力水平相适应,新时期应建立与中等发展水平相适应的适度普惠型福利制度;第四,作为一种制度性的再分配过程,社会福利应更加注重公平,让全体社会成员共享发展带来的成果;第五,社会福利制度的完善与发展离不开完备的法律体系及专业化、职业化的工作队伍,因此,有关社会福利的立法、人才培养等工作也亟待展开。

窦玉沛提出的一种全新社会福利制度架构在理论界及实务界很具代表性。①

---

① 参见窦玉沛:《重构中国社会保障体系的探索》,中国社会科学出版社 2001 年版,第5—6页。

他所提倡的全新社会福利制度构架可以概括为：一项制度建设、三大支撑体系、两种供应方式和三项保障措施。具体内容如图 9-1 所示：

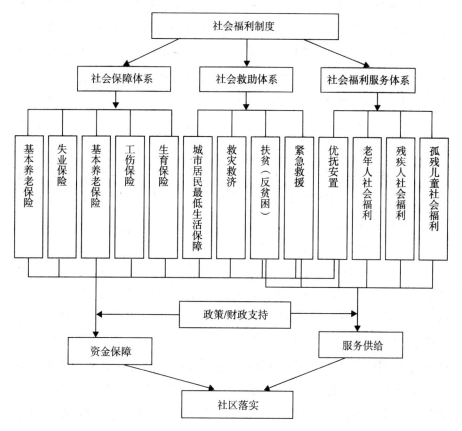

图 9-1　我国新型社会福利制度的基本框架图

在这种全新的社会福利制度中，社会保障体系、社会救助体系、社会福利服务体系是社会福利制度的三大支撑体系。三者之间既互有区别、相对独立，又相互联系、互为补充。社会保障主要包括各种社会保险，以"防贫"为目的，是社会福利中最基本的制度；社会救助主要包括救灾、救济、扶贫等，以"济贫"为目的，是社会福利中最基础的制度；社会福利服务主要为优抚安置对象，为老年人、残疾人、孤儿特殊群体提供福利和服务，以"扶老、助残、救孤"为目的，是社会福利中极具发展潜力的事业。

　　三者之间的区别在于:一是实施对象和保障水平、方式不同。社会保障主要为暂时或永久丧失劳动能力、劳动机会的劳动者提供基本生活保障;社会救助是国家和社会对灾民、贫民等提供最低生活保障;社会福利服务则依据不同对象的不同情况,主要为优抚安置对象、老年人、残疾人、孤残儿童等特殊群体提供不同层次的有偿、低偿、无偿的福利服务。二是奉行的原则不同。社会保障奉行权利与义务对等的原则,即劳动者只有履行了劳动和投保的义务,才有享受社会保障的权利;社会救助是国家和社会的责任,公民的权利;社会福利服务是国家、社会、单位、家庭、个人共同的责任。三是资金来源不同。社会保障基金主要来自参加保险的单位和个人,政府给予必要的补助;社会救助基金主要来自政府的财政支出;社会福利服务除政府拨款、社会支助、慈善恩济外,还可以发展福利彩票等多渠道筹集资金,包括实物和志愿者服务。

　　三大支撑体系职责是各不相同的。

　　社会保障体系:其核心是社会保障,包括养老保险、失业保险、医疗保险、工伤保险、生育保险和促进就业等。我国在社会保障体系建设方面,已统一了机构,建立了人力资源和社会保障部;统一了政策,并正在健全完善法律法规。当前要按照国家统一要求,建立真正独立于企业事业单位之外的社会保障体系;不断完善和规范社会保障的运作方式;实现社会保障对象管理和服务的社会化;健全社会保障基金的监管和保值增值机制;广泛运用现代信息技术手段,建立社会保障服务信息网络;加快社会保障体系法制建设。同时要在农村有条件的地区,积极稳妥地开展养老、医疗等保障工作。此外,要大力发展商业保险,发挥其补充保障的作用。

　　社会救助体系:社会救助包括城市居民最低生活保障、救灾救济、扶贫和紧急救援。社会救济是政府和社会对于那些收入不足以维持最低生活标准的贫困者提供帮助。救灾工作是社会救助的重要组成部分。我国幅员辽阔,每年都有一些地方遭受干旱、洪水、台风、冰雹、霜冻、病虫害等自然灾害的袭击,因此救灾工作是一项长期艰巨的任务。除了消除贫困、慈善恩济外,还可以发展福利彩票等多渠道筹集资金的方式,包括实物和志愿者服务。实现共同富裕是社会主义的本质要求。经过长期不懈的努力,我国扶贫工作取得了很大的进展。但由于社会、经济、历史以及自然、地理等方面的原因,至今还有3000多万人没有完全解决温饱问题。紧急救援,是对因水灾、火灾、地震、滑坡、雪崩等自然灾害和其他不可预测的原因被困人群实施的快速反应和紧急援助。

社会福利服务:这里指的是国家和社会为优抚安置对象、老年人、残疾人、孤残儿童等特殊群体提供必要的社会福利服务。优抚安置是国家、社会和人民群众对民族解放、国家独立和保卫国家安全作出贡献的优抚对象实行优待、抚恤和安置的一项重要工作。随着社会的发展,对老年人、残疾人、孤残儿童等特殊群体提供必要的社会福利服务越来越重要。我国现有老年人近1.3亿人,今后每年以3.2%的速度攀升,到2025年老年人口将占全国总人口的18%;到2050年,每4个人中就有一个老年人。我国有残疾人6000多万人,还有一定数量的孤独人员和弃婴。随着我国家庭结构的变化,家庭在养老、助残、育幼等方面的功能逐步减弱,而对社会福利服务的需求急剧增长。发展我国社会福利服务,必须走社会化的路子,以居家为基础,以社区为依托,以福利机构为补充;实现投资主体多元化,服务对象公众化,运行机制市场化,服务内容多样化,服务队伍专业化和志愿者的广泛参与相结合。

实行两种社会福利供给方式:提供资金和提供服务

我国现行的社会保障过于注重货币的给付,比如在养老金的设计上,替代率达到80%,有的地区甚至达到120%,这实际是一种经济主导型的保障,忽视了对各种福利资源的社会动员。从我国的现实国情出发,社会福利制度的供给方式既要注重资金供给,更要注重提供福利服务。

一方面,我国社会保障基金入不敷出的矛盾短期内不会缓解,提高征收比例只会加重企业和个人的负担,不提高比例势必增加财政压力。而另一方面,我国人力资源却相当充裕。社会福利服务属于劳动密集型产业,将丰富的人力资源转换为福利服务,既能满足社会需求,拉动消费,又能促进就业,不失为一项适合国情的明智选择。

从社会需求看,我国对社会福利服务的需求日益增长,特别是在社会化服务等方面的需求更为迫切。有需求就会形成市场,有市场就会吸引投资,而在发展社会福利服务方面,政府加大投资是十分必要也是十分重要的,特别是对"三无"人员的救助,更需要国家提供保障。但更重要的是通过制定和实施优惠政策,广泛动员社会力量参与社会福利事业,投资兴办社会福利设施,大力开展社会福利服务。

此外,还应大力发挥社会中介组织在筹集社会福利资金、组织社会福利资源、完善服务项目、提高服务质量、规范服务行为等方面的积极作用。通过建立和推广"劳务储蓄制度",使志愿者服务活动经济化、制度化。

窦玉沛构建的社会福利体系比较适合我国当前经济社会发展的实际,其内容涵盖了包括社会保障体系、社会救助体系及社会福利服务体系在内的社会福利制度体系,体现了一定的"大福利"特征,在福利内容及福利对象的论述及主张方面较之以往都有了很大的改进与提高。但是,在我国经济发展总体上已经达到中等发达国家水平的当前,我国的社会福利应在福利对象的覆盖范围、福利产品与服务的提供等方面迈出更大的步伐,真正从"补救型"福利向"普惠型"福利转变。

另外,我们认为,新型福利制度体系的构建,离不开多元的福利供给主体及社会福利相关配套系统的建立与发展。

(1)多元福利提供主体。

表9-5　不同部门提供的福利及其特征①

部门	国家	市场	家庭/社区	公民社会组织
福利生产部门	公共部门	市场	家庭 非正式部门	非政府组织
福利提供行动协调原则	科层制 国家责任	竞争	个人责任	志愿责任
福利接受方角色	拥有社会权的公民	消费者	家庭成员 社区成员	市民 协会成员

---

① 参见彭华民、宋祥秀:《嵌入社会框架的社会福利模式:理论与政策》,《社会》2006年第6期。

部门	国家	市场	家庭/社区	公民社会组织
福利提供内容	社会保险 社会救助 社会服务	有偿服务 （商品）	社会互助 社会服务	社会互助 社会服务
制度运行的 有效标准	安全/保障	利润/效率	参与/团结	活跃的社会性

随着政府逐渐退出经济活动中的竞争性领域,政府管理社会事务的职能将大大加强。社会福利制度建设需要有效的政策扶持、社会动员、组织引导和市场机制的驱动,特别是在发展社会福利服务等方面,政府的主导作用和政策扶持更为必要。要把社会福利制度建设纳入国民经济和社会发展的总体规划,把社会福利设施建设纳入各地城乡建设的规划;对社会力量兴办社会福利事业,要在规划、用地、税收等方面给予政策优惠;要采取切实有效的政策,鼓励社会力量和个人以捐赠、赞助等方式参与社会福利事业;要充分调动和运用各种社会福利资源,促进社会福利事业的健康发展。

市场对应的是正式的组织,其遵循的行动原则为竞争,而市场在社会福利中所体现的价值和作用是就业福利,即社会成员在市场中得到劳动薪金及各种保险。在此,市场的责任就是最大限度地保护劳动者的合法权益,使其在公平竞争的条件下得到应有的回报及福利。

家庭和社区提供的是非正规的福利。亲朋之间、邻里之间、社区成员之间有天然的社会支持网络。中华民族自古就有"互帮互助"、"扶贫济弱"、"一方有难、八方支援"的优良传统,因此亲朋、邻里组成的初级社会关系网络是十分宝贵的社会福利资源。而对于基层社区组织,如城市社区居委会、农村村民委员会等,他们在筹集福利资金、组织社会福利资源、安排社会福利项目、实施福利政策、落实福利待遇等方面,都有着不可替代的作用。另外,社区靠近居民的家庭和日常生活,在福利服务中具有明显的区位优势和地缘优势,便于因地制宜地建立社区福利服务场所,开展各项福利服务和便民利民服务。

作为政府和市场之外的第三方力量,公民社会组织包括注册的慈善组织、非政府发展机构、社区组织、宗教组织、妇女组织、专业协会、自主团体等多种形式。在进入新世纪以后,公民社会组织发展迅速,并呈现出自主性、独立性、志愿性、公益性等特征。公民社会组织作为独立于政府、市场的第三领域力量,它能很好地弥补"政府失灵"及"市场失灵"。因此,对于新时期我国新型社会福利制度的建设和发展,公民社会组织是一支不断发展壮大的生力军,必将发挥越来越大的作用。

（2）配套系统的构建。

新时期我国社会福利制度的建构与发展离不开相关配套系统的完善与提高。

首先,完善的福利制度体系的建构必须有明确的法律法规与之相配套。要高度重视我国在社会福利相关领域的立法工作,逐步扭转现行的靠政策规定和行政命令等行政手段开展社会福利活动、约束不当行为的做法,将会保险、社会救助、社会保障、社会福利领域的立法工作尽快提上日程,为依法推进社会福利事业提供法制保障。

其次,加强与社会福利制度相配套的制度规范与人才队伍的建设。一是加强与新型社会福利制度体系相配套的职业化、专业化人才队伍的培养,为新型福利制度体系奠定人力基础;二是加强职业道德的培育、行业规范的确立,更好地约束和调节社会福利实践活动;三是加强社会福利及"福利社会化"观念的宣传与引导,使福利思想及观念深入人心,能够号召和动员更多的社会福利资源投入到社会福利事业之中。

总之,明确的法律法规、职业化队伍的建设、专业化的工作与服务、完备的行业规范、积极的思想宣传与引导,是新时期我国社会福利制度建构与完善、社会福利事业取得发展与成效的必备条件,必须高度重视和加强这些方面的工作。

本章主要参考文献

1.［丹麦］考斯塔·艾斯平·安德森著,郑秉文译:《福利资本主义的三个世界》,法律出版社 2003 年版。

2.［丹麦］考斯塔·艾斯平·安德森著,周晓亮译:《转变中的福利国家》,重庆出版社 2003 年版。

3.［美］威廉姆·H. 怀特科、罗纳德·C. 费德里科著,解俊杰译:《当今世界的社会福利》,法律出版社 2003 年版。

4. 窦玉沛:《重构中国社会保障体系的探索》,中国社会科学出版社 2001 年版。

5. 周沛:《社会福利体系研究》,中国劳动社会保障出版社 2007 年版。

6. 周良才:《中国社会福利》,北京大学出版社 2008 年版。

7. 周弘:《国外社会福利制度》,中国社会出版社 2002 年版。

8. 范斌:《福利社会学》,社会科学文献出版社 2006 年版。

9. 郑秉文:《"福利模式"比较研究与福利改革实证分析——政治经济学的角度》,《学术界》2005 年第 3 期。

10. 郑秉文、史寒冰:《试论东亚地区福利国家的"国家中心主义"特征》,《中国社会科学院研究生院学报》2002 年第 2 期。

11. 田北海:《社会福利概念辨析——兼论社会福利与社会保障的关系》,《学术界》2008 年第 2 期。

12. 李占乐:《"福利"与"社会福利"的再认识》,《理论月刊》2004 年第 5 期。

13. 刘继同:《社会福利:中国社会的建构与制度安排特征》,《北京大学学报》2003 年第 6 期。

14. 刘继同:《社会保障向社会福利制度的战略升级与构建中国特色的福利社会》,《东岳论丛》2009 年第 1 期。

15. 刘继同:《"蒂特马斯典范"与费边社会主义福利理论综介》,《人文杂志》2004 年第 1 期。

16. 黄慧:《浅析西方国家福利制度及其对中国社会福利制度改革的启示》,《传承》2009 年第 6 期。

17. 林闽钢:《东亚福利体制与社会政策发展》,《浙江学刊》2008 年第 2 期。

18. 李瑞:《建国前中国社会福利思想发展概述》,《天府新论》2009 年第 3 期。

19. 成海军:《计划经济时期中国社会福利制度的历史考察》,《当代中国史研究》2008 年第 5 期。

20. 周峰、陈静:《福利国家视角下的公共服务型政府》,《中共乌鲁木齐市委党校学报》2006 年第 4 期。

21. 唐乐:《西方福利制度所面临的危机及对策》,《传承》2008 年第 9 期。

22. 景天魁、毕天云:《从小福利迈向大福利:中国特色福利制度的新阶段》,《理论前沿》2009 年第 11 期。

23. 潘胜文、杨丽艳:《西方社会福利制度的改革与启示》,《武汉大学学报》(哲学社会科学版)2005 年第 6 期。

24. 彭华民、宋祥秀:《嵌入社会框架的社会福利模式:理论与政策》,《社会》2006 年第 6 期。

课题组成员及各章撰稿人

课题组负责人　王齐彦

前　言　王齐彦
第一章　江治强
第二章　陈日发　许亚敏
第三章　谈志林　孙玉琴
第四章　王胜三　舒顺林
第五章　王有华　王立标
第六章　王　然　闫晓英
第七章　李　慷　朱巍巍
第八章　任振兴
第九章　刘更光

责任编辑:方国根

图书在版编目(CIP)数据

中国新时期社会福利发展研究/王齐彦 主编　李慷 副主编.
　-北京:人民出版社,2011.12
ISBN 978-7-01-010387-7

Ⅰ.①中…　Ⅱ.①王…　Ⅲ.①社会福利事业-研究-中国　Ⅳ.①D632.1

中国版本图书馆 CIP 数据核字(2011)第 227122 号

中国新时期社会福利发展研究
ZHONGGUO XINSHIQI SHEHUI FULI FAZHAN YANJIU

王齐彦　主编　李　慷　副主编

人民出版社 出版发行
(100706　北京朝阳门内大街 166 号)

北京市文林印务有限公司印刷　新华书店经销

2011 年 12 月第 1 版　2011 年 12 月北京第 1 次印刷
开本:710 毫米×1000 毫米 1/16　印张:23.25
字数:340 千字　印数:0,001-2,000 册

ISBN 978-7-01-010387-7　定价:52.00 元

邮购地址 100706　北京朝阳门内大街 166 号
人民东方图书销售中心　电话 (010)65250042　65289539